市政工程施工规程详解系列丛书

桥梁工程施工工艺规程

北京市政建设集团有限责任公司

中国建筑工业出版社

图书在版编目（CIP）数据

桥梁工程施工工艺规程/北京市政建设集团有限责任
公司 . —北京：中国建筑工业出版社，2012
（市政工程施工规程详解系列丛书）
ISBN 978-7-112-11451-1

Ⅰ . 桥…　Ⅱ . 北…　Ⅲ . 桥梁工程-工程施工-技术操作
规程　Ⅳ . U445-65

中国版本图书馆 CIP 数据核字（2009）第 183311 号

　　本书为《市政工程施工规程详解系列丛书》的一个分册。本书按通用（共性）章节在前，专业、专项、主体章节随后，最后是附属工程章节的顺序，依序编制。全书共计 50 章，每章为一个工艺标准；每章均为 7 节：适用范围、施工准备、操作工艺、质量标准、质量记录、安全与环保、成品保护。"适用范围"采用一句话表述；"施工准备"从材料、施工机具（设备）、作业条件、技术准备 4 个方面进行表述；"操作工艺"从工艺流程、操作方法、冬雨期施工 3 个方面进行表述；"质量标准"：从主控项目和一般项目 2 个方面进行规定；质量记录、安全与环保、成品保护三项内容，根据给定模式，按各自的工艺题目，分别表述。

　　本书可供市政工程施工工程师、项目经理、工程施工监理人员以及大专院校相关专业师生参考。

＊　　＊　　＊

　　责任编辑：王　磊　于　莉　田启铭
　　责任设计：赵明霞
　　责任校对：陈　波　兰曼利

市政工程施工规程详解系列丛书
桥梁工程施工工艺规程
北京市政建设集团有限责任公司

＊

中国建筑工业出版社出版、发行（北京西郊百万庄）
各地新华书店、建筑书店经销
北京千辰公司制版
北京云浩印刷有限责任公司印刷

＊

开本：787×1092 毫米　1/16　印张：26¾　字数：668 千字
2009 年 12 月第一版　2012 年 3 月第二次印刷
定价：79.00 元
ISBN 978-7-112-11451-1
（21759）

市政工程施工规程详解系列丛书
编写委员会

主　　任：王健中

副 主 任：关　龙　焦永达

顾　　问：张　闽　李　军　张　汎　白崇智

　　　　　上官斯煜

委　　员：鲍绥意　吴培京　李国祥　刘卫功

　　　　　崔　薇　李志强　陈庆明　陈贺斌

　　　　　刘翠荣　汪　波

执行主编：孔　恒　董凤凯　刘彦林　张国京

　　　　　王维华　吴进科　宋　扬

本书编委会

主　　编：孙承万

副 主 编：刘少勇　张春发　赵天庆

审定专家：（按姓氏笔画排序）

马少军　孔　恒　刘彦林　朱玉明

许　亮　齐鸿雁　李志强　李国祥

汪　凉　陈永华　孟昭晖　景　飒

鲍绥意

编 写 人：（按姓氏笔画排序）

王　伟　王金雨　刘　峰　朱海滨

张东旭　张海涛　李亚利　李　达

李　纲　李宝春　段鹏俊　逯　平

前　言

　　《市政工程施工规程详解系列丛书》是由北京市政建设集团有限责任公司长期在一线从事施工技术且具有丰富施工经验的技术骨干和专家历时三年多时间编写而成，其内容基本涵盖了市政工程施工的主要专业技术领域。

　　本丛书是北京市政建设集团有限责任公司50多年来施工经验的总结和广大工程技术人员聪明智慧的结晶。尤其是不少同行和专家在百忙之中参与审定工作，他们高度负责精神对丛书的编写发挥了重要作用，对此表示由衷的感谢。

　　本册为《桥梁工程施工工艺规程》，按通用（共性）章节在前；专业、专项、主体章节随后；最后是附属工程章节的顺序，依序编制。共50章，每章为一个工艺标准；每章均为7节：适用范围、施工准备、操作工艺、质量标准、质量记录、安全与环保、成品保护。"适用范围"采用一句话表述；"施工准备"从材料、施工机具（设备）、作业条件、技术准备等4个方面进行表述；"操作工艺"从工艺流程、操作方法、冬雨期施工等3个方面进行表述；"质量标准"：从主控项目和一般项目2个方面进行规定；质量记录、安全与环保、成品保护三项内容，根据给定模式，按各自的工艺题目，分别表述。

　　由于编者水平有限，本企业标准难免有疏漏和错误之处，希望读者能批评指正，以便进一步修订完善。

目　录

1 模板、支架和拱架施工工艺

1.1 适 用 范 围

1.1.1 本工艺适用于城市桥梁工程就地浇筑和预制加工的混凝土结构工程、砌体坞工所用模板、拱架及支架的施工作业。

1.2 施 工 准 备

1.2.1 材料要求

1. 制作模板所需原材料（钢板、型钢、钢铸件、木材、胶合板、塑料板等材料）应符合现行国家标准规定和施工组织设计要求。

2. 模板、拱架支撑体系所用型钢、钢管、连接件、焊接件、预埋件的材料、规格、型号应符合设计要求及相关标准规定。

1.2.2 施工机具与设备

1. 模板、支架和拱架加工制作设备、焊接设备。

2. 模板、支架和拱架运输车辆，模板吊装机械（吊车、塔吊），模板提升设备（液压油泵、油缸、千斤顶等），模板安装工具（扳手、撬杠、手锤等）。

3. 模板检查检测仪器工具（全站仪、经纬仪、水平仪、水平尺、线坠、靠尺、方尺、盒尺等）。

1.2.3 作业条件

1. 现场道路畅通，施工场地已清理平整，现场用水、用电接通，备有夜间照明设施。

2. 模板、支架和拱架所需的工程数量已备足，进场。

3. 支架体系（排架）安装支设前，基础（基底、平台）坚固、可靠，基础表面已清理。

4. 模板安装（支设）前，测量放线已完成。

5. 地下构筑物调查已完成，地下构筑物的保护措施已落实。

1.2.4 技术准备

1. 模板、支架和拱架的设计

1）模板、支架和拱架的设计，应根据结构型式、设计跨径、荷载大小（含风荷载）、地基土类别、施工方法、施工设备、材料供应及有关的设计、施工规范进行。

2）模板、支架和拱架的设计应包括下列主要内容：

绘制模板、拱架和支架总装图、细部构造图；

按模板、拱架和支架的结构受力体系在施工荷载作用下，分别验算其强度、刚度及稳定性；编制模板、拱架和支架结构的安装程序；

编制模板、拱架和支架结构安装、运输、加载、拆卸保养等有关技术安全措施和注意事项；编制模板、拱架和支架结构的设计说明书。

3）模板、拱架及支架设计须经批准后方可施工。

2. 对关键的分项工程的模板、支架和拱架的设计应分别编制专项施工方案（以下简称"专项方案"）；对危险性较大的分部分项工程，应按《危险性较大的分部分项工程安全管理办法》（建质〔2009〕87号文）组织专家对专项方案进行论证。

1.3 操作工艺

1.3.1 模板材料及加工

城市桥梁工程施工宜采用大型组合钢模板或大模板；大型组合钢模板或大模板应定型化、标准化、可多次重复使用，并且接合严密、装拆方便、操作安全。

城市桥梁工程所用模板宜采用集中加工、专业化、工厂化生产或在基地内制作；模板及配件制作时，应按模板设计加工图制作，成品检验合格后方可使用。

城市桥梁工程混凝土结构外露面宜采用光洁度高的整体钢模板或采用防水胶合板（防水竹胶板）做面板。

模板应有控制结构整体性、混凝土侧压力和控制结构尺寸的连接螺栓、对拉螺栓和支撑系统。

1.3.2 组合钢模板制作

1. 普通钢模板宜采用标准化的组合模板。组合钢模板的制作、施工、运输、维修与保管应遵守《组合钢模板技术规范》GB 50214 的规定。模板上的重要拉杆宜采用螺纹钢杆并配以垫圈。伸出混凝土外露面的拉杆宜采用端部可拆卸的钢丝杆。

2. 组合钢模板制作时按长度模数 150mm 进级，宽度模数按 50mm 进级。

3. 钢模板的槽板制作宜采用冷轧冲压整体成型的生产工艺，沿槽板纵向的凸棱倾角应严格按设计图纸尺寸控制。

钢模板的组装焊接宜采用组装胎具定位，并采用合理的焊接顺序。组焊后的变形处理宜采用模板整形机校正。手工校正时不得碰伤模板棱角，且不得留有锤痕。

钢模板的焊缝不得有表面气孔、夹渣、弧坑裂纹、电弧擦伤、咬边、未焊满等缺陷。

4. 钢模板的 U 形卡、L 形插销、螺栓等连接件的加工应遵守现行标准规定。

1.3.3 全钢大模板制作

1. 全钢大模板应根据桥梁结构物的形式、模板的使用周转次数、施工流水的划分等具体情况进行配板设计。模板面板的配板应根据具体情况确定，一般采用横向或竖向排列。

2. 全钢大模板面板由 4～6mm 钢板制作，边框采用 80mm 宽，6～8mm 厚的扁钢或钢板，横竖肋采用 6～8mm 扁钢，模板背楞采用 8 号或 10 号槽钢，或由角钢、薄壁型钢或轻型槽钢制作，圆墩柱半圆形或圆弧形肋板可由 6～8mm 钢板仿形切割或仿形煨制。

3. 模板与模板之间采用 M16 螺栓连接或专用卡具连接。

4. 以定型组合大模板拼装而成的大模板必须安装 2 个或 2 个以上的吊环，吊环必须采用未经冷拉的 HPB235 级热轧钢筋制作。

5. 组装后的模板应配置支撑体系和操作平台，以确保混凝土浇筑过程中模板体系的稳定。

1.3.4 木模板

1. 与混凝土接触的木模表面应平整、光滑，多次重复使用的木模板宜在内侧加钉薄铁板或使用防水胶合板（防水竹胶板）板面。模板的所有接缝处应密合不漏浆，木模板接缝可做成平缝、搭接缝或企口缝，转角处应加嵌条或做成斜角。

2. 重复使用的木模板应始终保持其表面平整、形状准确，并有足够的强度和刚度。

1.3.5 其他材料模板

1. 钢框覆面胶合板模板的板面组配宜采用错缝布置，支撑系统的强度和刚度应满足要求。吊环必须采用未经冷拉处理的 HPB235 级热轧光圆钢筋制作。

2. 高分子合成材料面板、硬塑料或玻璃钢模板，制作接缝应严密，边肋及加强肋安装牢固，与模板成一体，施工时安放在支架的横梁上。

3. 圬工外模

1）土胎模制作的场地应平整、坚实，底模应拍实找平，土胎模表面应光滑、尺寸准确，表面涂隔离剂。

2）砖胎模与木模配合时，砖做底模、木做侧模，砖与混凝土接触面应抹面，表面涂隔离剂。

3）混凝土胎模制作时应保证尺寸准确，表面涂隔离剂。

1.3.6 支架安装技术要求

1. 模板和支架必须安置于可靠的基底上或牢固地固定在构筑物上，并有足够的支承面积以及有防水、排水和保护地下管线的措施。

2. 安装模板应与钢筋工序配合进行，妨碍绑扎钢筋的模板，应待钢筋工序结束后再安装。模板与脚手架之间，除模板与脚手架整体设计外不得发生联系。

3. 安装侧模时，应防止模板移位和凸出。基础侧模可在模板外侧设立支撑固定，墩、台、梁的侧模可设拉杆固定。浇筑在混凝土中的拉杆，应按拉杆拔出或不拔出的要求，采取相应措施。

4. 墩柱模板高度大于 4m 时，宜采用定型钢模板，墩柱钢筋绑扎后方可支模板，钢模板底部应与基础预埋件连接牢固，上部用拉杆固定，墩柱较高时中间应增设拉杆以确保柱模的稳定。

5. 现浇混凝土结构外露表面模板，宜用喷塑钢模板、防水胶合板、防水竹胶板、镀锌钢板等材料做成的定型模板，每块定型模板的面积宜大于 $1.5m^2$，不得在模板面上涂画各种标志符号。

6. 固定在模板上的预埋件和预留孔洞不得遗漏，应安装牢固，位置准确。

7. 模板在安装过程中，必须设置防倾覆设施。

8. 梁底模板应按设计要求起拱。当结构自重和 1/2 汽车荷载（不计冲击力）产生的向下挠度超过 1/1600 时，钢筋混凝土梁、板的底模板应设预拱度，预拱度值应等于结构自重和汽车荷载（不计冲击力）产生的挠度。纵向预拱度可做成抛物线或圆曲线。

9. 后张法预应力梁、板，应注意预应力、自重和汽车荷载等综合作用下所产生的上拱或下挠，应设置适当的预挠或预拱。

10. 模板安装后，应对其平面位置、顶部高程、各部尺寸、节点联系及整体稳定进行检查。在浇筑混凝土时发现问题及时采取措施处理。

1.3.7 支架、拱架制作宜采用标准化、系列化和通用化的构件拼装。无论使用何种材料的支架和拱架，均应进行施工图设计，并应验算其强度、刚度和稳定性验算。

1.3.8 城市桥梁工程所用支架体系宜采用集中加工、工厂化生产或在基地内制作，支架体系制作时应按支架设计加工图加工，成品检验合格后方可使用。

1.3.9 支架体系（支撑排架）可用碗扣支架、万能杆件、军用制式器材（军用墩、军用梁）支架、贝雷架或钢桁架组成，支撑排架顶部横托可用方木、型钢等材料，支撑排架底部应垫方木、木板、型钢或可调底座（可调底托）等。

1.3.10 支架、拱架必须安置于可靠的基底上或牢固地固定在承台、混凝土扩大基础、桩基础等已建构筑物上，并有足够的支承面积，以及有防水、排水和保护地下管线的措施。支架地基严禁被水浸泡，冬施应采取防止冻融引起的冻涨及沉降。

1.3.11 支架、拱架的弹性变形、非弹性变形和地基沉陷等形成的沉降，都必须在混凝土浇筑之前采取有效的措施予以消除，以保证工程结构和构件各部形状尺寸和相互位置的正确。支（拱）架还应有高程的调整措施。

1.3.12 支架基础基底处理

1. 支架的支承部分必须安置于可靠的基底（地基）上。基底不得受水浸泡和受冻，基底上的淤泥必须清除干净，其他不符合施工方案规定要求的杂物必须处理。

支架基础应高于现况地面，支架周边应设置排水措施。

2. 采用换填法进行基底处理时，先将地基表面不适宜材料彻底清理干净，然后铺筑换填材料，每层松铺厚度不应大于300mm，摊铺时用推土机推平，然后用压路机碾压，人工配合施工，压实度和平整度等指标达到专项施工方案规定要求。

3. 采用压实法进行基底处理时，先将地基表面不适宜材料彻底清理干净，用推土机推平，然后用压路机碾压，人工配合施工，压实度和平整度等指标达到专项施工方案规定要求。

1.3.13 支架基础

1. 支架基础形式应本着经济、施工方便的原则通过计算确定，一般可采用原状地基土、稳定粒料基底、混凝土或钢筋混凝土底板，混凝土或钢筋混凝土条形基础及桩基等形式，铺设枕木、木板、方木、型钢等方法。

2. 当采用钢筋混凝土基础时，其断面尺寸及强度等级应依据施工荷载及地基情况等因素确定。

3. 当采用枕木、木板或型钢基础时，枕木、木板或型钢规格应依据施工荷载及地基情况等因素确定，但其顶宽不宜小于200mm。

1.3.14 碗扣式钢管支架安装

碗扣式钢管支架的设计、施工、安装及安全技术措施应符合《建筑施工扣件式钢管脚手架安全技术规范》JGJ 130 的规定。

1. 支架安装前必须依照施工图设计、现场地形、浇筑方案和设备条件等编制施工方案，按施工阶段荷载验算其强度、刚度及稳定性，报批后实施。

2. 横桥向按照支架的拼装要求，严格控制立杆的垂直度以及扫地杆和剪力撑的数量和间距。顺桥向支架和墩身连接，以抵消顺桥向的水平力。

3. 碗扣式支架的底层组架最为关键，其组装质量直接影响支架整体质量，要严格控制组装质量；在安装完最下两层水平杆后，首先检查并调整水平框架的方正和纵向直顺度；其次应检查水平杆的水平度，并通过调整立杆可调底座使水平杆的水平偏差小于 $L/400$（L为水平杆长度）；同时应逐个检查立杆底脚，并确保所有立杆不悬空和松动；当底层架子符合搭设要求后，检查所有碗扣接头并锁紧，在搭设过程中应随时注意检查上述内容，并予以调整。

4. 支架搭设严格控制立杆垂直度和水平杆水平度，整架垂直度偏差不得大于 $h/500$（h为立杆高度），但最大不超过 100mm；纵向直线度应小于 $L/200$（L为纵向水平杆总长）。

5. 纵、横向应每 5~7 根立杆设剪刀撑一道，每道宽度不应小于 4 跨且不应小于 6m，与地面的夹角宜控制在 45°~60°之间，在剪刀撑平面垂直方向应每 3~5 排设一组；剪刀撑与水平杆或立杆交叉点均应用旋转扣件扣牢，钢管长度不够时可用对接扣件接长；剪刀撑的设置须上到顶下到底，剪刀撑底部与地基之间垫实，以增强剪刀撑承受荷载的能力。

6. 支架应设专用螺旋千斤顶托，用于支模调整高程及拆模落架使用，顶托应逐个顶紧，达到所有立杆均匀受力；顶托的外悬长度不应小于 50mm，且不宜大于自身长度的 1/2。

7. 顶排水平杆至底模距离不宜大于 500mm。

8. 支架高度超过其宽度 5 倍时，应设缆风绳拉牢。

1.3.15 军用制式器材的拼装

1. 军用墩的拼装：拼装前要检查基础顶面平整度，其误差要不大于 3mm。为减少高空作业量，拼装立柱前即上满接头板，立柱安装过程中随时检查立柱的垂直、方正与水平，立柱安装完毕后紧接着上拉撑。军用墩顶架设垫梁，立柱与垫梁间上满螺栓，垫梁挑出梁体外边缘 1m，作为施工完毕后军用梁的吊卸平台。垫梁上铺设枕木以便与军用梁柔性铰接。

2. 军用梁的拼装：施工前先搭设组装平台，将标准构件拼装成整体后，用汽车吊提升至支墩顶，按设计位置就位。军用梁按简支梁使用，其支点放置在端构架的竖杆处。

3. 墩梁式支架的整体性处理：墩梁式支架通常采用军用梁或贝雷梁作为纵梁，军用墩或其他形式支墩作为临时支墩。军用梁或贝雷梁作为受力纵梁，其横向刚度通常较弱，在使用前，军用墩采用型钢和 U 形卡将各片连接成整体，军用梁全部吊装就位后，安装联系杆，使各片梁予以固定。然后沿梁横向铺设钢枕，钢枕两端挑出梁体外边缘各 1m 作为施工作业平台。

1.3.16 钢支架（组合钢支柱、钢桁架）

1. 组合钢支柱在组装前，应根据平面施工图支撑点的分布进行测量放线；对单元柱、顶托进行质量检查，不准使用有开裂、锈蚀或长度不够的部件。对每个可调顶托要注入润滑油，保持旋转灵活。

2. 为了保证组合钢支柱的安全、稳定、可靠，在施工时，单列横向间距不宜超过 3m，纵向间距不超过 4.5m。单根组合钢支柱高度，最高不宜超过 8m。

3. 组合钢支柱一般采用人工配合吊车安装。每个单元柱采用绳索吊运，单元柱吊运时下方严禁站人。下层组装支搭完成后，作业面必须支搭临时脚手架，铺脚手板，方可进行上层支搭。

组合钢支柱支搭组装施工，应按排、列顺序施工，每排第每层组装时，应随支随用水平钢管拉杆连接牢固。当高度达到 4m 时，必须在纵、横两个方向钢柱的排距间加剪刀撑，以保证支撑系统下部的稳定可靠。

4. 当组合钢支柱支撑达到设计标高时，上部顶托必须用水平拉杆加固，吊放钢桁架或工字钢后，应采用连接板、连接螺栓或U形螺栓固定。钢桁架采用在基地（加工厂）内组合，人工配合吊车现场安装。

1.3.17 钢拱架

常备式钢拱架纵、横向应根据实际情况进行合理组合，以保证结构的整体性。

钢管拱架排架的纵、横距离应按承受拱圈自重计算，各排架顶部标高应符合拱圈底的轴线。

1.3.18 安装拱架前，对拱架立柱和拱架支承面进行详细检查，准确调整拱架支承面和顶部标高，并复核跨度，确认无误后方可进行安装。各片拱架在同一节点的标高应尽量一致，以便于拼装平联杆件。在风力较大的地区，应设置风缆。

1.3.19 支架、拱架结构应稳定、坚固，应能抵抗在施工过程中有可能发生的偶然冲撞和振动，架立时应遵守以下要求：

1. 支架立柱必须落在有足够承载力的地基上，立柱底端应放置垫木或混凝土预制块来分布和传递压力，应保证浇筑混凝土后不发生超过允许的沉降量。支架地基严禁被水浸泡，冬期施工必须采取措施防止冻融引起的冻胀及沉降。

2. 支架安装可从盖梁一端开始向另一端推进，也可从中间开始向两端推进，工作面不宜开设过多且不宜从两端开始向中间推进，应从纵横两个方向同时进行，以免支架失稳。

3. 施工用的支架及便桥不得与结构物的拱架或支架连接。支架通行孔的两边应加护桩，夜间应用灯光标明行驶方向。施工中易受漂流物冲撞的河中支架应设牢固的防护设施。

4. 安设支架过程中，应随安装随架设临时支撑，确保在施工过程中支架、拱架的牢固和稳定，待施工完后再拆除临时支撑。

1.3.20 当支架和拱架的高度大于5m时，可使用桁架支模或多层支架支模。当采用多层支架支模时支架的横垫板应平整，支柱应铅直，上下层支柱应在同一中心线上。

1.3.21 支架的立柱在排架平面内和平面外均应有水平横撑及斜撑（或剪刀撑），水平横撑及斜撑应根据支架形式全高布置，斜撑与水平交角以45°左右为宜。

立柱高度在5m以内时，水平撑不少于两道，立柱高于5m时，水平撑间距应不大于2m，并在两横撑之间加双向剪刀撑，保持支架稳定。

高度在20m以上的高支架宜采用大型型钢制作成的装配式钢桁节，现场拼装成桁架梁和塔架。

1.3.22 为便于拆除拱架和支架，可根据跨度大小采用如下方法：板式桥、梁式桥和拱桥的跨径不超过10m者可用木楔法。梁式桥跨径不超过30m或跨径为10~15m的拱桥，宜用木凳或砂箱法，跨径大于30m的梁式桥或跨径大于15m的拱桥宜用砂箱法或其他设备。

1.3.23 支架或拱架安装完后应对其平面位置、顶部标高、节点联系、各向稳定性进行全面检查，符合要求后方可进行下一道工序。

1.3.24 工厂化生产的定型产品支架、架设时应遵守产品说明书规定。

1.3.25 拆除期限的原则规定

模板、支架和拱架拆除的时间应根据结构物的特点、部位和混凝土所达到的强度决定。

1）非承重侧模应在混凝土强度能保证其表面及棱角不致因拆模受损害时方可拆除。

一般应在混凝土抗压强度达到 2.5MPa 方可拆除侧模。

2）钢筋混凝土结构的承重模板、支架和拱架的拆除，应符合设计要求。当设计无要求时，应在混凝土强度能承受自重力及其他可能的叠加荷载时，方可拆除，底模板拆除还应符合表 1.3.25 规定。

表 1.3.25 现浇结构拆除底模时的混凝土强度

结 构 类 型	结构跨度（m）	按设计的混凝土强度标准值的百分率（%）
板	≤2	50
	>2，≤8	75
	>8	100
梁、拱	≤8	75
	>8	100
悬臂构件	≤2	75
	>2	100

注：构件混凝土强度应通过同条件养护的试件强度确定。

1.3.26 浆砌石、混凝土砌块拱桥拱架的卸落应符合下列要求：

1. 浆砌石、混凝土砌块拱桥应在砂浆强度达到设计要求强度后卸落拱架，设计未规定时，砂浆强度须达到设计标准值的 80% 以上。

2. 跨径小于 10m 的拱桥宜在拱上建筑全部完成后卸落拱架；中等跨径实腹式拱桥宜在护拱砌完后卸落拱架；大跨径空腹式拱桥宜在主拱上小拱横墙砌好（未砌小拱圈）时卸落拱架。

3. 当需要进行裸拱卸落拱架时，应对主拱进行强度及稳定性验算并采取必要的稳定措施。

1.3.27 拆除时的技术要求

1. 模板拆除应按设计规定的程序进行；设计无要求时，应遵循先支后拆、后支先拆的顺序，拆卸时严禁抛扔。

2. 卸落拱架和支架，应按施工设计规定的程序进行；分几个循环卸完，卸落量开始时宜小、以后逐渐增大，拱架和支架横向应同时卸落、纵向应对称均衡卸落。在拟定卸落程序时应按下列要求：

1）在卸落前应在卸架装置上划好每次卸落量的标记；

2）满布式拱架卸落时，可从拱顶向拱脚依次循环卸落，拱式拱架可在支座处同时卸落；

3）简支梁、连续梁宜从跨中向支座处依次循环卸落，悬臂梁应先卸挂梁及悬臂的支架，再卸无铰跨内的支架；

4）多孔拱桥卸架时，若桥墩允许承受单向推力，可单孔卸落，否则应多孔同时卸落，或各连续孔分阶段卸落；

5）卸落拱架时，应设专人用仪器观测拱圈挠度和墩台变位情况并详细记录。

1.3.28 预应力混凝土结构构件模板的拆除，侧模应在预应力张拉前拆除，底模应在结构构件建立预应力后方可拆除。

1.3.29 墩台模板宜在其上部结构施工前拆除。

1.3.30 拆除模板，卸落支架、拱架时不得用猛烈敲打和强扭等方法。模板、支架和拱架拆除后，应维护整理，分类妥善存放。

1.4 质量标准

主控项目

1.4.1 模板、支架和拱架应符合下列规定：

1. 模板、支架和拱架必须满足稳定性、刚度、强度要求，能可靠地承受施工荷载；

2. 模板、支架和拱架应按施工组织设计、专项施工方案支搭和安装；

3. 模板、支架和拱架拆除的顺序及安全措施应按施工方案执行。

检查数量：全数检查。

检验方法：对照施工组织设计、专项施工方案观察检查，检查施工记录。

1.4.2 承重模板、支架和拱架的拆除，其混凝土必须达到设计规定强度。

检查数量：全数检查。

检验方法：检查同条件养护的试件报告。

1.4.3 浆砌石、混凝土砌块拱桥拱架的卸落应符合设计要求和本规程的规定。

检查数量：全数检查

检验方法：对照专项施工方案检查。

一般项目

1.4.4 模板制作允许偏差应符合表 1.4.4 规定。

表 1.4.4 模板制作允许偏差表

序号	项	目	允许偏差（mm）	检验频率		检 验 方 法
				范围	点数	
1	木模板	模板的长度和宽度	±3	每个构筑物或每个构件	4	用钢尺（钢板尺）量
2		不刨光模板相邻两板表面高低差	3			
3		刨光模板和相邻两板表面高低差	1			
4		平板模板表面最大的局部不平（刨光模板）	3			用 2m 直尺检查
5		平板模板表面最大的局部不平（不刨光模板）	5			
6		拼合板中木板间的缝隙宽度	2			
7		榫槽嵌接紧密度	2		2	用钢尺量
8	钢模板制作	模板的长度和宽度	0，−1		4	
9		肋高	±5		2	
10		面板端偏斜	≤0.5		2	用水平尺
11		连接配件（螺栓、卡子等）的孔眼位置	孔中心与板面的间距	±0.3		4	用钢尺量
12			板端孔中心与板端的间距	0，−0.5			
13			沿板长宽方向的孔	±0.6			
14		板面局部不平	1.0			用 300mm 长平尺检查
15		板面和板侧挠度	±1.0		1	用水准仪或拉线量

注：木模板第 5 项已考虑木板干燥后在拼合板中发生缝隙的可能；2mm 以下的缝隙，可在浇筑前浇湿模板，使其密合。

1.4.5 模板、支架和拱架制作和安装允许偏差应符合表 1.4.5 规定。

表 1.4.5 模板、支架和拱架安装允许偏差

项 目		允许偏差（mm）	检 验 频 率		检验方法
			范围	点数	
相邻两板表面高低差	清水模板	2	每个构筑物或每个构件	4	用钢板尺和塞尺量
	混水模板	4			
	钢模板	2			
表面平整度	清水模板	3		4	用 2m 直尺和塞尺量
	混水模板	5			
	钢模板	3			
垂直度	墙、柱	$H/1000$，且不大于 6		2	用经纬仪或垂线和钢尺量
	墩、台	$H/500$，且不大于 20			
	塔柱	$H/3000$，且不大于 30			
模内尺寸	基础	±10		3	用钢尺量，长、宽、高各 1 点
	墩、台	+5，−8			
	梁、板、墙、柱、桩、拱	+3，−6			
轴线偏位	基础	15		2	用经纬仪测量，纵、横向各 1 点
	墩、台、墙	10			
	梁、柱、拱、塔柱	8			
	悬浇各梁段	8			
	横隔梁	5			
支承面高程		+2，−5	每支承面	1	用水准仪测量
悬浇各梁段底面高程		+10，0	每个梁段	1	用水准仪测量
预埋件	支座板、锚垫板、连接板等	位置	5	每个预埋件	1	用钢尺量
		平面高差	2		1	用水准仪测量
	螺栓、锚筋等	位置	3		1	用钢尺量
		外露长度	±5		1	
预留孔洞	预应力筋孔道位置（梁端）		5	每个预留孔洞	1	用钢尺量
	其他	位置	8		1	用钢尺量
		孔径	+10，0		1	
梁底模拱度		+5，−2	每根梁、每个构件、每个安装段	1	沿底模全长拉线，用钢尺量
对角线差	板	7		1	用钢尺量
	墙板	5			
	桩	3			
侧向弯曲	板、拱肋、桁架	$L/1500$		1	沿侧模全长拉线，用钢尺量
	柱、桩	$L/1000$，且不大于 10			
	梁	$L/2000$，且不大于 10			
支架、拱架	纵轴线的平面偏位	$L/2000$，且不大于 30		3	用经纬仪测量
拱架高程		+20，−10			用水准仪测量

注：1. H 为构筑物高度（mm），L 为计算长度（mm）；
　　2. 支承面高程系指模板底模上表面支撑混凝土面的高程。

1.4.6 模板外观质量应符合下列规定：

1. 模板接缝不得漏浆；在浇筑混凝土前，木模板应洒水湿润，但模板内应无积水，无杂物；

2. 模板表面（与混凝土接触面）的隔离剂应涂刷均匀，不得使用影响结构性能和妨碍装饰的隔离剂；

3. 构筑物外露表面模板应平整、光洁、美观、清晰。

检查数量：全数检查。

检验方法：观察检查。

1.4.7 固定在模板上的预埋件、预留孔洞不得遗漏、且安装牢固。

检查数量：每个预留孔洞。

检验方法：观察检查。

1.5 质量记录

1. 测量复核记录
2. 模板、支架、拱架原材料产品合格证、进场检验记录和原材料试验报告
3. 模板、支架、拱架加工制作检验记录
4. 模板、支架、拱架，支撑体系（外购、外租）成品进场检验记录
5. 模板、支架、拱架，支撑体系安装质量检验记录
6. 隐蔽工程检查记录

1.6 安全与环保

1.6.1 支架、拱架、模板及支撑体系，必须在施工前进行设计，其强度、刚度、稳定性必须符合规定要求，必须考虑拆除安全，对拆除程序进行规定。

1.6.2 支搭、拆除施工，应由专业架子工担任，并按现行国家标准《特种作业人员安全技术考核管理规则》GB 5036—85，考核合格，持证上岗。凡不适于高处作业者，不得操作。支搭拆除施工，施工人员必须戴安全帽、系安全带、穿防滑鞋。

1.6.3 6级及6级以上大风和雨、雪、雾天气，应停止作业。

1.6.4 支架及模板施工，支搭完成后，应建立安全、质量检查验收制度，安全质量标准必须达到施工组织设计的要求。

1.6.5 采用多层支架支模时，支架的横垫板应平整，支柱应竖直。上下层支柱应在同一中心线上。

1.6.6 支架和拱架安装所用的木楔，宜用硬木对剖并刨光。倾角斜度不应大于25°，两楔接触面的压力不得超过2MPa，安装时两端应钉牢。

1.6.7 采用砂箱时，砂筒内的砂粒应匀均、干燥，筒体上的缝隙不得超过规定值，砂上承受的最大压力，不得超过5MPa。

1.6.8 支架和拱架安装完成后，应对节点和各向支撑进行检查，符合安全规定，方可进行下道工序。

1.6.9 标准模板应具有出厂检验合格证，非标准模板在使用前应进行荷载试验，符合设计要求后，方可使用。

工具式脚手架及配件应具有出厂合格证，其抗拉强度、伸长值、屈服点应符合设计要求。钢管和扣件不得有裂纹、气孔、砂眼、疏松或其他影响使用性能的缺陷。钢管应涂有防锈漆。

旧扣件使用前，应进行质量检查，并进行防锈处理。有裂缝或变形的，严禁使用。出现滑丝的螺栓必须更换。

1.6.10 严禁在高压线下设置各种模板、拱架、支架及支撑件堆放场地及各种模板、拱架、支架作业区。

高大组合模板、支架，应采用机械方式运输，不得人工运输。

支撑模板支架的支立，必须坐落在有足够承载力的地基上。立柱底端应铺垫50mm厚的垫木或混凝土预制块。其间应设木楔等卸荷装置，保持立柱的稳定。在脚手架基础或邻近区域，严禁进行挖掘作业。

1.6.11 支立排架时应由专人指挥，立柱应竖直，随支随撑，调整安装完成后，必须及时紧固形成整体。

1.6.12 组合钢支柱、钢管支架必须按专项施工组织设计（专项施工方案）的规定架设。

1.6.13 支立模板时，应遵守下列规定：

1. 支立模板施工，应按模板设计的规定支模。

2. 支立模板时应按工序施工，分区域完成施工。当日支立安装的底模、立模、排架，下班前应支撑牢固。

3. 竖立高大模板时，应设临时支撑，上下应顶牢。整体模板合龙后，应及时用拉杆、斜撑固定牢固。支撑严禁与脚手架相连。

4. 支立排架时，应由专人统一指挥，排架应竖直并随支随撑。调整组装完成后必须及时紧固成整体。

1.6.14 模板、拱架、支架的拆除

1. 拆除施工前，应先清理拆除施工现场，划定拆除现场作业区并派专人警戒，一切非施工操作人员不得进入禁区。

2. 拆除时必须按照设计规定或模板设计规定进行，严禁违反程序规定拆除。严禁使用机械牵引，一次拉倒的方法拆除。

3. 拆除原则应自上而下，先拆模板系统，后拆支架系统。

4. 排除桥跨结构时，应从桥跨两端向跨中对称拆除。

5. 拆除时必须确保未拆除部分处于稳定牢固状态，当拆除中，可能危及未拆部分的稳定时，必须对未拆部分进行临时加固支撑措施，确认安全后，方可拆除。

6. 拆除作业应由作业组长统一指挥，劳动组织分工明确，作业人员协调一致。

7. 拆除现浇混凝土结构的底板时，必须根据混凝土结构的强度进行拆除。

1.6.15 拱架的卸落，应符合下列规定：

1. 卸落拱架应按规定程序进行，卸落量宜从小逐渐增大，同拱架支架各支点同时卸落。不同的拱架支架应对称均匀卸落。

2. 圬工砌体拱桥拱架的卸落，必须待砂浆强度达到设计规定要求，无设计规定时，

必须达到设计标准值的70%以上，方能拆除。

3. 跨径小于10m的拱桥宜在拱上建筑全部完成后卸落拱架，中等跨径实腹式拱，宜在护拱砌完后卸落拱架，大跨径空腹式拱桥，宜在主拱上，小拱横墙砌完时卸落拱架。

4. 当需要进行主拱卸落拱架时，应对主拱进行强度及稳定性验算并采取防止失稳的措施。

5. 满布式拱架卸落时，应从拱顶向拱脚依次循环卸落，拱式拱架可在支座处同时卸落。

6. 多孔拱架卸架时，若桥墩允许承受单孔施工荷载，可单孔卸落。原则应多孔连续卸落或每个连续孔分阶段卸落。

7. 卸落拱架时应及时观测拱圈挠度和墩台变化情况并详细记录。

1.6.16 梁式桥支架卸落时，应遵守下列规定：

1. 简支梁连续梁宜从跨中向支座处依次循环卸落，悬臂梁加挂梁应先卸挂梁，后卸悬臂梁的支架。

2. 多跨连续梁落架脱模时，宜各跨同时均匀分次卸落，如必须逐跨卸落时，宜由两边跨向中跨对称推进。

3. 在柔性分段墩上浇筑连梁张拉或落架时，必要时需设临时支撑，待临跨加载后，方可拆除。

4. 独柱多跨连梁或连续弯梁，施加预应力后，分段脱模、落架时，必须对已浇筑梁段采取防止偏载、失稳或受扭的安全技术措施。

1.6.17 预应力混凝土构件模板的拆除，侧模应在预应力张拉前拆除，底模应在结构件建立预应力后，方可拆除。

1.6.18 组合钢支柱支撑的拆除应遵守下列规定：

1. 在模板和排架拆除后，首先将可调顶托调低，去掉顶托以上所有的木楔，然后拆除顶托以上的U形螺栓，将钢托梁抽拉出梁底模，并用吊车平稳下放。

2. 抽拉顶托以上钢梁时，所有水平拉杆、剪刀撑，一律不得拆除。

3. 拆除支撑应3人一组，应在地面设一人指挥、接料、监护。每拆一层时，应设置作业平台并满铺脚手板。

4. 顶托以上的钢托梁全部拆除完毕并运离现场后，方可进行钢支柱支架的拆除。拆除的起点应从现浇梁支撑的起点开始，拆除的顺序应从每排单列柱的首层开始，严禁从现浇梁支撑的中间部位开始拆除。

5. 先拆单列柱首层的水平拉杆和剪刀撑，拆卸时应在每下层水平拉杆上铺设脚手板，随拆随移。应双人操作，用绳索徐徐下放，并要带工具袋，用于装存工具及拆卸的扣件。

1.6.19 拆除作业时，应及时清理拆卸部件，运出现场。暂停拆模时，应将活动件支稳，方可离开现场。

1.7 成 品 保 护

1.7.1 模板架设后应保持模板内清洁，清理、清除模板内所有杂物。

1.7.2 混凝土拆模，应在混凝土强度达到规定要求后，且其表面及棱角不因拆模而受损时，方可拆除。拆模宜按立模顺序逆向进行，不得损伤混凝土，并减少模板破损。当模板与混凝土脱离后，方可拆卸、吊运模板。

1.7.3 除模板时，不得影响或中断混凝土的养护工作。

2 钢筋工程施工工艺

2.1 适用范围

2.1.1 本工艺适用于城市桥梁混凝土工程的钢筋加工、制作、绑扎作业。

2.2 施工准备

2.2.1 材料要求

1. 混凝土结构所用的钢筋其品种、规格、性能等应符合设计要求和现行国家产品标准。

2. 钢筋应按进场的批次进行检查和验收，检验合格后方可使用。进场检验应符合下列规定：

1）每批钢筋应由同一牌号、同一炉罐号、同一规格、同一等级、同一交货状态组成，并不得大于60t；

2）检查每批钢筋的外观质量。钢筋表面不得有裂纹、结疤和折叠；表面的凸块和其他缺陷的深度和高度不得大于所在部位的尺寸的允许偏差（带肋钢筋为横肋的高度）；测量本批钢筋的直径偏差；

3）经外观检查合格的每批钢筋中任选两根钢筋，在其上各截取1组试样，每组试样各制2根试件，分别作拉伸（含抗拉强度、屈服点、伸长率）和冷弯试验。

带肋钢筋应按规定增加反向弯曲试验项目。

4）当试样有1个试验项目不符合要求时，应另取2倍数量的试件对不合格项目作第2次试验，当仍有1根不合格时，则该批钢筋应判为不合格。

3. 在浇筑混凝土之前应进行钢筋的隐蔽工程验收。钢筋的数量、位置和连接方式应符合设计要求，预埋件的规格、数量和位置应符合设计要求。

4. 钢筋在运输和储存时，不得损坏标志，存放时应按钢筋类型、直径、钢号、批号、厂家等条件进行分类堆放，设分类标志牌、不得混淆；同时应避免锈蚀和污染（一般应架空地面0.3m以上，并苫盖防雨）；在码放时应将外观检查不合格的钢筋及时剔除。

5. 钢筋的级别、种类和直径应按设计要求采用。当需要代换时，应由原设计单位做变更设计。

6. 预制构件的吊环，应采用未经冷拉的HPB235级热轧钢筋制作，严禁以其他钢筋代替。

7. 工地（厂）应对运进的钢筋进行检验，作为使用本批钢筋的使用依据。

8. 经检验合格的钢筋在加工和安装过程中出现异常现象（如脆断、焊接性能不良或力学性能显著不正常等）时，应作化学成分分析。

9. 当对钢筋质量或类别有疑问时，应根据实际情况进行抽样鉴定，并不得用于主要承重结构的重要部位。

10. 焊接用电焊条应与钢材强度相适应，焊条质量应符合现行国家标准《碳钢焊条》GB/T 5117 的规定。

2.2.2 施工机具与设备

1. 钢筋加工设备（钢筋切断机、钢筋弯曲机、钢筋调直机、电焊机、对焊机、钢筋网焊接设备），钢筋网、钢筋笼运输设备（运输汽车）、吊装设备（吊车）等。

2. 钢筋绑扎工具（钢筋勾、石笔、墨斗、钢尺、撬棍等）。

3. 钢筋机械连接设备（带肋钢筋套筒液压连接机具：压接钳、液压泵、高压油管、卡板等）。

2.2.3 作业条件

1. 现场道路畅通，施工场地已清理平整，现场用水、用电接通，备有夜间照明设施。

2. 钢筋工程所需的原材料数量已备足，进场。

3. 钢筋加工场地应平整坚实，钢筋加工机械、焊接设备按平面布置图，合理确定安装位置。设备测试和试运转检测合格。

2.2.4 技术准备

1. 根据施工部位、结构型式、环境条件、工程量、安全要求等因素，制定专项方案批准后实施。

2. 技术交底和安全交底，并履行书面交底手续；熟悉施工图纸及配筋图。

3. 按结构部位，编制钢筋加工单并通过专业工程师批准。

4. 经专业技术培训，考试合格；焊工等专业技术工种应持证上岗。

2.3 操 作 工 艺

2.3.1 工艺流程

钢筋加工场建设→钢筋加工设备安装→原材料进场检查、检测试验→钢筋下料→钢筋加工→钢筋焊接→钢筋安装→检查、检测。

2.3.2 钢筋加工场建设

1. 施工现场应单独设置钢筋加工场。钢筋加工场场地应平整坚实，采用推土机推土、刮平机刮平、压路机压实。钢筋加工厂生产场地地面宜采用全部硬化处理，先将场地平整，用300mm厚的石灰粉煤灰稳定砂砾碾压密实、压实度不低于96%，其上浇筑200mm厚的C25混凝土。

2. 钢筋加工现场周围应设置防护栏及警示标志，钢筋加工场内不得有架空线路。

3. 钢筋加工场内的照明应采用外部有金属保护网的照明器。

2.3.3 钢筋加工设备

1. 钢筋加工设备应按平面布置图设计，合理确定安装位置。钢筋加工设备周围不得有障碍物。

2. 钢筋加工机械必须安装稳固。钢筋加工设备每次安装完成后，必须按该设备说明书的要求和有关规定进行测试和试运转，经安全技术部门验收合格后，方可使用。

3. 室外作业的钢筋加工设备应设置防雨雪、防火棚。

4. 钢筋加工机械和钢筋加工工具必须按制造商提供的使用说明书允许的使用范围内使用。钢筋加工机械和钢筋加工工具必须按使用说明书所规定的操作程序操作。

2.3.4 原材料进场检查、检测试验

原材料进场检查、检测试验应符合第 2.2.1 条规定，合格后方可投入使用。

2.3.5 钢筋下料

1. 钢筋配料

钢筋下料前，应根据来料的长短和所需长度进行配料。下料前应核对钢筋品种、规格、级别及加工数量；下料后应按种类和使用部位分别挂牌标明，并分别堆放。

2. 钢筋除锈

钢筋均应清除油污和锤打能剥落的浮皮、铁锈。除锈可通过钢筋冷拉或钢筋调直机调直过程中完成；也可采用电动除锈机或人工除锈方法。

除锈后钢筋表面有严重的麻坑、斑点或带有蜂窝状锈迹钢筋，不得使用。

钢筋表面的油渍、漆污、水泥浆和用锤敲击能剥落的浮皮、铁锈等均应清除干净。

3. 钢筋调直

1）对局部曲折、弯曲或成盘的钢筋应加以调直。

2）钢筋调直普遍使用卷扬机拉直和用调直机调直。也可采用平直锤、人工锤击矫直粗钢筋和用绞磨拉直细钢筋。

3）当利用冷拉方法矫直钢筋时，钢筋的矫直伸长率为：HPB235 级钢筋不得大于 2%；HRB335 级、HRB400 级钢筋不得大于 1%。

4. 钢筋切割

1）钢筋成型前，应根据配料表要求长度分别截断，宜用钢筋切断机进行。也可用断丝钳切断，对 Φ40mm 以上钢筋，可用氧乙炔焰割断。

2）应将同规格钢筋根据不同长短搭配、统筹排料；一般先断长料，后断短料，以减少短头和损耗。避免用短尺量长料，防止产生累计误差，应在工作台上标出尺寸、刻度，并设置控制断料尺寸用的挡板。切断过程中如发现劈裂、缩头或严重的弯头等，应切除。切断后钢筋断口不得有马蹄形或起弯等现象，钢筋长度偏差不应小于 ±10mm。

5. 计算钢筋下料长度

计算钢筋下料长度，除应按设计给出的结构尺寸外，尚应计入下列各值：

——钢筋弯钩造成的伸长（扣减）；

——钢筋弯钩的加长部分（增加）；

——钢筋弯起的加长部分（增加）。

2.3.6 钢筋加工

1. 钢筋弯曲成型

1）钢筋的弯曲成型采用弯曲机进行，在少量钢筋加工时，可用手工弯曲成型，系在成型台上用手摇扳子弯制 Φ8mm 以下钢筋，或用扳柱铁扳和扳子，弯制 Φ32mm 以下钢筋。

2）曲线钢筋可在钢筋弯曲机的工作盘放置辅助工具成型成型，螺旋筋（或圆钢筋）可用圆盘或滚筒成型。

3）钢筋弯曲时应将各弯曲点位置划出，划线尺寸应根据不同弯曲角度和钢筋直径扣除钢筋弯曲调整值。划线应在工作台上进行，如无划线台而直接以尺度量划线时，应使用长度适当的木尺，不宜用短尺（木折尺）接量，以防发生差错。第一根钢筋弯曲成型后，应与配料表进行复核，符合要求后再成批加工。成型后的钢筋要求形状正确，平面上无凹曲，弯点处无裂缝。其尺寸允许偏差为：全长±10mm，弯起钢筋起弯点位移20mm，弯起钢筋的起弯高度±5mm，箍筋边长±5mm。

2. 钢筋末端弯钩

钢筋弯制和末端弯钩均应符合设计要求，如设计未作具体规定时，HPB235级钢筋末端需作180°弯钩，HRB335级、HRB400级钢筋末端需作90°及135°弯折时，其尺寸要求应符合表2.3.6-1（钢筋弯制及末端弯钩形状）的规定。

表2.3.6-1 钢筋弯制及末端弯钩形状

弯曲部位	弯曲角度	形 状 图	钢筋种类	弯曲直径（D）	平直部分长度	备 注
末端弯钩	180°		HPB235	≥2.5d	≥3d	d为钢筋直径
	135°		HRB335	$\phi 8 \sim \phi 25$ ≥4d	≥5d	
			HRB400	$\phi 28 \sim \phi 40$ ≥5d		
	90°		HRB335	$\phi 8 \sim \phi 25$ ≥4d	≥10d	
			HRB400	$\phi 28 \sim \phi 40$ ≥5d		
中间弯制	90°以下		各类	≥20d		

注：采用环氧树脂涂层钢筋时，除应满足表内规定外，当钢筋直径 $d \leq 20$mm 时，弯钩内直径 D 不应小于 4d；当 $d >$ 20mm 时，弯钩内直径 D 不应小于 6d；直线段长度不应小于 5d。

3. 箍筋的末端应作弯钩，弯钩的形式应符合设计要求，如设计无具体要求时，弯钩形式可按表2.3.6-2项次1所示进行加工，有抗震要求的按表2.3.6-2项次2进行加工。

表2.3.6-2 箍筋末端弯钩

项 次	结 构 类 别	弯 曲 角 度	图 示
1	一般结构	90°/180°	

续表

项　　次	结　构　类　别	弯　曲　角　度	图　　示
1	一般结构	90°/90°	
2	抗震结构	135°/135°	

箍筋其弯钩的弯曲直径应大于被箍受力主钢筋的直径，且 HPB235 级钢筋不小于箍筋直径的 2.5 倍，HRB335 级钢筋不应小于箍筋直径的 4 倍；弯钩平直部分的长度，对一般结构，不宜小于箍筋直径的 5 倍，对有抗震要求的结构不应小于箍筋直径的 10 倍。

4. 钢筋宜在常温状态下加工，不宜加热（梁体横隔板锚固钢筋采用 HRB335 级钢筋时，应采用热弯工艺）。钢筋宜从中部开始逐步弯向两端，弯钩应一次弯成。

2.3.7　钢筋接头

1. 热轧钢筋的接头应符合设计要求。当设计无要求时，应符合下列规定：

1）接头应采用闪光对焊或电弧焊连接，并以闪光对焊为主。

2）拉杆中的钢筋，不论其直径大小，均应采用焊接接头。

3）仅在确无条件施行焊接时，对直径 25mm 及以下的钢筋方可采用绑扎搭接。对轴心受拉或小偏心受拉构件中的主钢筋均应焊接，不应采用绑扎接头。

4）在钢筋密列的结构内，当钢筋间净距小于其直径的 1.5 倍或 30mm（竖向）和 45mm（横向）时，不得使用搭接接头。搭接接头的配置，在任何截面内都应与邻近的钢筋保持适当距离。

5）跨度大于 10m 的梁不得采用搭接接头。

6）当施工中分不清受拉区或受压区时，接头设置应符合受拉区的规定。

2. 对于钢筋焊接接头的焊接工艺、参数、质量以及操作人员的培训、考试等要求，凡本指南未作规定的，应符合国家现行标准《钢筋焊接及验收规程》JGJ 18 的有关规定。

2.3.8　闪光对焊接头

采用闪光对焊接头时，应符合下列规定：

1. 每批钢筋焊接前，应先选定焊接工艺和参数，按实际条件进行试焊，并检验接头外观质量及规定的力学性能。仅在试焊质量合格和焊接工艺（参数）确定后，方可成批焊接。

2. 每个焊工均应在每班工作开始时，先按实际条件试焊 2 个对焊接头试件，并作冷弯试验，待其结果合格后，方可正式施焊。

3. 每个闪光对焊接头的外观应符合下列要求：

1）接头周缘应有适当的镦粗部分，并呈均匀的毛刺外形。

2）钢筋表面不应有明显的烧伤或裂纹。

3）接头弯折的角度不得大于 4°。

4）接头轴线的偏移不得大于 0.1d，并不得大于 2mm。

外观检查不合格的接头，经剔出重焊后方可提交二次验收。

4. 在同条件下（指钢筋生产厂、批号、级别、直径、焊工、焊接工艺和焊机等均相同）完成并经外观检查合格的焊接接头，以 300 个作为一批（不足 300 个，也按一批计），从中切取 6 个试件，3 个作拉力试验，3 个作冷弯试验，进行质量检验。

5. 对焊接头的抗拉强度不应低于该级别钢筋的规定值，并至少应有 2 个试件断于焊缝以外，且呈塑性断裂。

3 个拉力试件中，当有 1 个抗拉强度低于该级别钢筋的规定值，或有 2 个试件在焊缝处或热影响区（按接头每边 0.75d 计算）脆性断裂时，应另取两倍数量（6 个）的接头试件重作试验。复试中当有 1 个试件的抗拉强度低于该级别钢筋的规定值，或有 3 个试件在焊缝处或热影响区脆性断裂时，则该批对焊接头应判为不合格。预应力钢筋与螺丝端杆闪光对焊接头拉伸试验结果，3 个试件应全部断于焊缝之外，呈延性断裂。当试验结果有一个试件在焊缝或热影响区发生脆性断裂时，应从成品中再切取 3 个试件进行复验。当复验结果仍有一个试件在焊缝或热影响区发生脆性断裂时，应确认该批接头为不合格。

6. 对焊接头的冷弯试验，可用万能试验机、钢筋弯曲机或人工弯曲进行，芯棒直径应符合表 2.3.8（对焊接头冷弯试验的芯棒直径）的规定。冷弯试验时，应将接头内侧的毛刺、卷边削平，焊接点应位于弯曲中心，绕芯棒弯曲至 90°。

表 2.3.8　对焊接头冷弯试验的芯棒直径

钢筋级别	HPB235 级	HRB335 级	HRB400 级	RRB400 级
芯棒直径	2d	4d	5d	7d

注：1. d 为钢筋直径（mm）；
　　2. 直径大于 25mm 的钢筋，芯棒直径应增加 1d。

当试件经冷弯后，在弯曲背面不出现裂缝，可判为冷弯试验合格。当 3 个冷弯试验中有 1 个试件不合格，应另取 6 个试件重作试验，当复试中仍有 1 个不合格时，则该批对焊接头应判为不合格。

2.3.9　搭接、帮条电弧焊接接头

热轧光圆钢筋和热轧带肋钢筋的接头采用搭接、帮条电弧焊接时，除应满足强度要求外，尚应符合下列规定：

1. 搭接接头的长度、帮条的长度和焊缝的总长度应符合本规程的规定。

2. 搭接接头钢筋的端部应预弯，搭接钢筋的轴线应位于同一直线上。

3. 帮条电弧焊的帮条，宜采用与被焊钢筋同级别、同直径的钢筋；当采用同级别不同直径的钢筋作帮条，且被焊钢筋与帮条钢筋均为 HPB235 级钢筋时，两帮条钢筋的直径应大于或等于被焊钢筋的 0.8d，当被焊钢筋与帮条钢筋为 HRB335、HRB400 级钢筋时，两帮条钢筋的直径应大于或等于 0.9d。

帮条和被焊钢筋的轴线应在同一平面上。

4. 焊缝高度 h 应等于或大于 0.3d，并不得小于 4mm，焊缝宽度 b 应等于或大于 0.7d，并不得小于 8mm。

5. 钢筋与钢板进行搭接焊时，搭接长度应等于或大于钢筋直径的 4 倍（HPB235 级钢

筋）或5倍（HRB335级钢筋）。焊缝高度 h 应等于或大于 $0.35d$，并不得小于4mm，焊缝宽度 b 应等于或大于 $0.5d$，并不得小于6mm。

6. 在工厂（场）施行电弧焊接时，均应采用双面焊缝；仅在脚手架上施焊时，方可采用单面焊接，采用单面焊，其帮条或搭接长度应符合表 2.3.9-1 的规定。

表 2.3.9-1　钢筋帮条长度

钢 筋 级 别	焊 缝 型 式	帮 条 长 度 l
HPB235 级	单面焊	≥8d
	双面焊	≥4d
HRB335、HRB400 级	单面焊	≥10d
	双面焊	≥5d

注：d 为主筋直径（mm）。

7. 电弧焊接所用焊条应符合设计要求。当设计无要求时，可按表 2.3.9-2、表 2.3.9-3 选用。

表 2.3.9-2　钢筋电弧焊焊条

钢筋级别	电弧焊接头型式			
	绑条焊、搭接焊	坡口焊、熔槽绑条焊、预埋件穿孔塞焊	窄间隙焊	钢筋与钢板搭接焊、预埋件 T 型角焊
HPB235 级	E4303	E4303	E4316，E4315	E4303
HRB335 级	E4303	E5003	E5016，E5015	E4303
HRB400 级	E5003	E5503	E6016，E6015	—

表 2.3.9-3　电弧焊接用焊条

焊 条 型 号	药 皮 类 型	电 流 种 类
E4301 E4303 E4313	钛铁矿型 钛钙型 高钛钾型	交流或直流正、反接
E4315	低氢钠型	直流反接
E4316	低氢钾型	交流或直流反接
E5001 E5003	铁钛矿型 钛钙型	交流或直流正、反接
E5015	低氢钠型	直流反接
E5016	低氢钾型	交流或直流反接

8. 焊接地线应与钢筋接触良好，不得因接触不良而烧伤主筋。

9. 帮条与被焊钢筋间应采用4点固定。搭接焊时，应采用2点固定。定位焊缝应离帮条端部或搭接端部20mm以上。

10. 焊接时，应在帮条或搭接钢筋的一端引弧，并应在帮条或搭接钢筋端头上收弧，弧坑应填满。钢筋与钢板间进行搭接焊时，引弧应在钢板上进行。第一层焊缝应有足够的熔深，主焊缝与定位焊缝应熔合良好。

2.3.10　制作试件

每次改变钢筋级别、直径、焊条型号或调换焊工时，应预先用相同材料、相同焊接条件和参数，制作 2 个拉力试件。当试验结果均大于该级别钢筋的抗拉强度时，方可正式施焊。

2.3.11 电弧焊接头外观检查

采用电弧搭接焊、帮条焊的接头，应逐个进行外观检查，并应符合下列规定：

1. 用小锤敲击接头时，钢筋发出与基本钢材同样的清脆声。

2. 电弧焊接接头的焊缝表面应平顺，无缺口、裂纹和较大的金属焊瘤，其缺陷及尺寸的允许偏差应符合验收标准的规定。

2.3.12 电弧搭接焊、帮条焊接头

采用电弧搭接焊、帮条焊的接头，经外观检查合格后，应取样进行拉伸试验，并应符合下列规定：

1. 在同条件下（指钢筋生产厂、批号、级别、直径、焊工、焊接工艺和焊机等均相同）的焊接接头，以 300 个作为一批（不足 300 个，也按一批计），从中切取 3 个试件作拉伸试验。

2. 3 个钢筋接头试件的抗拉强度均不得小于该级别钢筋规定的抗拉强度。

3. 3 个接头试件均应断于焊缝之外，并应至少有 2 个试件呈延性断裂。

当有 1 个试件的抗拉强度小于规定值，或有 1 个试件断于焊缝，或有 2 个试件发生脆性断裂时，应再取 6 个试件进行复验。当有 1 个试件复验的抗拉强度小于规定值，或有 1 个试件断于焊缝，或有 3 个试件呈脆性断裂时，应确认该批接头为不合格。

2.3.13 焊接试验

不同钢厂生产的不同批号、不同外形的钢筋相互之间或与预埋件（钢板、型钢、预留钢筋）焊接时，应预先进行焊接试验，经检验合格后，方可正式施焊。

2.3.14 钢筋绑扎接头

钢筋绑扎接头应符合下列规定：

1. 受拉区内的 HPB235 级光圆钢筋末端应作成彼此相对的弯钩，HRB335 级带肋钢筋应做成彼此相对的直角弯钩。绑扎接头的搭接长度（由两钩端部切线算起）应符合表 2.3.14 的规定。在钢筋搭接部分的中心及两端共三处，应采用铁丝绑扎结实。

2. 受压光圆钢筋的末端，以及轴心受压构件中任意直径的纵向钢筋末端，可不作弯钩，但钢筋的搭接长度不应小于 $30d$。

表 2.3.14 钢筋绑扎接头的最小搭接长度

序　　　号	钢　筋　级　别	受　　拉　　区	受　　压　　区
1	HPB235 级钢筋	$30d$	$20d$
2	HRB335 级钢筋	$35d$	$25d$

注：1. 绑扎接头的搭接长度除应符合本表规定外，在受拉区不得小于 250mm，在受压区不得小于 200mm；
　　2. d 为钢筋直径（mm）。

钢筋接头应设置在钢筋承受应力较小处，并应分散布置。配置在"同一截面"内的受力钢筋接头的截面面积，占受力钢筋总截面面积的百分率，应符合本章第 2.4 节规定。

2.3.15 钢筋网

焊接钢筋网片宜采用电阻点焊。所有焊点应符合设计要求，可按下列规定进行点焊。

1. 当焊接网片的受力钢筋为 HPB235 级或冷拉 HPB235 级钢筋时，如焊接网片只有一个方向受力时，受力主筋与两端边缘的两根锚固横向钢筋的全部相交点应焊接；如焊接网为两个方向受力时，则四周边缘的两根钢筋的全部交点均应焊接，其余的相交点可间隔焊接或绑扎一半的交叉点。

2. 当焊接网的受力钢筋为冷拔低碳钢丝、而另一方向的钢筋间距小于 100mm 时，除网两端边缘的两根钢筋的全部交点应焊接外，中间部分的焊点距离可增大至 250mm。

2.3.16 钢筋骨架

1. 钢筋骨架的焊接应在坚固的工作台上进行。

2. 拼装时应按设计图纸放大样，放样时应考虑焊接变形和混凝土灌注时的预留拱度，可参考表 2.3.16 的数值。

表 2.3.16 简支梁钢筋骨架预拱度

T 梁跨度（m）	工作台上预拱度（mm）	骨架拼装时预拱（mm）	T 梁构件预拱度（mm）
7.5	30	10	0
10 ~ 12.5	30 ~ 50	20 ~ 30	10
15	40 ~ 50	30	20
20	50 ~ 70	40 ~ 50	30

注：跨度大于 20m 时应按设计规定预留拱度。

3. 拼装前应检查所有焊接接头的焊缝，并应符合焊接要求。

4. 拼装时可在需要焊接位置，设置楔形卡卡住，控制焊接时局部变形。待所有焊点卡好后，先在焊缝两端点定位，然后再施焊。

5. 骨架焊接时，不同直径的钢筋的中心线应在同一平面上。直径较小的钢筋可在下面垫置厚度适当的钢板。施焊次序应由中到边对称地向两端进行，先焊骨架下部、后焊骨架上部。相邻的焊缝采用分区对称跳焊，不得顺方向一次焊成。

2.3.17 现场安装或绑扎钢筋

1. 钢筋接头的位置应符合设计要求。当设计无要求时，应符合本章有关规定。

2. 在钢筋的交叉点处，应用直径 0.7 ~ 2.0mm 的铁丝扎牢，按逐点改变绕丝方向（8字形）的方式交错扎结，或按双对角线（十字形）方式扎结。必要时可采用点焊焊牢，但不得在主筋上起弧。

3. 板和墙的钢筋网，除靠近外围两行钢筋交叉点全部绑扎牢外，中间部分交叉点可间隔交错绑扎牢，但必须保证受力钢筋不产生偏移；双向受力的钢筋，必须全部扎牢。

4. 梁、柱等结构中钢筋骨架的箍筋应与主筋垂直围紧；柱中箍筋接头的两端应向柱内弯曲。箍筋弯钩叠合处，应沿受力钢筋方向错开设置；在柱中应沿柱高方向交错布置，对方柱则必须位于柱角竖向筋交接点上，但有交叉式箍筋的大截面柱，可在与任何一根中间纵向筋的交接点上。螺旋形箍筋的起点和终点均应绑扎在纵向钢筋上。有抗扭要求的螺旋箍筋，钢筋应伸入核心混凝土中。

5. 在墩、台及墩柱中的竖向钢筋搭接时，角部钢筋的弯钩平面与模板面的夹角，对矩形柱为 45°角，对多边形柱应为模板面的夹角的平分角；对圆柱形钢筋弯钩平面应与模板的切平面垂直；中间钢筋的弯钩平面应与模板平面垂直；当采用插入式振捣器浇筑小型截面柱时，弯钩平面与模板面的夹角不得小于 15°。

6. 受力钢筋为绑扎接头搭接长度范围内的箍筋间距：当钢筋受拉时应小于5d，且不应大于100mm；当钢筋受压时应小于10d，且不应大于200mm（d为受力钢筋的最小直径）。

7. 钢筋骨（网）架宜应有足够的刚度，必要时可补入辅助钢筋或在钢筋的某些交叉点处焊牢，但不得在主筋上起弧。

8. 安装钢筋骨（网）架时，应保证其在模型中的正确位置，不得倾斜、扭曲，也不得变更保护层的规定厚度。在混凝土浇筑过程中安装钢筋骨（网）架时，不应妨碍浇筑工作正常进行，不应造成施工接缝。

9. 钢筋骨（网）架经预制、安装就位后，应进行检查，作出记录并妥加保护，不得在其上行走和递送材料。

2.3.18 钢筋接头

钢筋接头采用本规程未涉及的其他形式时，应经过试验论证并经有关部门认可，且其施工应符合《钢筋机械连接通用技术规程》JGJ 107的相关规定。

2.3.19 钢筋保护层

1. 钢筋的混凝土保护层厚度，应符合设计要求。

2. 普通钢筋和预应力直线形钢筋的最小混凝土保护层厚度（钢筋外缘或管道外缘至混凝土表面的距离）不应小于钢筋公称直径，后张法构件预应力直线形钢筋不应小于其管道直径的1/2，且应符合表2.3.19的规定。

表2.3.19 普通钢筋和预应力钢筋直线形钢筋最小混凝土保护层厚度

序 号	构 件 类 别		环 境 条 件		
			I	II	III、IV
1	基础、桩基承台	基坑底面有垫层或侧面有模板（受力主筋）	40	50	60
		基坑底面无垫层或侧面无模板（受力主筋）	60	75	85
2	墩台身、挡土结构、涵洞、梁、板、拱圈、拱上建筑（受力主筋）		30	40	50
3	人行道构件、栏杆（受力主筋）		20	25	30
4	箍筋				
5	缘石、中央分隔带、护栏等行车道构件		30	40	45
6	收缩、温度、分布、防裂等表层钢筋		15	20	25

注：对于环氧树脂涂层钢筋，可按环境类别I取用；
当受拉区主筋的混凝土保护层厚度大于50mm时，应在保护层内设置直径不小于6mm、间距不大于100mm的钢筋网。

2.3.20 冬雨期施工

1. 冬期钢筋的闪光对焊宜在室内进行，焊接时的环境气温不宜低于0℃。

钢筋应提前运入车间，焊毕后的钢筋应待完全冷却后才能运往室外。

在困难条件下，对以承受静力荷载为主的钢筋，闪光对焊的环境气温可适当降低，最低不应低于-10℃。

冬期电弧焊接时，应有防雪、防风及保温措施，并应选用韧性较好的焊条。焊接后的接头严禁立即接触冰雪。

2. 雨天不得进行钢筋焊接、安装作业。

2.4 质 量 标 准

2.4.1 一般规定

1. 钢筋应按不同品种、型号、规格及检验状态分别标识存放。在运输、加工和储存过程中应防止锈蚀、污染和变形。

2. 当钢筋的品种、级别或规格需作变更时，应办理设计变更文件。

2.4.2 原材料

主 控 项 目

1. 钢筋进场时，除应具有出厂质量证明书外，还应按批抽取试件作力学性能（屈服强度、抗拉强度、伸长率）和工艺性能（冷弯）试验。其质量应符合《钢筋混凝土用钢 第 1 部分：热轧光圆钢筋》GB 1499.1、《钢筋混凝土用钢 第 2 部分：热轧带肋钢筋》GB 1499.2 等现行国家标准的规定和设计要求。

检查数量：以同型号、同炉号、同规格、同交货状态的钢筋，每 60t 为一批，不足 60t 也按 60t 计，每批抽检一次。

检验方法：检查产品合格证、出厂检验报告和进场复验报告。

一 般 项 目

2. 钢筋应平直、无损伤。表面无裂纹、油污、颗粒状或片状老锈。

检查数量：全部。

检验方法：观察。

2.4.3 钢筋加工

主 控 项 目

1. 钢筋的加工应符合设计要求。当设计无要求时，受力钢筋的弯制和末端的弯钩应符合表 2.4.3-1 的规定；箍筋的末端弯钩应符合表 2.4.3-2 的规定。

表 2.4.3-1 受力钢筋制作和末端弯钩形状

序 号	弯曲部位	弯曲角度	形 状 图	钢筋种类	弯曲直径（D）	平直部分长度
1	末端弯钩	180°		HPB235	≥2.5d	≥3d
		135°		HRB335	$\phi8 \sim \phi25$ ≥4d	≥5d
				HRB400	$\phi28 \sim \phi40$ ≥5d	

续表

序 号	弯曲部位	弯曲角度	形 状 图	钢筋种类	弯曲直径（D）	平直部分长度
1	末端弯钩	90°		HRB335	φ8～φ25 ≥4d	≥10d
				HRB400	φ28～φ40 ≥5d	
2	中间弯制	90°以下		各类	≥20d	

表 2.4.3-2 钢筋末端弯钩

结 构 类 别	一 般 结 构		抗 震 结 构
弯曲角度	90°/180°	90°/90°	135°/135°
图示			

检查数量：按钢筋编号各抽验10%，且各不少于3件。

检验方法：尺量，观察。

一 般 项 目

2. 钢筋调直宜采用机械方法，也可以采用冷拉方法。当采用冷拉方法高超调直钢筋时，HRB335 级钢筋的冷拉率不宜大于4%，HRB400 级、RRB400 级钢筋的冷拉率不宜大于1%。

检查数量：每工作日同一类型钢筋、同一加工设备抽查不应少于3件。

检验方法：观察和尺量。

3. 钢筋加工允许偏差应符合表2.4.3-3 规定。

表 2.4.3-3 钢筋加工允许偏差

序号	检查项目		允许偏差 （mm）	检查频率		检查方法
				范 围	点数	
1	冷拉率		≯设计规定	每根（每一类型抽查 10%且不少于5根）	1	用钢尺量
2	受力钢筋成型长度		+5，−10		1	
3	弯起钢筋 （mm）	弯起点位置	±20		2	
		弯起高度	−10		1	
4	箍筋尺寸（mm）		±5		2	用钢尺量，高宽各计1点

检查数量和检验方法：按表2.4.3-3 的规定检验。

2.4.4 钢筋连接

主 控 项 目

1. 钢筋连接接头，应按批抽取试件做力学性能试验，其质量应符合《钢筋焊接及验收规程》JGJ 18 和《钢筋机械连接通用技术规程》JGJ 107 等现行国家标准的规定和设计要求。

检查数量：钢筋接头的外观质量全部。焊接接头的力学性能检验以同级别、同规格、同接头形式和同一焊工完成的每 300 个作为一批；不足 300 个，也按一批计。机械连接接头的力学性能检验以同级别、同规格、同接头形式的每 500 个作为一批；不足 500 个，也按一批计。每批抽检一次。

检验方法：钢筋接头外观检验观察和尺量。焊接接头和机械连接接头力学检验做拉伸试验，闪光对焊接头增做冷弯试验。

2. 受力钢筋和绑扎钢筋接头应设置在内力较小处，并应分散布置。配置在"同一截面"内受力钢筋接头的截面面积，占受力钢筋接头总截面面积的百分率，应符合设计要求。当设计未提出要求时，应符合下列规定：

1）焊（连）接接头在构筑物（构件）的受拉区不得大于 50%，在受压区可不受限制；

2）绑扎接头在构筑物（构件）的受拉区不得大于 25%，在受压区不得大于 50%；

3）钢筋接头应避开钢筋弯曲处，距弯曲点的距离不得小于钢筋直径的 10 倍；

4）在同一根钢筋上应尽量少设接头；同一截面内，同一根钢筋上不得超过一个接头。

注：1. 两焊（连）接接头在钢筋直径 35 倍范围内不小于 500mm 以内、两绑扎接头在 1.3 倍搭接长度范围且不小于 500mm 以内，视为"同一截面"；

    2. 装配式构件连接处的受力钢筋焊接接头，可不受本条限制。

检查数量：全部。

检验方法：观察。

一 般 项 目

3. 受拉钢筋绑扎接头的搭接长度，应符合表 2.4.4-1 的规定；受压钢筋绑扎接头的搭接长度，应取受拉钢筋绑扎接头的搭接长度的 0.7 倍。

表 2.4.4-1 受拉钢筋绑扎接头的搭接长度

接 头 型 式		接头面积最大百分率（%）			
		C15	C20 ~ C25	C30 ~ C35	≥C40
光圆钢筋	HPB235 级	45d	35d	30d	25d
带肋钢筋	HRB335 级	55d	45d	35d	30d
	HRB400 级	—	55d	45d	35d
	RRB400 级				

注：1. 表中 d 为钢筋直径；

    2. 当带肋钢筋直径大于 25mm 时，其受拉钢筋绑扎接头的搭接长度应按相应数乘以系数 1.1 取用；

    3. 当混凝土凝固过程中受力钢筋易受扰动时，其搭接长度应按相应数乘以系数 1.1 取用；

    4. 在任何情况下，纵向受力钢筋的搭接长度不应小于 300mm；受压钢筋的搭接长度应按相应数乘以系 0.7 取用，但不应小于 200mm；

    5. 对一、二级抗震等级应按相应数乘以系数 1.15 取用；对三级抗震等级应按相应数乘以系数 1.05 取用；

    6. 两根不同直径的钢筋的搭接长度，以较细的钢筋直径计算；

    7. 受拉区内 HPB235 级钢筋绑扎接头的末端应做弯钩，HRB335 级、HRB400 级钢筋绑扎接头末端可不做弯钩，直径等于和小于 12mm 的受压 HPB235 级钢筋的末端，可不做弯钩，但绑扎长度不应小于钢筋直径的 30 倍，钢筋搭接应在中心和两端用铁丝扎牢；

    8. 施工中钢筋受力分不清拉压的按受拉处理。

检查数量：全部。

检验方法：观察或用钢尺量。

4. 钢筋闪光接触对焊接头处不得有横向裂纹。与电极接触处的钢筋表面，对 HPB235 级、HRB335 级、HRB400 级钢筋不得有明显的烧伤，对 RRB400 级钢筋不得有烧伤。低温对焊时，对于 HPB235 级、HRB335 级、HRB400 级、RRB400 级钢筋均不得有烧伤。接头机械性能与允许偏差应符合表 2.4.4-2 规定。

表 2.4.4-2　闪光接触对焊接头机械性能及允许偏差

序号	项　　目	允　许　偏　差	检查频率		检 查 方 法
			范　　围	点数	
1	抗拉强度	符合材料性能指标	每件（每批各抽 3 件）	1	按《金属材料　室温拉伸试验方法》GB/T 228
2	冷弯				
3	接头弯折	不大于 4°	每件（每批抽 10% 且不少于 10 件）		用刻槽直尺和楔形塞尺最大值
4	接头处钢筋轴线的偏移（mm）	$\ngtr 0.1d$，且 $\ngtr 2$			

注：表中 d 为钢筋直径。

检验数量和检验方法：按表 2.4.4-2 的规定检验。

5. 钢筋电弧焊接头焊缝表面应平整，不得有较大的凹陷或焊瘤；接头处不得有裂纹。其机械性能、缺陷及尺寸允许偏差应符合表 2.4.4-3 规定。

表 2.4.4-3　钢筋电弧焊接头的机械性能、缺陷及尺寸允许偏差

序号	项　　目		允　许　偏　差	检查频率		检 查 方 法
				范　　围	点数	
1	抗拉强度（MPa）		符合材料性能指标	每个接头（每批抽查 3 件）	1	按《金属材料　室温拉伸试验方法》GB/T 228
2	帮条沿接头中心线的纵向偏移（mm）		0.5d			用焊接工具尺和用钢尺量
3	接头处钢筋轴线的弯折		$\ngtr 4°$			
4	接头处钢筋轴线的偏移（mm）		$\ngtr 0.1d$，且 $\ngtr 3$			
5	焊缝厚度（mm）		+ 0.05d	每个接头（每批抽 10% 且不少于 10 件）	2	
6	焊缝宽度（mm）		+ 0.1d			
7	焊缝长度（mm）		- 0.5d			
8	横向咬边深度（mm）		0.05d，且 $\ngtr 1$			
9	焊缝表面气孔及夹渣的数量和其尺寸	在 2d 长度上	不多于 2 个		3	
		直径（mm）	$\ngtr 3$			

注：表中 d 为钢筋直径。

检验数量和检验方法：按表 2.4.4-3 的规定检验。

6. 接触点焊焊接骨架和焊接网片的焊点处熔化金属应均匀；焊点无脱落、漏焊、裂纹、多孔性缺陷及明显的烧伤现象，压入深度应满足规定。焊接网片及焊接骨架允许偏差应符合表 2.4.4-4 规定。

表 2.4.4-4　焊接网片及焊接骨架允许偏差

序号	项　　目		允许偏差（mm）	检查频率		检查方法
				范　围	点数	
1	焊接网片	长度	±10	每个接头（每一类型抽查10%且不少于5件）	1	用钢尺量
		宽度				
		网格尺寸				
		网片两对角线之差				
2	焊接骨架	长度	10			
		宽度				
		高度				
3	骨架箍筋间距		±10			
4	受力钢筋	间距	±10			
		排距	±5			

检验数量和检验方法：按表 2.4.4-4 的规定检验。

7. 预埋件骨架 T 型接头焊包应均匀，钢板无焊穿、凹陷现象。其缺陷和尺寸允许偏差应符合表 2.4.4-5 规定。

表 2.4.4-5　T 型接头强度、缺陷和尺寸允许偏差

序号	项　　目		允许偏差	检查频率		检查方法
				范　围	点数	
1	抗拉强度	HPB235 级	≮360MPa	每个接头（每批各抽3件）		按《金属拉力试验方法》GB 228
		HRB235 级	≮500MPa			
2	焊接高度（mm）		≥0.6d	每个接头（每批抽10%且不少于5件）	1	用焊接尺和工具尺量
3	咬肉深度（mm）		≯0.5			
4	T 型轴线偏差		≯4°			
5	焊缝表面上气孔及夹渣的数量和其尺寸	数量	不多于 3 个			观察
		直径（mm）	≯1.5			用钢尺量

注：表中 d 为钢筋直径。

检验数量和检验方法：按表 2.4.4-5 的规定检验。

2.4.5 钢筋安装

主 控 项 目

1. 钢筋安装时，其品种、级别、规格和数量应符合设计要求。

检查数量：全部。

检验方法：观察或用钢尺量。

一 般 项 目

2. 钢筋安装应符合下列规定：

1）安装后的钢筋应牢固，在浇筑混凝土时不得松动或变形；

2）同一截面内同一根钢筋上只应有一个接头；

3）绑扎或焊接接头与钢筋弯曲处相距不应小于 10 倍主筋直径，也不宜位于最大弯矩处。

检查数量：全部。

检验方法：观察或用钢尺量。

3. 钢筋网片、骨架成型、钢筋成型和安装位置允许偏差应符合表 2.4.5 规定。

表 2.4.5　钢筋网片、骨架成型、钢筋成型和安装允许偏差

序号	检查项目		允许偏差（mm）	检验频率		检验方法
				范围	点数	
1	受力钢筋（mm）	间距　梁板、柱、塔、板、墙	±10	每个构筑物或构件	4	在任意一个断面连续量取钢筋间（排）距，取其平均作为 1 点
		间距　基础、墩、台	±20			
		顺高度配置两排以上的排距	±5			
2	网片（mm）	长度	±10		5	用钢尺量，纵横方向各连续量取 5 档，计一平均值
		宽度				
		高度				
		网格尺寸				
3	骨架（mm）	长度	10		3	用钢尺量
		宽度、高度或直径	+5，-10		3	
4	箍筋及构造筋间距（mm）		±20		3	连续量取 5 档、计一平均值
5	同一截面内受拉钢筋接头截面面积占钢筋总面积	焊接	≥50%		—	观察
		绑接	≥25%			
6	保护层厚度（mm）	墩、台、基础	±10		8	用钢尺量
		梁、柱、塔、桩	±5			
		板、墙	±3			

检验数量和检验方法：按表 2.4.5 的规定检验。

2.5　质　量　记　录

1. 原材料产品合格证、进场检验记录和原材料试验报告
2. 施工通用记录
3. 钢筋工程质量检验记录
钢筋加工和安装质量检验记录
钢筋连接试验报告
4. 隐蔽工程检查记录

2.6　安全与环保

2.6.1　在编制施工组织设计时应对钢筋材料的进场码放、钢筋加工、钢筋焊接、钢筋吊运、钢筋安装等安全措施加以规定。施工现场应单独设置钢筋加工场，钢筋加工场地应平

整坚实，现场周围应设置防护栏及警示标志，钢筋加工场内不得有架空线路。

2.6.2 钢筋在运输、储存和使用时，不得锈蚀和污染，应保留标牌。钢筋材料应按平面布置图规定，按规格、牌号分类堆垛，整齐码放。

加工成型的钢筋笼、钢筋网和钢筋骨架等应水平放置，堆垛码放高度不得超过2m，码放层次不宜超过3层，大型钢筋笼（灌注桩钢筋笼等）不得双层码放。

2.6.3 钢筋加工设备应按平面布置图，确定安装位置。钢筋加工设备周围不得有障碍物，安装稳固。

钢筋加工机械和钢筋加工工具应在允许的使用范围内使用，必须按规定操作程序操作。

钢筋加工设备的安全装置必须有效，缺少安全装置或安全装置已失效的设备不得使用。

2.6.4 钢筋加工机械的操作人员应经专业培训，经考试合格后上岗。

2.6.5 钢筋接头采用焊接工艺应遵守下列规定：

1. 焊接作业前应检查操作环境，在焊接作业点10m范围内不得有易燃、易爆物。

2. 在高处进行焊接作业，其高处作业下方5m位置不得有易燃、易爆物，要有专职看火人员，并备有消防器材。

3. 钢筋接头采用电弧焊工艺应遵守《焊接与切割安全》GB 9448的规定。

4. 钢筋接头作业还应执行《钢筋焊接及验收规程》JGJ 18第4章的规定。

5. 城市桥梁工程钢筋焊接应按作业指导书规定的程序操作。焊接人员不得随意改变焊接参数。

2.6.6 运输和吊装大型钢筋笼或钢筋骨架时应加临时加固装置。吊装钢筋前应检查施工现场地上、地下构筑物的情况，严禁在高压线下进行吊装，在高压线附近进行吊装时，应确保与高压线的安全距离。

向模板内吊装钢筋时，模板内的钢筋应分散放置，应随使用随运送，不得在同一部位大量堆放超过模板和支架承载能力的钢筋。高处作业的钢筋不得在临边部位存放。

2.6.7 钢筋绑扎应有专人指挥。严格按施工程序操作。绑扎钢筋时，应按规定安放钢筋支架、马凳，铺设走道板。作业人员应在走道板上行走，不得直接踩踏钢筋。在临边部位进行钢筋绑扎时，操作人员必须系好安全带，并设专人进行监护。绑扎好的钢筋骨架应采用临时支撑加以稳定。绑扎钢筋的绑丝头应弯回至钢筋骨架内侧。

2.6.8 在高处进行钢筋作业时，应按规定搭设防护操作平台和挂安全网并悬挂警示标志。应搭设上下马道或扶梯，严禁沿钢筋骨架攀登上下。

2.6.9 在深槽（坑）进行钢筋作业前，必须检查槽壁的稳定性，槽边不得有易坠物，确认安全后方可作业。

2.6.10 钢筋绑扎、运送和安装在任何时间、任何场合严禁在同一垂直方向上操作。

2.7 成品保护

1. 钢筋在运输、储存和使用时，不得锈蚀和污染，应保留标牌。钢筋材料应按平面布置图规定，钢筋材料的码放应按品种、牌号、规格尺寸的不同，分类堆垛整齐码放在平整坚实、无积水的场地。

2. 加工成型的钢筋笼、钢筋网和钢筋骨架等应水平放置，堆垛码放高度不得超过 2m，码放层次不宜超过 3 层，大型钢筋笼（灌注桩钢筋笼等）不得双层码放。

3. 运输和吊装大型钢筋笼或钢筋骨架时应加临时加固装置（方木、型钢等支撑）。

3 混凝土工程施工工艺

3.1 适 用 范 围

3.1.1 本工艺适用于常规城市桥梁工程混凝土施工；有特殊要求的混凝土工程应符合本规程及其他相关标准的规定要求。

3.2 施 工 准 备

3.2.1 水泥混凝土材料

1. 水泥

1）城市桥梁工程混凝土宜选用硅酸盐水泥、普通硅酸盐水泥。混凝土受侵蚀性介质作用时应使用适应介质性质的水泥。

2）选用水泥时，应注意其特性对混凝土结构强度、耐久性和使用条件是否有不利影响。应以能使所配制的混凝土强度达到要求、收缩小、和易性好和节约水泥为原则。

3）水泥品种、强度等级和性能指标应符合现行《通用硅酸盐水泥》GB 175 规定；其他水泥的性能指标应符合现行相关标准规定；并附有制造厂的水泥品质试验报告等合格证明文件。

水泥进场后，应按其品种、级别、证明文件以及出厂时间等情况分批进行检查验收，并对其强度、安定性及其他必要的性能指标进行复验。

4）散装水泥的运输应采用专用水泥运输车；散装水泥储存应采用水泥贮罐；不同品种、级别的水泥应分别储存。储存散装水泥过程中，应采取措施（搭棚、加罩等）降低水泥的温度或防止水泥升温。

5）当在使用中对水泥质量有怀疑或水泥出厂超过三个月（快硬硅酸盐水泥超过一个月）时，应重新取样检验，并按其复检结果使用。

6）城市桥梁工程钢筋混凝土和预应力混凝土结构中严禁使用含氯化物的水泥。

当骨料具有碱—硅酸反应活性时，水泥的碱含量不应超过 0.60%；

C40 及以上混凝土用水泥的碱含量不应超过 0.60%。

2. 细骨料

1）桥梁用混凝土的细骨料，应用级配合理，质地均匀坚硬、颗粒洁净、吸水率低、空隙率小的河砂，河砂不易得到时，也可采用硬质岩石经专用设备加工的机制砂；不宜使用山砂，不得使用海砂。

城市桥梁工程用混凝土宜优先选用中砂。当选用粗砂时，应提高砂率，并保持足够的水泥用量，以满足混凝土的和易性；当选用细砂时，宜适当降低砂率。

2）钢筋混凝土中氯离子含量不得大于 0.06%（以干砂重的百分率计）。

3）砂的筛分应符合下列规定：

① 砂的分类见表 3.2.1-1。

表 3.2.1-1 砂的分类

砂 组	粗 砂	中 砂	细 砂
细度模数	3.7～3.1	3.0～2.2	2.2～1.6
平均粒径（mm）	>0.5	0.5～0.35	0.35～0.25

注：细度模数主要反映全部颗粒的粗细程度，不完全反映颗粒的级配情况，混凝土配制时应同时考虑砂的细度模数和级配情况。

② 砂的级配应符合表 3.2.1-2 中的任何一个级配区所规定的级配范围。

表 3.2.1-2 砂的分区级配范围

标准筛筛孔尺寸（mm）	级 配 区			标准筛筛孔尺寸（mm）	级 配 区		
	Ⅰ区	Ⅱ区	Ⅲ区		Ⅰ区	Ⅱ区	Ⅲ区
	累计筛余（%）				累计筛余（%）		
10.00	0	0	0	0.63	85～71	70～41	40～16
5.00	10～0	10～0	10～0	0.315	95～80	92～70	85～55
2.50	35～5	25～0	15～0	0.16	100～90	100～90	100～90
1.25	65～35	50～10	25～0				

注：表中除 5mm、0.63mm、0.16mm 筛孔外，其余各筛孔累计筛余允许超出分界线，但其总量不得大于 5%。

4）当对河砂或机制砂的坚固性有怀疑时，应用硫酸进行坚固性试验，试验时循环 5 次，试样的质量损失率应不超过 5%。

5）砂中杂质的含量应通过试验测定，其最大含量不宜超过表 3.2.1-3 的规定。

表 3.2.1-3 砂中杂质的最大含量

项 目	<C30 的混凝土	C30～C45	≥50
含泥量（%）	≤3.0	≤2.5	<2.0
其中泥块含量（%）	<2.0	<1.0	<0.5
云母含量（%）	≤2.0	≤1.0	<0.5
轻物质含量（%）	≤1.0	≤1.0	≤0.5
硫化物及硫酸盐折算为 SO_3（%）	<1.0	<1.0	<0.5
有机质含量（用比色法试验）	颜色不应深于标准色，如深于标准色，则按水泥胶砂强度试验方法，进行强度对比试验，抗压强度比不应低于 0.95		

注：杂质含量均按质量计。

6）拌制混凝土的细骨料碱活性指标应符合设计要求及相关标准规定。细骨料所选产地变更、连续使用两年或实际需要时，应进行碱活性检验，检验方法可按《砂、石碱活性快速试验方法》CECS 48 规定执行。

3. 粗骨料

1）桥梁混凝土用的粗骨料，应选用级配合理、粒形良好、质地坚硬、线膨胀系数小的碎石，也可采用碎卵石，不宜采用砂岩碎石。

粗骨料应按产地、类别、加工方法和规格等不同情况，分批进行检验，机械集中生产时，每批不宜超过 $400m^3$；人工生产，每批不宜超过 $200m^2$。粗骨料的试验可按现行《普通混凝土用砂、石质量及检验方法标准》JGJ 52 执行。

当粗骨料为碎石时，碎石的强度用岩石抗压强度表示，且岩石抗压强度与混凝土强度之比不小于 1.5。施工过程中可用粗骨料的压碎值控制。

粗骨料的压碎指标见表 3.2.1-4。

表 3.2.1-4　粗骨料的压碎指标（%）

强度等级	< C30			≥C30		
岩石种类	沉积岩	深成岩、变质岩	火成岩	沉积岩	深成岩、变质岩	火成岩
碎石	≤10	≤20	≤30	≤10	≤12	≤13
卵石	≤16			≤12		

2）粗骨料的颗粒级配，可采用连续级配或连续级配与单粒级配合使用。在特殊情况下，通过试验证明混凝土离析现象时，也可采用单粒级。粗骨料的颗粒级配范围应符合国家现行标准《普通混凝土用砂、石质量用检验方法标准》JGJ 52 的有关规定。

3）粗骨料最大粒径按混凝土结构情况及施工方法选取，但最大粒径不得超过钢筋混凝土保护层厚度的 2/3；在两层或多层密布钢筋结构中，不得超过钢筋最小净距的 1/2；配制强度等级 C50 及以上预应力混凝土时，粗骨料最大公称粒径（圆孔）不应大于 25mm。用混凝土泵运送混凝土的粗骨料最大粒径，除应符合上述规定外，同时应符合混凝土泵制造厂的规定。

4）粗骨料的技术要求及有害物质含量的规定见表 3.2.1-5。

表 3.2.1-5　粗集料有害物质含量限值

项　　目	混凝土强度等级		
	≥C50	C30～C45	< C30
针片状颗粒含量（按质量计,%）	≤5	≤10	≤20
含泥量（按质量计,%）	≤0.5	≤1.0	≤1.5
泥块含量（按质量计,%）	≤0.25	≤0.5	≤0.7
硫化物及硫酸盐含量（折算为 SO_3，按质量计,%）	≤0.5	≤1.0	≤1.0
氯化物（以 NaCl 计,%）	0.03	0.03	
卵石中有机质含量（用比色法试验）	颜色不应深于标准色；如深于标准色，则应配制混凝土进行强度对比试验，抗压强度比不应小于 0.95		

5）混凝土结构物处于表 3.2.1-6 所列条件下时，应对碎石或卵石进行坚固性试验，试验结果应符合表内的规定。

表 3.2.1-6　碎石或卵石坚固性试验

混凝土所处环境条件	在溶液中循环次数	试验后质量损失不宜大于（%）
寒冷地区，经常处于干湿交替状态	5	5
严寒地区，经常处于干湿交替状态	5	3
混凝土处于干燥状态但粗集料风化或软弱颗粒过多时	5	12

混凝土所处环境条件	在溶液中循环次数	试验后质量损失不宜大于（%）
混凝土处于干燥条件，但有抗疲劳、耐磨、抗冲击要求高或强度大于 C40	5	5

注：有抗冻、抗渗要求的混凝土用硫酸钠法进行坚固性试验不合格时，可再进行直接抗冻融试验。

6）施工前应对所用的碎石或卵石进行碱活性检验，在条件许可时尽量避免采用有碱活性的骨料，或采取必要的措施。具体试验方法可参照现行《普通混凝土用碎石或卵石质量标准及检验方法》JGJ 53 执行。

7）骨料在生产、采集、运输与储存过程中，严禁混入影响混凝土性能的有害物质。骨料应按品种规格分别堆放，不得混杂。在装卸及存储时，应采取措施，使骨料颗粒级配均匀，并保持洁净。

4. 外加剂

1）外加剂应采用减水率高、坍落度损失小、适量引气、能明显改善或提高混凝土耐久性的质量稳定产品，采用的外加剂应是经过有关部门检验并附有合格证明的产品，其质量应符合现行国家标准《混凝土外加剂》GB 8076 的规定。

2）外加剂的品种及掺量应根据对混凝土的性能要求、施工方法、气候条件、混凝土所采用的原材料及配合比等因素，经试验并通过技术、经济比较确定。使用前应复验其效果。

3）当使用一种以上的外加剂，应经过配比设计，并按要求加入到混凝土拌合物中。

4）不同品种的外加剂应作好标识，分别储存，在运输与存储时不混入杂物和污染。

5. 水

1）拌合用水可采用饮用水。当采用其他来源的水时，水的品质应符合表 3.2.1-7 的要求。

表 3.2.1-7 拌合用水的品质指标

项　目	预应力混凝土	钢筋混凝土	素混凝土
pH 值	>4.5	>4.5	>4.5
不溶物（mg/L）	<2000	<2000	<5000
可溶物（mg/L）	<2000	<5000	<10000
氯化物（以 Cl^- 计）(mg/L)	<500	<1000	<3500
硫酸盐（以 SO_4^{2-} 计)(mg/L)	<600	<2000	<2700
碱含量（当量 Na_2O 计)(mg/L)	<1500	<1500	<1500

2）用拌合用水和蒸馏水（或符合国家标准的生活饮用水）进行水泥净浆试验所得的水泥初凝时间差及终凝时间差均不得大于 30min，其初凝和终凝时间尚应符合水泥国家标准的规定。

3）用拌合用水配制的水泥砂浆或混凝土的 28d 抗压强度不得低于用蒸馏水（或符合国家标准的生活饮用水）拌制的对应砂浆或混凝土抗压强度的 90%。

4）拌合用水不得采用海水。当混凝土处于氯盐环境时，拌合用水中 Cl^- 含量应不大于 200mg/L。对于使用钢丝或经热处理钢筋的预应力混凝土，拌合水中 Cl^- 含量不得超过 350mg/L。

5）养护用水除不溶物、可溶物可不作要求外，其他项目应符合表 3.2.1-7 的规定。

6. 矿物掺合料

1）矿物掺合料应选用品质稳定的产品。矿物掺合料的品种宜为粉煤灰、磨细粉煤灰、矿渣粉或硅灰。

2）粉煤灰的技术要求应满足表3.2.1-8的规定。

表3.2.1-8　粉煤灰的技术要求

序　号	项　目	技　术　要　求		备　注
		C50以下混凝土	C50及以上混凝土	
1	细度（%）	≤20	≤12	按《用于水泥和混凝土中的粉煤灰》GB/T 1596检验
2	Cl⁻含量（%）	不宜大于0.02		按《水泥原料中氯离子的化学分析方法》JC/T 420检验
3	需水量比（%）	≤105	≤100	按《用于水泥和混凝土中的粉煤灰》GB/T 1596检验
4	烧失量（%）	≤5.0	≤3.0	按《水泥化学分析方法》GB/T 176检验
5	含水率（%）	≤1.0（对于排灰）		按《用于水泥和混凝土中的粉煤灰》GB/T 1596检验
6	SO₃含量（%）	≤3		按《水泥化学分析方法》GB/T 176检验
7	CaO含量（%）	≤10（对于硫酸盐侵蚀环境）		

3）矿渣粉的技术要求应满足表3.2.1-9的规定。

表3.2.1-9　矿渣粉的技术要求

序　号	项　目	技　术　要　求	备　注
1	MgO含量（%）	≤14	按《水泥化学分析方法》GB/T 176检验
2	CaO含量（%）	≤4	
3	烧失量（%）	≤3	
4	Cl⁻含量（%）	不宜大于0.02	按《水泥原料中氯离子的化学分析方法》JC/T 420检验
5	比表面积（m²/kg）	350～500	按《水泥比表面积测定方法勃氏法》GB/T 8074检验
6	需水量比（%）	≤100	按《高强高性能混凝土用矿物外加剂》GB/T 18736检验
7	含水率（%）	≤1.0	
8	活性指数（%）（28d）	≥95	按《用于水泥和混凝土中的粒化高炉矿渣粉》GB/T 18046检验

4）硅灰的技术要求应满足表3.2.1-10的规定。

表3.2.1-10　硅灰的技术要求

序　号	项　目	技　术　要　求	备　注
1	烧失量（%）	≤6	按《水泥化学分析方法》GB/T 176检验
2	Cl⁻含量（%）	不宜大于0.0	按《水泥原料中氯离子的化学分析方法》JC/T 420检验
3	SiO₂含量（%）	≥85	
4	比表面积（m²/kg）	≥18000	按《高强高性能混凝土用矿物外加剂》GB/T 18736检验
5	需水量比（%）	≤125	

序 号	项 目	技 术 要 求	备 注
6	含水率（%）	≤3.0	按《水泥化学分析方法》GB/T 176 检验
7	活性指数（%）（28d）	≥85	按《高强高性能混凝土用矿物外加剂》GB/T 18736 检验

3.2.2　施工机具与设备

确定预拌混凝土供应商，搅拌站（拌合站）生产保障能力；运输设备、泵送浇筑设备、振捣设备、养护保温设备，常规作业工具等。

3.2.3　作业条件

1. 所有原材料检查、检验合格，符合混凝土配合比通知单提出的要求。

2. 混凝土配合比检验，满足混凝土坍落度、强度及耐久性等方面的要求。

3. 拌合站设备运行可靠；运输设备、泵送（布料）设备、振捣、养护设备数量充足、进场就位；水电、配电系统安全可靠。

4. 模板、支架、拱架支搭（安装），钢筋绑扎（安装）已完成，隐蔽工程验收合格。

5. 模板及垫层或防水保护层已喷水润湿并排除积水。混凝土试模齐备。

6. 运输线路畅通。联络指挥系统已准备就绪。

7. 混凝土工程施工前，基础、模板、钢筋工程质量检查合格，基础和地基承载力符合设计要求。

3.2.4　技术准备

1. 图纸会审已经完成并进行设计交底。

2. 根据施工部位、结构型式、施工温度、环境条件、混凝土拌制、运输条件、混凝土强度等级、性能要求、浇筑方量等因素，制定混凝土浇筑方案获得批准后方可实施。

3. 明确流水作业划分、浇筑顺序；确定混凝土供应、运输、浇筑、养护工作计划；确定机械设备规格型号、数量，确定水电保障，工具、材料、劳动力需要量。

确定所需混凝土坍落度和初凝、终凝时间，落实混凝土配合比设计。

确定保证混凝土工程质量、施工安全、完成进度计划的措施；确定检验方法及混凝土试件组数。

确定并培训混凝土工程关键工序的作业人员和试验检验人员。

4. 进行安全技术交底；落实组织、指挥系统。

5. 混凝土施工前，应根据设计和施工工艺要求提前进行混凝土配合比选择试验，并针对混凝土结构的特点和施工环境、使用环境条件特点，制定施工全过程的质量控制与质量保证措施。重要混凝土结构应进行混凝土试浇筑，验证并完善混凝土的施工工艺。

3.2.5　混凝土配合比选定

1. 混凝土配合比应根据混凝土原材料品质、设计强度等级、混凝土的耐久性要求以及施工工艺对工作性的要求（混凝土施工和易性等要求），通过试配、调整等步骤选定。

城市桥梁工程混凝土原材料配合比和制备应符合《混凝土结构施工技术规程》Q/BMG 103相关规定。

2. 混凝土配合比应根据设计要求，按不同的使用环境和不同的使用寿命，选用不同的配合比。

3. 制成的混凝土应符合强度、耐久性等质量要求；配制的混凝土拌合物应满足施工要求。

4. 混凝土配合比应按国家现行《普通混凝土配合比设计规程》JGJ55 进行计算，并通过试配确定。

5. 为提高混凝土的耐久性，改善混凝土的施工性能和抗裂性能，水泥混凝土中可适量掺加优质的粉煤灰、磨细矿渣粉或硅粉等矿物掺合料；不同矿物掺合料的掺加量应根据混凝土性能通过试验确定。一般情况，矿物掺合料掺量不宜小于胶凝材料总量的 20%。当混凝土中粉煤灰掺量大于 30% 时，混凝土的水胶比不宜大于 0.45。预应力混凝土以及处于冻融环境中的混凝土的粉煤灰的掺量不宜大于 30%。

6. C30 及 C30 以下混凝土的胶凝材料总量不宜高于 $400kg/m^3$，C35~C40 混凝土不宜高于 $450kg/m^3$，C50 及以上混凝土不宜高于 $500kg/m^3$。

在碳化环境、化学侵蚀环境、冻融破坏环境、氯盐环境、磨蚀环境等不同环境条件下钢筋混凝土结构的混凝土的水胶比、胶凝材料用量应满足相关标准规定。

7. 混凝土中宜掺加符合设计规定要求且能提高混凝土耐久性能的混凝土外加剂。

8. 在混凝土中掺加外加剂时，应符合下列规定：

1）混凝土中掺用外加剂的质量及应用技术应符合现行国家标准《混凝土外加剂》GB 8076、《混凝土外加剂应用技术规范》GB 50119 等和有关环境保护的规定。

2）预应力混凝土结构中，严禁使用含氯化物的外加剂。

钢筋混凝土结构中，当使用含氯化物的外加剂时，混凝土中氯化物的总含量应符合现行国家标准《混凝土质量控制标准》GB 50164 的规定。

混凝土中氯化物和碱的总含量应符合现行国家标准《混凝土结构设计规范》GB 50010 和设计的要求。

在钢筋混凝土中不得掺用氯化钙、氯化钠等氯盐。

位于温暖或严寒地区、无侵蚀性物质影响及与土直接接触的钢筋混凝土构件，混凝土中的氯离子含量不宜超过水泥用量的 0.30%。

位于严寒和海水区域、受侵蚀环境和使用除冰盐的桥梁，氯离子含量不宜超过水泥用量的 0.15%。

从各种组成材料引入的氯离子含量（折合氯盐含量）如大于上述数值时，应采取有效的防锈措施。

当采用洁净水或无氯骨料时，氯离子含量可主要以外加剂或混合材料的氯离子含量控制。

3）对混凝土的碱含量应进行控制。每立方米混凝土的总含碱量，对一般桥梁不宜大于 $3kg/m^3$；对特殊大桥、大桥和重要桥梁不宜大于 $1.8kg/m^3$；当处于受严重侵蚀的环境，不得使用有碱活性反应的骨料。

4）无筋混凝土的氯化钙或氯化钠掺量，以干质量计，不得超过水泥用量的 3%。

5）掺入加气剂的混凝土的含气量宜为 3.0%~3.5%。

6）混凝土中掺用矿物掺合料的质量应符合现行国家标准《用于水泥和混凝土中的粉煤灰》GB 1596 等的规定。矿物掺合料的掺量应通过试验确定。

7）混凝土的坍落度宜根据施工工艺要求确定。在条件许可的情况下，应尽量选用低坍落度的混凝土施工。坍落度测定方法应符合现行国家标准《普通混凝土拌合物性能试验方法标准》GB/T 50080 的规定。

浇筑时的坍落度可按表 3.2.5 选用。

表 3.2.5　混凝土浇筑入模时的坍落度

结　构　类　别	坍落度（mm）（振捣器振动）
小型预制块及便于浇筑振动的结构	0 ~ 20
桥梁基础、墩台等无筋或少筋的结构	10 ~ 30
普通配筋率的钢筋混凝土结构	30 ~ 50
配筋较密、断面较小的钢筋混凝土结构	50 ~ 70
配筋较密、断面高而窄的钢筋混凝土结构	70 ~ 90

9. 混凝土的配合比可按下列步骤计算（以干燥状态骨料为基准；矿物掺合料和外加剂的掺量均以胶凝材料总量百分率计）、试配和调整：

1）核对供应商提供的水泥熟料的化学成分和矿物组成、混合材种类和数量等资料，并根据设计要求，初步选定混凝土的水泥、矿物掺合料、骨料、外加剂、拌合水的品种以及水胶比、胶凝材料总用量、矿物掺合料和外加剂的掺量。当设计无明确要求时，可根据相关标准规定的要求进行选定。

2）参照《普通混凝土配合比设计规程》JGJ 55 的规定计算单方混凝土中各原材料组分用量，并核算单方混凝土的总碱含量和氯离子含量是否满足相关标准规定的要求。否则应重新选择原材料或调整计算的配合比，直至满足要求为止。

3）采用工程中实际使用的原材料和搅拌方法，通过适当调整混凝土外加剂用量或砂率，调配出坍落度、含气量、泌水率、表观密度符合要求的混凝土配合比。试拌时，每盘混凝土的最小搅拌量应在 15L 以上。该配合比作为基准配合比。

4）适当改变基准配合比的水胶比、胶凝材料用量、矿物掺和料掺量、外加剂掺量或砂率等参数，调配出拌合物性能与要求值基本接近的配合比 3 ~ 5 个。

5）按要求对上述不同配合比混凝土制作力学性能和抗裂性能对比试件，按规定养护至规定龄期时进行试验。其中，抗压强度试件每种配合比宜制作 4 组，标准养护至 1d、3d、28d、56d 时试压，试件的边长可选择 150mm 或 100mm（强度等级 C50 及以上的混凝土试件边长应采用 150mm）；抗裂性对比试验可参照相关标准规定的方法进行。

6）从上述配合比中优选出拌合物性能和抗裂性优良、抗压强度适宜的一个或多个配合比各成型一组或多组耐久性试件，按规定养护至规定龄期时进行试验。混凝土耐久性试件的制作及试验按《混凝土长期性及耐久性能试验方法》GBJ 82 进行（其中，抗冻性按快冻法）。

7）根据上述不同配合比对应混凝土拌合物的性能、抗压强度、抗裂性以及耐久性试验结果，按照工作性能优良、强度和耐久性满足要求、经济合理的原则，从不同配合比中选择一个最适合的配合比作为理论配合比。

8）采用工程实际使用的原材料拌合混凝土，测定混凝土的表观密度。根据实测拌合物的表观密度，求出校正系数，对理论配合比进行校正（即以理论配合比中每项材料用量乘以校正系数后获得的配合比作为混凝土配合比）。校正系数按下式计算：

$$校正系数 = 实测拌合物表观密度/理论配合比拌合物表观密度$$

9）当混凝土的力学性能或耐久性能试验结果不满足设计或施工要求时，应重新根据相关标准规定的要求选择混凝土配合比参数，并按照上述步骤重新试拌合调整混凝土配合比，直至满足要求为止。

10）当混凝土的原材料品质、施工环境气温发生较大变化时，应及时对混凝土的配合比进行调整。

3.2.6 泵送混凝土的原材料和配合比应符合下列规定：

1. 水泥应采用保水性好、泌水性小的品种，每立方米混凝土中的水泥用量（含掺合料）不宜小于 300kg。

2. 细骨料宜选用中砂，粒径小于 0.315mm 颗粒所占的比例宜为 15% ~20%，砂率宜为 35% ~45%。

3. 粗骨料的最大粒径应与所用输送管的管径相适应，碎石的最大粒径与输送管内径之比不宜大于 1:3；卵石不宜大于 1:2.5。

4. 掺用的泵送剂、缓凝型外加剂或粉煤灰等掺合料的品质应符合国家现行标准的规定。

掺入粉煤灰后，砂率宜减小 2% ~6%。

粉煤灰宜采用超量取代方法，即用粉煤灰取代部分水泥，以超量部分取代等体积用砂。取代硅酸盐水泥的量不宜大于水泥重量的 30%、普通硅酸盐水泥不宜大于 20%、矿渣硅酸盐水泥不宜大于 15%。

5. 泵送混凝土的配合比，除应满足强度要求外，尚应满足连续作业所要求的和易性。

泵送混凝土入泵坍落度不宜小于 80mm；当泵送高度大于 100m 时，不宜小于 180mm。水灰比不宜大于 0.70。

3.3 操 作 工 艺

3.3.1 工艺流程

混凝土选用→混凝土拌制→混凝土运输→混凝土浇筑→混凝土结构养护→拆模。

3.3.2 混凝土选用

城市桥梁工程施工宜优先选用商品混凝土。采用商品混凝土应按规定要求提供混凝土配合比、合格证，做好混凝土进场检验和试验工作，并应测定混凝土坍落度，做好记录。

3.3.3 混凝土拌制

1. 搅拌混凝土前应严格测定粗细骨料的含水率，准确测定因天气变化而引起粗细骨料含水量的变化，以便及时调整施工配合比。一般情况下每班抽测 2 次，雨天应随时抽测，加大检测频率。

2. 拌制混凝土前，应将施工用混凝土强度等级要求对应配合比进行挂牌明标，并对混凝土搅拌施工人员进行详细技术交底。

3. 拌制混凝土应采用自动计量装置，并应定期检定，保持计量准确；每一工班正式称量前，应对计量设备进行校核。

应严格按照经批准的施工配合比准确称量混凝土原材料，其最大允许偏差应符合下列规定（按重量计）：胶凝材料（水泥、矿物掺合料等）±1%；外加剂 ±1%；粗、细骨料 ±2%；拌合用水 ±1%。

4. 混凝土原材料计量后，宜先向搅拌机投入细骨料、水泥和矿物掺合料，搅拌均匀后，加水并将其搅拌成砂浆，再向搅拌机投入粗骨料，充分搅拌后，再投入外加剂，并搅拌均匀为止。应根据具体情况制定严格的投放制度，并对投放时间、地点、数量的核准等做出具体的规定。

5. 拌制时，自全部材料装入搅拌机开始搅拌起，至开始卸料时止，延续搅拌的最短时间应符合表 3.3.3 的规定。

表 3.3.3　混凝土搅拌最短时间

搅拌机类型	搅拌机容量（L）	混凝土坍落度（mm）		
		< 30	30 ~ 70	> 70
		混凝土最短搅拌时间（min）		
强制式	≤500	1.5	1.0	1.0
	> 500	3.5	1.5	1.5

注：当掺入外加剂时，搅拌时间宜延长；采用分次投料搅拌工艺时，搅拌时间应按工艺要求办理。

6. 混凝土拌合物应拌合均匀，颜色一致，不得有离析和泌水现象。

7. 混凝土拌合物均匀性的检测方法应按现行国家标准《混凝土搅拌机》GB/T 9142 的规定进行。

8. 检查混凝土拌合物均匀性时，应在搅拌机卸料过程中，从卸料流的 1/4 ~ 3/4 之间部位，采取试样，进行试验，其检测结果应符合下列规定：

混凝土中砂浆密度两次测值的相对误差不应大于 0.8%；

单位体积混凝土中粗骨料含量两次测值的相对误差不应大于 5%。

9. 搅拌机拌合的第一盘混凝土粗骨料数量宜用到标准数量的 2/3。在下盘材料装入前，搅拌机内的拌合料应全部卸清。搅拌设备停用时间不宜超过 30min，最长不应超过混凝土的初凝时间。否则，应将搅拌筒彻底清洗后才能重新拌合混凝土。

10. 混凝土搅拌完毕后，应按下列要求检测混凝土拌合物的各项性能：

1）混凝土拌合物的坍落度，应在搅拌地点和浇筑地点分别取样检测，每一工作班或每一单元结构物不应少于两次。评定时应以浇筑地点的测值为准。如混凝土拌合物从搅拌机出料起至浇筑入模的时间不超过 15min 时，其坍落度可仅在搅拌地点取样检测。在检测坍落度时，还应观察混凝土拌合物的黏聚性和保水性。混凝土拌合物应拌合均匀，颜色一致，具有良好的流动性、黏聚性和保水性，不得有离析和泌水现象。不符合规定要求时，立即查明原因、及时调整。

2）对拌制混凝土所用原材料的品种、规格和用量，每个工作班或每一单元结构物至少检查 2 次。

3.3.4　混凝土运输

1. 混凝土宜采用内壁平整光滑，不吸水，不渗漏的运输设备进行运输。当长距离运输混凝土时，宜采用混凝土搅拌车（罐车）运输；近距离运输混凝土时，宜采用混凝土泵车、混凝土料斗或托式混凝土泵。在装运混凝土前，应认真检查运输设备内是否存留有积水，内壁粘附的混凝土是否清除干净。必要时，应对运输设备加盖或保温。

2. 混凝土运输设备的运输能力应适应混凝土凝结速度和浇筑速度的需要，保证浇筑过程连续进行。运输过程中，应确保混凝土不发生离析、漏浆、严重泌水及坍落度损失过多等现象，运至浇筑地点的混凝土应仍保持均匀和规定的坍落度。当运至现场的混凝土发生离析现象时，应在浇筑前对混凝土进行二次搅拌，但不得再次加水。

3. 混凝土运输的允许延续时间不宜大于表 3.3.4 的规定：

表 3.3.4　混凝土运输允许延续时间

从搅拌机倾出时的混凝土温度（℃）	运输允许延续时间（min）
20 ~ 30	45
10 ~ 19	60
5 ~ 9	90

注：1. 本表用于初凝时间不小于 1h 的水泥所拌制的混凝土；当用快硬水泥时，其运输允许延续时间应根据水泥性能及施工条件确定；
  2. 当掺用外加剂与掺合料时，运输允许延缓时间应根据试验确定；
  3. 使用带搅拌功能的运输设备运输混凝土时，其运输允许延缓时间应根据该设备说明书办理；
  4. 当采用棒式温度计测定混凝土温度时，温度计应插入混凝土内 50 ~ 100mm，量测时间不应小于 3min，采用其他仪器测温时，应符合相应的测读规定。

4. 用吊斗（罐）运输混凝土时，吊斗（罐）出口到承接面间的高度不得大于 2m。吊斗（罐）底部的卸料活门应开启方便，并不得漏浆。

5. 用混凝土搅拌运输车运输混凝土时，应符合下列规定：

1）在运输已拌制好的混凝土时，运输过程中宜以 2 ~ 4r/min 的转速搅动；当搅拌运输车到达浇灌现场时，应高速旋转 20 ~ 30s 后再将混凝土拌合物喂入泵车受料斗或混凝土料斗中；运输车每天使用完后应清洗干净；

2）在运输中同时拌制混凝土时，从加水后算起，至全部卸出所经过的时间，不宜大于 90min。

6. 泵送混凝土（混凝土泵车、托式混凝土泵）

采用混凝土泵运送混凝土时，除应按《混凝土泵送施工技术规程》JGJ/T 10 的规定进行施工作业外，还应符合下列规定：

1）泵送施工应根据施工进度安排，加强组织和调度安排，确保连续均匀供料。

2）混凝土泵的运输能力应与搅拌机械的供应能力相适应。

3）混凝土泵的型号可根据工程情况、最大泵送距离、最大输出量等选定。优先选用泵送能力强的大型泵送设备，以便尽量减小泵送混凝土的坍落度。

4）混凝土泵的位置应靠近浇筑地点。泵送下料口应能移动。当泵送下料口固定时，固定的间距不宜过大，一般不大于 3m。不得用插入式振捣棒平拖混凝土或将下料口处堆积的混凝土推向远处。

5）配置输送管时，应缩短管线长度，少用弯头。输送管应平顺，内壁光滑，接口不得漏浆。

6）泵送混凝土时，输送管路起始水平管段长度不应小于 15m。除出口处可采用软管外，输送管路的其他部位均不得采用软管。输送管路应用支架、吊具等加以固定，不应与模板和钢筋接触。

7）向下泵送混凝土时，管路与垂线的夹角不宜小于 12°。

8）混凝土宜在搅拌后 60min 内泵送完毕，且在 1/2 初凝时间内入泵，并在初凝前浇筑完毕。在交通拥堵和气候炎热等情况下，应采取特殊措施，防止混凝土坍落度损失过大。

9）泵送混凝土前，应先用水泥浆或与泵送混凝土配合比相同、但粗骨料减少 50% 的混凝土通过管道。当用活塞泵泵送混凝土时，泵的受料斗内应具有足够的混凝土，并不得吸入空气。

10）应保持连续泵送混凝土，必要时可降低泵送速度以维持泵送的连续性。如停泵时间超过 15min，应每隔 4～5min 开泵一次，正转和反转两个冲程，同时开动料斗搅拌器，防止料斗中混凝土离析。如停泵超过 45min，或混凝土出现离析现象时，宜将管中混凝土清除，并清洗泵机。

11）泵送混凝土施工现场，应有统一指挥调度，建立有效的通信、联络系统。

12）冬期施工时，应对输送管采取保温措施。雨期施工时，应将输送管遮盖、洒水、垫高或涂成白色。

3.3.5 混凝土浇筑

1. 浇筑混凝土前，应做好以下检查工作：

1）浇筑混凝土前，应对支架、模板、钢筋和预埋件进行检查，并做好记录，符合要求后方可浇筑。

2）浇筑混凝土前，应对保护层垫块的位置、数量等作重复性检查，以提高钢筋的混凝土保护层厚度尺寸的质量保证率。构件侧面和底面的垫块应至少为 4 个/m²，绑扎垫块和钢筋的铁丝头不得伸入保护层内。保护层垫块的尺寸应保证混凝土保护层厚度的准确性，其形状（宜为工字形或锥形）应有利于钢筋的定位，不得使用砂浆垫块。当采用细石混凝土垫块时，其抗渗能力和抗压强度应高于本体混凝土，且水胶比不大于 0.4。

3）模板内的杂物、积水及钢筋上的污垢应清理干净。模板如有缝隙，应堵塞严密，模板内面应涂刷脱模剂。基础混凝土浇筑前，干土基要洒水湿润，湿土基要铺以碎石垫层或水泥砂浆层，石质地基要清除松散粒料，才可浇筑基础混凝土。

4）浇筑混凝土前，应检查混凝土的均匀性和坍落度。

2. 自高处向模板内倾卸混凝土时，为防止混凝土离析，应符合下列规定：

1）从高处直接倾卸时，其自由倾落高度不宜超过 2m。

2）当倾落高度超过 2m 时，应通过串筒、溜槽或振动溜管等设施下落；倾落高度超过 10m 时应设置减速装置。

3）出料口下面，混凝土堆积高度不宜超过 1m。

3. 混凝土应按一定厚度、顺序和方向分层浇筑，应在下层混凝土初凝或能重塑前浇筑完成上层混凝土。上下层同时浇筑时，上层与下层前后浇筑距离应保持 1.5m 以上。在倾斜面上浇筑混凝土时，应从低处开始逐层扩展升高，保持水平分层。混凝土分层浇筑厚度不宜超过表 3.3.5-1 的规定。

表 3.3.5-1　混凝土分层浇筑厚度

捣　实　方　法		浇筑层厚度（mm）
用插入式振捣器		300
用附着式振捣器		300
用表面振捣器	无筋或配筋稀疏时	250
	配筋较密时	150

捣 实 方 法		浇筑层厚度（mm）
人工捣实	无筋或配筋稀疏时	200
	配筋较密时	150

注：表列规定可根据结构和振捣器型号等情况适当调整。

4. 浇筑混凝土时应采用振捣器振实。用振捣器振捣时，应符合下列规定：

1）使用插入式振捣器时，移动间距不应超过振捣器作用半径的 1.5 倍；与侧模应保持 50～100mm 的距离；插入下层混凝土 50～100mm；每一处振动完毕后应边振动边徐徐抽出振捣棒；应避免振捣棒碰撞模板、钢筋及其他预埋件；

2）表面振捣器的移位间距，应以使振捣器平板能覆盖已振实部分 100mm 左右为宜；

3）附着式振捣器的布置距离，应根据构造物形状及振捣器性能等情况并通过试验确定；

4）对每一振动部位，应振动到该部位混凝土密实为止。密实的标志是混凝土停止下沉，不再冒出气泡，表面呈现平坦、泛浆。

5. 混凝土的浇筑应连续进行，如因故必须间断时，其间断时间应小于前层混凝土的初凝时间或能重塑时间。混凝土的运输、浇筑及间歇的全部时间不得超过表 3.3.5-2 的规定。当需要超过时应预留施工缝。

表 3.3.5-2　混凝土的运输、浇筑及间歇的全部允许时间（min）

混凝土强度等级	气温不高于 25℃	气温高于 25℃
≤C30	210	180
>C30	180	150

注：当混凝土中掺有促凝剂或缓凝剂时，其允许时间应根据试验结果确定。

6. 施工缝的位置应在混凝土浇筑之前确定，宜留置在结构受剪力和弯矩较小且便于施工的部位，并应按下列要求进行处理：

1）凿除处理层混凝土　表面的水泥砂浆和松弱层，但凿除时，处理层混凝土须达到下列强度：

（1）用水冲洗凿毛时，须达到 0.5MPa；

（2）用人凿除时，须达到 3.5MPa；

（3）用风动机凿毛时，须达到 10MPa。

2）凿毛处理的混凝土面，应用水冲洗干净，在浇筑次层混凝土前，对垂直施工缝宜刷一层水泥净浆，对水平缝宜铺一层厚为 10～20mm 的 1：2 的水泥砂浆。

3）重要部位及有防震要求的混凝土结构或钢筋稀疏的钢筋混凝土结构，应在施工缝处补插锚固钢筋或石榫；有抗渗要求的施工缝宜做成凹缝、凸缝或设止水带。

4）施工缝为斜面时应浇筑成或凿成台阶状。

5）施工缝处理后，须待处理层混凝土达到一定强度后才能继续浇筑混凝土。需要达到的强度，一般最低为 1.2MPa，当结构物为钢筋混凝土时，不得低于 3.5MPa。混凝土达到上述抗压强度时间宜通过试验确定。

7. 在浇筑过程中或浇筑完成时，如混凝土表面泌水较多，须在不扰动已浇筑混凝土的条件下，采取措施将水排除。继续浇筑混凝土时，应查明原因，采取措施，减少泌水。

8. 结构混凝土浇筑完成后，对混凝土裸露面应及时进行修整、抹平，待定浆后再抹第二遍并压光或拉毛。当裸露面面积较大或气候不良时，应加盖防护，但在开始养护前，覆盖物不得接触混凝土面。

9. 浇筑混凝土期间，应设专人检查支架、模板、钢筋和预埋件等稳固情况，当发现有松动、变形、移位时，应及时处理。

10. 浇筑混凝土时，应填写混凝土施工记录。

3.3.6 混凝土结构养护

1. 对于在施工现场集中养护的混凝土，应根据施工对象、环境、水泥品种、外加剂以及对混凝土性能的要求，提出具体的养护方案，并应严格执行规定的养护制度。

2. 一般的混凝土浇筑完成后，应在收浆后尽快予以覆盖和洒水养护。对硬性混凝土、炎热天气浇筑的混凝土以及桥面等大面积裸露的混凝土，有条件的可在浇筑完成后立即加盖棚罩待收浆后再予以覆盖和洒水养护。覆盖时不得损伤或污染混凝土的表面。混凝土面有模板覆盖时，应在混凝土养护期间经常使模板保持湿润。

3. 当昼夜平均气温低于5℃或最低气温低于−3℃时，应按冬期施工处理。当环境温度低于5℃时，禁止对混凝土表面进行洒水养护。此时，可在混凝土表面应喷涂养护液，并采取适当保温措施。

4. 混凝土养护用水的条件与拌合用水相同。

混凝土的洒水养护时间一般为7d，要根据空气的湿度、温度和水泥品种及掺用的外加剂等情况，酌情延长或缩短。每天洒水次数以能保持混凝土表面经常保持湿润状态为度，用加压成型。

5. 真空吸水等法施工的混凝土、其养护时间可酌情缩短。采用塑料薄膜或喷化学浆液等养护层时，可不洒水养护。

6. 混凝土的强度达到3.5MPa前，不得使其承受行人、运输工具、模板、支架和拱架及脚手架等荷载。

7. 在任意养护时间，若淋注于混凝土表面的养护水温度低于混凝土表面温度时，二者间温差不得大于15℃。

8. 混凝土养护期间应注意采取保温措施，防止混凝土表面温度受环境因素影响（如暴晒、气温骤降等）而发生剧烈变化。养护期间混凝土的芯部与表层、表层与环境之间的温差不宜超过20℃（预应力箱梁宜超过15℃）。大体积混凝土施工前应制定严格的养护方案，控制混凝土内外温差满足设计要求。

9. 混凝土在冬期和炎热季节拆模后，若天气产生骤然变化时，应采取适当的保温（寒季）隔热（雨期）措施，防止混凝土产生过大的温差应力。

10. 混凝土拆模后可能与流动水接触时，应在混凝土与流动的地表水或地下水接触前采取有效保温保湿养护措施养护。

11. 混凝土养护期间，对混凝土的养护过程作详细记录。

3.3.7 拆模

1. 混凝土拆模时的强度应符合设计要求。当设计未提出要求时，应符合下列规定：

1) 侧模应在混凝土强度达到3.5MPa以上，且其表面及棱角不因拆模而受损时，方可拆除。

2）底模应在混凝土强度符合表3.3.7的规定后，方可拆除。

表3.3.7 拆除底模时所需混凝土强度

结 构 类 型	结 构 跨 度	达到混凝土设计强度的百分率（%）
板、拱	≤2	50
	2~8	75
	>8	100
梁	≤8	75
	>8	100
悬臂梁（板）	≤2	75
	>2	100

3）芯模或预留孔洞的内模应在混凝土强度能保证构件和孔洞表面不发生塌陷和裂缝时，方可拆除。

2. 混凝土的拆模时间除需考虑拆模时的混凝土强度应满足本条的规定外，还应考虑拆模时混凝土的温度（由水泥水化热引起）不能过高，以免混凝土接触空气时降温过快而开裂，更不能在此时浇注凉水养护。混凝土内部开始降温以前以及混凝土内部温度最高时不得拆模。

一般情况下，结构或构件芯部混凝土与表层混凝土之间的温差、表层混凝土与环境之间的温差大于20℃（预应力箱梁和截面较为复杂时，温差大于15℃）时不宜拆模。大风或气温急剧变化时不宜拆模。在寒冷季节，若环境温度低于0℃时不宜拆模。在炎热和大风干燥季节，应采取逐段拆模、边拆边盖的拆模工艺。

3. 拆模宜按立模顺序逆向进行，不得损伤混凝土，并减少模板破损。当模板与混凝土脱离后，方可拆卸、吊运模板。

4. 当拆除拱架、拱圈及跨度大于8m梁式结构的模板或特殊设计的模板时，应按设计要求的程序及措施进行。

5. 拆除临时埋设于混凝土中的木塞和其他预埋部件时，不得损伤混凝土。

6. 拆除模板时，不得影响或中断混凝土的养护工作。

7. 拆模后的混凝土结构应在混凝土达到100%的设计强度后，方可承受全部设计荷载。

3.3.8 低温期混凝土施工

1. 混凝土低温施工应符合下列规定：

当工地昼夜平均气温连续5d低于5℃或最低气温低于−3℃时，混凝土施工应符合本节有关规定。

低温施工期间，当用硅酸盐水泥或普通硅酸盐水泥配制混凝土、且其抗压强度达到设计强度的30%前；或用矿渣硅酸盐水泥配制混凝土、且抗压强度达到设计强度的40%前，均不得受冻。C15及以下的混凝土，当其抗压强度末达到5MPa前，也不得受冻。

浸水冻融条件下的混凝土开始受冻时，不得小于设计强度的75%。

进入低温施工前，应预先作好下列准备工作：

1）根据年度计划和施工组织设计，确定低温施工的工程项目。对于大跨度拱桥、高架桥，不宜安排在低温期施工。

2）收集工地有关气象台站历年气象资料，设置工地气象观测点，建立气象观测制度，及时掌握气象变化情况。

3）落实有关工程材料、防寒物资、能源和机具设备。

4）编制低温施工方案及技术措施，对有关人员进行技术培训或技术交底。

2. 低温施工方法

低温施工应根据工程类别、气象资料、材料来源和工期等要求，通过热工计算及经济分析，选择下列两类施工方法：

1）在养护期间不需对混凝土加热的蓄热法，掺加外加剂法、负温早强混凝土法和综合法。

2）在养护期间需利用外部热源对混凝土加热的暖棚法、蒸汽加热法、电热法和热综合法。

3. 低温混凝土的配制和运输应符合下列规定：

1）宜选用较小的水灰比和较小的坍落度，当混凝土掺用防冻剂时，其试配强度应较设计强度提高一个等级。

2）水及骨料应按热工计算和实际试拌，确定满足混凝土浇筑需要的加热温度。

3）首先应将水加热，其加热温度不宜高于80℃。当骨料不加热时，水可加热至80℃以上，但应首先投入骨料和已加热的水，拌匀后再投入水泥。

4）当水加热尚不能满足要求时，可将骨料均匀加热，其加热温度不应高于60℃。片石混凝土的掺用的片石可预热。

5）水泥不得直接加热，宜在使用前运入暖棚预热。

6）当拌制的混凝土出现坍落度减小或发生速凝现象时，应重新调整拌合料的加热温度。

7）混凝土搅拌时间宜较常温施工延长50%。

8）骨料不得混有冰雪、冻块及易被冻裂的矿物质。

9）拌制设备宜设在气温不低于10℃的厂房或暖棚内。拌制混凝土前及停止拌制后，应由热水冲洗搅拌机鼓筒。

10）混凝土的运输容器应有保温设施。运输时间应缩短，并减少中间倒运。

4. 低温期混凝土的浇筑应符合下列规定：

1）混凝土浇筑前，应清除模板及钢筋上的冰雪和圬垢。当环境气温低于−10℃时，应将直径大于或等于25mm的钢筋和金属预埋件加热至正温。

2）新、旧混凝土的清理工作应符合本章有关规定。

当旧混凝土面和外露钢筋（预埋件）暴露在冷空气中时，应对距离新旧混凝土缝1.5m范围内的旧混凝土和长度在1.0m范围内的外露钢筋（预埋件），进行防寒保温。

当混凝土不需加热养护、且在规定的养护期内不致冻结时，对于非冻胀性地基或旧混凝土面，可直接浇筑混凝土。

当混凝土需要加热养护时，混凝土和地基接触面的温度不得低于2℃。

当浇筑负温早强混凝土时，对于冻结法开挖的地基，或在冻结线以上且气低于−5℃

的地基应作隔热层。

3）混凝土应采用机械振捣并分层连续浇筑，分层厚度不得小于20cm。

4）采用加热养护的整体结构，当混凝土的养护温度高于40℃时，应预先安排混凝土的浇筑顺序和施工缝的位置。

5）喷射混凝土作业区的环境气温和进入喷射机的材料温度不应低于－5℃。已喷射混凝土的强度未达到5MPa前不得受冻。

6）预应力混凝土的孔道灌浆应在正温条件下进行，其强度达到25MPa前，不得受冻。

5. 低温期混凝土的养护与拆模应符合下列规定：

1）混凝土开始养护时的温度应按施工方案通过热工计算确定，但不得低于5℃，细薄截面结构不宜低于10℃。

2）当室外最低气温高于－15℃时，地下工程或表面系数（冷却面积和体积的比值）不大于15m^{-1}的工程应优先采用蓄热法养护，并符合下列规定：

所采用的保温措施应使混凝土的温度下降到0℃以前达到本节3.3.8条规定1的强度。

混凝土浇筑成型后，应立即防寒保温。保温材料应按施工方案设置，并保持干燥。结构的边棱隅角应加强覆盖保温，迎风面应采取防风措施。

位于基坑中的混凝土，当地下水位较高时，可待顶面混凝土初凝后，采用放水淹没的方法养护；但当基坑地下水超出混凝土顶面的高度小于冰层厚度时，不放水养护。

3）当用蓄热法养护不能达到要求时，可采用外部热源加热法养护，养护制度应通过试验确定，并应符合下列规定：

整体浇筑表面系数等于或大于6m^{-1}的结构，升温速度不得大于15℃/h；小于6m^{-1}的结构，不得大于10℃/h。

用蒸汽加热法养护的混凝土，当采用快硬硅酸盐水泥、硅酸盐水泥和普通硅酸水泥时，养护温度不得高于60℃。

采用电热法养护的混凝土，当结构的表面系数小于15m^{-1}时，养护温度不宜高于40℃；大于15m^{-1}时，养护温度不宜高于35℃。

恒温养护结束后，表面系数等于或大于6m^{-1}的结构，降温速度不得大于10℃/h；小于6m^{-1}的结构，不得大于5℃/h。

4）当采用电热法养护混凝土时，应符合下列规定：

所有混凝土外露面覆盖后，方可通电加热。

应采用交流电源，电极的布置应保证混凝土的温度均匀。当达到设计强度的50%时，应立即停止通电加热。

工作电压宜采用50～110V。当每立方米混凝土的钢筋用量不大于50kg时，也可采用120～220V，严禁采用电压大于380V的电源。

养护过程中应观察混凝土表面的湿度。当表面开始干燥时，应暂停通电，并以温水湿润混凝土表面。

掺用减水剂的混凝土，应经试验确认电热法养护对其强度无影响后，方可采用。

5）当用暖棚法养护混凝土时，棚内底部温度不低于5℃，且混凝土表面应保持湿润；采用燃煤加热时，应将烟气排出棚外。

6）当混凝土掺用防冻剂时，其养护应符合下列规定：

外露表面应覆盖，在负温条件下不得浇水。

混凝土初期养护的温度，不得低于防冻剂规定的温度；当达不到规定的温度时，应采取保温措施。

当混凝土的温度低于防冻剂规定的温度时，其强度不应小于3.5MPa。

7）拆除模板和保温层应符合下列规定：

当混凝土已达到本规程第3.3.7条规定的强度要求，并应符合本章3.3.8条中规定1的抗冻强度后，方可拆除模板。

混凝土与环境的温差不得大于15℃。当温差在10℃以上，但低于15℃时，拆除模板后的混凝土表面宜采取临时覆盖措施。

当采用外部热源加热养护的混凝土，当养护完毕后的环境气温仍在0℃以下时，应待混凝土冷却至5℃以下后，方可拆除模板。

6. 混凝土质量检查除应符合本规程的规定外，低温期混凝土检查尚应符合下列规定：

1）检测水、外加剂及骨料加入搅拌机时的温度，以及混凝土拌制、浇筑时环境温度，每一工作班至少检测4次。

2）混凝土养护温度的检测次数，应符合下列规定：

当采用蓄热法养护时，养护期间至少每6h检测1次。

掺用防冻剂的混凝土，在强度未达到3.5MPa以前，每2h检测1次，达到以后每6h检测1次。

当采用蒸汽或电热法时，在升、降温期间每1h检测1次，在恒温期间每2h检验一次。

室外气温及工地环境温度应每昼夜定时、定点观测4次。

7. 混凝土养护温度检测方法，应符合下列规定：

1）在结构的隅角、突出、迎风和细薄部位应均匀留置测温孔，孔深可根据养护方法及结构尺寸确定。测温孔应编号并绘图。

2）当采用蓄热养护时，测温孔应设在易于散热的部位；当采用外部热源加热养护时，应在离热源不同的位置分别设置。大体积结构应在表面及内部分别设置。

3）检测混凝土温度时，测温计不应受外界气温的影响，并应在气温孔内至少留置3min。

4）根据工地条件，也可采用热电偶、热敏电阻等预埋式温度检测方法。

8. 低温期施工的混凝土，除应按规范规定制作标准试件外，尚应根据养护、拆模和承受荷载的需要，增加与结构同条件养护的施工试件不少于2组。此种试件应在解冻后方可试压。

9. 以上检测均应记录。

3.3.9 高温期混凝土施工

1. 高温期混凝土施工，应制定在高温条件下保证工程质量的技术措施。

2. 混凝土配制和搅拌

1）材料要求

拌合水使用冷却装置，对水管及水箱加遮阴和隔热设施。在拌合水中加碎冰作为拌合水的一部分。水泥、砂石料应遮阴防晒，以降低骨料温度，可在砂石料堆上喷水降温。

2）配合比设计应考虑坍落度损失。

3）拌合站料斗、储水器、皮带运输机、拌合楼都要尽可能遮阴。尽量缩短拌合时间。经常测量混凝土坍落度，以调整混凝土的配合比，满足施工所必需的坍落度。

3. 混凝土的运输及浇筑

1）运输时尽量缩短时间，宜采用混凝土运输搅拌车，运输中应慢速搅拌。

2）不得在运输过程加水搅拌。

3）高温期施工混凝土、钢筋混凝土、预应力混凝土应有全面的组织计划，准备工作充分，施工设备有足够配件，保证连续进行；从拌合机到入仓的传递时间及浇筑时间要尽量缩短，并尽快开始养护。

4）混凝土的浇筑温度应控制在30℃以下，宜选在一天温度较低的时间内进行。

5）浇筑场地应遮阴，以降低模板、钢筋的温度改善工作条件；也可在模板、钢筋和地基上喷水降温，但在浇筑时不能有附着水。

6）应加快混凝土的修整速度，修整时用喷雾器洒少量水，防止表面裂纹，但不准直接往混凝土表面洒水。

4. 混凝土的养护

1）不宜单独使用专用养护膜覆盖法养护高强度混凝土，除非当地无足够的清洁水用于养护混凝土。

2）洒水养护宜用自动喷水系统和喷雾器，湿养护应不间断，不得形成干湿循环。

3）混凝土浇筑完，表面应立即覆盖清洁的塑料膜，初凝后撤去塑料膜，用浸湿的粗麻片覆盖，经常洒水，保持湿润状态最少7d。如有可能湿养期间采取遮光和挡风措施，以控制温度和干热风的影响。构造物的竖直面拆模后，宜立即用湿粗麻布把构件缠起来，麻布外整体用塑料膜包裹，粗麻布应至少7d保持潮湿状态。

5. 高温期施工应检查下列项目：

1）砂石料的含水量，每台班不少于1次。

2）混凝土浇筑与养护时，环境温度每日检查4次，并做好检查记录；当温度超过热期规定的要求时，混凝土拌合时应采取有效降温、防晒措施，以保证混凝土的浇筑质量，否则应停止施工。

3）混凝土高温期施工，除应留标准条件下养护的试件外，还应制取相同数量的试件与结构在相同的环境条件下养护，检查28d的试件强度以指导施工。

在混凝土浇筑前应通过试验确定在高温条件下，混凝土分层浇筑覆盖时间，施工时应严格控制，不得超过。

4）在混凝土的浇筑过程中，应严格控制缓凝剂的掺量，并检查混凝土的凝固时间，以防因缓凝剂掺量不准造成危害。

3.3.10 关于混凝土耐久性

城市桥梁工程混凝土耐久性施工工艺应符合《混凝土结构施工技术规程》Q/BMG 103相关规定；当设计对混凝土的耐久性有规定要求，应按设计规定要求施工并应符合相关质量标准规定。

3.4 质 量 标 准

3.4.1 城市桥梁工程结构构件的混凝土强度应按现行国家标准《混凝土强度检验评定标准》GBJ 107 的规定分批检验评定。

3.4.2 原材料

主 控 项 目

1. 水泥进场时应对其品种、级别、包装或散装仓号、出厂日期等进行检查，并应对其强度、安定性及其他必要的性能指标进行复验，其质量应符合现行国家标准《通用硅酸盐水泥》GB 175 等的规定。

当在使用中对水泥质量有怀疑或水泥出厂超过三个月（快硬硅酸盐水泥超过一个月）时，应进行复验，并按复验结果使用。

钢筋混凝土结构、预应力混凝土结构中，严禁使用含氯化物的水泥。

检查数量：按同一生产厂家、同一等级、同一品种、同一批号且连续进场的水泥，散装不超过 500t 为一批，袋装不超过 200t 为一批，当不足上述数量时也按一批计。每批抽检一次。

检验方法：检查产品合格证、出厂检验报告并进行强度、凝结时间、安定性试验。

2. 混凝土掺用的矿物掺和料，应按细度、含水量、需水量比、抗压强度比进行试验，其质量应符合《用于水泥和混凝土中的粉煤灰》GB 1596 等现行国家标准的规定。

检验数量：同品种、同级配且连续进场的矿物掺和料，每 200t 为一批，不足 200t 时，也按 200t 计。每批抽检一次，

检验方法：检查出厂合格证并进行试验。

3. 混凝土外加剂进场时，应按批对减水率、凝结时间差、抗压强度比进行检验，其质量应符合《混凝土外加剂》GB 8076、《混凝土外加剂应用技术规范》GB 50119 等现行国家标准和其他有关环境保护的规定。

预应力混凝土结构中，严禁使用含氯化物的外加剂。钢筋混凝土结构中，当使用含氯化物的外加剂时，混凝土中氯化物的总含量应符合《混凝土质量控制标准》GB 50164 的规定。

检验数量：同生产厂家、同批号、同品种、同出厂日期且连续进场的外加剂，每 50t 为一批，不足 50t 时，也按 50t 计。每批抽检一次。

检验方法：检查产品合格证、出厂检验报告并进行试验。

一 般 项 目

4. 拌制混凝土所用的细骨料，应按批进行检验。其颗粒级配、细度模数和有害物质含量等应符合本规程及《普通混凝土用砂、石质量及检验方法标准》JGJ 52 的规定。

检验数量：同产地、同品种、同规格且连续进场的细骨料，每 500t 为一批，不足 500t 也按一批计。每批抽检一次。

检验方法：观察和试验。

5. 拌制混凝土所用的粗骨料，应按批进行检验。其颗粒级配、压碎指标值、坚固性和有害物质含量等指标应符合本规程及《普通混凝土用砂、石质量及检验方法标准》JGJ 52 的规定。

检验数量：同产地、同品种、同规格且连续进场的粗骨料，每 500t 为一批，不足 500t 也按一批计。每批抽检一次。

检验方法：观察和试验。

6. 拌制混凝土宜采用饮用水：当采用其他水源时，水质应符合国家现行标准《混凝土用水标准》JGJ 63 的规定。

检查数量：同一水源检查不应小于一次。

检查方法：水质试验报告。

3.4.3 配合比设计

主 控 项 目

1. 混凝土应按国家现行标准《普通混凝土配合比设计规程》（JGJ 55）的有关规定，根据原材料性能、混凝土强度等级、耐久性、工作性等要求进行配合比设计。

对有特殊要求的混凝土，其配合比设计尚应符合国家现行有关标准的专门规定。

检查方法：检查配合比设计资料。

一 般 项 目

2. 首次使用的混凝土配合比应进行开盘鉴定，其工作性应满足设计配合比的要求。开始生产时应至少留置一组标准养护试件，作为验证配合比的依据。

检验方法：检查开盘鉴定资料和试件强度试验报告。

3. 混凝土拌制前，应测定砂、石含水率并根据测试结果调整材料用量，提出施工配合比。

检查数量：每工作班检查一次。

检验方法：检查含水率测试结果和施工配合比通知单。

4. 当使用具有潜在碱活性骨料时，混凝土中的总碱含量应符合《混凝土结构设计规范》GB 50010 的规定和设计要求。

检验数量：对每一混凝土配合比进行一次总碱含量计算。

检验方法：核算。

3.4.4 混凝土施工

主 控 项 目

1. 结构混凝土的强度等级必须符合设计要求。用于检查结构构件混凝土抗压强度的试件，应在混凝土的浇筑地点或拌合点随机抽取，并以标准条件下养护 28d 龄期的抗压强度进行评定。取样与试件留置应符合下列规定：

1）每拌制 100 盘不超过 100m³ 的同配合比的混凝土，取样不得少于一次；

2）每工作班拌制的同一级配的混凝土不足 100 盘时，取样不得少于一次；

3）每次取样应至少留置一组，每组为 3 块试件。

4）每次取样应至少留置一组标准养护试件，同条件养护试件留置组数应根据实际需要确定。

检验数量：每工作班至少一次。

检验方法：检查施工记录及试件强度试验报告。

2. 对有抗渗要求的混凝土结构，混凝土试件应在浇筑地点随机取样。同一工程、同一配合比的混凝土，取样不应少于一次，留置组数可根据实际需要确定。

检验方法：检查试件抗渗试验报告。

3. 混凝土原材料每盘称量的偏差应符合表 3.4.4 的规定。

表 3.4.4　原材料每盘称量的允许偏差

材料名称	允许偏差
水泥、掺合料	±2%
粗、细骨料	±3%
水、外加剂	±2%

注：1. 各种衡器应定期校验，每次使用应进行零点校核，保持计量准确；
　　2. 当雨天或含水率有显著变化时，应增加含水率检测次数，并及时调整水和骨料的用量。

检查数量：每工作班抽查不应少于一次。

检验方法：复称。

4. 混凝土运输、浇筑及间歇的全部时间不应超过混凝土的初凝时间。同一施工段的混凝土应连续浇筑，并应在底层混凝土初凝之前将上一层混凝土浇筑完毕。当底层混凝土初凝后浇筑上一层混凝土时，应按施工技术方案中对施工缝的要求进行处理。

检查数量：全数检查。

检查方法：观察，检查施工记录。

一 般 项 目

5. 施工缝的位置应在混凝土浇筑之前按设计要求和施工技术方案确定。施工缝的处理应符合本规程有关章节的规定。

检查数量：全数检查。

检验方法：观察，检查施工记录。

6. 后浇筑带的留置位置应按设计要求和施工技术方案进行。

检查数量：全数检查。

检验方法：观察，检查施工记录。

7. 混凝土浇筑完毕后，应按施工技术方案及时采取有效的养护措施，并应符合下列规定：

1）应在浇筑完毕后的 12h 以内对混凝土加以覆盖并保湿养护；

2）混凝土浇水养护的时间：对采用硅酸盐水泥、普通硅酸盐水泥或矿渣硅酸盐水泥拌制的混凝土，不得少于 7d；对掺用缓凝型外加剂或有抗渗要求的混凝土，不得少于 14d；

3）浇水次数应能保持混凝土处于湿润状态；混凝土养护用水应与拌制用水相同；

4）采用塑料布覆盖养护的混凝土，其敞露的全部表面应覆盖严密，并应保持塑料布内有凝结水；

5）混凝土强度达到 1.2MPa 前，不得在其上踩踏或安装模板及支架。

注：1. 当日平均气温低于 5℃时，不得浇水；

2. 当采用其他品种水泥时，混凝土的养护时间应根据所采用的水泥的技术性能确定；

3. 混凝土表面不便浇水或使用塑料布时，宜涂刷养护剂；

4. 对大体积混凝土的养护，应根据气候条件按施工技术方案采取控温措施。

检查数量：全数检查。

检验方法：观察，检查施工记录。

3.4.5 结构物外观质量

主 控 项 目

1. 结构混凝土外观质量应符合下列规定：

1）表面应密实、平整。

2）蜂窝、麻面，其面积不得超过结构同侧面积的 0.5%。

3）裂缝，其宽度不得大于设计规范的有关规定。

4）预制桩桩顶、桩尖等重要部位无掉角或蜂窝、麻面。

5）小型构件无翘曲现象。

一 般 项 目

2. 混凝土和钢筋混凝土结构物位置及外形尺寸允许偏差应符合本规程各章节的有关规定。

3.5 质 量 记 录

1. 测量复核记录

2. 原材料产品合格证、进场检验记录和原材料试验报告

3. 钢筋工程质量检验记录

钢筋加工和安装质量检验记录

钢筋连接试验报告

4. 模板工程质量检验记录

模板制作加工和安装质量检验记录

5. 隐蔽工程检查记录

6. 混凝土工程质量检验记录

混凝土配合比申请单及试验报告或商品混凝土的合格证

预拌混凝土出厂合格证

混凝土配合比申请单、通知单

混凝土浇筑申请书

混凝土开盘鉴定

浇筑混凝土施工记录

混凝土养护测温记录

混凝土抗压强度试验报告

混凝土抗折强度试验报告

混凝土抗渗试验报告

混凝土抗冻试验报告

混凝土试块强度统计、评定记录

检验批质量验收记录

3.6 安全与环保

3.6.1 混凝土工程施工前应制定详细的安全措施,经批准后方可实施。

3.6.2 施工前对施工现场的供电线路、动力电器设备,由专职电工进行安全检查,确认合格后方可使用。

3.6.3 使用商品混凝土浇筑大体积混凝土结构物时,应采用双路供电或准备应急用的发电机,防止停电。

3.6.4 对施工现场设置的搅拌站,应建立定期进行安全检查制度,包括对机械设备、供电系统、场地堆料及进出道路进行全面的安全检查。由项目安全员签发安检合格证后,方可使用。

3.6.5 搅拌机及中小型机电设备,应由持证上岗人员操作,严禁非司机人员开动机械。

3.6.6 使用翻斗车运输混凝土时,运输道路要平整。采用提升架垂直运输混凝土时,手推车车把不得伸出吊笼外,车轮前后应挡牢,并要做到稳起稳落。严禁推车人员进入吊笼上下起落。

3.6.7 采用吊车起吊料斗垂直运输混凝土时,应由信号工指挥,吊车停放应避开高压线,场地应平坦坚实,卧放料斗的斗坑周围应围挡方木,料斗起吊就位应由两人以上操作。

3.6.8 罐车运输混凝土,施工现场道路应平整坚实,必要时应对路面进行硬化处理。

3.6.9 混凝土灌注施工,应严格按照施工方案及安全措施进行。凡灌注距地面2m以上的混凝土结构物时,应搭设牢固的脚手架或平台并设护栏。在基坑内灌注施工时,应在距基坑上口向外1m的水平距离周围,设置护栏。

3.6.10 浇筑混凝土所使用的溜槽应固定牢固,若使用串筒时,串筒节间应连接牢固,施工人员严禁站在溜槽帮上施工。

3.6.11 现浇混凝土时,不得乱踩钢筋。浇筑混凝土时,施工人员严禁站在模板或支撑上施工。

3.6.12 泵运混凝土浇筑大型梁、墩、台的施工,施工前必须对所有参加施工人员,根据施工方案及安全措施进行综合安全交底。

3.6.13 使用振捣器前必须经专职电工检查合格后,方可使用。操作人员,必须穿戴安全防护用品。振捣设备应设开关箱,并装有漏电保护器。振捣棒电机应平放在可移动绝缘垫板上,不准挂在正在施工的混凝土结构物的钢筋上。

3.6.14 混凝土结构物的孔洞必须覆盖，并设安全标志或围挡。洒水养护，拖放、挪移胶管，必须两人操作，上下应走安全梯。

3.6.15 采用电热法养护时，事先必须由专职电工负责检查用电设备，电热用电应使用低压电，测温人员必须有防护措施和必备的防护用品。电热装置每次通电之前必须进行安全检查，电热区必须设专人看守，无关人员不得进入。

3.6.16 施工现场砂石料冲洗废水应收集处理，沉淀达标后排放，严禁随处排放污水。运送袋装或散装材料的车辆要用帆布严密遮盖，防止洒漏及粉尘污染。水泥采用水泥储仓密封储存；其他散料苫盖保存。

3.6.17 运输混凝土设备密封严密、不漏浆、不遗洒，并及时清除粘附的混凝土。

3.7 成 品 保 护

3.7.1 模板支架必须有足够的强度、刚度和稳定性，能可靠地承受施工荷载。

3.7.2 现浇混凝土时，不得践踏钢筋。混凝土应均匀布料，不得随意集中卸料。

3.7.3 混凝土拆模，应在混凝土强度达到规定要求后，且其表面及棱角不因拆模而受损时，方可拆除。拆模宜按立模顺序逆向进行，不得损伤混凝土，并减少模板破损。当模板与混凝土脱离后，方可拆卸、吊运模板。

3.7.4 拆除临时埋设于混凝土中的木塞和其他预埋部件时，不得损伤混凝土。

3.7.5 除模板时，不得影响或中断混凝土的养护工作。

4 钻孔灌注桩基础施工工艺

4.1 适 用 范 围

4.1.1 本工艺适用于城市桥梁工程混凝土桩基础的施工。

4.2 施 工 准 备

4.2.1 材料要求

1. 需泥浆护壁成孔时应加工护筒，储备足够数量黏土等制浆材料。

2. 现场拌制混凝土时，水泥、砂、石、外加剂、掺合料及水等经检验合格，其数量应满足施工需要。质量要满足混凝土拌制的各项要求。

3. 钻孔平台所需的方木、板材、型钢、钢板，吊挂钢筋笼的方木、型钢，砂浆或塑料垫块等应符合施工设计规定。

4.2.2 施工机具与设备

混凝土拌制设备、成孔设备、起重设备、运输设备、导管等，其数量应根据设备能力、工程量、施工程序、工期要求确定。

4.2.3 作业条件

1. 施工范围内妨碍钻孔作业的地上、地下电缆、管道、杆线等应清理或改移完毕，不妨碍施工的障碍物必须进行标识，并有保护措施。

2. 现场用水、电接通。用电负荷能满足钻机的作业要求。应准备好夜间照明设施。

3. 根据施工图和现场情况，确定施工顺序。

4. 现场道路畅通，施工场地应清理平整，必要时应进行碾压、夯实处理，满足施工机械作业要求。

5. 测设桩位轴线定位桩、施测桩位，并标示桩底高程。

6. 钢筋笼加工完成，验收合格并运至现场存放，数量应满足施工需要。

7. 泥浆护壁时，现场应设泥浆池和泥浆收集设施。

8. 场地为浅水时宜采用筑岛法施工，筑岛面积应按钻孔方法、设备大小等要求决定。

9. 场地为深水或淤泥层较厚时，可搭设工作平台，平台须牢固稳定，能承受工作时所有静、动荷载并考虑施工机械的安全进出。

4.2.4 技术准备

1. 图纸会审已经完成并进行了设计交底。

2. 根据已编制的施工组织设计编制详细的施工方案，上报监理并得到审批。

3. 施工人员获得技术交底和安全交底。明确施工部位的编号地层、地质条件、地下水的情况。明确施工部位的桩径、孔深、桩顶桩底标高、灌注混凝土的强度等级、坍落度及质量要求。

4.3 操作工艺

4.3.1 工艺流程

1. 正（反）循环钻机

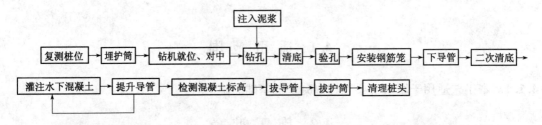

2. 冲击钻机

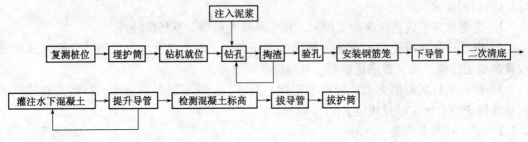

3. 旋挖钻机

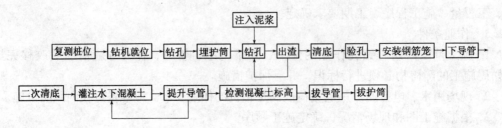

4. 螺旋钻机

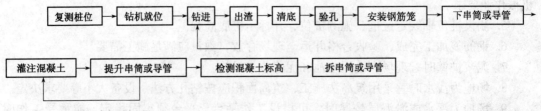

5. 全护筒冲抓钻机

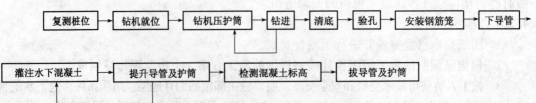

4.3.2 操作工艺

1. 埋设护筒前应校验桩位，确认正确。

2. 埋设护筒

1）护筒内径一般较桩径大 200～300mm。

2）护筒顶面宜高出施工水位或地下水位 2m，并高出施工地面 0.5m 以上。

3）护筒埋设深度应符合施工设计规定。

4）采用正（反）循环钻机、冲击钻机、旋挖钻机等钻孔时，护筒可以采用挖埋法设置。钢质护筒可以采用锤击法就位。挖埋法设置护筒时，回填土必须用黏性土分层夯实。

5）采用全护筒冲抓钻机时，护筒由钻机在钻进中分节压入。

6）护筒埋设允许偏差：顶面中心偏位 50mm，垂直度 1%。护筒埋设后应进行检查，确认符合要求。

3. 钻机就位

1）机位的地基应平整、坚实。地基软弱时应进行处理，使其能满足钻机作业要求。

2）钻机的钻具中心应对准护筒中心。钻机应平稳、不倾斜。可在钻机双侧吊线坠或用经纬仪校正钻杆垂直度。

3）钻机安装后应用缆风绳固定，并经试运行，确认符合要求。

4. 制备泥浆：泥浆宜用黏土加水搅拌制成，也可用膨润土加纯碱加水制成。泥浆性能应符合施工设计规定。

5. 钻孔

1）正循环回转钻机

——钻头回转中心对准护筒中心，先启动泥浆泵 2～3min，待循环泥浆输进护筒中一定数量，然后再开动钻机，慢慢将钻头放置于护筒底。开始应低压、慢速钻进，以稳固护筒下脚，待钻至刃脚下 1m 后，方可根据土质情况以正常速度钻进。

——在黏土地层钻进时宜选用尖底且翼片较少的钻头，采用稀泥浆、中等转速、大泵量的钻进方法，以防止出现钻头包泥、憋泵现象。

——在砂层钻进时宜选用平底钻头，采用稠泥浆、低压、慢转速、大泵量的钻进方法。在易坍塌段可向孔内投入适量黏土块，并控制钻具升降速度和回转速度，以减轻钻头上下运动时浆液对孔壁的冲刷。

——在含砾石土层中钻进时宜用优质泥浆、慢转速、大泵量、两级钻进方法。

——循环泥浆数量可按下式计算：

$$Q = 4.7 \times 10^4 \times (D^2 - d^2) \times v \qquad (4.3.2\text{-}1)$$

式中：Q —— 循环泥浆量（L/min）；

D—— 钻头直径（m）；

d—— 钻具外径（m）；

v —— 循环泥浆上返流速（m/s），取 0.25～0.3m/s。

——钻速选择：

在一般地层中钻进时转速为 40～80r/min，钻孔直径小、黏性土取较高值；钻孔直径大、砂性土取较低值。较硬或非匀质土层转速可减少至 20～40r/min。

——钻压确定：

在土层中钻进时，钻进压力应保证循环泥浆畅通，钻渣清除及时。

在岩层中钻进时，钻进压力应使钻头能有效切入并破碎岩石，同时又不会过快地磨钝和损坏钻头。

——清孔方法：

抽浆法：将送风管通过灌注水下混凝土的导管插入孔底，压缩空气从管底喷出搅起沉渣，沿导管排出孔外；也可用砂石泵或射流泵作动力，利用导管作为吸泥管将孔内泥浆抽走。抽浆同时必须不断向孔内补充清水。

换浆法：在终孔时停止钻具回转，将钻头提离孔底 100~200mm，维持泥浆的循环，并向孔内注入含砂量小于 4% 的新泥浆或清水，令钻头空转 10~30min，直到达到清孔要求为止。

2）反循环回转钻机

——钻头回转中心对准护筒中心，先启动砂石泵，待泥浆循环正常后，开动钻机慢速回转下放钻头至护筒底。开始应低压、慢速钻进，以稳固护筒下脚，待钻头正常工作后再逐渐加大压力和转速，使钻头不产生堵水，待钻至刃脚下 1m 后，方可根据土质情况以正常速度钻进。

——在钻进时应仔细观察进尺情况和砂石泵排水出渣情况，排水量减少或排水中含渣量较多时，应控制钻进速度，防止因泥浆相对密度过大而中断循环。

——在砂砾石层中钻进时，可采用间断钻进的方法控制钻进速度，防止钻渣过多堵塞管路。

——接长钻杆时，先将钻具提高到距孔底 80~100mm 的位置，维持泥浆循环 1~2min，以冲洗孔底并将管道内的钻渣排净，再停泵接钻杆。钻杆应连接牢固，并防止螺栓、螺母和工具掉入孔内。

——钻机钻进参数和钻速的选择见表 4.3.2-1。

表 4.3.2-1 泵吸反循环钻机钻进参数和钻速表

钻进参数和钻速 地层性质	钻压 （kN）	钻头转速 （r/min）	砂石泵排量 （m³/h）	钻进速度 （m/h）
黏土层、硬土层	10~25	30~50	180	4~6
砂土层	5~15	20~40	160~180	6~10
砂层、砂砾石层	3~10	20~40	160~180	8~12
中硬以下基岩	20~40	10~30	140~160	0.5~1.0

注：1. 本表钻进参数以上海探机厂产 GPS-15 型钻机为例，砂石泵排量要根据孔径大小和地层情况灵活选择调整，一般外环间隙循环液流速不宜大于 10m/min，钻杆内上返流速应大于 2.4m/s；

2. 桩孔直径较大时，钻压宜选用上限，钻头转速宜选用下限；桩孔直径较小时，钻压宜选用下限，钻头转速宜选用上限。

——采用换浆法清孔，见正循环回转钻机的清孔方法。

3）冲击钻机

——将钻机冲击中心对准护筒中心。先向护筒内灌注调制好的泥浆；或直接注水并加入黏土块，用冲击锥十字形钻头以小冲程反复冲击造浆，同时稳固护筒下脚。

——冲程选择：

在紧密的砂层、含砾石的土层中钻进宜采用大冲程；在松散的砂层、含砾石的土层中以及黏性土、粉质黏土中钻进宜采用中冲程；在易坍塌或流沙地段中钻进宜采用小冲程，并应提高泥浆的密度和黏度。

——在松软土层钻进时，每次宜松绳50~80mm；在密实土层钻进每次可松绳30~50mm。

——泥浆密度选择：

在砂层及砂砾石土层中钻进，泥浆相对密度宜采用1.5；在岩层中钻进，泥浆相对密度以1.3为宜，以满足浮渣为度；在黏土层中钻进，可只加清水，自行造浆。

——采用掏渣方法清孔，一般每钻进0.5~1.0m掏渣一次，掏至泥浆中无粗颗粒、相对密度恢复正常为止。掏渣后应及时向孔内注入泥浆或清水，以保持孔内水头。

4）旋挖钻机

——将钻杆轴线垂直对准桩位中心，钻头着地，平稳开孔、出土，直至达到护筒埋置标高，提钻埋设护筒。

——在护筒内注入泥浆，继续钻进，当钻斗内装满渣土，提升钻斗至孔口上，回转钻斗，开启活门卸土。

——开孔及最初应慢速，待钻孔至护筒刃脚下1.5m后可以正常速度钻进。

——在黏土层中钻进应选用长斗齿和齿间距较大的钻斗以免糊钻，提钻卸土时应及时清理齿间黏土。

——在较硬土层中钻进，可先用小直径钻斗钻进，再用适宜直径的钻斗扩孔至要求孔径。

——钻斗出土时提升速度不宜过快，以免产生负压造成孔壁坍塌。一般钻斗提升速度可按表4.3.2-2选用。

表 4.3.2-2 钻斗提升速度

桩径（mm） 钻斗工作状态	700	1200	1300	1500
满渣钻斗提升（m/s）	0.973	0.748	0.628	0.575
空钻斗升降（m/s）	1.210	0.830	0.830	0.830

注：1. 本表适用于砂土和黏土互层的情况；
　　2. 端承桩在接近孔底标高时，应减小钻斗的提升速度，防止持力层松弛。

——清孔：

在泥浆稳定的情况下，一般用双层底捞砂钻斗不进尺回转，使沉渣进入斗内，反转封闭斗门，即可达到清孔。

5）螺旋钻机

——螺旋钻机适用于细粒土层、无地下水的情况，不用泥浆护壁干钻法施工，一般可不用埋设护筒。

——将钻杆垂直对准桩位中心。正常钻进时应边钻进边出渣，钻至设计高程时，钻杆边旋转边提升边清渣，直至钻杆全部提出孔外。

6）全护筒冲抓钻机

——适用桩径1.0~1.2m，桩长30m左右。

——将钻机冲击中心对准桩位中心，用钻机本身的下压功能将钢护筒压至土层中一定深度，不需泥浆护壁。随钻进随下压并接长护筒，直至设计深度。

——在软弱土层施工时护筒底端应深于抓土面1.0~1.5m；在中等硬度的土层中护筒底端应深于抓土面30cm。钻进时先压护筒，再用抓斗取土。

——遇砂砾石土层应先用抓斗机开挖至护筒刃脚下200~300mm，再将护筒压下。

6. 钻孔中故障的处理

1）坍孔：少量坍孔可加大泥浆稠度继续钻进；连续大量坍孔应停止钻进，孔中回填黏土、砂砾，待沉淀密实重新钻孔；如护筒因坍孔下沉，应回填后重新埋设且加深护筒埋置深度，护筒四周应用黏土夯实。

2）钻孔偏斜：钻孔不深且偏斜小于1%，应校正钻机，用钻具纠正钻孔后继续钻进。钻孔较深或偏差大于1%，应回填重钻。

3）糊钻：多发生于正（反）循环钻和冲击钻机，一般因泥浆稠度过大、排渣量不够或泥浆供应不足造成。糊钻不严重时应控制钻进速度；严重时应停止钻进，提出钻锥，清除钻渣，降低泥浆稠度。

4）埋钻：发生坍孔埋钻时，可用吸泥机或高压射水松动钻锥后提出。

5）卡钻：多发生于冲击钻机，可用晃动大绳、冲水、吸渣等方法使钻锤松动后提出。

6）掉钻：可采用打捞叉、多用钩及时打捞。

7. 钻孔清孔完成后，应对孔深、孔径进行检测，确认符合要求。

8. 安放钢筋笼

1）桩较短时钢筋笼可整桩制作、安放，桩较长时，宜分段制作、分段下沉，并按钢筋接头搭接长度的规定连接焊牢。

2）在钢筋笼的箍筋上应绑扎砂浆或塑料垫块，以保证钢筋保护层厚度。

3）为防止钢筋笼起吊变形，可采取临时加固措施，入孔时拆除。

4）吊放钢筋笼时应对中、平稳、缓放，不得刮碰孔壁造成坍塌。

5）钢筋笼就位后应固定在护筒上口，以防移动。

9. 安放导管、灌注支架及储料漏斗

1）导管使用前应进行试拼、编号和渗漏检验，并注明导管自下端向上的累积尺度。导管可逐节安装，也可分段预接后逐段安装。导管下口至孔底距离应为200~400mm。

2）最上一节导管与储料漏斗相连处应安装活门。导管在桩孔内应居中。

3）灌注混凝土的支架可就地搭设或采用移动式。灌注支架应稳固地安放在桩孔之上。

4）储料漏斗应固定于灌注支架上，当桩顶高于孔中水面时，漏斗底口应高出桩顶4m以上，当桩顶低于孔中水面时，漏斗底口应高于水面4m以上。

10. 二次清孔

1）灌注水下混凝土之前应用测深尺、测深锤检测孔底沉淀厚度，若超过规定应二次清孔。

2）正、反循环钻机一般利用导管向孔内压入相对密度1.15左右的泥浆，置换孔底沉渣。

3）冲击钻、旋挖钻机宜对孔底进行高压射水或射风，使孔底沉淀物悬浮，达到二次清孔。

11. 灌注水下混凝土

1）灌注时混凝土拌合物的坍落度应控制在180~220mm，如其坍落度和均匀性不符合要求，应进行二次拌合，二次拌合后仍不符合要求不得使用。

2）灌注时间不得长于首批混凝土初凝时间，否则应在拌合物中掺加缓凝剂。

3）漏斗中首批混凝土拌合物的储量应能满足其下落后导管端部埋入混凝土深度不小于1m的要求，其数量可按下式计算：

$$V \geqslant \frac{\pi D^2}{4}(H_1 + H_2) + \frac{\pi d^2}{4} h_1 \qquad (4.3.2-2)$$

式中　V——灌注首批混凝土所需数量（m³）；

　　　D——桩孔直径（m）；

　　　H_1——桩孔底至导管底端距离，一般为0.4m；

　　　H_2——首批混凝土灌注后导管的埋置深度，一般≥1m；

　　　d——导管内径（m）；

　　　h_1——桩孔内混凝土将导管埋入深度 H_2 时，导管内混凝土柱需平衡管外水或泥浆压力所需的高度（m），h_1 按下式计算：

$$h_1 = \frac{H_w \gamma_w}{\gamma_c} \qquad (4.3.2-3)$$

式中　H_w——井孔内水或泥浆深度（m）；

　　　γ_w——井孔内水或泥浆单位质量（kN/m³）；

　　　γ_c——混凝土拌合物单位质量（24kN/m³）。

4）开启活门首批混凝土泄放后，应检查导管是否漏水，如有泥浆回灌现象应及时处理，同时应随即探测导管埋置深度，确认符合要求即可正常灌注。

5）灌注过程中应随时探测导管埋置深度，以确定导管提升与拆除的时间。导管提升前、后，其下端埋置深度不宜大于6m且不宜小于2m。

6）使用全护筒灌注混凝土时，应随灌注随提升，提升过程中保持护筒内混凝土厚度不小于1.0m。

7）当孔内混凝土面升到钢筋骨架下端时，应放慢灌注速度，减少混凝土上升冲力，防止钢筋笼被混凝土顶托上升。

8）导管提升时应保持轴线竖直和位置居中，稳步提升。若提升中发生卡挂钢筋笼的现象，不得硬提，应转动导管使其脱离钢筋笼后再继续提升。

9）为确保桩顶混凝土质量，应在桩顶设计高程以上加灌0.5～1.0m，灌注结束清除此段混凝土与泥浆的混合部分后，即能露出合格的混凝土。

10）灌注结束后拆除储料漏斗、灌注支架和导管。

11）拆除的导管应随即清理洁净，依序码放备用。

12）在灌注水下混凝土过程中出现导管进水、阻塞、埋管、塌孔等情况应改进操作并及时处理。

——导管进水：应立即拔出导管、钢筋笼，重新清孔，再灌注混凝土。

——导管堵塞：可采用长杆冲捣或提起导管晃动，使混凝土落下，但应注意提导管时，切不可拔出混凝土面。

——埋管：当导管埋置过深或被钢筋卡住不易拔出时，可晃动导管，或用捯链、千斤顶缓慢提升。

——塌孔：塌孔严重时应立即提出导管、钢筋笼，回填重钻。

12. 不用泥浆护壁成孔，且无地下水的桩孔可用导管或串筒浇筑普通混凝土。

13. 护筒拔出

1）现场埋设护筒时，处于地面以下或桩顶以下的整体护筒应在混凝土灌注完成后立即拔出；处于地面以上的可拆卸护筒，应待混凝土强度达到 5MPa 后方可拆除。

2）使用全护筒冲抓钻机灌注混凝土时，应随灌注随提升，并逐节拆除，直至全部拔出。

3）拆除护筒应及时清理洁净，存放备用。

14. 清理桩头

1）清理桩头时在桩顶标高处先弹出切割线后方可剔凿，沿切割线剔凿一圈，剔凿深度以见主筋为宜。

2）将灌注桩高于桩顶的主筋逐根剔凿，使其与混凝土分离并将其弯成一定角度，以能将桩顶以上的混凝土清除为宜。

3）清除桩头。

4）将桩顶以上的预留筋恢复到设计要求形状。

4.3.3 冬雨期施工

1. 冬期施工的混凝土灌桩对桩头应采取保温措施，在混凝土未达到设计强度 50% 以前不得受冻。

2. 雨期施工时做好地面排水，防止钻机作业区的地基软化，造成钻机倾斜而影响施工质量。

4.4 质量标准

4.4.1 《城市桥梁工程施工与质量验收规范》CJJ 2 规定：

主控项目

1. 成孔达到设计深度后，必须核实地质情况，确认符合设计要求。

检查数量：全数检查。

检验方法：观察、检查施工记录。

2. 孔径、孔深应符合设计要求。

检查数量：全数检查。

检验方法：观察、检查施工记录。

3. 混凝土抗压强度必须符合设计要求和相关标准规定。

检查数量：每根桩在浇筑地点制作混凝土试件不得少于 2 组。

检验方法：检查试验报告。

4. 桩身不得出现断桩、缩径。

检查数量：全数检查。

检验方法：检查桩基无损检测报告。

一 般 项 目

5. 钢筋笼底端高程偏差不得大于±50mm。

检查数量：全数检查。

检验方法：用水准仪测量。

6. 混凝土灌注桩偏差应符合表4.4.1的规定。

表4.4.1 混凝土灌注桩允许偏差

序 号	项 目		允许偏差（mm）	检验频率		检验方法
				范围	点数	
1	桩位	群桩	100	每根桩	1	用全站仪检查
		排架桩	50		1	
2	沉渣厚度	摩擦桩	符合设计要求		1	沉淀盒或标准测锤，查灌注前记录
		支承桩	不大于设计要求		1	
3	垂直度	钻孔桩	≤1%桩长，且≥500		1	用测壁仪或钻杆垂线和钢尺量
		挖孔桩	≤0.5%桩长，且≥200		1	用垂线和钢尺量

注：此表适用于钻孔和挖孔。

4.4.2 《桥梁工程施工质量检验标准》DBJ 01—12 规定：

主 控 项 目

1. 成孔和清孔后孔径、孔深、倾斜度应符合设计要求和技术规程规定。

检查数量：全数检查。

检验方法：用全站仪、验孔器、重锤测绳、超声波测孔仪检测。

2. 桩身混凝土抗压强度必须符合设计要求。

检查数量：每根桩至少留置2组标准养护试件，桩长20m以上者至少留置3组标准养护试件。同条件养护试件的留置应根据设计要求或实际需要确定。

检验方法：检查试件试验报告。

3. 桩身混凝土应进行完整性检验，检验结果应符合设计要求及合同要求。

检查数量：按合同规定。

检验方法：检查超声波测孔仪等无损探伤报告。

4. 特大桥和地质复杂的大中桥应按设计和合同要求进行桩的承载力试验。

检查数量：按试桩方案确定。

检验方法：观察并检查试桩记录和试桩报告。

5. 钻孔灌注桩偏差应符合表4.4.2规定。

表4.4.2 钻孔灌注桩允许偏差

序 号	项 目		允许偏差（mm）	检验频率		检验方法
				范围	点数	
1	桩位	群桩	100	每根桩	1	用钢尺量
		排桩	50			

序　号	项　目		允许偏差 （mm）	检验频率		检验方法
				范围	点数	
2	沉渣厚度	摩擦桩	符合设计要求	每根柱	1	查灌注前记录
		支承桩	不大于设计要求			

一　般　项　目

6. 需嵌入承台内的混凝土桩头及锚固钢筋长度应符合设计要求。

检查数量：全数检查。

检验方法：观察、检查施工记录

4.5　质　量　记　录

4.5.1　钻孔施工记录（包括故障及处理）

4.5.2　桩孔质量检验记录（孔位、孔深、孔径、垂直度）

4.5.3　钢筋笼加工和安装质量检验记录

4.5.4　钢筋及焊条、水泥、砂、石、外加剂、掺合料等材料的产品合格证和试验报告

4.5.5　混凝土配合比申请单及试验报告或商品混凝土的合格证

4.5.6　灌注混凝土施工记录

4.5.7　混凝土试件抗压强度试验报告

4.5.8　桩体质量检验记录

4.5.9　桩承载力检验记录

4.6　安全与环保

4.6.1　同时钻孔施工的相邻桩孔净距不得小于5m。两桩净距小于5m时，一桩混凝土强度达到5MPa后，方可进行另一桩钻孔施工。

4.6.2　钻机、起重机等操作工必须具有资质证。

4.6.3　严禁钻机、起重机在电力架空线下作业。现场有电力架空线路时，钻机、起重机与其距离应符合本规程1明挖基坑施工工艺中《施工现场临时用电安全技术规范》JGJ 46的规定。作业区应设围挡并有明显标志，非施工人员严禁入内。

4.6.4　钻机电缆应架空设置。电缆架空通过道路时应有足够的安全高度；需从地面上通过时应采取保护措施。钻机行走时应设专人提电缆同行。

4.6.5　钻机应安装稳固，钻杆垂直偏差应小于全长的1%。

4.6.6　钻机启动前应将操纵杆置于零位，启动后应先空档试运转，确认仪表、制动等正常后方可作业。

4.6.7　钻孔过程中发生故障应立即切断电源，停止钻进，未查明原因，采取措施前不得强行继续施钻。

4.6.8　钻机作业中遇停电，应将操纵杆置于零位，切断电源，将钻头提出孔外置于地

面上。

4.6.9 大雨、大雪、大雾、沙尘暴和风力六级（含）以上恶劣天气，应停止钻机作业。

4.6.10 灌注混凝土前，孔口必须加盖保护，并设标志。

4.6.11 灌注混凝土时，应及时提拔导管，防止提拔困难。

4.6.12 钻孔需泥浆护壁时应设泥浆池，泥浆池周围应设防护栏杆和安全标志。泥浆不得遗洒、漫流，随时保持场地清洁。

4.6.13 孔中无水时，钻出的泥土、岩渣应及时运走，保持场地清洁、平整。

4.6.14 运弃干渣土应覆盖防止扬尘；运弃带泥水的渣土应用密封车厢，防止遗漏污染道路。

4.6.15 施工中洗刷机具的废水、废浆等应定点处理后方可排放。

4.6.16 施工中应及时清理浮土，采取洒水、覆盖等降尘、防尘措施。

4.6.17 施工中应采取降噪措施，减少扰民。

4.6.18 夜间施工照明应充足。

4.6.19 雨期应做好地面排水，确保场地无积水。冬期现场应采取防滑措施。

4.7 成 品 保 护

4.7.1 成孔后应及时安放钢筋笼，并灌注混凝土，避免塌孔。

4.7.2 吊放钢筋笼时应对中稳放，防止刮碰孔壁造成塌孔。

4.7.3 合理安排施工顺序，防止因施工机械和车辆振动对未达到规定强度的桩身混凝土产生不利影响。

4.7.4 桩顶高于地面的桩完成后应加围挡和标志，防止施工机械和车辆碰撞。

5 明挖基坑、基坑回填施工工艺

5.1 适 用 范 围

5.1.1 本工艺适用于一般地质条件下明挖基坑、基坑回填施工。

5.2 施 工 准 备

5.2.1 材料要求

1. 明挖基坑施工、基坑回填施工根据施工组织设计或施工方案,储备足够数量支护(支撑)材料,需回填基坑备足填料。

2. 支护(支撑)所需的方木、板材、型钢、钢板,混凝土支护结构钢筋、预拌混凝土等应符合施工设计规定。

5.2.2 施工机具与设备

1. 土方开挖设备:反铲挖掘机、冲抓斗挖掘机、拉铲挖掘机。

出土外运设备:自卸汽车等。深基坑可采用垂直提升出土设备。

一般机具有:铁锹、手推车等。

2. 有支护基坑:支护(支撑、围护)结构成孔(成槽)设备,支护围护结构(混凝土结构支撑)浇筑、振捣、养护设备,支护结构(钢结构支撑)吊装设备,出土外运设备等,其数量应根据设备能力、工程量、施工程序、工期要求确定。

5.2.3 作业条件

1. 施工围挡已完成。

2. 基坑施工范围内妨碍开槽作业的地上、地下电缆、管道、杆线等构筑物必须清除或改移完毕,不妨碍施工的现场周边构筑物应进行标识,并有保护措施。

3. 现场道路畅通,施工场地已清理平整,现场用水、用电接通,备有夜间照明设施。

4. 测量控制网已建立,测量放线已完成。

5. 基坑顶有动荷载时,坑顶边与动荷载间应留有不小于1m宽的护道,如动荷载过大宜增宽护道。

6. 开挖有地下水位的基坑时,应根据当地工程地质资料,采取措施降低地下水位。一般要降至开挖面以下0.5m,然后才能开挖。

5.2.4 技术准备

1. 熟悉设计文件、进行图纸审查;编制施工方案,上报监理并得到审批。

基坑开挖前应了解基础的设计要求及基坑的工程地质、水文地质情况,基坑及其周边地下管线的埋设情况,附近建筑的情况,交通情况等,据以确定基坑开挖方法、施工方案以及管线加固、导改、拆迁方案。

2. 施工人员获得技术交底和安全交底。明确基坑位置的地质条件、地下水情况，明确地上、地下构筑物位置及需要保护的措施。

3. 明确支护（支撑）型式、支护材料、支护步骤，支护要求；明确开挖顺序；明确基底标高及质量要求。

4. 开工前应做好挖方、填方（或暂存土）的平衡调配，合理安排土方运输路线和弃土场地，开挖宜连续快速施工、不宜间断。

5. 城市桥梁工程明挖基坑、基坑回填施工工艺应符合《土方与地基施工技术规程》Q/BMG 102 规定要求。

6. 大型基坑（危险性较大的基坑）应按《危险性较大的分部分项工程安全管理办法》（建质［2009］87 号文）组织专家对专项方案进行论证。

5.3 操 作 工 艺

5.3.1 工艺流程

测量放线→土方开挖（无支护、有支护）→基底验收→桥涵结构施作→桥涵结构验收→基坑回填。

5.3.2 测量放线

利用加密的控制网精确测定桥梁中线、墩台位置，将高程引测到桥头位置。

桥梁中线测量要保证测距的相对中误差精度，用精测后的桥梁中线测定桥基础桩的位置、桥墩的中线，测设出十字定位线。放好基坑的轴线和边线，测出基坑现况地面高程。

5.3.3 基坑开挖

1. 基坑开挖应根据土质以及现场出土等条件，要合理确定开挖顺序，然后再分段分层平均下挖。

基坑开挖应采用对称开挖或循环开挖的方式、分层挖土、先支撑后开挖，不得采用全断面开挖法。

2. 采用反铲挖掘机开挖基坑时，其施工方法有以下两种：

1）槽端挖土法：挖土机从基坑（槽）端头以倒退行驶的方法进行开挖。自卸汽车配置在挖土机的两侧装运土。

2）槽侧向挖土法：挖土机一面沿着基坑（槽）的一侧移动，自卸汽车在另一侧装运土。

3. 基坑尺寸应满足施工要求。当基坑为渗水的土质基底，坑底尺寸应根据排水要求（包括排水沟、集水井、排水管网等）和基础模板设计所需基坑大小而定。一般基底应比基础的平面尺寸增宽 0.5～3.0m。当不设模板时，可按基础底的尺寸开挖基坑。

4. 基坑坑壁坡度应按地质条件、基坑深度、施工方法等情况确定。当在天然土层上挖基，基坑深度在 5m 以内、施工期较短、基坑底在地下水位以上，土的湿度接近最佳含水量、且土层构造均匀时，基坑坑壁坡度可按表 5.3.3 确定。

表 5.3.3　基坑坑壁坡度

坑壁土类	坑壁坡度		
	坡顶无荷载	坡顶有静荷载	坡顶有动荷载
砂类土	1:1	1:3.25	1:3.5
卵石、砾类土	1:0.75	1:1	1:3.25
粉质土、黏质土	1:0.33	1:0.5	1:0.75
极软岩	1:0.25	1:0.33	1:0.67
软质岩	1:0	1:0.1	1:0.25
硬质岩	1:0	1:0	1:0

注：1. 坑壁有不同土层时，基坑坑壁坡度可分层选用，并酌设平台；
　　2. 在山坡上开挖基坑，当地基不良时，应防止滑塌；
　　3. 在既有建筑物旁开挖基坑时，应符合设计文件的规定。

5. 当基坑深度大于 5m 时，基坑坑壁坡度应适当放缓、加大放坡坡度或加设平台。

6. 如土的湿度有可能使坑壁不稳定而引起坍塌时，基坑坑壁坡度应缓于该湿度下的天然坡度。

7. 在基坑土质良好且无地下水时可垂直开挖，但基坑深度不得超过下列规定：
在砂质粉土、粉质黏土内开挖深度小于 3.25m
在黏土内　　　　　　　开挖深度小于 3.50m
在密实坚硬的土内　　　开挖深度小于 2.00m

8. 深基坑采用小型机具设备在槽内开挖，垂直提升出土法。

9. 基坑开挖宜连续快速施工、不宜间断。一次开挖距基坑底面以上要预留 200~300mm，待验槽前人工一次清除至标高，以保证基坑顶面坚实。

在距槽底设计标高 500mm 槽壁处，测设标出水平线，同时由两端轴线（中心线）引桩拉通线，检查距槽边尺寸，确定槽宽标准。

10. 挖土机沿挖方边缘移动时，机械距离边坡上缘的宽度不得小于基坑（槽）深度的 1/2。如挖土深度超过 5m 时，应按专业性施工方案来确定。

11. 弃土不得妨碍施工。弃土堆坡脚距坑顶缘的距离不宜小于基坑的深度，且宜弃土在下游指定地点，不得淤塞河道，影响泄洪。

5.3.4　基底验收

1. 基坑应保证稳定，基坑边坡应符合规定要求；有支护基坑应符合施工组织设计规定要求。

2. 基坑开挖至设计高程后及时验槽，对基底的承载力、尺寸及标高进行检测，满足设计要求后方可下道工序施作。

3. 基底原状土无扰动，如基坑扰动超挖，应按规定处理至不低于基底原状土状态。

4. 地基承载力（和地基处理结果）符合设计要求。

5. 基底在水泥混凝土浇筑前应清理干净，无任何影响混凝土质量的杂物。

6. 基坑应保证稳定和干燥，混凝土浇筑应在基底无水情况下施工。

5.3.5　桥涵结构施作、桥涵结构验收

桥涵结构施作、验收应符合设计要求和本规程第 6、7、9 等章节相关规定。

5.3.6 基坑回填

1. 基础施工完成后，基坑应及时回填，回填前应符合下列要求：

1) 基础混凝土的强度，应达到设计强度的 70%；

2) 在复土线以下的结构，应通过隐蔽工程验收；

3) 基坑内不得有积水、淤泥和垃圾等杂物。

2. 选择适宜的回填土，填土中不得含有淤泥、腐蚀土及有机物等；回填应分层填筑并压实。回填过程中检查填筑厚度、填料含水量和压实度。填筑厚度及压实遍数应根据填料材质、压实度及所用机具确定。

5.3.7 冬雨期施工

1. 基坑开挖施工宜安排在枯水或少雨季节进行，否则开挖面不宜过大，应逐坑、逐段、逐片分期完成。

2. 雨期施工时做好地面排水，基坑周边应做挡水围堰、排水截水沟等防止地面水流入基坑的设施。

3. 雨期施工在开挖基坑（槽）时，应注意边坡稳定。必要时可适当放缓边坡坡度或设置支撑；经常对边坡、支撑、土堤进行检查，发现问题要及时处理。

4. 挖至标高的土质基坑不得长期暴露，基底不得受水浸泡，基底上的淤泥必须清除干净，其他不符合设计要求的杂物必须处理。

5. 土方开挖不宜在冬期施工。如在冬期施工时，作业方法应按冬施方案进行。

6. 基底不得受冻，应在基底标高以上预留适当厚度的松土（不小于 300mm）或用其他保温材料覆盖。

5.4 质量标准

主控项目

5.4.1 不得扰动基底原状土。如基坑扰动超挖，应按规定处理至不低于基底原状土状态。

检查数量：全数检查。

检验方法：观察。

5.4.2 地基承载力（和地基处理结果）必须符合设计要求。

检查数量：全数检查。

检验方法：观察；按设计要求进行标准贯入试验、触探试验或其他形式试验。检查地基处理记录（或报告）。

5.4.3 基坑放坡或基坑支护必须符合设计规定或施工组织设计规定要求；基坑支护必须有足够的强度、刚度和稳定性。

检查数量：全数检查。

检验方法：观察检查、用钢尺量，检查基坑监控、监测记录和施工记录。

5.4.4 支撑系统所用材料品种、规格和数量应符合设计规定或方案要求；支撑方式、支撑结构尺寸应符合设计或方案要求。

检查数量：全数检查。

检验方法：观察、用钢尺量，检查施工记录。

一 般 项 目

5.4.5 基坑开挖偏差应符合表5.4.5的规定。

表5.4.5 基坑开挖允许偏差表

序号	项　目		允许偏差 （mm）	检验频率		检　验　方　法
				范围	点数	
1	基底 高程	土方	0，－20	每 座	5	用水准仪测量四角和中心
		石方	＋50，－200		5	
2	轴线位移		≤50		4	用经纬仪测量，纵横各计2点
3	基坑尺寸		不小于规定		4	用钢尺量每边各计1点
4	对角线差		0，50		1	用钢尺量两对角线

5.4.6 基坑内应无积水和其他杂物，基底在填筑前应清理干净，无任何影响填筑质量的物质。填料应符合设计要求，一切不适宜的物质必须清除。

检查数量：全数检查。

检验方法：观察检查，检查回填压实度报告和施工记录。

5.4.7 基坑填筑应分层回填、分层夯实。

检查数量：全数检查。

检验方法：观察检查，检查回填压实度报告和施工记录。

5.4.8 填方的压实度标准应符合表5.4.8规定。

表5.4.8 填方压实度标准表

序号	项　目	允许偏差 （mm）	检验频率		检　验　方　法
			范围	点数	
1	一般情况	≥95%（轻型击实）	每个构筑物	每层4点	用环刀法或灌砂法
2	填土上当年筑路	按道路标准	每个构筑物	每层4点	

5.5 质 量 记 录

1. 测量复核记录
2. 沉降观测记录
3. 地基处理记录
4. 地基钎探记录
5. 基坑开挖及回填验收记录
6. 钢或混凝土支撑（围护）工程检验批质量验收记录

地下连续墙挖槽施工记录

地下连续墙混凝土浇筑记录

沉井（泵站）工程施工记录

钢板桩围护施工记录

钢套箱工程施工记录

桩基础施工记录（通用）

钻孔桩水下混凝土浇筑记录

沉入桩检查记录

土层锚杆成孔记录

土层锚杆注浆记录

土层锚杆张拉锁定记录

原材料产品合格证和试验报告

混凝土配合比申请单及试验报告或商品混凝土的合格证

混凝土试件抗压强度试验报告

7. 检验批质量验收记录

5.6　安全与环保

5.6.1　基坑开挖应采取以下安全技术措施确保施工安全：

1. 基坑坑壁坡度不易稳定并有地下水影响，或放坡开挖场地受到限制，或放坡开挖工程量大，应根据设计要求进行支护。设计无要求时，施工单位应结合实际情况编制专项施工方案，确定开挖坡度、支护型式、开挖范围和防、排水措施，并附安全验算结果，经有关负责人签字后实施。

2. 基坑支护（围护）应根据周边情况、施工周期、支撑荷载以及现有的施工机械、设施、材料等多种因素经比较选择安全可靠的支护方法，并进行施工结构设计。

3. 围护支撑的设置及强度、刚度、稳定性应满足基坑施工各阶段施工荷载的变化、周边构筑物（管线）安全和施工工艺的要求。

4. 深基坑围护工程施工前应制定监测方案。监测方案应包括工程概况、监测目的、监测项目、监测方法与精度要求、测点的布置、监测仪器、报警指标、观测频率、观测资料整理分析及监测结果反馈制度等。基坑工程监测项目根据设计、监测目的、支护结构形式及周边地区环境保护要求确定。

5.6.2　基坑土方开挖前，应对水文地质情况、地上、地下构筑物做好调查和勘测，画出相关位置图。施工人员应掌握各种管线情况及保护措施。

基槽与相邻构筑物距离较小，可能对已建构筑物产生影响时，必须采取有效安全技术措施，确保已建构筑物的安全，并上报有关部门审查同意后方可施工。

5.6.3　施工作业前，必须按施工组织设计规定的专项安全措施，结合开挖部位的土质情况、地下管线（构筑物）情况、开挖部位周围的施工作业环境（毗邻的建筑物、构筑物）等情况，向施工人员进行施工方法和作业环境的安全技术交底。

机械开挖基槽前，应向司机进行详细的安全技术交底。机械开挖应有专人指挥机械，指挥人员必须掌握地下管线保护措施和指挥信号。

施工现场必须按规定进行围挡，并挂好警示牌、警示灯等警示标志。出土、运土要有专人负责维护疏导交通安全。在有社会交通路段（地段）进行土方开挖施工，应有专人负责维护、疏导交通。

5.6.4 基坑开挖

1. 挖土应从上而下、分层对称开挖，严禁掏洞挖土施工。排除地表水、地下水，防止水冲刷、浸流产生滑坡或塌方。

2. 当地下地下管线复杂，施工现场狭窄时，应采用人工开挖。人工开挖基槽槽深超过5.5m，应按规定放坡或加支撑，并设置上下爬梯。开挖深度超过5.5m时，必须在边沿处设置两道护身栏杆。

3. 地下管线5.5m之内不得使用机械开挖。人机配合开挖时，必须保证在机械作业半径内不得站人。

4. 配合机械作业的清底、平地、修坡等辅助工作应与机械作业交替进行。机手（司机）、机下人员必须密切配合、协同作业。当必须在机械作业范围内进行辅助作业时，应停止机械运转后、辅助人员方可进入。

5.6.5 当施工时发现土体有裂缝、落土或滑动现象时，应采取加固措施或排除险情后再施工。

5.6.6 运土车辆要有苫盖，防扬尘、防遗洒；堆土应有苫盖措施。

5.6.7 基坑周边设置挡水围堰，及时排除地表水、地下水，防止水冲刷、浸流产生滑坡或塌方。

5.6.8 施工现场及其周围的高压电线、变压器等应有醒目的安全标志；对开挖地段又处于交通要道处，派专人看守，或有明显的标志，防止过往行人或车辆不注意发生事故。

5.7 成品保护

5.7.1 对定位标准桩、轴线引桩、标准水准点、龙门板等，挖运土时不得撞碰，并应经常测量和校核其平面位置、水平标高和边坡坡度。定位标准桩和标准水准点也应定期复测和检查是否正确。

5.7.2 雨期施工时，基槽坑底应预留300mm土层，待做混凝土垫层前再挖至设计标高。

5.7.3 施工中如发现有文物等，应妥善保护，并应及时报请当地有关部门处理，方可继续施工。

5.7.4 在敷设地下管道、电缆的地段进行土方施工时，应事先取得有关管理部门的书面同意，施工中应采取措施，以防损坏管线，造成严重事故。

6 混凝土扩大基础施工工艺

6.1 适 用 范 围

6.1.1 本工艺适用于常规城市桥梁工程混凝土扩大基础施工。

6.2 施 工 准 备

6.2.1 材料要求

1. 城市桥梁工程混凝土扩大基础所需水泥混凝土宜采用自动计量集中拌合站生产的预拌混凝土（商品混凝土）。

2. 混凝土扩大基础所需钢筋、混凝土，应符合设计要求及本规程第2、3章规定。模板制作与安装，应符合本规程第1章规定。

6.2.2 施工机具与设备

确定预拌混凝土供应商，搅拌站（拌合站）生产保障能力；运输设备、泵送浇筑设备、振捣设备、养护保温设备，常规作业工具等。

大体积混凝土必须在设施完善、管理严格的强制式搅拌站拌制，预拌混凝土必须有规定资质、并应选择备用搅拌站。

混凝土运输罐车、泵车、混凝土输送泵、输送钢管、布料管等；振捣棒（器）、抹平机、刮杠、抹子等，测温计、测温仪、测温埋管等。

6.2.3 作业条件

1. 方案制订的浇筑工艺、浇筑顺序、控制措施、安全措施已交底。

2. 拌合站设备运行可靠；运输设备、泵送（布料）设备、振捣养护设备数量充足、进场就位；水电、配电系统安全可靠。

3. 模板安装，钢筋绑扎（安装）已完成，隐蔽工程验收合格。

4. 运输线路畅通。

6.2.4 技术准备

1. 混凝土扩大基础技术准备同本规程第4.2节规定。

2. 桥梁、隧道或大体积混凝土结构，应在不同季节选择有代表性结构进行试浇筑，并通过测温或计算分析，事先确定施工过程中混凝土温度参数的合理控制值。

3. 明确流水作业划分、浇筑顺序；确定混凝土供应、运输、浇筑、养护工作计划；确定机械设备规格型号、数量，确定水电保障，工具、材料、劳动力需要量。

确定所需混凝土坍落度和初凝、终凝时间，落实混凝土配合比设计。

确定保证混凝土工程质量、施工安全、完成进度计划的措施；确定检验方法及混凝土试件组数。

确定并培训混凝土工程关键工序的作业人员和试验检验人员。

4. 落实组织、指挥系统。

6.3 操 作 工 艺

6.3.1 工艺流程

明挖基坑作业→基底验收→垫层施作→测量放线→模板安装、钢筋绑扎→商品混凝土（预拌混凝土）拌制、运输→混凝土浇筑→振捣→养护→拆模。

6.3.2 基底验收

1. 混凝土工程扩大基础施工前，基坑支护和基坑开挖质量检查合格，基坑应保证稳定；基底原状土无扰动，如基坑扰动超挖，应按规定处理至不低于基底原状土状态。

2. 地基承载力（和地基处理结果）符合设计要求。

3. 基底在混凝土浇筑前应清理干净，无任何影响混凝土质量的杂物。

4. 基坑应保证稳定和干燥，混凝土浇筑应在基底无水情况下施工。

6.3.3 垫层施作及测量放线

1. 垫层混凝土铺筑工法同主体结构工程施作，垫层模板可采用方木、木板或组合钢模板，垫层混凝土强度应符合设计要求，表面应平整，高程不得高于基础底面设计高程，平面尺寸设计无要求时应大于基础 100mm 以上。

2. 混凝土垫层强度在达到 2.5MPa 后，方可行驶机动翻斗车等小型施工机械。冬期施工垫层混凝土需覆盖保温时，应在其强度达到《混凝土结构施工技术规程》Q/BMG 103 中规定的允许受冻强度后方可支模、绑扎钢筋。

3. 桥梁工程测量放线应符合《市政基础设施测量技术规程》Q/BMG 101 的有关规定。放出桥梁工程扩大基础的中线、外边线及。

6.3.4 模板安装、钢筋绑扎及混凝土拌制、运输

1. 模板安装、钢筋绑扎应符合本规程第 1.3 节、1.4 节规定要求。

2. 城市桥梁工程混凝土扩大基础采用商品混凝土应按规定要求提供混凝土配合比、合格证，做好混凝土进场检验和试验工作，并应测定混凝土坍落度，做好记录。混凝土拌制、运输应符合本规程 3.3 节规定要求。

6.3.5 混凝土浇筑

1. 浇筑混凝土前，应做好检查工作；配制的混凝土原材料配合比和制备应符合《混凝土结构施工技术规程》Q/BMG 103 相关规定。

1）浇筑混凝土前，应对支架、模板、钢筋和预埋件进行检查，并做好记录，符合要求后方可浇筑。

2）浇筑混凝土前，应对保护层垫块的位置、数量等作重复性检查，以提高钢筋的混凝土保护层厚度尺寸的质量保证率。构件侧面和底面的垫块应至少为 4 个/m²，绑扎垫块和钢筋的铁丝头不得伸入保护层内。保护层垫块的尺寸应保证混凝土保护层厚度的准确性，其形状（宜为工字形或锥形）应有利于钢筋的定位，不得使用砂浆垫块。

3）模板内的杂物、积水少钢筋上的污垢应清理干净。模板如有缝隙，应堵塞严密，

模板内面应涂刷脱模剂。基础混凝土浇筑前，干土基要洒水湿润，湿土基要铺以碎石垫层或水泥砂浆层，石质地基要清除松散粒料，才可浇筑基础混凝土。

4) 浇筑混凝土前，应检查混凝土的均匀性和坍落度。

2. 自高处向模板内倾卸混凝土时，为防止混凝土离析，应符合下列规定：

1) 从高处直接倾卸时，其自由倾落高度不宜超过 2m。

2) 当倾落高度超过 2m 时，应通过串筒、溜槽或振动溜管等设施下落；倾落高度超过 10m 时应设置减速装置。

3) 出料口下面，混凝土堆积高度不宜超过 1m。

3. 混凝土应按一定厚度、顺序和方向分层浇筑，应在下层混凝土初凝或能重塑前浇筑完成上层混凝土。上下层同时浇筑时，上层与下层前后浇筑距离应保持 1.5m 以上。在倾斜面上浇筑混凝土时，应从低处开始逐层扩展升高，保持水平分层。

4. 混凝土的浇筑应连续进行，如因故必须间断时，其间断时间应小于前层混凝土的初凝时间或能重塑时间。混凝土的运输、浇筑及间歇的全部时间不得超过表 6.3.5 的规定。当需要超过时应预留施工缝。

表 6.3.5 混凝土的运输、浇筑及间歇的全部允许时间（min）

混凝土强度等级	气温不高于 25℃	气温高于 25℃
≤C30	210	180
>C30	180	150

注：当混凝土中掺有促凝剂或缓凝剂时，其允许时间应根据试验结果确定。

5. 施工缝的位置应在混凝土浇筑之前确定，宜留置在结构受剪力和弯矩较小且便于施工的部位，并应按下列要求进行处理：

1) 凿除处理层混凝土表面的水泥砂浆和松弱层，但凿除时，处理层混凝土须达到下列强度：

用水冲洗凿毛时，须达到 0.5MPa；

用人凿除时，须达到 4.5MPa；

用风动机凿毛时，须达到 10MPa。

2) 凿毛处理的混凝土面，应用水冲洗干净，在浇筑次层混凝土前，对垂直施工缝宜刷一层水泥净浆，对水平缝宜铺一层厚为 10~20mm 的 1:2 的水泥砂浆。

3) 重要部位及有防震要求的混凝土结构或钢筋稀疏的钢筋混凝土结构，应在施工缝处补插锚固钢筋或石榫；有抗渗要求的施工缝宜做成凹缝、凸缝或设止水带。

4) 施工缝为斜面时应浇筑成或凿成台阶状。

5) 施工缝处理后，须待处理层混凝土达到一定强度后才能继续浇筑混凝土。需要达到的强度，一般最低为 1.2MPa，当结构物为钢筋混凝土时，不得低于 4.5MPa。混凝土达到上述抗压强度时间宜通过试验确定。

6. 在浇筑过程中或浇筑完成时，如混凝土表面泌水较多，须在不扰动已浇筑混凝土的条件下，采取措施将水排除。继续浇筑混凝土时，应查明原因，采取措施，减少泌水。

7. 结构混凝土浇筑完成后，对混凝土裸露面应及时进行修整、抹平，待定浆后再抹第二遍并压光或拉毛。当裸露面面积较大或气候不良时，应加盖防护，但在开始养护前，覆盖物不得接触混凝土面。

8. 浇筑混凝土期间,应设专人检查支架、模板、钢筋和预埋件等稳固情况,当发现有松动、变形、移位时,应及时处理。

9. 浇筑混凝土时,应填写混凝土施工记录。

6.3.6 混凝土振捣

1. 浇筑混凝土时,除少量塑性混凝土可用人工捣实外,宜采用振捣器振实。用振捣器振捣时,应符合下列规定:

1)使用插入式振捣器时,移动间距不应超过振捣器作用半径的 1.5 倍;与侧模应保持 50~100mm 的距离;插入下层混凝土 50~100mm;每一处振动完毕后应边振动边徐徐抽出振捣棒;应避免振捣棒碰撞模板、钢筋及其他预埋件。

2)表面振捣器的移位间距,应以使振捣器平板能覆盖已振实部分 100mm 左右为宜。

2. 附着式振捣器的布置距离,应根据构造物形状及振捣器性能等情况并通过试验确定。

3. 对每一振动部位,必须振动到该部位混凝土密实为止。密实的标志是混凝土停止下沉,不在冒出气泡,表面呈现平坦、泛浆。

6.3.7 混凝土结构养护

1. 对于在施工现场集中养护的混凝土,应根据施工对象、环境、水泥品种、外加剂以及对混凝土性能的要求,提出具体的养护方案,并应严格执行规定的养护制度。

2. 一般的混凝土浇筑完成后,应在收浆后尽快予以覆盖和洒水养护。

混凝土养护期间,应重点加强混凝土的湿度和温度控制,尽量减少表面混凝土的暴露时间,及时对混凝土暴露面进行紧密覆盖(可采用篷布、塑料布等进行覆盖),防止表面水分蒸发。暴露面保护层混凝土初凝前,应卷起覆盖物,用抹子搓压表面至少两遍,使之平整后再次覆盖,此时应注意覆盖物不要直接接触混凝土表面,直至混凝土终凝为止。

覆盖时不得损伤或污染混凝土的表面。混凝土面有模板覆盖时,应在混凝土养护期间经常使模板保持湿润。

3. 当昼夜平均气温低于 5℃或最低气温低于 -3℃时,应按冬期施工处理。当环境温度低于 5℃时,禁止对混凝土表面进行洒水养护。此时,可在混凝土表面应喷涂养护液,并采取适当保温措施。

4. 混凝土养护用水的条件与拌合用水相同。

混凝土的洒水养护时间一般为 7d,要根据空气的湿度、温度和水泥品种及掺用的外加剂等情况,酌情延长或缩短。每天洒水次数以能保持混凝土表面经常保持湿润状态为度,用加压成型。

5. 混凝土采用喷涂养护液养护时,应确保不漏喷。

6. 大体积混凝土施工前应制定严格的养护方案,控制混凝土内外温差满足设计要求。对大体积混凝土的养护,应根据气候条件采取温控措施,并按需要测定浇筑后的混凝土表面和内部温度,将温差控制在设计要求的范围内,当设计无要求时,温差不超过 25℃。

7. 混凝土的强度达到 4.5MPa 前,不得使其承受行人、运输工具、模板、支架和拱架及脚手架等荷载。

8. 混凝土养护期间应注意采取保温措施,防止混凝土表面温度受环境因素影响(如暴晒、气温骤降等）而发生剧烈变化。养护期间混凝土的芯部与表层、表层与环境之间的温差不宜超过 20℃。大体积混凝土施工前应制定严格的养护方案，控制混凝土内外温差满足设计要求。

9. 混凝土在冬期和炎热季节拆模后，若天气产生骤然变化时，应采取适当的保温（寒季）隔热（夏季）措施，防止混凝土产生过大的温差应力。

10. 混凝土拆模后可能与流动水接触时，应在混凝土与流动的地表水或地下水接触前采取有效保温保湿养护措施养护，养护时间应比 3.3.6 条规定的时间有所延长（至少 14d），且混凝土的强度应达到 75% 以上的设计强度。养护结束后应及时回填。

11. 混凝土养护期间，对混凝土的养护过程作详细记录。

6.3.8 拆模

1. 混凝土拆模时的强度应符合设计要求。当设计未提出要求时，侧模应在混凝土强度达到 4.5MPa 以上，且其表面及棱角不因拆模而受损时，方可拆除。

2. 混凝土的拆模时间除需考虑拆模时的混凝土强度应满足规定外，还应考虑拆模时混凝土的温度（由水泥水化热引起）不能过高，以免混凝土接触空气时降温过快而开裂，更不能在此时浇注凉水养护。混凝土内部开始降温以前以及混凝土内部温度最高时不得拆模。

一般情况下，结构芯部混凝土与表层混凝土之间的温差、表层混凝土与环境之间的温差大于 20℃时不宜拆模。大风或气温急剧变化时不宜拆模。在寒冷季节，若环境温度低于 0℃时不宜拆模。在炎热和大风干燥季节，应采取逐段拆模、边拆边盖的拆模工艺。

3. 拆模宜按立模顺序逆向进行，不得损伤混凝土，并减少模板破损。当模板与混凝土脱离后，方可拆卸、吊运模板。

4. 拆除临时埋设于混凝土中的木塞和其他预埋部件时，不得损伤混凝土。

5. 拆除模板时，不得影响或中断混凝土的养护工作。

6.3.9 低温期和高温期混凝土扩大基础施工应符合本规程 3.3 节规定。

6.4 质量标准

6.4.1 一般规定

混凝土扩大基础模板、钢筋及混凝土质量应符合设计要求，质量检验及验收标准应符合本规程 1.4 节、2.4 节和 3.4 节规定。

垫层混凝土质量检验与混凝土扩大基础相同。

6.4.2 结构物外观质量

主 控 项 目

结构混凝土外观质量应符合下列规定：

1）表面应密实、平整。表面不得有空洞、露筋。

2）蜂窝、麻面，其面积不得超过结构同侧面积的 0.5%。

3）裂缝，其宽度不得大于设计规范的有关规定。

一 般 项 目

6.4.3 混凝土扩大基础偏差应符合表 6.4.3 规定。

表 6.4.3 现浇混凝土基础允许偏差

序号	项 目		允许偏差（mm）	检验频率		检 验 方 法
				范围	点数	
1	断面尺寸	长、宽	±20		4	用钢尺量，长、宽各 2 点
2	顶面高程		±10	每座基础	4	用水准仪测量
3	基础厚度		0，+10		4	用钢尺量，长、宽向各 2 点
4	轴线偏位		15		4	用经纬仪测量，纵、横各 2 点

6.5 质 量 记 录

1. 测量复核记录
2. 施工通用记录
3. 原材料产品合格证、进场检验记录和原材料试验报告
4. 钢筋工程质量检验记录
钢筋加工和安装质量检验记录
钢筋连接试验报告
5. 模板工程质量检验记录
模板制作加工和安装质量检验记录
6. 隐蔽工程检查记录
7. 混凝土工程质量检验记录
混凝土配合比申请单及试验报告或商品混凝土的合格证
预拌混凝土出厂合格证
混凝土配合比申请单、通知单
混凝土浇筑申请书
混凝土开盘鉴定
浇筑混凝土施工记录
混凝土养护测温记录
混凝土抗压强度试验报告
混凝土抗折强度试验报告
混凝土抗渗试验报告
混凝土抗冻试验报告
混凝土试块强度统计、评定记录

6.6 安全与环保

6.6.1 混凝土工程施工前应制定详细的安全措施，经批准后方可实施。

6.6.2 施工前对施工现场的供电线路、动力电器设备,由专职电工进行安全检查,确认合格后方可使用。

6.6.3 使用商品混凝土浇筑大体积混凝土结构物时,应采用双路供电或准备应急用的发电机,防止停电。

6.6.4 对施工现场设置的简易搅拌站,应建立定期进行安全检查制度,包括对机械设备、供电系统、场地堆料及进出道路进行全面的安全检查。由项目安全员签发安检合格证后,方可使用。

6.6.5 搅拌机及中小型机电设备,必须由持证上岗人员操作,严禁非司机人员开动机械。

6.6.6 使用翻斗车运输混凝土时,运输道路要平整。采用提升架垂直运输混凝土时,手推车车把不得伸出吊笼外,车轮前后应挡牢,并要做到稳起稳落。严禁推车人员进入吊笼上下起落。

6.6.7 采用吊车起吊料斗垂直运输混凝土时,应由信号工指挥,吊车停放应避开高压线,场地应平坦坚实,卧放料斗的斗坑周围应围挡方木,料斗起吊就位必须由两人以上操作。

6.6.8 罐车运输混凝土,施工现场道路必须平整坚实,必要时应对路面进行硬化处理。

6.6.9 混凝土灌注施工,应严格按照施工方案及安全措施进行。凡灌注距地面 2m 以上的混凝土结构物时,必须搭设牢固的脚手架或平台并设护栏。在基坑内灌注施工时,应在距基坑上口向外 1m 的水平距离周围,设置护栏。

6.6.10 浇筑混凝土所使用的溜槽必须固定牢固,若使用串筒时,串筒节间应连接牢固,施工人员严禁站在溜槽帮上施工。

6.6.11 现浇混凝土时,不得乱踩钢筋。浇筑混凝土时,施工人员严禁站在模板或支撑上施工。

6.6.12 泵运混凝土浇筑大型梁、墩、台的施工,施工前必须对所有参加施工人员,根据施工方案及安全措施进行综合安全交底。

6.6.13 使用控制器振捣器前必须经专职电工检查合格后,方可使用。操作人员,必须穿戴安全防护用品。振捣设备应设开关箱,并装有漏电保护器。振捣棒电机应平放在可移动绝缘垫板上,不准挂在正在施工的混凝土结构物的钢筋上。

6.6.14 混凝土结构物的孔洞必须覆盖,并设安全标志或围挡。洒水养护,拖放、挪移胶管,必须两人操作,上下应走安全梯。

6.6.15 施工现场砂石料冲洗废水必须收集处理,沉淀达标后排放,严禁随处排放污水。运送袋装或散装材料的车辆要用帆布严密遮盖,防止洒漏及粉尘污染。水泥采用水泥储仓密封储存;其他散料苫盖保存。

6.6.16 运输混凝土设备密封严密、不漏浆、不遗洒,并及时清除粘附的混凝土。

6.7 成品保护

6.7.1 模板必须有足够地强度、刚度和稳定性,能可靠地承受施工荷载。

6.7.2 现浇混凝土时,不得践踏钢筋。混凝土应均匀布料,不得随意集中卸料。

6.7.3 混凝土拆模,必须在混凝土强度达到规定要求后,且其表面及棱角不因拆模而受损时,方可拆除。当模板与混凝土脱离后,方可吊运模板。

6.7.4 拆除临时埋设于混凝土中的木塞和其他预埋部件时,不得损伤混凝土。

6.7.5 除模板时,不得影响或中断混凝土的养护工作。

7 砌体工程及浆砌石基础施工工艺

7.1 适 用 范 围

7.1.1 本工艺适用于一般地质条件下城市桥梁砌筑墩身、台身及其附属工程的施工。有特殊要求的砌石及混凝土砌块工程应按相关规定执行。

7.2 施 工 准 备

7.2.1 材料要求

1. 砌体所用水泥、砂、外加剂、水等应符合混凝土中的质量标准。

2. 砂浆用砂

砂浆中用砂宜采用中砂或粗砂。砂的最大粒径，当用于砌筑片石时，不宜超过 5mm；当用于砌筑块石、粗料石时，不宜超过 2.5mm。砂的含泥量，当砂浆强度等级不小于 M5 时，应不得大于 5%；小于 M5 时应不得大于 7%。

3. 石料

石料应符合设计规定的类别和强度，石质应均匀、耐风化、无裂纹。

1）石料强度为（50±0.5）mm 的立方体或直径与高均为（50±0.5）mm 的圆柱体试件取 6 个含水饱和抗压强度的算术平均值；若 6 个试件中有 2 个与其他 4 个试件抗压强度的算术平均值相差 3 倍以上时，应取抗压强度相近的 4 个试件的算术平均值作为抗压强度的测定值（MPa）。

2）在潮湿和浸水地区主体工程的石料软化系数，不应小于 0.8。对于一月份平均气温低于 −10℃ 的地区，除干旱地区的不受冰冻部位，所用石料和混凝土材料，应满足表 7.2.1 所列抗冻性指标时，方可使用。

表 7.2.1 石料及混凝土材料抗冻性指标

结构物类别	大、中桥	小桥及涵洞
镶面或表层砌体	50 次	25 次

4. 砌体用石料规格

1）片石：形状不受限制，但卵形及薄片石不得使用，石块的最小边长及中部厚度不应小于 15cm，每块质量宜在 20~30kg 左右。用做外露面的片石应选表面较平整、尺寸较大者，并应稍加修整。

2）块石：形体大致方正，其厚度不宜小于 20mm，宽度不小于其厚度，长度不小于厚度的 1.5 倍，顶面及底面应平整。用作镶面时，外露面应稍加修凿，打去锋棱凸角，非外露面可不修凿，但应略小于外露面。

3）粗料石：形状为规则的六面体，表面凸凹深度要求不大于20mm，厚度和宽度均不得小于200mm，长度应为厚度的2.5~4.0倍。

加工镶面粗料石时，丁石长度应比相邻顺石宽度大150mm，修凿面每100mm长应有錾路约4~5道，侧面的修凿面应与外露面垂直，正面凹陷深度不应超过15mm。

4）板石：形状为规则的六面体，厚度及宽度均应大于200mm，长度应超过厚度的3倍。

5）河卵石：在石料缺乏的地区，河床铺砌等附属工程可使用河卵石砌筑，其规格和石质要求同片石，使用时应尽先选择大卵石。

5. 料石加工

各种料石加工，外露面四边应整齐、棱角方正、拼缝前部要直，尾部略呈斜面，但每边向内收口不得大于10mm。制作蘑菇石时，蘑菇高不应大于20mm，细蘑菇剁斧边宽应不大于30~50mm，头缝应方平。剁斧石的纹路应直顺整齐，不得有死坑。

6. 混凝土砌块

混凝土砌块的预制应符合有关规定，规格应与粗料石相同，尺寸应根据砌体形状确定。

7. 砂浆

1）砂浆的强度种类应符合设计要求。如设计未作规定时，主体工程用砂浆强度不得低于M10，一般工程用砂浆强度不得低于M7.5。若设计有明确冻融循环次数要求的砂浆，经冻融试验后，质量损失率不应大于5%，强度损失率不应大于25%。

2）砌体应按质量评定留有足够的砂浆标准试块，为70.7mm×70.7mm×70.7mm的砂浆试件，同条件制作每6块为一组，在标养条件下28d的试件抗压强度的平均值即为砂浆强度等级，砂浆强度等级为M20、M15、M10、M7.5、M5。必要时还应留有和砌体同条件的试件。

3）砂浆的配合比应通过试验确定，砂浆配合比的设计见《北京市城市桥梁工程施工技术规程》DBJ 01—46附录：E.3，并应符合下列规定：

施工中应采用质量比，拌制少量的砂浆亦可采用体积比。

当变更砂浆的组成材料时，其配合比应重新选定。

水泥砂浆中的水泥用量不宜小于200kg/m³，水泥混合砂浆中水泥与掺加料的总量应在300~350kg/m³之间，在满足稠度和分层度的前提下，宜减少掺加料的用量。

4）砌筑砂浆应具有适当的流动性、良好的和易性，保证砌体胶结牢固。砂浆的稠度应以砂浆稠度仪测定的下沉度表示，宜应为10~50mm。稠度以标准圆锥体沉入度表示应为50~70mm，对吸水率较大的砌筑料石，天气干热多风时，可适当加大稠度。

对零星次要工程可采用直观检查法，即甩手将砂浆捏成小团，松手后不会松散，但不能从刮刀上流下为度。

5）搅拌砂浆应使用机械搅拌，搅拌时间自投料完毕算起，不得少于1.5min，对砂浆用量极小的工程，可用人工在不吸水的拌合盘上拌合。

砂浆应随拌随用，应在拌合后3h内使用完毕，下班后剩余砂浆，不得重新使用。在运输和储存中发生离析、泌水时，使用前应重新拌合，已凝结的砂浆不得使用。

7.2.2 施工机具与设备

1. 砂浆拌制机械：强制性砂浆拌合机，砂浆、石料运输机械（罐车、反斗车、手推车等）。

2. 测量检验仪器工具：全站仪、经纬仪、水准仪，水平尺、线坠、小白线、卷尺，砂浆试模。

3. 砌筑工具：备有大铲、手锤、手凿、皮数杆、小水桶、灰槽、勾缝条、扫帚等。

7.2.3 作业条件

1. 砌体工程（扩大基础）施工前，基坑支护和基坑开挖质量检查合格，基坑应保证稳定；基底原状土无扰动，如基坑扰动超挖，应按规定处理至不低于基底原状土状态。

2. 地基承载力（和地基处理结果）符合设计要求。天然地基上的基础砌体，砌筑前应对地基进行检验，验收合格后方可施工。

3. 基底在砌筑前应清理干净，无任何杂物。

4. 基坑应保证稳定和干燥，砌筑应在基底无水情况下施工。

5. 测量放线，做好基础的轴线和边线，测出基础高程，立好皮数杆，两皮数杆间距不大于 15m 为宜，在砌体的转角处和交接处均应设置皮数杆。

6. 拉线找平基础垫层水平标高，第一皮水平灰缝厚度超过 20mm 时，应用豆石混凝土找平，不得用水泥砂浆中掺加碎石找平。

7. 常温砌石前一天将料石浇水湿润。

8. 校好计量设备，备好砂浆试模。

7.2.4 技术准备

1. 图纸会审已经完成并进行设计交底。

2. 根据施工部位、结构型式、施工温度、环境条件、砂浆拌制、运输条件、石料强度等级、性能要求、砌筑方量等因素，制定砌筑方案获得批准后方可实施。

3. 明确流水作业划分、砌筑顺序；确定石料供应、运输、砌筑、养护工作计划；确定机械设备规格型号、数量，确定水电保障，工具、材料、劳动力需要量。

确定砂浆配合比，进行原材料（水泥、砂、石材等）性能检验。

确定保证工程质量、施工安全、完成进度计划的措施；确定检验方法及试件组数。

确定并培训关键工序的作业人员和试验检验人员。

4. 进行安全技术交底；落实组织、指挥系统。

7.3 操 作 工 艺

7.3.1 工艺流程

基底验收→基底清理→砂浆拌制→立杆挂线→石材砌筑→勾缝。

7.3.2 基底验收

1. 混凝土工程扩大基础施工前，基坑支护和基坑开挖质量检查合格，基坑应保证稳定；基底原状土无扰动，如基坑扰动超挖，应按规定处理至不低于基底原状土状态。

2. 地基承载力（和地基处理结果）符合设计要求。

7.3.3 基底清理

基底在砌筑前应清理干净，无任何影响砌筑质量的杂物。

基坑应保证稳定和干燥，砌筑应在基底无水情况下施工。

7.3.4 砂浆拌制

城市桥梁工程宜采用预拌砂浆（集中拌合砂浆）。

1. 砂浆配合比应用质量比，水泥计量精度在±2%以内。

2. 采用机械搅拌，投料顺序为砂子→水泥→掺合料→水。搅拌时间不少于90s。

3. 砂浆随拌随用，已拌好砂浆应在3h内使用完毕，如气温超过30℃，应在2h内用完，严禁用已凝结砂浆。

4. 砂浆试块按每100m³砌体（不足100m³按100m³砌体计）做一组砂浆强度试块（每组6块），当水泥品种、强度等级、材料配合比有变更时，均应另做试块。确定施工措施的检查试块，应另行制作，并与砌体一起养护。

7.3.5 立杆挂线

在基础、垫层表面已弹好轴线及墙身线，立好皮数杆，其间距约15mm为宜。转角处应设皮数杆，皮数杆上应注明砌筑皮数及砌筑高度等。

砌筑前，应对弹好的线进行复查，位置、尺寸应符合设计要求，根据进场石料的规格、尺寸、颜色进行试排、摆底，确定组砌方法。

7.3.6 石材砌筑一般规定

1. 砌筑前应将石料表面污物清扫干净。

2. 在地下水位以下或处于潮湿土壤中的石砌体应用水泥砂浆砌筑。遇有侵蚀性水时，水泥种类应按设计规定选择。

3. 砌翼墙和桥墩时，应按测量外边线立好线杆，按线杆挂线砌筑。

砌挡土墙和桥台应两面挂线，即外露面和隐蔽面，外面线应直顺整齐，内面线可大致直顺，保证砌体符合设计结构物断面尺寸要求。砌筑中应经常校正线杆减少偏差。

4. 采用分段砌筑时，相邻段的高差不宜超过1.2m，工作段位置宜在伸缩缝或沉降缝处。

同一砌体当天连续砌筑高度不宜超过1.2m。

5. 砌体应分层砌筑，各层石块应安放稳固，且石块间的砂浆饱满，粘结牢固，石块不得直接贴靠或留有空隙。砌筑过程中，不得在砌体上用大锤修凿石块。

6. 在已砌筑的砌体上继续砌筑时，应将已砌筑的砌体表面清扫干净和湿润。

7. 砌体外露部分需要勾缝时，应将外露砌石的砂浆缝刮深10～20mm，以便用砂浆填充勾缝。砌体隐蔽部分可随砌随将挤出的砂浆刮平。

7.3.7 浆砌片石

1. 片石尺寸应加以选择，宜优选大块的，砌筑时砌体下部宜选用较大的石块，转角及外缘处应选用较大方正的石块。

2. 片石应分层砌筑，宜以2～3层石块组成一工作层；每工作层的水平缝应大致找平。竖缝应错开，不得贯通。灰缝宽度宜不大于40mm。

3. 第一层片石应砌筑在已处理的基底上，先选择大块平整的石料干砌，缝隙用砂浆和小石块填塞密实，填满空隙后，即可分层向上平砌。以上各层砌筑均应采取坐浆法砌筑，不得采取先干砌后灌浆的方法。

4. 砌筑工作均应自最外边开始，砌筑时应符合下列要求：

1）砌筑外边时应选择有平面的石块，使砌体表面整齐，不得用小石块镶砌；

2）砌体中的石块应大小搭配、相互错叠、咬接密实，较大石块应宽面朝下；

3）为节约水泥，应备足各种小石块供挤浆填缝用，宜将小石块挤入较大的缝隙中使其紧密；

4）砌块石墙必须设置拉结石，拉结石应均匀分布，相互错开，每 0.7m² 墙面至少应设置一块。

7.3.8 浆砌块石

1. 用作镶面的块石，表面四周应加以修整，其修整进深不应小于 7cm，尾部可不加修整，但应较修整的断面略小，以易于安砌，镶面丁石的长度不应短于顺石宽度的 1.5 倍。

2. 每层块石的高度应尽量一致，并应每砌筑 0.7～1.0m 时找平一次。

3. 砌筑镶面石其错缝应按规定排列方法，同一层用一丁一顺或用一层丁石一层顺石。灰缝宽度宜为 20～30mm。上下层立缝错开的距离应大于 80mm。

4. 砌筑填心石其灰缝应彼此错开。水平灰缝不得大于 30mm，垂直灰缝不得超过 40mm，个别空隙较大时，应在砂浆中填塞小块石。

5. 其他砌筑方法和要求与浆砌片石相同。

7.3.9 浆砌料石

1. 料石砌体的石料，在同一部位上宜使用同一种类岩石。

2. 桥墩分水体镶面石的抗压强度不得低于 40MPa，其他部位的料石，其抗压强度不得低于填心石料的强度。

3. 料石规格：

丁石：宽度不小于石料的厚度，长度不小于厚度的 1.5 倍，并应比相邻顺石宽度大 150mm 以上。

顺石：宽度不小于石料的厚度，长度不小于厚度的 1.5 倍。

角石：一边长不得小于石料的厚度，另一边长不得小于 100mm；粗料石不小于 150mm。所有修凿应平整，四角方正，尾部大致凿平。

4. 镶面石的加工正面应平整，凿切式样完全一致；加工蘑菇石时，中间突出部分的高度不得大于 20mm，周围细凿边缘的宽度为 30～50mm。

5. 每层镶面石均应先按规定灰缝宽及错缝要求配好石料，再用铺浆法顺序砌筑，并应随砌随填塞立缝。

6. 砌筑墩台镶面石应从曲线部分开始，并应先安砌角石。

7. 一层镶面石砌筑完毕，方可砌填心石，其高度应与镶面石平，如用混凝土填心，则镶面石可先砌 2～3 层后再浇筑混凝土。

8. 每层镶面石均应采用一丁一顺砌法，砌缝宽度应均匀，宜为 10～15mm。相邻两层立缝应错开不小于 l00mm，在丁石的上层和下层不得有立缝，所有立缝均应垂直。

9. 砌筑时应随时用水平尺及铅垂线校核。

7.3.10 砌体勾缝及养护

1. 石砌体表面勾缝，其形状、深度与砂浆强度等级应符合设计规定。砌石时应留有 20mm 深的空隙不填砂浆，砌筑完 1～2d 内应用水泥砂浆勾缝。

砌体如规定不勾缝，则应随砌随将灰缝砂浆刮平。

2. 勾缝前应做好下列准备工作：

1）清除砌体表面粘结的砂浆、灰尘和杂物等，并将砌体表面洒水湿润。

2）瞎缝或缝宽尺寸不足者，均应凿开、凿宽。

3）清剔脚手架眼并用与原砌体相同的材料堵砌严密。砌体表面如有石块缺楞掉角，应用砂浆修补齐整。

3. 设计无特殊要求时，砌体勾缝应符合下列规定：

1）块石砌体宜采用凸缝或平缝，细料石及粗料石应采用凹缝。

2）砂浆强度等级不得低于 M10。

4. 料石砌体表面勾缝要横平竖直、深浅一致，十字缝搭接平整，不得有瞎缝、丢缝、裂缝和粘接不牢等现象，勾缝深度应较墙面凹进 5mm。

5. 块石砌体勾缝应保持砌筑的自然缝，勾凸缝时要求灰缝整齐，拐弯圆滑流畅、宽度一致，不出毛刺，不得空鼓脱落。

6. 浆砌砌体在砌筑或勾缝砂浆初凝后，应立即覆盖洒水，湿润养护 7～14d，养护期间应避免碰撞、振动或承重。

7.3.11 石砌重力式墩台

1. 基础砌石时，基底应按本规程相关规定处理。

墩台砌筑时应按设计图测量放线，依测量标志在边角处设置线杆，显示坡度和层数。砌筑时必须挂线施砌。桥台隐蔽面也应挂线施砌。

2. 各种石料墩台砌筑时应分层砌筑。

3. 石料墩台砌体均应采取坐浆法砌筑，应先砌外圈面石后砌内圈填心。内外圈砌体竖缝均应错开，不得贯通。

片石、块石作外镶面用料时，大面应作适当修整后施砌。料石砌筑应丁顺有序排列，采用丁顺砌法，上下两层竖缝错开不应小于 100mm。砌筑的石料应清洗干净，保持湿润。混凝土预制块砌筑按料石要求办理。

4. 砌石时不得在砌好的砌体上加工石料或用重锤敲击石料，搬运石料时不得抛掷撞击砌体。

5. 砌石墩台如内圈采用混凝土填心时，宜在外圈砌筑 2～3 层后浇筑一次混凝土。

6. 砌石灰缝宽度应保持均匀，片石、块石灰缝宜为 20～30mm；料石缝宽宜为 10～15mm。混凝土预制块应按料石规定办理。

外圈镶面石料每层砌完后应及时把灰缝向内剔深 10～20mm，方便勾缝。

7.3.12 砌体沉降缝、伸缩缝、泻水孔及防水层的设置，应符合设计及有关规定。

7.3.13 砌体工程冬期施工

1. 当工地昼夜平均气温连续 5d 低于 5℃或最低气温低 -3℃时，砌筑施工应符合本条有关规定。

2. 砂浆强度未达到设计强度的 70% 时，不得使其受冻。

3. 砌块应干净，无冰雪附着。砂中不得有冰块或冻结团块。遇水浸泡后受冻的砌块不得使用。

4. 砂浆宜采用普通硅酸岩水泥，水温不得超过 80℃，砂的温度不得超过 40℃，在暖棚内机械拌制，搅拌时间不少于 2min，砂浆的稠度宜较常温适当增大，砌石砂浆的稠度应在 40 ~ 60mm 之间。

5. 砂浆应采用保温容器运输，中途不宜倒运。

6. 砂浆应随拌随用，每次拌合量宜在 0.5h 内用完。已冻结的砂浆不得使用。

7. 应根据施工方法、环境气温，通过热工计算确定砂浆砌筑温度。石料、混凝土砌块表面与砂浆的温差不宜大于 20℃。

8. 砌体在暖棚内砌筑时，应符合下列规定：

1) 拌合砂浆的温度不得低于 15℃，砌块的温度应在 5℃ 以上，棚内地面处温度不得低于 5℃。

2) 砂浆的保温时间应以达到其抗冻强度的时间为准。

3) 养护时应洒水，保持砌体湿润。

9. 冬期施工采用外加剂法砌筑承重砌体时，砂浆强度等级应按常温施工提高一级。

10. 抗冻砂浆砌筑应符合下列规定：

1) 抗冻砂浆宜优先选用硅酸岩水泥或普通硅酸岩水泥，宜优先选用细度模数较大的砂。

2) 抗冻砂浆使用的温度不得低于 5℃。

3) 用抗冻砂浆砌筑的砌体，应在砌筑后加以保温覆盖，不得浇水。

4) 抗冻砂浆的抗冻剂掺量可通过试验确定。

7.3.14 砌体工程雨期施工

1. 雨期砌筑施工前，要检测各种砌块的含水率，砂浆应随拌随用，如气温超过 30℃，应在 2h 内用完，严禁用已凝结砂浆。受雨冲刷而失浆的砂浆，不得使用。

2. 雨期施工应防止雨水冲刷墙体、下班收工时应覆盖砌体上表面，每天砌筑高度不宜超过 1.2m。

7.4 质 量 标 准

主 控 项 目

7.4.1 砌筑材料

砌筑基础所用石材、混凝土砌块其规格和强度等级应符合设计要求。砂浆配合比应符合设计要求。

检查数量：同产地石材至少抽验一组试件进行抗压强度检验（每组试件不少于 5 个）；混凝土砌块每工作班同一配合比、同规格、每台搅拌机至少抽验一次；施工单位对同类型、同强度等级的砂浆至少进行一次砂浆配合比设计。

检验方法：观察或用钢尺量，施工单位进行配合比选定试验，检查试验报告。

7.4.2 砌筑工程所用砂浆的强度等级必须符合设计要求。

检查数量：同类型、同强度等级每 100m³ 砌体为一批，不足 100m³ 的也按一批计，每批检验一次。

检查方法：砂浆试件应在搅拌机出料口随机抽样制作，检查试验报告。

7.4.3 砂浆的饱满度应达到 80% 以上。

检查数量：每一砌筑段、每步架抽查不少于 5 处。

检验方法：观察检查。

一 般 项 目

7.4.4 砂浆砌体砌缝宽度、位置和砌筑方式应符合表7.4.4规定。

表7.4.4　砂浆砌体砌缝宽度、位置和砌筑方式

序号	项 目		允许偏差（mm）	检验频率		检 验 方 法
				范围	点数	
1	表面砌缝宽度	浆砌片石	≤40	每个构筑物、每个砌筑面或两条伸缩缝之间为一批	量测10点，观察全数检查	用钢尺量或观察
		浆砌块石	≤30			
		浆砌料石	15～20			
2	每找平一次的砌筑高度	浆砌片石	≤1200			
		浆砌片石				
3	三块石料相接处的空隙		≤70			
4	两层间竖向错缝		≥80			
5	砌筑方式	浆砌块石	一丁一顺或二顺一丁			
		浆砌料石	一丁一顺			

7.4.5 砌筑完成后及时苫盖，并及时洒水湿润，常温下养护期不少于7d。

　　检查数量：全数检查。

　　检验方法：观察。

7.4.6 砌体表面应砂浆饱满、砌缝整齐。宽度和错缝距离符合规定，无脱落和裂纹。

　　检查数量：全数检查。

　　检验方法：观察，用钢尺量。

7.4.7 砌筑基础允许偏差应符合表7.4.7规定。

表7.4.7　砌筑基础允许偏差

序号	项 目		允许偏差（mm）	检验频率		检 验 方 法
				范围	点数	
1	断面尺寸		+40，0	每个构筑物	6	用钢尺量，长、宽、厚各计2点
2	顶面高程		±20		4	用水准仪测量，两端各计2点
3	轴线位移		≤20		4	用经纬仪测量，纵、横各计2点
4	底、顶面高程	片石	±25		不少于5处	用水准仪测量
		料石、砌块				
5	砌体厚度	片石	+30，0			用钢尺量
		料石、砌块	+15，0			

7.5　质 量 记 录

1. 测量复核记录
2. 施工通用记录
3. 原材料产品合格证、进场检验记录和原材料试验报告

4. 砌体工程质量检验记录

5. 砂浆试块试验报告

7.6 安全与环保

城市桥梁工程宜采用预拌砂浆（集中拌合砂浆）。

1. 砌体工程施工前应制定详细的安全措施，经批准后方可实施。

2. 使用翻斗车运输砂浆、石材时，运输道路要平整。石料运输的人力车，两车前后距离，平道上不得小于2m，坡道上不得小于10m。石材运送采用放坡滚运或机械吊运时，下方严禁站人。

3. 砌筑时，应戴安全帽，带工作手套。修整石料时应戴防护眼镜。

4. 砌筑高度超过1.2m时，必须搭设牢固的脚手架，且材质应符合要求。脚手架上堆放石块，严禁超载。

5. 严禁操作人员在刚砌筑的基础上边缘走动或检查靠角。

7.7 成 品 保 护

1. 砂浆稠度应适宜，砌筑时应防止砂浆溅脏砌体表面，砌筑和勾缝后保持墙面洁净。

2. 砌筑完后，未经有关人员检查验收，轴线桩、水准桩、皮数杆应加以保护，不得碰坏、拆除。

3. 砌体中埋设的构造筋、预埋件应注意保护，不得随意踩倒弯折。

4. 石体楞角应用木板、塑料布保护，防止损坏楞角或污染。

8　人工挖孔灌注桩施工工艺

8.1　适用范围

8.1.1　本工艺标准适用于一般地质条件、无地下水、较密实的土层或风化软质岩层人工成孔灌注桩工程。地下水位高、涌水量大、有流砂、有淤泥、淤泥质土层或松软土层，不得采用人工成孔工艺。

8.2　施工准备

8.2.1　材料要求

1. 人工挖孔灌注桩成孔所需材料（水、砂、豆石、水泥、钢筋等），应符合设计要求及相关产品标准规定，经检验合格后、方可投入使用。

2. 模板：弧形工具式钢模四块（或多块）拼装，模板制作应符合设计要求，经检验合格后、方可投入使用。支护材料按设计规定进场。

8.2.2　施工机具与设备

1. 成孔设备器具：出土提升支架、卷绳葫芦（电动葫芦或手摇辘轳）、手推车或翻斗车、镐、锹、手铲、钎、线坠、定滑轮组、导向滑轮组、混凝土搅拌机、吊桶、溜槽、导管、振捣棒、插钎、粗麻绳、钢丝绳、安全活动盖板、防水照明灯（低压36V、100W），电焊机、通风及供氧设备、活动爬梯、安全带等。

2. 测量检验仪器工具：全站仪、经纬仪、水准仪，水平尺、线坠、小白线、卷尺，混凝土试模。

3. 监测仪器：有害、易燃易爆气体监测仪。

8.2.3　作业条件

1. 开挖前地上、地下的电缆、管线、旧建筑物、设备基础等障碍物均已排除处理完毕。各项临时设施，如照明、动力、通风、安全设施准备就绪。

2. 按桩基平面图，设置桩位轴线、定位点；桩孔四周洒灰线，测定高程水准点。放线工序完成后，办理验收手续。

3. 在地下水位比较高的区域，先降低地下水位至桩底以下0.5m左右。

4. 机具设备、工具和原材料准备已完成。

8.2.4　技术准备

1. 图纸会审已经完成并进行设计交底。

2. 根据施工部位、结构型式、环境条件、作业方量、安全要求等因素，制定人工挖桩孔方案获得批准后方可实施。

3. 技术交底和安全交底，并履行书面交底手续；熟悉施工图纸及场地的地下土质、水文地质资料。

4. 全面开挖之前，有选择地先挖两个试验桩孔，分析土质、水文等有关情况，以此修改原编施工方案。

5. 操作前对吊具进行安全可靠的检查和试验，确保施工安全。

6. 安全技术教育培训已完成。

8.3 操 作 工 艺

8.3.1 工艺流程

放线定桩位及高程→开挖第一节桩孔土方（桩基锁口圈）→支护壁模板放附加钢筋→浇筑第一节护壁混凝土→检查桩位（中心）轴线→架设垂直运土器械→安装照明、通风机等器具→开挖吊运第二节桩孔土方→检查桩孔质量→先拆第一节支第二节护壁模板（放附加钢筋）→浇筑第二节护壁混凝土→检查桩位（中心）轴线→逐层往下循环作业→检查验收→桩身结构施作。

8.3.2 放线定桩位及高程

在场地三通一平的基础上，依据建筑物测量控制网的资料和基础平面布置图，测定桩位轴线方格控制网和高程基准点。确定好桩位中心，以中点为圆心，以桩身半径加护壁厚度为半径画出上部（即第一步）的圆周。撒石灰线作为桩孔开挖尺寸线。桩位线定好之后，必须经有关部门进行复查，办好预检手续后开挖。

8.3.3 开挖顺序

同一墩台各桩开挖顺序，可视地层性质、桩位布置及间距而定。桩间距较大、地层紧密不需爆破时，可对角开挖，反之宜单孔开挖。若桩孔为梅花式布置时，宜先挖中孔，再开挖其他各孔。成孔后应立即浇筑桩身混凝土。

8.3.4 开挖第一节桩孔土方（桩基锁口圈）

开挖桩孔要从上到下逐层进行，先挖中间部分的土方，然后扩及周边，有效地控制开挖桩孔的截面尺寸。每节的高度要根据土质好坏、操作条件而定，一般 0.8 ~ 1.0m 为宜。第一节井圈护壁（锁口圈）的中心线与设计轴线的偏差不得大于20mm；第一节护壁高出地坪 150 ~ 200mm，便于挡土、挡水，桩位轴线和高程均要标定在第一节护壁上口，壁厚比下面井壁厚度增加 100 ~ 150mm。

8.3.5 支护壁模板附加钢筋

为防止桩孔壁塌方，确保安全施工，成孔要设置钢筋混凝土（或混凝土）井圈。护壁的厚度要根据井圈材料、性能、强度、稳定性、操作方便、构造简单等要求，并按受力状况，以最下面一节所承受的土侧压力，通过计算来确定。

护壁模板采用拆上节、支下节重复周转使用。模板之间用卡具、扣件连接固定，也可以在每节模板的上下端各设一道圆弧形的用槽钢或角钢做成的内钢圈作为内侧支撑，防止内模因张力而变形。不设水平支撑，以方便操作。

8.3.6 浇筑第一节护壁混凝土

桩孔护壁混凝土每挖完一节以后要立即浇筑混凝土。人工浇筑，人工捣实，混凝土强度一般为 C20，坍落度控制在 80~100mm，确保孔壁的稳定性。

8.3.7 检查桩位（中心）轴线

每节桩孔护壁做好以后，必须将桩位十字轴线和标高测设在护壁的上口，然后用十字线对中，吊线坠向井底投设，以半径尺杆检查孔壁的垂直平整度。随之进行修整，井深必须以基准点为依据，逐根进行引测。保证桩孔轴线位置、标高、截面尺寸满足设计要求。

8.3.8 架设垂直运土器械

第一节桩孔成孔以后，即着手在桩孔上口架设垂直运输支架，要求搭设稳定、牢固。在垂直运输架上安装滑轮组和电动葫芦的钢丝绳。

8.3.9 安装照明、通风机等器具

安装吊桶、照明、活动盖板、水泵和通风机：在安装滑轮组及吊桶时，注意使吊桶与桩孔中心位置重合，作为挖土时直观上控制桩位中心和护壁支模的中心线。

8.3.10 开挖吊运第二节桩孔土方

开挖吊运第二节桩孔土方（修边），从第二节开始，利用提升设备运土，桩孔内人员要戴好安全帽，地面人员要拴好安全带。吊桶离开孔口上方 1.5m 时，推动活动安全盖板，掩蔽孔口，防止卸土的土块、石块等杂物坠落孔内伤人。吊桶在小推车内卸土后，再打开活动盖板，下放吊桶装土。

8.3.11 检查桩孔质量

桩孔挖至规定的深度后，用支杆检查桩孔的直径及井壁圆弧度，上下要垂直平顺。

8.3.12 先拆除第一节模板，支第二节护壁模板（放附加钢筋）

护壁模板采用拆上节支下节依次周转使用。模板上口留出高度为 100mm 的混凝土浇筑口，接口处要捣固密实，强度达到 5MPa 时拆模，拆模后用混凝土或砌砖堵严，水泥砂浆抹平。

8.3.13 浇筑第二节护壁混凝土

混凝土用吊斗运送，人工浇筑，人工插捣密实。混凝土可由试验室确定掺入早强剂，以加速混凝土的硬化。

8.3.14 循环作业

逐层往下循环作业，将桩孔挖至设计深度，清除虚土，检查土质情况，桩底要支承在设计所规定的持力层上。

8.3.15 检查验收

桩孔挖至规定的深度后，用支杆检查桩孔的直径及井壁圆弧度，上下要垂直平顺。

8.3.16 挖孔桩桩身施作

人工挖孔灌注桩，钢筋笼制作、吊装，桩身混凝土拌制、运输、浇筑工艺与钻孔灌注桩相同。

8.3.17 冬雨期施工

1. 冬期施工的人工挖孔灌注桩对桩头应采取保温措施，在混凝土未达到设计强度50% 以前不得受冻。

2. 雨期施工时做好地面排水，人工挖孔灌注桩锁口圈应高出现况地面 200mm。

8.4 质 量 标 准

8.4.1 人工挖孔灌注桩质量检验标准同钻孔灌注桩。

8.5 质 量 记 录

1. 桩位测量复核记录、桩位平面图
2. 桩基础施工记录
3. 钻孔桩混凝土灌注前检查记录
4. 混凝土配合比申请单、通知单
5. 桩基浇筑记录
6. 桩检测报告
7. 原材料产品合格证和试验报告
8. 混凝土强度试验报告

8.6 安全与环保

8.6.1 人工挖扩孔施工前,必须根据工程地质勘察报告,桩孔设计要求和有关规定,编制人工挖扩孔的施工方案及安全技术措施。经企业总工程师审核批准后,报有关部门备案并申请《人工挖桩孔施工许可证》。

8.6.2 人工挖孔桩施工必须取得有相关专业安全管理部门许可后,方可进行施工。

8.6.3 经批准的人工挖桩孔施工的施工方案及安全措施,应由项目总工程师向施工技术人员和施工班组进行全面的施工技术交底和安全交底,并履行书面交底手续。

8.6.4 凡在雨期人工挖孔施工时,必须制定雨期施工方案,并采取相应的安全措施。

8.6.5 人工挖扩孔桩适用于桩身直径 1200 ~ 2000mm,最大孔深不宜超过 25m 的桩基工程。

8.6.6 人工挖扩孔施工尚应符合下列规定要求:

城市桥梁工程人工挖扩孔施工应符合《北京市桥梁工程施工安全技术规程》(DBJ01—85)规定要求。

1. 每日开工前必须检测井下的有毒有害气体,并应有足够的安全措施。桩孔开挖深度超过 10m 时,应配有专门的送风设备向井下输送洁净空气。

2. 施工时应指派专人,负责孔壁的稳定性和混凝土护壁强度的鉴定及验收工作。达到强度指标后,方可拆模继续挖孔施工。

3. 挖孔施工时,如遇异常情况(塌孔、地下水涌出、有害气体等)必须停止施工,立即撤离危险作业区。不得冒险作业,不得擅自处理。

4. 挖孔作业时,地面上必须设有监护人员,并随时与孔下人员保持联系,不得擅离岗位。

5. 凡孔下作业人员必须戴安全帽,系安全绳。必须从专用的安全梯上下。严禁沿孔壁或乘运土设施上下。

6. 人工挖扩孔桩施工现场必须围挡，严禁非施工人员入内。并设置安全警示牌及夜间警示红灯，派专人看守。下班后每孔上口应用孔盖盖好。

7. 施工现场的一切电源、电路的安装和拆除必须由持证电工操作；电器必须严格接地、接零和使用漏电保护器；闸箱上锁、专人负责；严禁一闸多用。照明应采用安全矿灯或 12V 以下的安全灯。

8. 挖出的泥土、岩渣应及时运走，保持场地清洁、平整。

9. 施工中应及时清理浮土，采取洒水、覆盖等降尘、防尘措施。

10. 夜间施工照明应充足。

11. 雨期应做好地面排水，确保场地无积水。冬期现场应采取防滑措施。

12. 吊桶应设保险吊钩。

8.7 成 品 保 护

1. 已挖好的桩孔必须用木板或脚手板盖好，并有明显的警示标志。

2. 成孔后应及时安放钢筋笼，并灌注混凝土，避免塌孔。

3. 吊放钢筋笼时应对中稳放，防止刮碰孔壁造成塌孔。

4. 桩完成后应加围挡和标志。

9 大体积混凝土施工工艺

9.1 适用范围

9.1.1 本工艺适用于城市桥梁工程大体积混凝土施工；浇筑有抗渗、抗冻、耐腐蚀等特殊要求的大体积混凝土除应符合本章节规定要求，还应符合设计及相关标准的规定要求。

9.2 施工准备

9.2.1 材料要求

1. 大体积混凝土施工，应选用低水化热水泥，在有充分实践经验证明可行的情况下，大体积混凝土也可选用矿渣硅酸盐水泥。

2. 大体积混凝土施工，必要时可掺用适量粉煤灰和缓凝减水剂；应选用低收缩率特别是早期收缩率低的外加剂。外加剂必须与水泥的性质相适应。

9.2.2 施工机具与设备

1. 确定预拌混凝土供应商，搅拌站（拌合站）生产保障能力；运输设备、泵送浇筑设备、振捣设备、养护保温设备，常规作业工具（串筒、溜槽、吊斗、胶管、铁锹、刮杠、抹子等）等。

2. 现场输送混凝土设备：泵车、混凝土泵及钢管、软泵管。

混凝土浇筑设备：插入式振捣棒、平板式振捣器、抹平机等。

3. 冷却骨料所需的制冷设备（制冷机）。

4. 其他设备：发电机、空压机、电子测温仪和测温元件或温度计和测温埋管。

9.2.3 作业条件

1. 方案制订的浇筑工艺、浇筑顺序、控制措施、安全措施已交底。

2. 拌合站设备运行可靠；运输设备、泵送（布料）设备、振捣养护设备数量充足、进场就位；水电、配电系统安全可靠。

3. 模板安装，钢筋绑扎（安装）已完成，循环冷却水管、测温元件或测温埋管等已完成，隐蔽工程验收合格。

4. 运输线路畅通。

9.2.4 技术准备

1. 大体积混凝土结构，应在不同季节选择有代表性结构进行试浇筑，并通过测温或计算分析，事先确定施工过程中混凝土温度参数的合理控制值。

2. 大体积混凝土施工前应制订专门的施工技术方案，根据施工部位、结构型式、施工温度、环境条件、混凝土拌制、运输条件、混凝土强度等级、性能要求、浇筑方量等因素，控制混凝土内外温差满足设计要求。应采取下列减少水化热的措施：

1）选用低水化热水泥，掺用适量粉煤灰和缓凝型外加剂，减少水泥用量，当掺用膨胀剂时，应经试验确定。

2）在炎热季节浇筑大体积混凝土时，宜将混凝土原材料进行遮盖，避免日光暴晒，并用冷却水搅拌混凝土，或采用冷却骨料、搅拌时加冰屑等方法降低入仓温度，对水泥储存罐及混凝土运输车设隔热罩或洒水降温。

3）在混凝土中埋设循环冷却水管。

4）当设计有要求时，可在混凝土中填放片石（包括经破碎的大漂石）。有关片石的质量要求，应符合本规程第7章规定。

3. 大体积混凝土施工前应制定严格的养护方案，控制混凝土内外温差满足设计要求。对大体积混凝土的养护，应根据气候条件采取温控措施，并按需要测定浇筑后的混凝土表面和内部温度，将温差控制在设计要求的范围内，当设计无要求时，温差不超过25℃。

9.3 操作工艺

9.3.1 工艺流程

模板安装、钢筋绑扎→降温、测温管预埋→混凝土拌制、运输→混凝土浇筑→振捣→养护→测温→拆模。

9.3.2 模板安装、钢筋绑扎

大体积混凝土宜优先选用钢模板。大体积混凝土模板安装、钢筋绑扎应执行本规程第1.3节、2.3节规定及施工组织设计的规定。

9.3.3 降温、测温管预埋

当设计要求或施工组织设计规定埋设降温、测温管时，应按设计要求进行埋设。

9.3.4 混凝土拌制、运输

大体积混凝土拌制、运输应执行本规程第3.3.3条、3.3.4条规定，尚应遵守下列规定：

1）大体积混凝土拌制，必须由设备完善、管理严格、有相应资质的强制性搅拌站生产。控制混凝土原材料入仓温度；

2）保证交通畅通、减少运输时间。

9.3.5 大体积混凝土浇筑

大体积混凝土浇筑应执行本规程3.3.5条规定，尚应符合以下规定要求：

1）浇筑大体积混凝土应在一天中气温较低时进行。混凝土的浇筑温度（振捣后50～100mm深处的温度）不宜高于28℃。

2）浇筑大体积混凝土应采用快速、稳定、连续、可靠的浇灌方式、应沿高度均匀分段、分层浇筑。分段数目宜少，每段混凝土厚度应为1.5～2.0m。当横截面面积在200m²以内时，分段不宜大于2段；当横截面面积在300m²以内时，分段不宜大于3段，且每段面积不得小于50m²。段与段间的竖向施工缝应平行于结构较小截面尺寸方向。当采用分段浇筑时，竖向施工缝应设置模板。上、下两邻层中的竖向施工缝应互相错开。

3）尽量减少浇筑层厚度，以便加快混凝土散热速度。

9.3.6 大体积混凝土振捣

1. 大体积混凝土应及时振捣。

2. 混凝土浇筑过程中，应随时对混凝土进行振捣并使其均匀密实。振捣采用插入式振捣器垂直点振。

混凝土振捣过程中，应避免重复振捣，防止过振。应加强检查模板支撑的稳定性和接缝的密合情况，防止在振捣混凝土过程中产生漏浆。

采用插入式振捣器振捣混凝土时，插入式振捣器的移动间距不宜大于振捣器作用半径的1.5倍，且插入下层混凝土内的深度宜为 50～100mm，与侧模应保持 50～100mm 的距离。

当振动完毕需变换振捣棒在混凝土拌合物中的水平位置时，应边振动边竖向缓慢提出振动棒，不得将振捣棒放在拌合物内平拖。不得用振捣棒驱赶混凝土。

混凝土振捣完成后，应及时修整、抹平混凝土裸露面，待定浆后再抹第二遍并压光或拉毛。抹面时严禁洒水，并应防止过度操作影响表层混凝土的质量，尤其要注意施工抹面工序的质量保证。

9.3.7 大体积混凝土养护

大体积混凝土浇筑应执行本规程第 3.3.6～3.3.9 条规定，尚应符合以下规定要求：

1）按规定定时、定点测温，详细记录并整理绘制温度曲线图，对温度变化及时反馈，当混凝土内外温差达到 18℃时应加强监控、22℃时应采取有效降温措施。

2）采用蓄水、浇水、喷淋洒水等措施进行保湿、潮湿养护。蓄水养护应进行周边围挡与分隔，并设供排水和水温调节设施；蓄水养护应在混凝土初凝后覆盖塑料薄膜，终凝后注水，蓄水深度不小于 80mm；

3）采用埋设循环冷却水管进行温差控制时，根据温度变化及时进行循环冷却水的泵送通水调控。根据测温结果随时调整进水流量，确保冷却水与混凝土温差小于 25℃。

在停止通水后立即对冷却水管进行压浆处理。

4）在遇气温骤降的天气或寒冷季节浇筑大体积混凝土后，应注意覆盖保温，加强养护。

5）大体积混凝土养护时间可按表 9.4.2 选用。高温期施工应提前养护，且养护时间不应小于 28d。

9.4 质 量 标 准

主 控 项 目

9.4.1 大体积混凝土浇筑完毕后，应在养护期间测定混凝土表面和内部的温度，其拆模温差应符合设计要求。当设计无要求时，温差不应大于 25℃。

检验数量：全部。

检验方法：用温度计量测温度。

一 般 项 目

9.4.2 混凝土浇筑完毕后，应及时采取保温养护措施。其养护时间应符合表 9.4.2 的规定。

表 9.4.2 大体积混凝土养护时间

序号	水泥品种	养护时间（d）
1	硅酸盐水泥、普通硅酸盐水泥	14
2	火山灰硅酸盐水泥、矿渣硅酸盐水泥、低热微膨胀水泥、矿渣硅酸盐大坝水泥	21
3	现场掺粉煤灰的水泥	

检验数量：全部。

检验方法：观察。

9.5　质　量　记　录

1. 大体积混凝土质量记录应符合本规程 3.5 节规定。

2. 大体积混凝土养护测温记录

3. 检验批质量验收记录

9.6　安全与环保

1. 大体积混凝土浇筑施工，应进行安全技术交底，应严格按照施工方案及安全措施进行。

2. 浇筑混凝土所使用的溜槽必须固定牢固，若使用串筒时，串筒节间应连接牢固，施工人员严禁站在溜槽帮上施工。

3. 泵运混凝土浇筑大型梁、墩、台施工，应设专人指挥，必须由 2~3 人把牢输送管的出口端。并设专人指挥布料杆的转向和就位。

4. 采用吊车、吊料斗垂直运输混凝土时，应由信号工指挥，起吊吊斗下不得站人，应与高压线保持安全距离。

5. 振捣器必须经专职电工检查合格后，方可使用。操作人员，必须穿戴安全防护用品。振捣设备应设开关箱，并装有漏电保护器。

6. 混凝土振捣采用低频振捣棒，振捣时不得碰到钢筋或模板；罐车在等候进场时必须熄火，以减少噪声扰民。严格控制噪声作业超标。对强噪声设备（如混凝土地泵），采取全封闭措施加设隔声棚遮挡。

9.7　成　品　保　护

1. 现浇混凝土时，不得践踏钢筋。混凝土应均匀布料，不得随意集中卸料。

2. 混凝土拆模，应在混凝土强度达到规定要求后，且其表面及棱角不因拆模而受损时，方可拆除。拆模宜按立模顺序逆向进行，不得损伤混凝土，并减少模板破损。当模板与混凝土脱离后，方可拆卸、吊运模板。

3 拆除模板时，不得影响或中断混凝土的养护工作。

10 现浇混凝土承台施工工艺

10.1 适 用 范 围

10.1.1 本工艺适用于城市桥梁工程现浇混凝土承台的施工。

10.2 施 工 准 备

10.2.1 材料要求

1. 承台所需原材料（钢筋、混凝土）应符合设计要求及本规程第2.3章相关规定。

2. 水中承台施工所用的围堰材料应符合施工组织设计（施工方案）规定要求。

13.2.2 施工机具与设备

1. 吊装设备：汽车吊、履带吊等；钢筋加工、运输设备；混凝土运输设备，混凝土泵车、混凝土灌注导管、振捣棒等，其数量应根据设备能力、工程量、施工程序、工期要求确定。

2. 承台基槽土方开挖设备；围堰抽水设备（水泵）等。

3. 测量检验仪器工具：全站仪、经纬仪、水准仪；直尺、钢尺；混凝土试模等。

13.2.3 作业条件

1. 施工前场地完成三通一平。地上、地下的电缆、管线、旧建筑物等障碍物均已排除处理完毕。各项临时设施，如照明、动力、安全设施准备就绪。

2. 测量放线已完成。机具设备、工具和原材料准备完成。钢筋加工完成，验收合格并运至现场存放，数量满足施工需要。

3. 在旱地上，应符合本规程第5.2、6.2节相关规定。

4. 在水中，在堰内河底灌注水下混凝土封底，凝结后，将水抽干，使各桩处于干地状态。

5. 在基坑无水情况下浇筑钢筋混凝土承台，如设计无要求，基底应浇筑10cm厚混凝土垫层。

10.2.4 技术准备

承台施工技术准备应符合本规程第5.2、6.2节相关规定。

10.3 操 作 工 艺

10.3.1 工艺流程（桩基承台）

基槽开挖→基底验收→凿除桩头混凝土→垫层施作→钢筋绑扎→模板安装→混凝土浇

筑→养护。

10.3.2 基槽开挖

1. 基槽开挖应确保边坡稳定，根据具体情况，可采用放坡、支护等措施。基坑的开挖尺寸要求根据承台的尺寸，支模及操作的要求，设置集水坑的需要等因素进行确定。

2. 承台基坑机械开挖应注意混凝土钻孔灌注桩预留外露钢筋的保护。

3. 基槽开挖、基底验收填操作方法应符合本规程第5章相关规定。

10.3.3 基底验收

1. 基坑应保证稳定，基坑边坡应符合规定要求；有支护基坑应符合施工组织设计规定要求。

2. 应注意基底原状土无扰动，如基坑扰动超挖，应按规定处理至不低于基底原状土状态。

10.3.4 凿除桩头混凝土

人工凿除桩头混凝土，严格控制剔除深度，保证新鲜、密实混凝土面且达到桩顶设计标高，调整桩顶钢筋。

10.3.5 钢筋绑扎

钢筋的制作、绑扎严格按技术规范及设计图纸的要求进行，控制桩顶钢筋与承台钢筋的相互位置，确保墩身（桥台）预埋钢筋位置准确。

10.3.6 承台模板

模板制作与支搭操作方法应符合本规程第1章相关规定。控制模板结构形状、几何尺寸，确保承台预埋件、预留槽位置准确。

10.3.7 承台混凝土浇筑

承台混凝土浇筑应符合本规程第3章相关规定，尚应符合以下规定要求：

1. 预拌混凝土，罐车运输、通过临时便线、便桥或船只运至浇筑位置，采用流槽、漏斗或泵车浇筑，也可在岸边由混凝土输送泵送浇筑。

2. 大体积混凝土承台应符合本规程第9章相关规定。

10.3.8 承台混凝土养护

现浇混凝土承台操作方法应符合本规程第3章相关规定。

10.3.9 水中桩基承台施作，应符合以下规定要求：

1）水中高桩承台采用套箱法施工时，套箱应架设在可靠的支承上，具有足够的承载能力、强度、刚度和稳定性。

2）套箱顶面设计高程应考虑包括浪高、潮汐变化等因素影响的最高水位。套箱在工作平台上整体拼装下沉，就位后可以固定于工作平台、基桩上，亦可以其他方式连接固定。

3）套箱拼装应保证拼缝严密，不漏水。套箱底板与基桩接触面应便于下沉后堵缝。套箱下沉就位可浇筑水下混凝土封底。然后排水、截断桩头、绑扎钢筋，浇筑承台混凝土应连续浇筑成型。

4）如设计允许，可分层浇筑。分层浇筑时应充分利用已浇筑的钢筋混凝土参加工作，以改善套箱各部分的受力状况，方便施工。分层浇筑，接缝应按工作缝处理。

10.3.10 冬雨期施工

1. 冬雨期现浇混凝土承台施工措施应符合设计要求及本规程第3.3.8和3.3.9条

规定。

2. 冬期施工基坑周围尽可能设防风挡，为保护承台基础地基不受冻，宜覆盖保温材料或将基础底预留土层翻松 300mm 防冻。

3. 雨期施工时做好地面排水系统，基坑周围做好排水沟和挡水围堰。

10.4 质量标准

主控项目

1. 水泥混凝土强度等级必须符合设计要求。

检查数量：全数检查。

检验方法：检查试件试验报告。

2. 承台不得有大于 0.2mm 的裂缝。

检查数量：全数检查。

检验方法：观察或用读数放大镜观测。

一般项目

3. 现浇钢筋混凝土承台偏差应符合表 10.4.1 规定。

表 10.4.1　现浇混凝土承台允许偏差表

序号	项　目		允许偏差（mm）	检验频率		检　验　方　法
				范围	点数	
1	断面尺寸	长、宽	±15	每座	4	用钢尺量，长、宽各计2点
2	承台厚度		0，+10		2	用钢尺量
3	顶面高程		±10		4	用水准仪测量测量四角
4	轴线位移		≤15		4	用经纬仪测量，纵、横各计2点
5	预埋件位置		≤10	每件	1	用经纬仪和钢尺测量，每件量最大偏差值

4. 需嵌入承台内的混凝土桩头及锚固钢筋长度应符合设计要求。

检查数量：全数检查。

检验方法：观察或用钢尺量。

5. 承台表面无缺棱掉角，蜂窝麻面。

检查数量：全数检查。

检验方法：观察。

10.5 质量记录

1. 承台施工质量记录应符合本规程第 3.5 节规定。

2. 承台施工记录。

10.6　安全与环保

1. 承台基坑开挖及回填的安全与环保要求，应符合本规程第5.6节规定。

2. 承台钢筋、模板及混凝土工程的安全与环保要求，应符合本规程第1.6节、2.6节、3.6节规定。

10.7　成 品 保 护

1. 承台模板拆除必须在混凝土强度达到规定要求后，且其表面及棱角不因拆模而受损时，方可拆除。拆模宜按立模顺序逆向进行，不得损伤混凝土，并减少模板破损。当模板与混凝土脱离后，方可拆卸、吊运模板。

2. 拆除临时埋设于承台杯口中的模板和其他预埋部件时，不得损伤混凝土。

11 现浇混凝土墩台施工工艺

11.1 适 用 范 围

11.1.1 本工艺适用于城市桥梁工程现浇混凝土墩台的施工。

11.2 施 工 准 备

11.2.1 材料要求

1. 桥墩、桥台所需原材料（钢筋、水泥、砂、石子等）应符合设计要求及相关产品标准规定。

2. 桥墩、桥台的模板、支架、钢筋、混凝土应符合本规程第 1、2、3 章有关规定外，还应符合施工组织设计（施工方案）的规定。

11.2.2 施工机具与设备

1. 吊装设备：汽车吊、履带吊等。

2. 钢筋或钢筋笼加工、运输设备；混凝土运输设备，混凝土泵车、混凝土灌注导管等，其数量应根据设备能力、工程量、施工程序、工期要求确定。

3. 测量检验仪器工具：全站仪、经纬仪、水准仪；墩台几何尺寸检测工具、检测仪器；混凝土试模等。

11.2.3 作业条件

1. 墩台基槽开挖前地上、地下的电缆、管线、旧建筑物等障碍物均已排除处理完毕。各项临时设施，如照明、动力、安全设施准备就绪。

2. 按桩基平面图，设置桩位轴线、定位点；测定水准点。

3. 机具设备、工具和原材料准备完成。

4. 钢筋笼加工完成，验收合格并运至现场存放，数量满足施工需要。

5. 清除杂物，整平场地，如遇软土，进行清淤换填处理。

11.2.4 技术准备

1. 图纸会审已经完成并进行设计交底。

2. 根据施工部位、结构型式、环境条件、作业方量、安全要求等因素，制定专项方案批准后实施。

3. 技术交底和安全交底，并履行书面交底手续；熟悉施工图纸，明确墩台坐标、标高、灌注混凝土的强度等级、坍落度及质量要求。

4. 必须对墩台中线、标高及各部位尺寸进行复核，并准确放样标出预留孔洞、预埋件位置。

11.3 操作工艺

11.3.1 工艺流程（现浇墩柱、桥台）

基础顶面处理→钢筋加工、钢筋绑扎→模板安装→混凝土浇筑→养护。

11.3.2 基础顶面处理

1. 清理承台顶面，预留钢筋表面除锈去浆，检查承台顶面高程、坐标位置及墩台预埋筋位置。

2. 在承台顶面测量放线，放出墩台坐标控制线（纵横轴线）、外形结构尺寸线。依据钢筋保护层厚度，标出主钢筋就位位置。

3. 搭设脚手架作业平台前将其地基进行平整，将地面压实后铺一层150mm厚稳定粒料垫层并整平压实（承台顶面不需要铺筑稳定粒料），采用碗扣式支架搭设施工脚手架，墩柱位置搭设脚手架应四周环形闭合，桥台脚手架搭设宽度为桥梁全宽，以增加支架稳定性。

11.3.3 钢筋加工及钢筋绑扎

钢筋加工应符合本规程第2章规定，并应符合下列要求：

1）在加工厂（场）集中加工配料，运到结扎现场；在配置第一层垂直筋时，应使其有不同的长度，以符合同一断面筋接头的有关规定；预埋钢筋的长度宜高出基础顶面1.5m，钢筋接头应错开配置，错开长度符合设计要求和规范规定；水平钢筋的接头应内外、上下相互错开。

2）承台（基础）施工时应根据墩柱和台身高度预留插筋。当台身不高时可一次预留到位；当墩柱、台身较高时，钢筋可分段施工。

3）随着绑扎高度的增加，用碗扣支架或圆钢管搭设绑扎施工脚手架，作好钢筋网片的支撑并系好保护层垫块。

4）垫块的强度、密实度不应低于本体混凝土的设计强度和密实度。垫块应互相错开，分散布置，并不得横贯保护层的全部截面。

11.3.4 现浇墩、台模板工程

现浇混凝土墩、桥台模板工程应符合本规程第1章规定，并应符合下列要求：

1）圆形或矩形截面墩柱宜采用定型钢模板，薄壁桥台、肋板式桥台及重力式桥台可选用钢木模板；模板应按施工图形尺寸进行预拼装，经检验符合要求后，方可使用。

2）圆形或矩形截面墩柱定型钢模板安装前应进行预拼装，合格后，视吊装能力，分节组拼成整体模板（6~8m），采用吊车吊装；加工制作的模板表面要光滑平整，尺寸偏差符合要求，模板要有足够的强度、刚度和稳定性，缝隙紧密不漏浆。

3）桥台外露面模板采用定形大模板，台背采用钢模板组合，方木加肋。现浇混凝土桥台模板支撑采用工字钢三角架。为使桥台外露面无螺栓孔，三角架底部采用在承台顶部预埋锚筋（锚栓）固定，三角架顶部采用对拉螺栓固定。

4）模板安装采用人工配合吊车就位，就位后，利用基础顶面的预留锚栓（螺栓）、预埋筋、定位橛及支撑体系、拉杆、缆风绳等将其固定。

11.3.5 现浇墩台混凝土工程

混凝土工程应符合本规程第5章规定，并应符合下列要求：

1）墩台身混凝土浇筑前应对模板内的杂物、积水等清理干净。

2）墩台混凝土应在整截面内水平分层，连续一次浇筑，如因故中断，间歇时间超过规定则应按工作缝处理；墩柱混凝土施工缝宜留在结构受剪力较小，且宜于施工部位，如基础顶面、梁的承托下面。

3）柱身高度内有系梁连接时，系梁应与柱同步浇筑。V型墩柱混凝土应对称浇筑。

4）重力式墩台混凝土浇筑宜水平分层浇筑，每层高度宜为 1.5～2m。

5）墩、台混凝土竖向分块浇筑时，应符合下列要求：

各分块之间接缝应与墩、台截面尺寸较小的一边平行，保持接缝最短；

上下层分块接缝应错开；为加强邻块之间的连接，接缝应做成企口形；

分块数量，墩、台水平截面积在 $200m^2$ 内不得超过 2 块；在 $300m^2$ 以内不得超过 3 块；每块面积不得小于 $50m^2$。

11.3.6 钢管混凝土墩柱施工应遵守下列规定：

1. 钢管的焊制与防腐应符合本规程"钢梁制造工艺"章节的有关规定，其混凝土施工应符合本规程第 3 章的有关规定。

2. 混凝土应采用补偿收缩混凝土，膨胀剂的掺加量应符合设计要求并通过试验确定。

3. 混凝土应一次连续浇筑完成。

11.3.7 现浇混凝土墩台振捣

现浇墩台采用插入式振捣器振捣混凝土，插入式振捣器的移动间距不宜大于振捣器作用半径的 1.5 倍，且插入下层混凝土内的深度宜为 50～100mm，与侧模应保持 50～100mm 的距离。

当振动完毕需变换振捣棒在混凝土拌合物中的水平位置时，应边振动边竖向缓慢提出振捣棒，不得将振捣棒放在拌合物内平拖。不得用振捣棒驱赶混凝土。

应避免碰撞模板、钢筋及其他预埋部件。

11.3.8 墩台混凝土的养护应符合本规程第 3.3.6 条规定。墩台模板拆除应符合本规程第 3.3.7 条规定。

11.3.9 墩、台施工中应经常检查中线、高程，发现问题及时处理。墩、台施工完毕，应对全桥路线、高程、跨度贯通测量，并形成施工记录。同时标出各墩台中心线、支座十字线、梁端头线。

11.3.10 冬雨期施工

1. 现浇混凝土墩台冬雨期施工应符合本规程第 3.3.8、3.3.9 条规定要求。

2. 冬期施工承台周围尽可能设防风挡，为保护承台不受冻覆盖保温材料。

3. 雨期施工时做好地面排水系统，基坑周围做好排水沟和挡水围堰。

11.4 质 量 标 准

主 控 项 目

11.4.1 墩、台施工涉及的模板与支架、钢筋、混凝土、预应力混凝土质量检验应遵守本规程第 1.4 节、2.4 节、3.4 节的规定。

主 控 项 目

11.4.2 钢管混凝土柱的钢管制作质量检验应符合本规程"钢梁制造工艺"的有关规定。

混凝土与钢管必须紧密结合，无空隙。

检查数量：全数检查。

检验方法：手锤敲击检查为主，有疑问时进行超声波检测。

11.4.3 水泥混凝土墩、台、柱、墙不得有蜂窝、露筋和裂缝。

检查数量：全数检查。

检验方法：观察。

11.4.4 沉降装置必须垂直、上下贯通。

检查数量：全数检查。

检验方法：观察或用铅锤检测。

11.4.5 柱顶钢箍的材质、厚度必须符合设计要求，焊缝的焊接质量必须符合规范要求。钢板边缘与柱混凝土接顺无错台。

1）钢箍、钢管柱的检查数量和检验方法按本规程钢梁章节执行。

2）柱顶钢箍与柱混凝土接顺质量。

检查数量：全数检查。

检验方法：观察。

一 般 项 目

11.4.6 混凝土墩身、台身、柱、侧墙偏差应符合表 11.4.6-1、表 11.4.6-2 规定。

表 11.4.6-1　现浇混凝土墩、台允许偏差表

序号	项　目		允许偏差（mm）	检验频率		检 验 方 法
				范围	点数	
1	墩、台身尺寸	长	0，+15	每个构筑物	2	用钢尺量
		高	0，+10		2	
		厚	+10，−8		4	用钢尺量每侧上、下各 1 点
2	顶面高程		±10		4	用水准仪测量
3	轴线位移		≤10		4	用经纬仪测量，纵、横各计 2 点
4	墙面垂直度		0.25%H 且 ≯25		2	用经纬仪或垂线测量
5	墙面平整度		≤3		4	用 2m 直尺量最大值
6	麻面		≤1%		3	用钢尺量麻面总面积

注：表中 H 系构筑物高度（mm）。

表 11.4.6-2　现浇混凝土柱允许偏差表

序号	项　目		允许偏差（mm）	检验频率		检 验 方 法
				范围	点数	
1	断面尺寸	长、宽（直径）	±5	每根柱	2	用钢尺量，长、宽各 1 点，圆柱量 2 点
2	柱高		±10		1	用钢尺量柱全高
3	顶面高程		±10		1	用水准仪测量

序号	项　　目	允许偏差（mm）	检验频率		检　验　方　法
			范围	点数	
4	垂直度	0.15%H，且≯10	每根柱	2	用垂线或经纬仪测量
5	轴线位移	≤8		2	用经纬仪测量
6	平整度	≤3		2	用2m直尺量最大值
7	麻面	≤1%		1	用钢尺量麻面总面积

注：表中H系构筑物高度（mm）。

11.4.7 混凝土表面平整，线条直顺、清晰。

检查数量：全数检查。

检验方法：观察。

11.5　质　量　记　录

1. 墩台施工质量检验记录应符合本规程1.5节、2.5节、3.5节规定。

2. 墩台施工记录

11.6　安 全 与 环 保

1. 墩柱钢筋、模板及混凝土工程的安全与环保要求，应符合本规程1.6节、2.6节、3.6节规定。

2. 施工前应搭设脚手架和作业平台。高处作业时，必须设置操作平台、安全梯和防护栏杆等设施。

3. 现浇墩柱模板的安装，必须按模板工程设计进行，模板工程设计方案必须经项目总工程师核准。严禁随意改动，该方案中应有拆除的安全措施。

4. 高处作业时，必须设置操作平台，安全梯和防护栏杆等设施。

5. 用吊斗浇筑混凝土时，必须由专职信号工指挥吊车。

11.7　成 品 保 护

1. 混凝土浇筑过程中要保护墩柱顶甩出钢筋，施工完毕后及时调整钢筋位置。并应保护好预埋件位置等。

2. 混凝土达到规范规定的强度后，方可拆模；拆模后采用包裹养护；墩柱底部易碰撞部位，宜采用木板等材料包裹防护。

12 装配式混凝土墩柱施工工艺

12.1 适 用 范 围

12.1.1 本工艺适用于城市桥梁工程预制钢筋混凝土墩柱安装施工。

12.2 施 工 准 备

12.2.1 材料要求

1. 预制钢筋混凝土墩柱所需原材料（钢筋、混凝土）应符合设计要求及相关标准规定。

2. 预制钢筋混凝土墩柱的模板、支架、钢筋、混凝土应符合本规程第1、2、3章有关规定外，还应符合施工组织设计（施工方案）的规定。

12.2.2 施工机具与设备

1. 吊装设备：汽车吊、履带吊等。

2. 工具：墨斗、硬木楔或钢楔、丝杆千斤顶、锤子、紧线器、钢丝绳、墩柱顶部固定装置（抱箍）等。

3. 测量检验仪器工具：全站仪、经纬仪、水准仪；墩台几何尺寸检测工具、检测仪器；混凝土试模等。

12.2.3 作业条件

1. 预制墩柱（构件）和基础杯口的混凝土强度必须达到设计要求，且几何尺寸经验收合格，基础杯口的坐标位置，杯口顶面、杯口内底标高符合设计规定及施工工艺要求。

2. 承台与墩柱接缝位置充分凿毛，满足施工缝处理的有关规定；预埋件已除锈。

3. 作业面已临时通水通电，道路畅通和场地平整。机具设备、工具和原材料准备完成。

4. 所需机具已进场，机械设备状况良好。

5. 城市桥梁工程预制钢筋混凝土墩柱，应由有合格资质的构件厂、进行工厂化生产制作。委托加工单位应对墩柱的生产加工全过程，进行产品质量控制；预制墩柱产品质量必须全部符合设计要求和标准规定，预制墩柱产品经检验合格后，方可运输出厂。

12.2.4 技术准备

1. 根据施工部位、结构型式、环境条件、作业方量、安全要求等因素，制定专项方案批准后实施。

2. 技术交底和安全交底，并履行书面交底手续；熟悉施工图纸及场地的地下土质、水文地质资料。明确施工部位墩台坐标，明确施工部位承台杯口的几何尺寸，孔深，柱顶、柱底标高，灌注混凝土的强度等级、坍落度及质量要求。

3. 必须对墩台中线、标高及各部位尺寸进行复核。

12.3 操 作 工 艺

12.3.1 工艺流程（预制墩柱）

承台杯口验收→预制墩柱验收→预制墩柱安装→墩柱固定→杯口混凝土浇筑→养护→钢楔、固定支撑拆除。

12.3.2 承台杯口

1. 校核承台杯口坐标位置、标高及杯口几何尺寸；检查杯口底标高，高出部分应凿除修整；对安装间隙不符合要求的（间隙应不小于80mm）应修整合格。

2. 承台杯口准确测设纵横轴线，并标识在承台顶面上，并弹出墩柱就位外边线。

3. 杯口与预制件接触面均应凿毛处理，埋件应除锈。

12.3.3 墩柱验收

1. 墩柱起吊吊点应符合设计要求。

2. 安装前对预制墩柱各部位尺寸进行校核检验，保证墩柱安装后柱顶高程符合设计要求。

3. 在预制墩柱侧面用墨线弹出中线和标高控制线，以便就位时控制其位置。

12.3.4 墩柱运输

墩柱的运输应符合预制构件运输的有关规定，支垫位置应符合设计要求。

12.3.5 预制墩柱安装、固定

1. 用汽车起重机将墩柱对准轴线位置垂直下放到杯口内，起吊时人工配合要放慢下落速度，并在易损部位垫以木板或橡胶垫。

2. 墩柱起吊就位后应两面吊线校正位置，准确就位后用硬木楔或钢楔固定，并加斜撑（或斜拉杆）保持柱体稳定，在确保稳定后方可摘去吊钩。

12.3.6 杯口混凝土施工

安装后应即时浇筑杯口混凝土，待混凝土硬化后拆除硬楔，楔坑补浇二次混凝土，待其达到设计强度75%后方可拆除斜撑。

12.3.7 冬雨期施工

1. 冬雨期杯口豆石混凝土施工应符合本规程第3.3.8、3.3.9条规定要求。

2. 杯口内有积雪、积水，安装前清理干净。

3. 冬期大风及降雪天不进行墩柱施工；为保护杯口现浇豆石混凝土不受冻，覆盖保温材料。

4. 雨期施工时做好地面排水系统，承台周围做好挡水围堰。

12.4 质 量 标 准

主 控 项 目

12.4.1 预制墩柱混凝土强度、质量、几何尺寸必须符合设计要求，配合比符合规范要求。使用商品混凝土须有合格证明。

检查数量：全数检查。

检验方法：原材料检查产品合格证、进场验收记录、进场复验报告和氯化物、碱的总含量计算书；配合比检查其设计资料；商品混凝土检查出厂合格证书、配合比设计资料和氯化物、碱的总含量计算书；检查同条件养护试件试验报告；预制构件还应检查其出厂合格证书；几何尺寸用钢尺量。

12.4.2 预制混凝土墩、柱成品不应有蜂窝、露筋和裂缝。

检查数量：全数检查。

检验方法：观察。

12.4.3 预制墩柱埋入基座的深度必须符合设计要求。

检查数量：全数检查。

检验方法：用钢尺量。

12.4.4 墩、柱安装与基础连接处必须接触严密、焊接牢固、混凝土灌注密实，混凝土强度符合验收标准。

检查数量：全数检查。

检验方法：观察，检查施工记录；用焊缝量规量测；检查同条件养护试件试验报告。

一 般 项 目

12.4.5 预制混凝土墩、柱偏差应符合表12.4.5的规定。

表12.4.5 预制混凝土墩、柱允许偏差表

序号	项目		允许偏差（mm）	检验频率		检验方法
				范围	点数	
1	混凝土抗压强度		符合设计要求	每个墩柱		按规定检测
2	孔道压浆水泥净浆强度		符合设计要求			按孔道压浆规定检查
3	断面尺寸	厚、宽（直径）	±5		4	用钢尺量厚、宽各计2点（圆断面量直径）
		高度	±10		2	用钢尺量
4	预应力筋孔道位置		≤10	每个孔道	1	
5	侧向弯曲		H/750		1	沿构件全高拉线量最大矢高
6	平整度		≤3	每个墩	2	用2m直尺量
7	麻面		≤1%		1	用钢尺量麻面总面积

注：表中 H 为墩、柱高度（mm）。

12.4.6 预制墩、柱安装允许偏差应符合表12.4.6规定。

表12.4.6 预制墩、柱安装允许偏差表

序号	项目	允许偏差（mm）	检验频率		检验方法
			范围	点数	
1	平面位置	≤10	每个墩柱	2	用经纬仪测量，纵、横向各计1点
2	埋入基础深度	不小于设计要求		1	用钢尺量
3	相邻间距	±10		1	用钢尺量
4	垂直度	0.5%H，且≯20		2	用垂线或经纬仪检验，纵横向各计1点
5	墩、柱顶高程	±10		1	用水准仪测量

注：表中 H 为墩、柱高度（mm）。

一 般 项 目

12.4.7 预制墩、柱安装后不应有缺边掉角现象。

　　检查数量：全数检查。

　　检验方法：观察。

12.5　质 量 记 录

1. 墩台施工质量检验记录应符合本规程第1.5节、2.5节、3.5节规定。
2. 墩台安装施工记录
3. 杯口豆石混凝土强度报告

12.6　安全与环保

12.6.1 预制墩柱的运输和吊装工程应编制专项施工组织设计或专项安全施工方案。

12.6.2 施工前，应建立统一的组织指挥系统。所有施工作业人员应明确职责、相互配合。必须有专人负责指挥。进行安全技术交底应详细规定施工部位，操作顺序，操作方法和安全技术措施。使用的设备应注明设备型号、规格。使用的吊索具应注明种类、规格和数量。作业指导书（安全技术交底）确定的安全规定和作业规定，施工过程中不得随意改动；构件的起吊（支承）点位置应符合设计给定位置，不得随意变更其位置。参加构件的运输和吊装的作业人员应进行专业安全技术培训、经考试合格后，方准上岗。

12.6.3 起重吊装作业前必须对施工现场作业环境、架空电线、地上建筑物、地下构筑物以及构件重量和分布等情况进行全面了解。吊装作业应在平整坚实的场地上进行，不得停放在斜坡上，应有足够的工作场地满足吊装作业。起重臂杆起落及作业有效半径和高度的范围内不得有障碍物。

　　起重机不得支设在各类管线和地下构筑物之上。如需支承在其上时，必须分析地下设施情况，采取加固防护措施并取得管理部门的同意，吊装前约请有关管理部门到现场监控。

12.6.4 遇有五级以上大风或大雨、大雪、大雾等恶劣天气应停止墩柱安装作业。

12.6.5 墩柱安装的构件应平起稳落。墩柱就位后，必须连接牢固，支撑稳定，方可摘吊钩。

12.6.6 清理杯口和混凝土凿毛时，采取降尘、降噪措施。

12.7　成 品 保 护

12.7.1 预制墩柱的运输和吊装时与钢丝绳等刚性物件之间需放置橡胶垫等，防止损坏墩柱棱角。

12.7.2 预制墩柱吊装就位时，应缓慢平稳，防止撞伤杯口及墩柱。

13　现浇混凝土盖梁施工工艺

13.1　适　用　范　围

13.1.1　本工艺适用于城市桥梁工程现浇混凝土盖梁的施工。现浇预应力混凝土盖梁有关预应力施工工艺应符合本规程"后张法预应力施工工艺"章规定。

13.2　施　工　准　备

13.2.1　材料要求

1. 现浇混凝土盖梁所需材料（模板、支架、钢筋、混凝土等），应符合设计要求及本规程第1、2、3章规定。

2. 其他材料：模板、方木、型钢、塑料布、阻燃保水材料（混凝土养护用）、PVC管（预应力管道排气用）、脱模剂等。

13.2.2　机具设备

1. 支架体系：钢管支架或碗扣式钢管支架、钢管扣件、脚手板、可调顶托及可调底座等。

2. 钢筋施工机具：钢筋弯曲机、钢筋调直机、钢筋切断机、电焊机、砂轮切割机等。

3. 模板施工机具：电锯、电刨、手电钻等。

4. 混凝土施工机具：混凝土搅拌机、混凝土运输车、混凝土输送泵、汽车吊、混凝土振捣器等。

5. 预应力施工机具：千斤顶（压力表）、油泵、注浆机、手提砂轮切割机、卷扬机等。

6. 其他机具设备：空压机、发电机、水车、水泵等。

7. 工具：气焊割枪、扳手、直尺、铁锹、铁抹子、木抹子、斧子、钉锤、缆风绳、对拉螺杆及PVC管、钉子、钢丝刷、限位板、工具锚等。

13.2.3　作业条件

1. 墩柱经验收合格。

2. 作业面已具备三通一平，满足施工要求。

3. 材料按需要已分批进场，并经检验合格，机械设备状况良好。

4. 墩柱顶面与盖梁接缝位置充分凿毛，满足有关施工缝处理的要求。

13.2.4　技术准备

1. 认真审核设计图纸，编制专项分项工程施工方案并报业主及监理审批。

2. 进行钢筋的取样试验、钢筋放样及配料单编制工作。

3. 对模板、支架进行进场验收。

4. 对混凝土各种原材料进行取样试验及混凝土配合比设计。

5. 对操作人员进行培训，向班组进行交底。

6. 组织施工测量放线。

13.3 操 作 工 艺

13.3.1 工艺流程

测量放线→架设支架→底模安装→钢筋绑扎（预应力管道铺设）侧模安装→混凝土浇筑→养护→侧模拆除→预应力张拉→梁端封锚→梁端混凝土施作→养护。

13.3.2 测量放线

1. 依据基准控制桩在地基上放出盖梁中心点及纵横向轴线控制桩，在墩柱顶面上弹出梁的轴线，并复核。

2. 按支架施工方案设计的地基处理宽度，用钢尺从控制桩向轴线两侧放出地基边线控制桩。地基四周边线距支架外缘距离不宜小于500mm。

3. 用白灰线标出地基边线控制桩，确定地基加固处理范围。

4. 用水准仪，依据支架施工方案，将地基处理的标高控制线标注在墩柱上，墩柱间距较大时应适当加密控制桩。

13.3.3 盖梁支架

支架结构应稳定坚固，架立时应符合本规程第1.3节规定，并应符合下列要求：

1）支架立柱必须落在有足够承载力的地基上，立柱底端必须放置垫木或混凝土预制块来分布和传递压力，应保证浇筑混凝土后不发生超过允许的沉降量。支架地基严禁被水浸泡，冬期施工必须采取措施防止冻融引起的冻胀及沉降。

2）施工用的支架及便桥不得与结构物的支架连接。

3）安设支架过程中，应随安装随架设临时支撑，确保在施工过程中支架的牢固和稳定，待施工完后再拆除临时支撑。

13.3.4 盖梁模板工程

盖梁模板工程操作工艺应符合本规程第1.3节规定，并应符合下列要求：

1）盖梁侧模宜采用整体定型大模板，底模、端模板可用定型模板或用木模板，木模板与混凝土接触面采用防水竹胶板。

当盖梁几何尺寸较大、高度较高、吊装困难或吊装风险较大时，可分段制作、分段吊装、在盖梁支架上组装成整体。

2）整体定型大模板应按施工图形尺寸进行预拼装，经检验符合要求后，方可使用。

3）盖梁底模安装时控制墩柱顶与底模接合部的严密性。盖梁底模高程通过支架上螺杆或砂箱、方木等调整。

4）侧模、端模安装应在盖梁钢筋及预应力管道完成后进行，通常采用"帮夹底"形式，盖梁结构外上下设对拉螺栓，外用方木支撑或型钢稳定。

13.3.5 盖梁钢筋安装

盖梁钢筋工程操作工艺应符合本规程第2.3节规定，并应符合下列要求：

钢筋安装前对墩柱顶凿毛并洗刷干净，钢筋集中加工制作，现场绑扎成型。

固定预应力管道波纹管的定位钢筋间距不大于500mm，保证波纹管位置准确。

13.3.6 盖梁混凝土浇筑及养护

盖梁混凝土工程操作工艺应符合本规程第3.3节规定，并应符合下列要求：

盖梁混凝土浇筑采用吊车吊斗入模（或采用混凝土泵车泵送混凝土），分层浇筑。浇筑方法从一端向另一端水平分层进行，层厚控制在250mm，使用插入式振捣棒振捣，用木抹找平铁抹压光成活。浇筑完成后及时进行防风覆盖，保证不发生干裂，及时洒水养护。

13.3.7 预应力筋盖梁张拉、封锚、梁端混凝土施作及养护应符合本规程第16章规定要求。

13.3.8 冬雨期施工

1. 冬雨期盖梁混凝土施工应符合本规程第3.3.8、3.3.9条规定要求。

2. 冬期大风及降雪天不进行盖梁施工；为保护现浇混凝土不受冻，覆盖保温材料。

3. 雨期施工时做好地面排水系统，盖梁支架地基要求排水顺畅，不积水。支架地基应高于四周地面。

4. 模板涂刷脱模剂后，要采取覆盖措施避免脱模剂受雨水冲刷而流失。

5. 及时准确地了解天气预报信息，避免雨中进行混凝土浇筑。

13.4 质 量 标 准

主 控 项 目

13.4.1 钢筋混凝土盖梁质量检查和验收标准

1. 钢筋混凝土盖梁的混凝土强度、质量、几何尺寸必须符合设计要求，配合比符合规范规定，使用商品混凝土须有合格证明。

检查数量：全数检查。

检验方法：原材料、商品混凝土质量合格证书、试件试验报告；几何尺寸用钢尺量。

2. 混凝土盖梁不应有蜂窝、露筋和裂缝。

检查数量：全数检查。

检验方法：观察。

一 般 项 目

13.4.2 现浇混凝土盖梁偏差应符合表13.4.2的规定。

表13.4.2 现浇混凝土盖梁允许偏差表

序号	项 目		允许偏差（mm）	检验频率		检 验 方 法
				范围	点数	
1	盖梁尺寸	长	+20，-10	每个盖梁	2	用钢尺量，两侧各计1点
		宽	0，+10		3	用钢尺量，两端及中间各计1点
		高	±5		3	
2	盖梁轴线位移		≤8		4	用经纬仪放线纵横各计2点
3	盖梁顶面高程		0，-5		3	用水准仪，两端及中间各测1点

续表

序号	项目		允许偏差（mm）	检验频率		检验方法
				范围	点数	
4	预埋件位置	高程	±2	每件	1	用水准仪测量
		轴线	±5		1	用经纬仪放线，用钢尺量
5	平整度		≤5	每个盖梁	2	用2m直尺
6	麻面		≤1%		1	用钢尺量麻面总面积

13.4.3 盖梁混凝土外观应光滑、平整、颜色一致。

检查数量：全数检查。

检验方法：观察。

13.5 质 量 记 录

1. 盖梁施工质量检验记录应符合本规程第1.5节、2.5节、3.5节规定。

2. 盖梁施工记录及检验批质量验收记录。

13.6 安 全 与 环 保

1. 盖梁钢筋、模板及混凝土工程的安全与环保要求，应符合本规程第1.6节、2.6节、3.6节规定。

2. 施工前应搭设脚手架和作业平台。高处作业时，必须设置操作平台，安全梯和防护栏杆等设施。

3. 现浇盖梁模板的安装，必须按模板工程设计进行，模板工程设计方案必须经项目总工程师核准。严禁随意改动，该方案中应有拆除的安全措施。

4. 高处作业时，必须设置操作平台，安全梯和防护栏杆等设施。

5. 用吊斗浇筑混凝土时，必须由专职信号工指挥吊车。

6. 遇有五级以上大风或大雨、大雪、大雾等恶劣天气应停止作业。

7. 混凝土凿毛时采取降尘、降噪措施。

13.7 成 品 保 护

1. 模板拆除必须在混凝土强度达到规定要求后，且其表面及棱角不因拆模而受损时，方可拆除。拆模宜按立模顺序逆向进行，不得损伤混凝土，并减少模板破损。当模板与混凝土脱离后，方可拆卸、吊运模板。

2. 盖梁施工成品保护还应符合本规程第3.7节规定。

14 支座安装施工工艺

14.1 适 用 范 围

14.1.1 本工艺适用于城市桥梁工程支座施工。

14.2 施 工 准 备

14.2.1 材料要求

1. 支座：进场应有装箱清单、产品合格证及支座安装养护细则，型号、规格、质量和有关技术性能指标符合现行公路桥梁支座标准的规定并满足设计要求。

2. 配制环氧砂浆材料：二丁酯、乙二胺、环氧树脂、二甲苯等应有合格证及使用说明书。拌制砂质量应符合本规程第 3 章规定要求。

3. 其他材料：丙酮或酒精、硅脂等。

14.2.2 机具设备

1. 主要机械：空压机、发电机、电焊机、汽车吊等。

2. 工具：扳手、水平尺、小铁铲、铁锅、铁锹、铁抹子、木抹子、橡皮锤、钢丝刷、钢楔、细筛、扫帚、小线、线坠等。

14.2.3 作业条件。

1. 桥墩混凝土强度已达到设计要求，墩台（含垫石）轴线、高程等复核完毕并符合设计要求。

2. 墩台顶面已清扫干净，并设置护栏。

14.2.4 技术准备

1. 认真审核支座安装图纸，编制分项工程施工方案，并报监理审批。

2. 进行各种原材料的取样试验工作，进行环氧砂浆配合比设计。

3. 支座进场后取样送有资质的检测单位进行检验。

4. 对操作人员进行培训，向班组进行交底。

5. 组织施工测量放线。

14.3 操 作 工 艺

14.3.1 工艺流程（板式橡胶支座）

支座垫石凿毛清理→测量放线→找平修补→拌制环氧砂浆→支座安装。

14.3.2 板式橡胶支座安装

1. 支座垫石凿毛清理

垫石顶凿毛清理、人工用铁錾凿毛，将墩台垫石处清理干净。

2. 测量放线

根据设计图上标明的支座中心位置，分别在支座及垫石上画出纵横轴线，在墩台上放出支座控制标高。

3. 找平修补

支座安装前应将垫石顶面清理干净，用于硬性水泥砂浆将支承面缺陷修补找平，并使其顶面标高符合设计要求。

4. 拌制环氧砂浆

1）将细砂烘干后，依次将细砂、环氧树脂、二丁酯、二甲苯放入铁锅中加热并搅拌均匀。

2）环氧砂浆的配制严格按配合比进行，强度不低于设计规定，设计无规定时不低于40MPa。

3）在粘结支座前将乙二胺投入砂浆中并搅拌均匀，乙二胺为固化剂，不得放得太早或过多，以免砂浆过早固化而影响粘结质量。

5. 支座安装

1）安装前按设计要求及国家现行标准有关规定对产品进行确认。

2）安装前对桥台和墩柱盖梁轴线、高程及支座面平整度等进行再次复核。

3）支座安装在找平层砂浆硬化后进行；粘结时，宜先粘结桥台和墩柱盖梁两端的支座，经复核平整度和高程无误后，挂基准小线进行其他支座的安装。

4）当桥台和墩柱盖梁较长时，应加密基准支座防止高程误差超标。

5）粘结时先将砂浆摊平拍实，然后将支座按标高就位，支座上的纵横轴线与垫石纵横轴线要对应。

6）严格控制支座平整度，每块支座都必须用铁水平尺测其对角线，误差超标应及时予以调整。

7）支座与支承面接触应不空鼓，如支承面上放置钢垫板时，钢垫板应在桥台和墩柱盖梁施工时预埋，并在钢板上设排气孔，保证钢垫板底混凝土浇筑密实。

14.3.3 各类板式橡胶支座安装技术要求

1. 各类板式橡胶支座安装应按设计要求及相关产品标准对支座进行检验，合格后方可使用。在大气污染、粉尘严重地区应采用封闭型支座。

2. 寒冷地区宜选用天然橡胶材料制成品。

3. 墩、台顶支座支承面应平整，高程符合设计要求，支承面缺陷宜采用环氧砂浆找平层修补。设计无规定时环氧砂浆强度不低于40MPa。支座与支承面接触应密粘不空鼓。如支承面上设置钢垫板、钢垫板不得空鼓。

4. 支座应水平放置，如桥梁纵横坡度较大时，宜在支座支承面设置垫石找平，垫石构造应符合设计。

5. 梁、板安放时应位置准确，且与支座密贴。如就位不准或与支座不密贴时，必须重新起吊，采取垫钢板等措施，使支座位置控制在允许偏差内。不得用撬棍移动梁、板。

14.3.4 其他型式的板式橡胶支座

1. 滑板式支座安装

1）滑板式支座的不锈钢板表面不得有损伤、拉毛等缺陷，不锈钢板与上垫板采用样槽结合时，上垫板开槽方向应与滑动方向垂直。

2）滑板式支座安装时，支座与不锈钢板安装位置应视气温而定，不锈钢板滑板应留有足够的长度，防止伸缩时支座滑出滑道。

2. 四氟板支座安装

四氟板支座安装时，其表面应用丙酮或酒精擦干净，储油槽应注满硅脂。

3. 坡型板式橡胶支座

坡型板式橡胶支座上的前头要与桥梁合成坡度的方向相对应。

14.3.5 盆式橡胶支座

1. 盆式橡胶支座安装技术要求

1）盆式支座安装前应按设计要求及《公路桥梁盆式支座》JT/T 391 对成品进行检验，合格后方可使用。

2）现浇梁底部预埋钢板或滑板应根据浇筑时气温、预应力筋张拉、混凝土收缩和徐变对梁长的影响设置相对于设计支承中心的预偏值。

3）活动支座安装前应用丙酮或酒精解体清洗其各相对滑移面，擦净后在四氟板顶面满注硅脂。重新组装时应保持精度。

4）支座安装后，支座与墩台顶钢垫板间应密贴。

2. 螺栓锚固盆式橡胶支座安装方法

1）将墩台顶清理干净。

2）测量放线。在支座及墩台顶分别画出纵横轴线，在墩台上放出支座控制标高。

3）配制环氧砂浆，配制方法应符合第14.3.1条的有关要求。

4）安装锚固螺栓。安装前按纵横轴线检查螺栓预留孔位置及尺寸，无误后将螺栓放入预留孔内，调整好标高及垂直度后灌注环氧砂浆。

5）用环氧砂浆将顶面找平。

6）安装支座。在螺栓预埋砂浆固化后找平层环氧砂浆固化前进行支座安装；找平层要略高于设计高程，支座就位后，在自重及外力作用下将其调至设计高程；随即对高程及四角高差进行检验，误差超标及时予以调整，直至合格。

3. 钢板焊接盆式橡胶支座安装方法

1）预留槽凿毛清理。墩顶预埋钢板宜采用二次浇筑混凝土锚固，墩、台施工时应注意预留槽的预留，预留槽两侧应较预埋钢板宽100mm，锚固前进行凿毛并用空压机及扫帚将预留槽彻底吹扫干净。

2）测量放线：用全站仪及水准仪放出支座的平面位置及高程控制线。

3）钢板就位，混凝土灌注。钢板位置、高程及平整度调好后，将混凝土接触面适当洒水湿润，进行混凝土灌注，灌注时从一端灌入另一端排气，直至灌满为止。支座与垫板间应密贴，四周不得有大于1.0mm 的缝隙。灌注完毕及时对高程及四角高差进行检验，误差超标及时予以调整，直至合格。

4）支座就位、焊接。校核平面位置及高程，合格后将下垫板与预埋钢板焊接，焊接时应对称间断进行，以减小焊接变形影响，适当控制焊接速度，避免钢体过热，并应注意支座的保护。

14.3.6 球形支座

1. 球形支座技术要求

1）支座出厂时，应由生产厂家将支座调平，并拧紧连接螺栓，防止运输安装过程中发生转动和倾覆。支座可根据设计需要预设转角和位移，但需在厂内装配时调整好。

2）支座安装前应开箱检查配件清单、检验报告、支座产品合格证及支座安装养护细则。施工单位开箱后不得拆卸、转动连接螺栓。

3）下支座板与墩台采用螺栓连接时，应先用钢楔块将下支座板四角调平，使其高程、位置符合设计要求，用环氧砂浆灌注地脚螺栓孔及支座底面垫层。环氧砂浆硬化后，方可拆除四角钢楔，并用环氧砂浆填满楔块位置。

4）当下支座板与墩台采用焊接连接时，应用对称、间断焊接方法将下支座板与墩台上预埋钢板焊接。焊接时应采取防止烧伤支座和混凝土的措施。

5）当梁体安装完毕或现浇混凝土梁体达到设计强度后，在梁体预应力张拉之前，应拆除上、下支座板连接板，撤除支座锁定装置，解除支座约束。

2. 螺栓连接球形支座安装方法

1）墩台顶凿毛清理。当采用补偿收缩砂浆固定支座时，应用铁錾对支座支承面进行凿毛，并将顶面清理干净；当采用环氧砂浆固定支座时，将顶面清理干净并保证支座支承面干燥。

2）清理预留孔。清理前检查校核墩台顶锚固螺栓孔的位置、大小及深度，合格后彻底清理。

3）配制砂浆配制方法应符合本章节的有关环氧砂浆要求，补偿收缩砂浆的配制按配合比进行，其强度不得低于35MPa。

4）安装锚固螺栓及支座。吊装支座平稳就位，在支座四角用钢楔将支座底板与墩台面支垫找平，支座底板底面宜高出墩台顶20~50mm，然后校核安装中心线及高程。

5）安装模板。沿支座四周支侧模，模板沿桥墩横向轴线方向两侧尺寸应大于支座宽度各100mm。

6）灌注砂浆。用环氧砂浆或补偿收缩砂浆把螺栓孔和支座底板与墩台面间隙灌满，灌注时从一端灌入从另一端流出并排气，保证无空鼓。

7）砂浆达到设计强度后撤除四角钢楔并用环氧砂浆填缝。

8）安装支座与上部结构的锚固螺栓。

3. 焊接连接球形支座方法

焊接连接球形支座安装方法参照本章节"钢板焊接盆式橡胶支座安装方法"施工，当采用焊接连接时，应用对称、间断焊接方法，焊接时应采取防止烧伤支座和混凝土的措施。

14.3.7 用架梁机架设预应力混凝土简支梁的支座安装

1. 支座底面中心线应与墩台支承垫石顶面划出的十字线重合；
2. 梁缝应符合规定尺寸；
3. 在保持梁梗竖直的前提下，梁片间隙应符合规定；
4. 支座固定端、活动端位置应符合规定；

5. 支座底面与墩台支承垫石顶面应密贴，上座板（顶板）与梁底之间应无缝隙，整孔梁不应有"三条腿"现象。

6. 坡道上使用板式橡胶支座时，当坡度在6‰以下时，可采用环氧砂浆垫层调整；当坡度在6‰及以上时，必须在支座与梁底支承钢板间加焊一块与坡度相同的楔形钢板。

14.3.8 冬雨期施工

1. 雨天不得进行支座安装。

2. 盆式支座及球形支座安装完毕后，在上部结构混凝土浇筑前应对其采取覆盖措施，以免雨水浸入。

3. 冬期施工灌注混凝土及砂浆应按低温期混凝土施工规定，采取有效保温措施，确保混凝土及砂浆在达到临界强度前不受冻。

4. 采用焊接连接时，温度低于-10℃时不得进行焊接作业。

14.4 质 量 标 准

主 控 项 目

1. 支座安装前，应检查跨距、支座位置及预埋锚栓孔位置、尺寸和墩台支承垫石顶面高程、平整度，应符合设计要求（梁底支承垫石的坡度、坡向应符合设计要求）。

检查数量：全数检查。

检验方法：用经纬仪、水准仪和钢尺量检查；检查施工记录。

2. 支座的规格、质量、技术性能指标、必须符合设计要求，外观不得有影响使用的硬伤。

检查数量：全数检查。

检验方法：观察或用钢尺量检查；检查产品合格证书、进场验收记录。

3. 支座与梁底及垫石之间必须密贴无间隙，垫层材料和强度应符合设计要求。支座配件必须齐全，水平各部件之间应密贴无间隙。

检查数量：全数检查。

检验方法：观察或用塞尺检查。

4. 支座锚栓质量及埋置深度和螺栓的外露长度应符合设计要求。支座锚栓固结应在锚栓位置调整准确后进行施工，预留锚栓孔必须填捣实。

检查数量：全数检查。

检验方法：观察。

5. 支座的粘结灌浆、润滑材料应符合设计要求。

检查数量：全数检查。

检验方法：检查粘结灌浆材料的配合比报告，检查润滑材料的产品合格证书、进场验收记录。

一 般 项 目

6. 支座安装允许偏差应符合表14.4规定。

表 14.4 支座安装允许偏差

序号	项 目		允许偏差（mm）	检验频率		检 验 方 法
				范围	点数	
1	梁桥	支座高程	±2		1	用水准仪测量
		支座横桥向偏位	2		2	用经纬仪、钢尺量
		支座顺桥向偏位	10		2	用经纬仪、钢尺量
		支座四角高差　承压力≤500kN	1		4	用水准仪测量
		支座四角高差　承压力>500kN	2		4	用水准仪测量
2	斜拉桥	支座高程	±10	每个支座	1	用水准仪测量
		竖向支座纵、横向偏位	5		2	用经纬仪测量
		竖向支座垫石钢板水平度	2		2	用水平仪、钢尺量
		竖向支座滑板中线与桥轴线平行度	1/1000		2	用全站仪、经纬仪测量
		横向抗风支座支挡垂直度	1		1	用水平仪、钢尺量
		横向抗风支座支挡表面平行度	1		1	用水平仪、钢尺量
		横向抗风支座表面与支挡表面间距	2		2	用卡尺量

注：支座安装偏差应符合设计要求和产品说明书规定。

14.5 质 量 记 录

1. 支座检测记录、产品合格证等。

2. 水泥、砂子、石子、掺合料、外加剂等材料试验报告，水质化验报告，水泥、掺合料、外加剂的产品合格证及出厂检测报告。电焊条合格证。

3. 环氧砂浆或补偿收缩砂浆及混凝土强度试验报告。

14.6 安 全 与 环 保

14.6.1 高处作业时要系好安全带。需设工作平台时，防护栏杆高于作业面不应小于1.2m，且用密目安全网封闭。

14.6.2 安装大型盆式支座时，墩上两侧应搭设操作平台，墩顶作业人员应待支座吊至墩顶稳定后再扶正就位。

14.6.3 对乙二胺挥发性较强且属有毒物质，操作人员要按要求戴口罩、眼罩、手套并选择通风良好的位置进行环氧砂浆拌制。

14.6.4 要防止人为敲打、叫嚷、野蛮施工等产生的噪声，减少噪声扰民现象。

14.7 成 品 保 护

1. 当上部结构预制梁板就位不准确或梁板与支座不密贴时，必须吊起梁板重新就位或垫钢板消除缝隙，不得用撬棍移动梁板。

2. 当支座钢体采用焊接时，要将橡胶块用阻燃材料予以适当覆盖遮挡，防止烧伤支座，并避免钢体受热。

15 先张法预应力张拉施工工艺

15.1 适 用 范 围

15.1.1 本工艺适用于城市桥梁工程，先张预应力梁板结构张拉施工。

15.2 施 工 准 备

15.2.1 材料要求

1. 预应力混凝土梁、板所需材料（模板、支架、钢筋、混凝土等），应符合设计要求及本规程第 1、2、3 章规定。

2. 预应力筋（钢束）材料

预应力混凝土结构使用的预应力筋应具有出厂质量证明书和试验报告单；预应力筋的品种、级别、规格应符合设计要求；进场时应抽取试样做力学性能试验，其质量应符合现行国家标准《预应力混凝土用钢丝》GB/T 5223、《预应力混凝土用钢绞线》GB/T 5224规定。

预应力筋进场时应分批验收。验收时，除应对其质量证明文件、包装、标志和规格进行检验外，尚应按下列条款规定进行检验。

3. 预应力混凝土用钢丝

1）每批钢丝应由同一型号、同一规格、同一交货状态的钢丝组成，并不得大于 60t。

2）钢丝的外观检查应从每批中抽查 5%，且不少于 5 盘，进行形状、尺寸和表面检查，如检查不合格，则将该批钢丝逐盘检查。

3）力学性能的抽样检查，应从上述检查合格的钢丝中抽取 10%，且不少于 3 盘取样送检，应在每盘钢丝的两端截取试样分别进行力学性能试验。当试验结果有一项不合格时，则不合格盘报废，并从同批未检验过的钢丝盘中取双倍数量的试样进行该不合格项的复验，如仍有一项不合格，则该批钢丝为不合格。

4. 钢绞线

1）每批钢绞线应由同一型号、同一规格、同一交货状态的钢绞线组成，并不得大于60t。

2）钢绞线应从每批中任意取 3 盘进行表面质量、直径偏差和捻距的外观检查及力学性能的试验，如每批少于 3 盘，应逐盘检查。

3）力学性能的抽样检验，应在选定的各盘端部正常部位截取试样，进行力学性能试验。试验结果如有一项不合格时，则不合格盘报废，并再从该批未试验过的钢绞线中取双倍数量的试样进行该不合格项的复验，如仍有一项不合格，则该批钢绞线为不合格。

5. 其他材料：钢筋混凝土结构用材料（钢筋、砂、石子、水泥等）、钢板，绑丝（火烧丝），脱模剂等。

6. 以充气胶囊作空心构件芯模时，胶囊在使用前应检查是否漏气，每次用完后应将其表面清洗干净，防止日晒，不得接触油、酸、碱等有害物质；从浇筑混凝土到胶囊放气止，应保持气压稳定；使用胶囊内模时，应用定位箍筋与模板连接固定，防止上浮；当混凝土强度达到能保持构件不变形时，胶囊才可放气。

15.2.2 机具设备

1. 预应力器材：锚具、夹具和连接器等，千斤顶（压力表）、油泵、手提砂轮切割机、卷扬机等。

2. 钢筋施工机具：钢筋弯曲机、钢筋调直机、钢筋切断机、电焊机、砂轮切割机等。

3. 模板施工机具：电锯、电刨、手电钻等。

4. 混凝土施工机具：强制式混凝土搅拌机、混凝土运输车、混凝土输送泵、汽车吊、混凝土振捣器等。

5. 工具：扳手、直尺、限位板、卡尺等。

6. 锚具、夹具和连接器应符合下列规定：

1）预应力筋锚具、夹具和连接器应具有可靠的锚固性能、足够的承载力和良好的适用性，并应符合现行《预应力筋锚具、夹具和连接器》GB/T 14370 和《预应力锚具、夹具和连接器应用技术规程》JGJ 85 的规定。

2）预应力筋锚具应按设计要求选用。锚具应能满足分级张拉、补张拉以及放松预应力的要求。用于后张结构时，锚具或其附件上宜设置压浆孔和排气孔，压浆孔应具有使浆液通畅流过的截面面积。

3）夹具应具有良好的自锚性能、松锚性能和重复使用功能。

4）用于后张法的连接器，必须符合锚具的性能要求；用于先张法的连接器，必须符合夹具的性能要求。

5）锚具、夹片和连接器进场时除应对其质量证明文件、型号、规格等进行检验外，尚应按下列规定进行检验：

锚具、夹片和连接器验收批的划分：在同种材料和同一生产工艺条件下，锚具和夹片应以不超过 1000 套为一个验收批；连接器应以不超过 500 套为一个验收批。

外观检查：应从每批中抽取 10% 的锚具（夹片或连接器）且不少于 10 套，检查其外观和尺寸，如有一套表面有裂纹或超过产品标准及设计要求规定的允许偏差则应另取双倍数量的锚具重作检查，如仍有一套不符合要求，则应全数检查，合格者方可投入使用。

硬度检查：应从每批中抽取 5% 的锚具（夹片或连接器）且不少于 5 套，对其中有硬度要求的零件作硬度试验，对多孔夹片式锚具的夹片、每套至少抽取 5 片。每个零件测试 3 点，其硬度应在设计要求范围内，如有一个零件不合格，则应另取双倍数量的零件重新试验，如仍有一个零件不合格，则应逐个检查，合格后方可使用。

注：钢丝、钢绞线、钢筋的每批由同一型号、同一规格、同一生产工艺制度产品组成。

静载锚固性能试验：大桥、特大桥等重要工程，质量证明文件不齐全、不正确或质量有疑点的锚具，经上述检查合格后，应从同批锚具中抽取 6 套锚具（夹片或连接器）组成 3 个预应力锚具组装件，进行静载锚固性能试验，如有一个试件不符合要求，则应另取双倍数量的锚具（夹片或连接器）重作试验，如仍有一个试件不符合要求，则该批锚具（夹片或连接器）为不合格品。一般中、小桥使用的锚具（夹片或连接器），其静载锚固性能可由锚具生产厂提供试验报告。

用于先张法的连接器，必须符合夹具的性能要求。

15.2.3 作业条件

1. 台座准备完毕、蒸汽管道安装完毕。生产线布置符合工艺要求。张拉台座、张拉端横梁及锚板应具备足够的强度和刚度，并能满足工艺要求及安全要求。张拉横梁及锚板跨中的最大挠度不宜大于2mm，台座长度不宜超过100m。

2. 模板、模具制作完毕并经过合模验收。

3. 各设备安装调试完毕并经过安全检查。

15.2.4 技术准备

1. 图纸会审已经完成并进行设计交底。完成专项施工方案编制、审批工作。完成安全技术交底。

2. 对张拉设备进行检验，并对千斤顶、油泵、压力表系统进行配套检定。

3. 对工人进行培训，考试合格；专业技术工种持证上岗。

4. 进行安全技术交底；落实组织、指挥系统。

15.3 操 作 工 艺

15.3.1 工艺流程

制作张拉台座→制作梁板平台（台面）→预应力设备选用及校正→预应力筋（钢绞线）下料、编束、穿钢绞线→预应力筋安装→张拉准备→张拉预应力筋（分阶段张拉）→绑扎钢筋→立模→浇筑底板混凝土→充气橡胶芯模安放→绑扎上部钢筋→混凝土浇筑→养护→拆模→放张→移梁。

15.3.2 张拉台座

1. 张拉台座应具有足够的强度和刚度，其抗倾覆安全系数应不小于1.5，抗滑移系数应不小于1.3。张拉台座应与张拉各阶段的受力状态相适应，构造应满足施工要求。张拉横梁及锚板应能直接承受预应力筋施加的压力，其受力后的最大挠度不得大于2mm。锚板受力中心应与预应力筋合力中心一致。

2. 先张预应力梁板可采用槽式台座或墩式台座；底板可采用整体混凝土台面和装配式台面。

15.3.3 制作梁板平台（台面）

台面可用压路机把基底碾压密实后，换填300mm的砂砾垫层，在碾压密实的砂砾垫层上浇筑一层厚度为200mm（两端3m内为300mm）强度C20豆石混凝土，用打磨机磨光，作为先张预应力梁板底模。

台面要平整光滑，两侧边为直线且平行；支承千斤顶的混凝土面（支承架）要垂直台座轴线，锚垫板处混凝土振捣要密实。

15.3.4 预应力设备选用及校正

1. 张拉千斤顶在整拉整放工艺和单拉整放工艺中，单束初调及张拉宜采用穿心式双作用千斤顶。整体张拉和整体放张宜采用自锁式千斤顶，张拉吨位宜为张拉力的 1.5 倍，且不得小于 1.2 倍。

张拉设备要配套标定，配套使用，配套标定期不得大于半年。标定应在国家授权的法定计量技术机构定期进行。

2. 当采用张拉千斤顶预施应力时，千斤顶在张拉前必须经过校正，校正系数不得大于 1.05。校正有效期为一个月且不超过 200 次张拉作业；拆修更换配件后的张拉千斤顶必须重新校正，发现异常随时校验。与千斤顶配套使用的压力表应选择防振型产品，表面最大读数应为张拉力的 1.5～2.0 倍，精度不应低于 1.0 级。压力表首次使用前必须经过计量部门检定，检定周期为一周，当使用 0.4 级压力表时，检定周期可为一个月。压力表发生故障后必须重新校验。

3. 油泵的油箱容量宜为张拉千斤顶总输油量的 1.5 倍，额定油压数为使用油压数的 1.4 倍。

4. 预应力设备应建立台账及卡片并定期检查。

15.3.5 预应力筋下料

1. 预应力筋的下料长度应经过计算确定。计算时应考虑下列因素：构件孔道或台座的长度、锚夹具长度、千斤顶长度、焊接接头或镦粗头的预留量、冷拉伸长值、弹性回缩值、张拉伸长值和外露长度等因素。

2. 钢丝、钢绞线、热处理钢筋的切断，宜使用砂轮锯或切断机，不得采用电弧切割。钢绞线切断前，应在距切口 5cm 处用铁丝绑牢。

3. 钢丝束的两端均采用镦头锚具时，同一束中各根钢丝下料长度的相对差值，当钢丝束长度小于或等于 20m 时，不宜大于 1/3000；当钢丝束长度大于 20m 时，不宜大于 1/5000，且不得大于 5mm。对长度不大于 6m 的先张预应力构件，当钢丝成束张拉时，同束钢丝下料长度的相对差值不得大于 2mm。

4. 钢绞线下料长度既要满足使用要求，又要防止下料过长造成浪费。将下好的钢绞线放在工作台上，据设计编制成束。要求编束一定要绑紧，钢绞线要顺直，根与根之间不得相扭。施工时，预应力筋有效长度范围以外的部分采用硬塑料管套住。

15.3.6 预应力筋安装

1. 预应力筋安装时其规格、数量和位置应符合设计要求。

2. 先张法预应力施工时应选用非油质类模板隔离剂，并应避免隔离剂和其他污物玷污预应力筋。

3. 长线台预应力筋连同隔离套管应在钢筋骨架完成后一并穿入就位。安放隔离套管的位置应准确，隔离套管内端应堵严。

4. 预应力筋安装宜自下而上进行，先穿直线预应力筋，再穿折线预应力筋；折线预应力筋应通过转折器相应的槽口。预应力筋与锚固横梁宜采用张拉螺杆连接。

5. 预应力筋保护层应符合设计要求。

6. 预应力筋安放就位后，禁止使用电弧焊在梁体钢筋骨架上及模板的任何部位进行切割或焊接。

15.3.7 张拉前应完成下列准备工作：

1. 应调整张拉横梁及板位置，使锚板上预应力筋重心位置与所制构件的预应力筋重心设计位置相适应。

2. 张拉中使用的工具和锚具均应作外观或探伤检查。

3. 应定期测定下列技术参数：

1）整拉整放工艺中的顶销回缩值。

2）单拉整放工艺中的台座弹性压缩，张拉横梁的挠曲，锚板挠度、锚具锁定构造等变形数值。

15.3.8 张拉预应力筋

张拉预应力筋应符合下列规定：

1. 张拉前，应对台座、横梁及各项张拉设备进行详细检查，符合要求后方可进行操作；

2. 预应力筋张拉宜采用单束初调、整体张拉工艺；

3. 张拉宜先进行直线预应力筋初调，再初调和张拉折线预应力筋，最后张拉直线预应力筋；

4. 同时张拉多根预应力筋时，应预先调整其初应力，使相互之间的应力一致；张拉过程中应使活动横梁与固定横梁保持平行；

5. 张拉程序应符合设计要求，设计未规定时，其张拉程序应符合表 15.3.8-1 的规定。

表 15.3.8-1 先张法预应力筋张拉程序

预应力筋种类	张拉程序
钢筋	$0 \rightarrow$ 初应力 $\rightarrow 1.05\sigma_{con} \rightarrow 0.9\sigma_{con} \rightarrow \sigma_{con}$（锚固）
钢丝、钢绞线	$0 \rightarrow$ 初应力 $\rightarrow 1.05'\sigma_{con}$（持荷 2min）$\rightarrow 0 \rightarrow \sigma_{con}$（锚固）
	对于夹片式等具有自锚性能的锚具： 普通松弛力筋 $0 \rightarrow$ 初应力 $\rightarrow 1.03\sigma_{con}$（锚固） 低松弛力筋 $0 \rightarrow$ 初应力 $\rightarrow \sigma_{con}$（持荷 2min 锚固）

注：1. 表中 σ_{con} 张拉时的控制应力值，包括预应力损失值；
　　2. 张拉钢筋时，为保证施工安全，应在超张拉放张至 $0.9\sigma_{con}$ 时安装模板、普通钢筋及预埋件等。

6. 张拉时，预应力筋的断丝数量不得超过表 15.3.8-2 的规定。

表 15.3.8-2 先张法预应力筋断丝限制

预应力筋种类	项　　　　目	控　制　值
钢丝、钢绞线	同一构件内断丝数不得超过钢丝总数的	1%
钢筋	断筋	不允许

15.3.9 控制张拉应以控制应力为主，测量伸长值为校核，当实测值与理论计算值相差大于 $\pm 6\%$ 时，应查明原因，及时处理后再继续张拉。张拉完毕后，宜及时浇筑混凝土。浇筑前，应抽查张拉应力。当张拉应力值与允许值相差超过 $\pm 3\%$ 时，应重拉。

15.3.10 梁体混凝土施工应符合本规程第 5.3 节的有关规定。

梁体混凝土受压弹性模量试件每片梁做一组，当采用长线法施工时每线做一组。随梁同条件养护。

15.3.11 先张预应力张拉步骤

1. 采用螺丝杆锚具，拧动端头螺帽，调整预应力筋长度，使每根预应力筋受力均匀。

2. 施加 10% 的张拉应力，将预应力筋拉直，锚固端和连接器处拉紧，在预应力筋上选定适当的位置刻画标记，作为测量延伸量的基点。

3. 正式张拉，其拉法分以下三种情况：

1）一端固定，一端单根张拉。张拉顺序由中间向两侧对称进行，当横梁、承力架符合从一侧张拉的安全要求时，也可从一侧进行。单根预应力筋张拉吨位不可一次拉至超张拉应力。

2）一端固定，一端多根张拉。千斤顶必须同步顶进，保持横梁平行移动，预应力筋均匀受力，分级加载拉至超张拉应力。

3）一端单根张拉，一端多根张拉。先张拉单根预应力筋，由延伸量和油表压力读数双控制，施加 30% ~ 40% 的张拉力，同时使预应力筋受力均匀，先顶锚锚固一端，再张拉多根预应力筋至超张拉应力。

4）持荷，按预应力筋的类型选定持荷时间 2 ~ 5min，使预应力筋完成部分徐舒，完成量约为全部量的 20% ~ 25%，以减少钢丝锚固后的应力损失。

5）锚固前，应补足或放松预应力筋的拉力至控制应力。测量、记录预应力筋的延伸量，并核对实测值与理论计算值，其误差应在 ±6% 范围内，若不符合规定，则应找出原因及时处理。

6）张拉满足要求后，锚固预应力筋、千斤顶回油至零。

15.3.12 放张应符合下列要求

1. 预应力筋放张时的混凝土强度和弹性模量应符合设计规定；设计未规定时，不得低于设计强度的 75%；

2. 预应力筋的放张顺序应符合设计要求。设计未规定时，应分阶段、对称、相互交错地放张。在预应力筋放张之前，应将限制位移的侧模、翼缘模板或内模拆除；

3. 多根整批预应力筋的放张可采用砂箱法或千斤顶法。用砂箱法放张时，放砂速度应均匀一致；用千斤顶法放张时，放张宜分数次完成。单根钢筋采用拧松螺母的方法放张时，宜先两侧后中间，不得一次将一根力筋松完。

4. 钢筋放张后，预应力筋宜采用砂轮锯切断。长线台座上预应力筋的切断顺序，应由放张端开始，逐次切向另一端。

15.3.13 冬雨期施工

1. 雨期张拉作业，应搭设防雨棚。雨天不得进行预应力工程作业，雨期施工时做好地面排水系统，台座周围做好挡水围堰。

2. 预应力筋应在仓库内保管，不得直接堆放在地面上，必须采取垫以枕木并用苦布覆盖等有效措施，防止雨水锈蚀。

3. 锚具、夹具和连接器均应设专人保管，防止雨水锈蚀。

4. 冬期张拉时，应有防冻保温设施，应设置防风雪棚。

5. 冬期焊接环境温度，低合金钢不得低于 5℃，普通碳素结构钢不得低于 0℃。冬期预应力工程施工应搭设暖棚作业；大风、雪天、温度低于 −15℃ 时不得进行张拉作业。

15.3.14 梁体混凝土施工应符合本规程第 5.3 节的有关规定。

梁体混凝土受压弹性模量试件每片梁做一组，当采用长线法施工时每线做一组。随梁同条件养护。

15.4 质量标准

主控项目

1. 混凝土质量检验应遵守本规程第5.4节有关规定。

2. 预应力筋进场检验应遵守第15.2.1条规定。

检查数量：按进场的批次抽样检验。

检验方法：检查产品合格证、出厂检验报告和进场试验报告。

3. 预应力筋用锚具、夹具和连接器进场检验应遵守第15.2.2条规定。

检查数量：按进场的批次抽样检验。

检验方法：检查产品合格证、出厂检验报告和进场试验报告。

4. 预应力筋的品种、规格、数量必须符合设计要求。

检查数量：全数检查。

检验方法：观察或用钢尺量、检查施工记录。

5. 预应力筋张拉和放张时，混凝土强度必须符合设计规定，设计无规定时，不得低于设计强度的75%。

检查数量：全数检查。

检验方法：检查同条件养护试件试验报告。

6. 预应力筋张拉偏差应符合表15.4.6-1、表15.4.6-2规定。

表15.4.6-1 钢丝、钢绞线先张法允许偏差

序号	项 目		允许偏差（mm）	检 验 频 率	检 验 方 法
1	镦头钢丝同束长度相对差	束长 >20m	$L/5000$，且5	每批抽查2束	用钢尺量
		束长 6~20m	$L/3000$		
		束长 <6m	2		
2	张拉应力值		符合设计要求	全数	查张拉记录
3	张拉伸长率		±6%		
4	断丝数		不超过总数的1%		

注：表中 L 为束长（mm）。

表15.4.6-2 粗钢筋先张法允许偏差

序号	项 目	允许偏差（mm）	检 验 频 率	检 验 方 法
1	冷拉钢筋接头在同一平面内的轴线偏位	2，且1/10 直径	抽查30%	用钢尺量
2	中心偏位	4%短边，且5		
3	张拉应力值	符合设计要求	全数	查张拉记录
4	张拉伸长率	±6%		

一般项目

7. 预应力筋使用前应进行外观质量检查，不得有弯折，表面不得有裂纹、毛刺、机械

损伤、氧化铁锈、油污等。

　　检查数量：全数检查。

　　检验方法：观察。

　　8. 预应力筋用锚具、夹具和连接器使用前应进行外观质量检查，表面不得有裂纹、机械损伤、锈蚀、油污等。

　　检查数量：全数检查。

　　检验方法：观察。

15.5　质量记录

　　1. 原材料（包括预埋件）质量证明、复试报告。

　　2. 混凝土配合比相关资料：包括混凝土配合比申请单与通知单、混凝土碱总含量计算书。

　　3. 施工记录：包括施工配合比通知单、混凝土开盘鉴定、分项工程施工报验表、混凝土浇筑记录、蒸养测温记录、混凝土试块强度通知书及张拉机检定报告预应力张拉记录。

　　4. 施工质量检查记录：包括预检工程检查记录、钢筋焊接试验报告、隐蔽工程检查记录、混凝土质量检查记录、各分项工程质量检验评定表、混凝土28d抗压强度报告、混凝土抗渗试验报告。

　　5. 成品检验记录：构件检验记录、静载试验报告等。

　　6. 构件出厂合格证。

15.6　安全与环保

　　1. 各种常规机械电器均应严格按照安全规程操作，确保施工安全，施工人员要正确使用个人施工防护用品，遵守安全防护规定，进入现场均须戴安全帽。

　　2. 预应力施工，应建立张拉作业区并设围栏。非施工人员不得进入。操作人员应确定联络信号，必要时应配备对讲机。

　　3. 张拉区应有明显标志，非工作人员禁止入内，板两端从开始张拉到封锚前要设置挡板，操作千斤顶和测量伸长值的人员，应站在千斤顶侧面进行操作，在千斤顶后部严禁站人。

　　4. 高压油泵必须设置在张拉台座的侧面，操作人员必须站在油泵外侧进行操作。

　　高压油泵连接必须牢固可靠，油泵操作人员要戴防护眼镜，防止油管破裂或油表连接处喷油伤眼。

　　5. 顶紧锚塞时，用力不可过猛，以防预应力筋折断；拧紧螺母时，应注意压力表读数始终保持在控制张拉力处。

　　6. 当预应力钢筋张拉到控制张拉力后，宜停2~3min。再打紧夹具或拧紧螺母，操作人员自始至终应站在侧面。

　　7. 张拉时千斤顶行程不得超过规定要求。

　　8. 张拉过程中，若发现异常响声或预应力断丝、飞片等现象，立即停止作业检查原因。

15.7 成 品 保 护

1. 在使用、运输和储存液压设备时，应进行防漏处理，防止液压油从油箱中泄漏污染现场模板、钢筋及水源；如发生液压油滴漏时，应及时查找漏源和堵漏，并且及时清除滴漏现场油污。

2. 合理组织施工，对噪声较大的工序，如混凝土浇筑振捣、预应力筋切割下料、支拆模等，尽量选择在白天进行。

3. 当周围环境要求较高且有必要时，可安装隔声屏，以减小噪声污染。

16　后张法预应力张拉施工工艺

16.1　适用范围

16.1.1　本工艺适用于城市桥梁工程后张预应力梁板结构张拉施工。

16.2　施工准备

16.2.1　材料要求

1. 后张预应力混凝土梁、板所需材料（模板、支架、钢筋、混凝土等），应符合设计要求及本规程第1、2、3章规定，并应遵循下列规定：

1）优先采用硅酸盐水泥，普通硅酸盐水泥，不宜使用矿渣硅酸盐水泥，不得使用火山灰质硅酸盐水泥及粉煤灰硅酸盐水泥。采用中、粗砂。采用碎石，其粒径宜为 5～25mm。

2）预应力混凝土配合比应符合本规程第3.2节的规定。

3）预应力混凝土可掺入适量的外加剂，但不得掺入氯化钙、氯化钠等氯盐。从各种材料引入混凝土中的氯离子总含量，不宜超过水泥用量的 0.06%，当超过水泥用量的 0.06% 时，宜采取掺加阻锈剂、增加保护层厚度、提高混凝土密实度等防锈措施；对于干燥环境中的小型构件，氯离子含量可提高 1 倍。

4）混凝土的水泥用量不宜超过 $500kg/m^3$，特殊情况下不应超过 $550kg/m^3$。

2. 预应力筋材料（预应力混凝土用钢丝、钢绞线）应符合设计要求和现行国家产品标准规定；还应符合本规程"先张法预应力张拉施工工艺"章节有关预应力筋材料规定要求。

3. 锚垫板的材质应符合设计要求及现行国家标准规定。

4. 灌浆用材料应符合设计要求和现行标准规定。

5. 预应力混凝土用波纹管的尺寸和性能指标均应符合《预应力混凝土用金属波纹管》JG 225 规定。金属螺旋管在使用前应进行检验。进场时，应按出厂合格证和质量保证书核对其类别、型号、规格、数量，尚应符合下列规定：

1）金属螺旋管应按批进行检验。每批应由同一钢带生产厂生产的同一批钢带所制造的金属螺旋管组成，累计半年或 50000m 生产量为一批，不足半年产量或 50000m 也作为一批，则取产量最多的规格。

2）应对螺旋管外观、尺寸、集中荷载下的径向刚度、荷载作用后的抗渗漏及抗弯曲渗漏检验。检验方法可参照现行《预应力混凝土用金属波纹管》JG 225 的规定执行，其取样数量、检验内容和顺序及质量要求见相关规定。

3）上述规定2）的项目检验结果有不合格项目时，应以双倍数量的试件对该不合格项目进行复验，复验仍不合格时，则该批产品为不合格。

6. 每个构筑物（构件）的金属螺旋管不宜使用两个生产厂家提供的产品。

7. 预应力原材料必须保持清洁，在存放和搬运过程中应避免机械损伤和有害物质的锈蚀。预应力筋和金属管道宜在仓库内保管，仓库应干燥、防潮、无腐蚀气体和介质。在室外存放时，时间不宜超过6个月，不得直接堆放在地面上，应垫置枕木并用苫布覆盖，防止雨露和各种腐蚀性气体、介质的影响。

16.2.2 机具设备

1. 预应力器材：锚具、夹具和连接器等，千斤顶（压力表）、油泵、注浆机、手提砂轮切割机、卷扬机等。

2. 钢筋施工机具：钢筋弯曲机、钢筋调直机、钢筋切断机、电焊机、砂轮切割机等。

3. 模板施工机具：电锯、电刨、手电钻等。

4. 混凝土施工机具：强制式混凝土搅拌机、混凝土运输车、混凝土输送泵、汽车吊、混凝土振捣器等。

5. 工具：扳手、直尺、限位板、卡尺等。

6. 锚具、夹具和连接器应符合下列规定：

1）锚具、夹具和连接器应符合本规程"先张法预应力张拉施工工艺"章节相关要求；

2）预应力筋、锚具、夹具和连接器，应具有可靠的锚固性能、足够的承载能力和良好的适用性，能保证充分发挥预应力筋的强度，安全地实现预应力张拉作业。锚具、夹具应符合设计要求，锚垫板应能安装密封盖帽，锚具产品应通过省、部级产品认证。锚具、夹具使用前应进行外观、硬度和静载锚固性能检查，并符合现行国家标准《预应力混凝土用锚具、夹具和连接器》GB/T 14370 的规定。

3）预应力筋锚具应按设计要求采用。锚具应满足分级张拉、补张拉以及放松预应力的要求。用于后张结构时，锚具或其附件上宜设置压浆孔或排气孔，压浆应有足够的截面面积，以保证浆液的畅通。

4）夹具应具有良好的自锚性能、松锚性能和重复使用性能。需敲击才能松开的夹具，必须保证其对预应力筋的锚固没有影响，且对操作人员的安全不造成危险。

5）用于后张法的连接器，必须符合锚具的性能要求。

7. 预应力锚具、夹具和连接器应设专人保管，在贮存、运输时均应妥善维护，避免锈蚀、玷污和机械损伤，避免混淆或散失。

16.2.3 作业条件

1. 施加预应力的锚具、夹具和连接器已经过校验并有记录。张拉机具与设备、灌浆机具准备就绪。

2. 混凝土构件（或块体）的混凝土强度及混凝土龄期必须达到设计要求，如设计无要求时，不应低于设计强度的75%。构件（或块体）的几个尺寸、外观质量、预留孔道及埋件应经检查验收合格；要拼装的块体已拼装完毕，并经检查合格。

3. 预应力筋或预应力钢丝束已穿束完毕。

4. 灌浆用的水泥浆液的配合比以及封端混凝土的配合比已经试验确定。

5. 张拉场地平整，张拉的两端有安全防护措施。

6. 已进行技术交底，并应将预应力筋的张拉吨位与相应的压力表指针读数、钢筋计算伸长值写在牌上，并挂在明显位置处，以便操作时观察掌握。

16.2.4 技术准备

1. 图纸会审已经完成并进行设计交底。完成专项施工方案编制、审批工作。完成安全技术交底。

2. 对张拉设备进行检验，并对千斤顶、油泵、压力表系统进行配套检定。

3. 对工人进行培训，考试合格；专业技术工种持证上岗。

4. 进行安全技术交底；落实组织、指挥系统。

16.3 操 作 工 艺

16.3.1 工艺流程

预应力管道（波纹管）下料→锚垫板安装→预应力管道安装（与非预应力筋配合安装）→预应力筋下料→穿束→预应力混凝土施工（梁体或块件预制）→梁体或块件混凝土强度及混凝土龄期已达到设计要求→拆模→检查锚垫板→安装张拉设备→摩阻测定→初张拉→持荷→锚固→孔道灌浆→封锚。

16.3.2 后张预应力管道下料、安装

1. 预应力管道（波纹管）下料前作业班组必须对波纹管再进行检查，应按进场验收记录、核对其类别、型号、规格、数量及外观质量。

2. 预应力管道（波纹管）下料应按设计要求，计算其长度。预应力管道（波纹管）下料应采用砂轮锯，不得采用电弧切割。

3. 依据图纸中孔道中心到底模及侧模的距离，用粉笔在模板及钢筋上画出波纹管纵横向位置。预应力管道（波纹管）应与梁体或块体的非预应力筋相间配合安装。

4. 预应力管道（波纹管）的铺设要严格按设计给定孔道坐标位置控制。

预应力管道可用定位网（钢筋支架）控制其位置。定位网（钢筋支架）可用Φ10钢筋焊成，钢筋支架内侧尺寸同波纹管外径。

5. 安装定位网（钢筋支架）：固定波纹管的钢筋支架要与梁体骨架钢筋焊牢（将定位筋及轨道筋与骨架筋焊接或用双扣绑扎牢固），管道与定位钢筋绑扎结实，间距为每隔500mm设一道，曲线段与锚垫板附近适当加密。

6. 安装波纹管：定位网安装好后，将波纹管穿入定位网方格内。安装波纹管时注意对其保护。

7. 管道铺设中，要确保管道内无杂物，管道敞口处，可用密封胶带封堵。

8. 波纹管与喇叭口相接处，波纹管插入喇叭口内的长度不应大于喇叭口的直线段长度，以防影响钢绞线扩展而增大摩阻。

9. 梁端预留准备与下跨梁连接的波纹管，可在接口处用大一级的波纹管作为套管，套管与梁端平齐，待与下跨波纹管进行套接。

10. 安装波纹管时应同时在管内穿一根钢丝，作为牵引线。

11. 预应力管道（波纹管）压浆孔，其孔径一般为 20～25mm，施工时注意不要将其封堵。排气孔一般设置在管道的最高部位，其间距为 20～30m 一道。排气管为塑料管，管

径为 20～30mm，与波纹管的连接用与波纹管配套的卡子或用胶带纸封闭连接，连接处要密闭，排气管应伸出将浇混凝土顶面 200mm 为宜。

16.3.3 锚垫板安装

1. 锚垫板安装前，要检查锚垫板的几何尺寸是否符合设计要求，注意灌浆管不得伸入喇叭管内（应平接不内伸）。

2. 在模板上准确放出锚垫板位置，然后在其中央打孔，孔径略大于波纹管孔径，锚垫板要牢固地安装在模板上，锚垫板定位孔的螺栓要拧紧，垫板要与孔道严格对中，并与孔道端部垂直，不得错位。

3. 锚垫板上的灌浆孔要用同直径管丝堵封堵，在锚垫板与模板之间应加一层橡胶或塑料泡沫垫，喇叭口与波纹管相接处，要用密封胶带缠裹，防止漏浆堵孔。

4. 螺旋筋应按设计要求安装，其轴线应与锚垫板平面垂直。

16.3.4 后张预应力管道安装应遵循下列规定：

1. 后张法预应力筋孔道的规格、位置、数量和形状应符合设计要求。孔道应平顺。端部的预埋钢垫板应垂直于孔道中心线。

波纹管与普通钢筋位置发生矛盾时，应调整普通钢筋位置，确保预留孔道位置准确。

2. 管道应采用定位钢筋固定安装，应能牢固地置于模板内的设计位置，并在混凝土浇筑期间不产生位移。固定各种成孔管道用的定位钢筋的间距，对于波纹管不宜大于 0.8m；对于胶管不宜大于 0.5m；对于钢管不宜大于 1m；曲线段宜适当加密。

3. 金属管道接头处的连接管宜采用大一个直径等级的同类管道，其长度宜为被连接管道内径的 5～7 倍。连接时不得使接头处产生角度变化、不得在混凝土浇筑期间发生管道的转动或位移，应用密封胶带或塑料热缩管封裹严密。

4. 所有管道均应留压浆孔，曲线孔道的波峰部位应留排气孔；需要时在最低点位置留排水孔；在孔道的一端宜留溢浆孔。压浆管、排气管和排水管应采用最小直径为 20mm 的标准管或适宜的塑料管（PVC 管），与管道之间的连接应采用金属或塑料结构扣件，长度应满足从管道引出结构物之外。PVC 管安装完毕后在管内插入钢筋一根，以免堵管或因受外力而折断；泄水孔宜设置在波谷处，泄水孔可用胶管或 PVC 管做成，管端要引到模板外侧。

5. 孔道两端的锚垫板应与孔道轴线垂直，锚垫板位置应符合设计要求。

6. 预应力管道形成后，应立即进行通孔，检查所有孔道是否贯通，如有堵塞应及时疏通。孔道完成后应及时将其端面盖好，防止杂物进入。

7. 波纹管在施工过程中，严禁电焊火花碰到波纹管。

16.3.5 预应力筋下料

1. 预应力筋下料前，作业班组必须再次核对预应力筋的规格、验收记录，检查其外观质量。预应力筋的下料长度应经过计算确定。计算时应考虑下列因素：构件孔道的长度、锚夹具长度、千斤顶长度、张拉伸长值和外露长度等因素。

2. 预应力筋的切断，宜使用砂轮锯，不得采用电弧切割。钢绞线切断前，应在距切口 50mm 处用钢丝绑牢。

3. 钢丝束的两端均采用墩头锚具时，同一束中各根钢丝下料长度的相对差值，当钢丝束长度小于或等于 20m 时，不宜大于 1/3000；当钢丝束长度大于 20m 时，不宜大于

1/5000，且不得大于5mm。对长度不大于6m的先张预应力构件，当钢丝成束张拉时，同束钢丝下料长度的相对差值不得大于2mm。

4. 预应力筋由多根钢丝或钢绞线组成时，在同束预应力钢筋内，应采用强度相等的预应力钢材。编束时，应逐根梳理直顺不扭转，绑扎牢固（用火烧丝绑扎，每隔1m一道），不得互相缠绞。

5. 编束后的钢丝和钢绞线应按设计图编号分类存放。钢丝和钢绞线束移运时支点距离不得大于3m，端部悬出长度不得大于1.5m。

16.3.6　预应力筋穿束

1. 预应力筋穿束应按设计要求进行。当设计无规定时，穿束可在混凝土浇筑前或浇筑后进行；先穿束后浇混凝土时，浇筑之前，必须检查管道，并确认完好；浇筑混凝土时应定时抽动、转动预应力筋。先浇混凝土后穿束时，浇筑后应立即疏通管道，确保其畅通。

2. 对钢绞线，可将一根钢束中的全部钢绞线编束整体装入管道中，也可逐根将钢绞线穿入孔道中。穿束前应检查锚垫板和孔道，锚垫板应位置准确、孔道内应畅通，无水和其他杂物。

3. 穿束前应对孔道进行清孔。穿束可采用金属网套法（穿束器），由人工或绞盘，也可用慢卷扬机穿束。

先用孔道内预留钢丝将牵引网套的钢丝绳拉入孔道内，再将钢绞线通过钢丝绳缓慢拉入孔道内。

预应力筋穿好后将束号在构件上注明，以便核对。

4. 预应力筋安装的保护：

1）混凝土采用蒸汽养护时，养护结束前不得装入预应力筋。

2）穿束后至孔道灌浆完成应控制在下列时间以内，否则对预应力筋应采取防锈措施。

空气湿度大于70%或盐分过大时：　　　　　7d

空气湿度40%～70%时：　　　　　　　　　15d

空气湿度小于40%时：　　　　　　　　　　20d

3）进行焊接操作之前必须采取防止电火花损伤波纹管及管内预应力筋的措施，焊接操作时应有专人负责波纹管及管内预应力筋保护工作。

5. 当采用先穿束后浇筑混凝土工法，在浇筑混凝土之前，必须将管道上一切非有意留置的孔、开口或损坏之处修复，并检查力筋能否在管道内自由滑动。

16.3.7　预应力混凝土施工（梁体或块件预制）

预应力混凝土梁体或块件预制，应符合本规程第3章规定，并应符合下列规定：

1）优先采用硅酸盐水泥，普通硅酸盐水泥，不宜使用矿渣硅酸盐水泥，不得使用火山灰质硅酸盐水泥及粉煤灰硅酸盐水泥。采用中、粗砂。采用碎石，其粒径宜为5～25mm。

2）预应力混凝土配合比应符合本规程第3.2节的规定。

3）预应力混凝土可掺入适量的外加剂，但不得掺入氯化钙、氯化钠等氯盐。从各种材料引入混凝土中的氯离子总含量，不宜超过水泥用量的0.06%，当超过水泥用量的0.06%时，宜采取掺加阻锈剂、增加保护层厚度、提高混凝土密实度等防锈措施；对于干燥环境中的小型构件，氯离子含量可提高1倍。

4）混凝土的水泥用量不宜超过 $500kg/m^3$，特殊情况下不应超过 $550kg/m^3$。

5）浇筑混凝土，宜根据结构的不同型式选用插入式、附着式或平板式等振捣器进行振捣。对箱梁腹板与底板及顶板连接处、预应力筋锚固区以及其他钢筋密集部位，应加强振捣。浇筑混凝土时，对后张构件应避免振捣器碰撞预应力筋的管道、预埋件等。

浇筑混凝土时，应经常检查模板、管道、锚固垫板及支座预埋件等，以保证其位置符合设计要求。

6）浇筑箱形梁段混凝土时，应尽可能一次完成；梁身较高时也可分两次或三次浇筑；梁身较低时可分两次浇筑。分次浇筑时，宜先浇筑底板及腹板根部，其次浇筑腹板，最后浇筑顶板及翼板。

7）混凝土浇筑完成并初凝后，应立即开始养护。

16.3.8 摩阻测定

张拉前应根据设计要求对孔道的摩阻损失进行实测，以便确定张拉控制应力，并确定预应力筋的理论伸长值。

16.3.9 预应力钢束伸长值的计算

1. 当预应力筋采用控制应力方法进行张拉时，还应以预应力筋的伸长值进行校核。实际伸长值与理论伸长值的差值应符合设计要求，设计无规定时，实际伸长值与理论伸长值之差应控制在 6% 以内。

2. 一端张拉时，预应力钢束的有效长度应从固端锚头取到张拉端千斤顶的工具锚处；两端张拉时预应力钢束的有效长度应取到两端千斤顶工具锚处。

3. 计算应力取扣除孔道摩阻损失应力后的平均应力，一端张拉时取主动端与被动端的平均应力计算，两端张拉时取梁中心断面与张拉端的平均应力进行计算。

4. 预应力筋张拉的理论伸长值 ΔL（mm）可按下式计算：

$$\Delta L = P_p L / A_p E_p$$

式中　P_p——预应力筋的平均张拉力（N），直线筋取张拉端的拉力；两端张拉的曲线筋，取张拉端的拉力与跨中扣除孔道摩阻损失后拉力的平均值；

　　　L——预应力筋的长度（mm）；

　　　E_p——预应力筋弹性模量（N/mm²）；

　　　A_p——预应力筋截面面积（mm²）。

5. 预应力钢材平均张拉力的计算

预应力筋平均张拉力 $\bar{P}$ 按下式计算：

$$\bar{P} = \frac{P\left[1 - e^{-(kx + \mu\theta)}\right]}{kx + \mu\theta} \tag{16.3.9}$$

式中　P——预应力钢材张拉端的张拉力（N）；

　　　x——从张拉端至计算截面的孔道长度（m）；

　　　θ——从张拉端至计算截面曲线孔道部分切线的夹角之和（度）；

　　　k——孔道每 1m 局部偏差对摩擦的影响系数参见表 16.3.9；

　　　μ——预应力钢筋与孔道壁的摩擦系数，参见表 16.3.9。

注：当预应力钢材为直线且 $k=0$ 时，$\bar{P}=P$。

表 16.3.9 系数 *k* 及 *μ*

项次	孔 道 成 型 方 式	*k*	*μ* 值	
			钢丝束、钢绞线	精轧螺纹钢筋
1	预埋铁皮管道	0.003	0.35	
2	抽芯成型孔道	0.0015	0.55	
3	预埋金属螺旋管道	0.0015	0.20~0.25	0.50

16.3.10 预应力设备安装

1. 安装张拉设备时,对直线预应力筋,应使张拉力的作用线与孔道中心线重合,对曲线预应力筋,应使张拉力的作用线与孔道中心线末端的切线相重合,不得偏移。

2. 锚具、顶楔器和千斤顶的安装顺序应符合设计要求及产品说明书规定,常规安装顺序如下:

安装工作锚环→安装工作锚夹片→安装顶楔器→安装千斤顶→安装工具锚→安装工具锚夹片。

3. 预应力设备安装应遵守下列规定:

1) 锚环及夹片使用前要用煤油或柴油逐件清洗干净,不得有油污、铁屑、泥砂等杂物。

2) 钢束外伸部分要保持干净,施工人员不得随意进行踩踏以免带上脏物。

3) 穿入工作锚的钢束要顺直、对号入座,不得使钢束扭结交叉。

4) 工作锚必须准确放在锚垫板的定位槽内、并与孔道对中,三个夹片之间隙要均匀,每个孔中必须保证有三个夹片。夹片安装完后其外露长度一般为 4~5mm 并均匀一致。

5) 安装顶楔器时不要用手去提油嘴,以免将油嘴掰裂、漏油或损坏。

6) 安装千斤顶时,不要推拉油管及接头,油管要顺畅,不得扭结成团。

7) 工具锚安装前,应将千斤顶活塞伸出 3~5mm,钢束穿入工具锚时,位置要与工作锚的位置一一对应,不得交叉、扭结。

8) 为了工具锚能顺利退下,在工具锚的夹片光滑面或工具锚的锚孔中涂润滑剂,润滑剂可用石蜡,也可用机油石墨。

9) 工具锚的夹片要与工作锚的夹片分开放置,工具锚的夹片其重复使用次数一般不宜超过 10 次,对于重复使用不超过两次的夹片,经过清洗,除去润滑剂后,可用于工作锚中。

16.3.11 预应力张拉端的设置

1. 预应力张拉端的设置应符合设计要求。

2. 当设计无具体要求时,应遵守下列规定:

1) 当为曲线预应力筋或长度大于等于 25m 的直线预应力筋,宜在两端张拉;长度小于 25m 的直线预应力筋,可在一端张拉;

2) 曲线配筋的精轧螺纹钢筋应在两端张拉,直线配筋的可在一端张拉;

3) 当同一截面中有多束一端张拉的预应力筋时,张拉端宜均匀交错地设置在结构的两端;

4) 当两端同时张拉同一束预应力筋时,宜先在一端锚固,再在另一端补足张拉力后进行锚固。

16.3.12 张拉顺序和预应力筋张拉程序

1. 预应力筋的张拉顺序应符合设计要求。

2. 当设计无具体要求时，可采取分批、分阶段对称张拉。张拉顺序一般宜先中间，后上、下或两侧。若有两个平行孔道，应以同时张拉为宜。

3. 预应力筋张拉程序应符合设计要求；当设计无具体要求时，其张拉程序可参照表16.3.12 的规定。

表 16.3.12 后张法预应力筋张拉程序

预 应 力 筋 种 类		张 拉 程 序
钢绞线束	对于夹片式等有自锚性能的锚具	普通松弛力筋 $0 \rightarrow$ 初应力 $\rightarrow 1.03\sigma_{con}$（锚固） 低松弛力筋 $0 \rightarrow$ 初应力 $\rightarrow \sigma_{con}$（持荷 2min 锚固）
	其他锚具	$0 \rightarrow$ 初应力 $\rightarrow 1.05\sigma_{con}$（持荷 2min）$\rightarrow \sigma_{con}$（锚固）
钢丝束	对于夹片式等有自锚性能的锚具	普通松弛力筋 $0 \rightarrow$ 初应力 $\rightarrow 1.03\sigma_{con}$（锚固） 低松弛力筋 $0 \rightarrow$ 初应力 $\rightarrow \sigma_{con}$（持荷 2min 锚固）
	其他锚具	$0 \rightarrow$ 初应力 $\rightarrow 1.05\sigma_{con}$（持荷 2min）$\rightarrow 0 \rightarrow \sigma_{con}$（锚固）
精轧螺纹钢筋	直线配筋时	$0 \rightarrow$ 初应力 $\rightarrow \sigma_{con}$（持荷 2min 锚固）
	曲线配筋时	$0 \rightarrow \sigma_{con}$（持荷 2min）$\rightarrow 0$（上述程序可反复几次） $\rightarrow$ 初应力 $\rightarrow \sigma_{con}$（持荷 2min 锚固）

注：1. 表中 σ_{con} 为张拉时的控制应力值，包括预应力损失值；
　　2. 两端同时张拉时，两端千斤顶升降压、画线、测伸长、插垫等工作应基本一致；
　　3. 梁的竖向预应力筋可一次张拉到控制应力，持荷 5min 后测伸长和锚固。

16.3.13 张拉应力控制

1. 预应力筋的张拉控制应力应符合设计要求。当施工中预应力筋需要超张拉或计入锚圈口预应力损失时，可比设计要求提高 5%，但任何情况下不得超过设计规定的最大张拉控制应力。

2. 控制张拉应以控制应力为主、测量预应力筋的伸长值为校核。实际伸长值与理论伸长值的差值应符合设计要求，设计无规定时，实际伸长值与理论伸长值之差应控制在 ±6% 以内，当超过时应暂停张拉，待查明原因并采取措施进行调整后，方可继续进行张拉。

16.3.14 预应力钢束实际伸长量的测量和计算（夹片式锚具）

1. 安装千斤顶前，量测张拉端的夹片外露量（限位板槽深）ΔL_0（mm）。

2. 张拉到初应力 σ_0（一般取控制应力的 10%～15% 为宜），再开始张拉和计测伸长值。对于张拉到初应力 σ_0 的伸长量，可用张拉到 20%～30% 的应力的伸长量估测，这部分伸长量为 ΔL_1。

3. 量测从 10%～15% 应力开始至张拉完成预应力束的伸长量为 ΔL_2。

4. 对于后张法尚应扣除混凝土结构在张拉过程中产生的弹性压缩值 C，但实际操作中可以忽略。

5. 实际总伸长量 ΔL：

$$\Delta L = \Delta L_1 + \Delta L_2 - (\Delta L_0 - n)$$

式中　ΔL_1——从 0 到初应力的伸长量（mm）；

　　　ΔL_2——从初应力至最大张拉应力间的实际伸长量（mm）；

　　　ΔL_0——张拉前夹片外露量（mm）；

n——张拉完成后夹片外露量（mm），一般取 $2 \sim 3$ mm。

6. 当理论伸长值与实测伸长值相差超过 $\pm 6\%$ 时，应暂停张拉，待查明原因并采取措施进行调整后，方可继续进行张拉。

16.3.15 断丝、滑丝

张拉过程中预应力筋断丝、滑丝的数量不得超过表 16.3.15 的规定。

表 16.3.15　后张法预应力筋断丝、滑丝限制

预应力筋种类	项　　目	控　制　值
钢丝束、钢绞线束	每束钢丝断丝、滑丝	1 根
	每束钢绞线断丝、滑丝	1 丝
	每个断面断丝之和不超过该断面钢丝总数的	1%
单根钢筋	断筋、滑丝	不允许

注：钢绞线断丝系指单根钢绞线内钢丝的断丝。

16.3.16 预应力张拉后的检查及记录

1. 检查有无滑丝，若发现滑丝，其数量不得超过总数量的 1%，否则应进行更换后，重新张拉。

2. 检查有无断丝，若发现断丝，其数量不得超过总数量的 1%，否则应进行更换后，重新张拉。

3. 检查夹片的外露量，锚头与夹片为配套产品，夹片外露量为 $1 \sim 3$ mm，当发现普遍存在外露量大于 3mm 时，可认为锚具不配套或不标准，应退货或换货。

4. 检查夹片外露量是否一致。

5. 张拉每一束（根）预应力筋后均应填写施工记录。

16.3.17 锚固

张拉控制应力达到稳定后方可进行锚固，预应力筋锚固后的外露长度不宜小于 30mm，锚具应用封端混凝土保护，当需较长时间外露时，应采取防锈蚀措施。锚固完毕后、经检验合格后方可进行切割端头多余的预应力筋，严禁使用电弧焊切割，应采用砂轮机切割。

16.3.18 孔道压浆

1. 预应力筋张拉后，应及时进行孔道压浆，（孔道宜在预应力完成后 3d 内压浆），多跨连续有连接器的预应力筋孔道，应张完一跨立即灌注一跨。

2. 压浆前应使孔道干净、湿润，可用压力水（或采用对管道和预应力混凝土工程无防蚀的中性洗涤剂稀释水）冲洗孔道，再用不含油的压缩空气将孔道内水分吹干。

16.3.19 压浆材料

1. 水泥

水泥宜采用硅酸盐水泥或普通硅酸盐水泥，水泥强度等级不宜低于 42.5 级。其质量必须符合国家现行标准《通用硅酸盐水泥》GB 175 的规定。

2. 水

拌合水宜采用饮用水。当采用其他水源时，水中应不含对预应力筋和水泥有害的成分，并应符合《混凝土用水标准》JGJ 63 的规定。

3. 砂

压浆用砂应采用细度模数为 $1.6 \sim 2.0$，并应符合国标《建筑用砂》GB/T 14684 第五

章"技术要求"规定、Ⅱ类以上的细砂。

4. 外加剂

宜采用有低含水量、流动性好、最小渗出及膨胀性等特性的外加剂，所用外加剂不得含有对预应力筋和水泥有害的化学物质，外加剂的用量应通过试验确定。

16.3.20 水泥浆

孔道压浆宜采用水泥浆，水泥浆的强度应符合设计要求，设计无规定时不应低于30MPa，对空隙大（截面较大）的孔道，水泥浆中可掺入适量砂。水泥浆的配合比应根据孔道形式、灌浆方式、材料性能等条件由试验确定。水泥浆的技术条件应符合下列规定：

1. 水泥浆应有足够的流动性，水灰比宜控制在 0.4～0.45 之间。掺入适量的减水剂时，水灰比可减小到 0.35；

2. 水泥浆的泌水率最大不得超过 3%，拌合后 3h 泌水率宜控制在 2%，泌水应在 24h 内重新全部被浆吸收；

3. 通过试验后，水泥浆中可掺入适量膨胀剂，但其自由膨胀率应小于 10%。泌水率和膨胀率的试验方法见《北京市城市桥梁工程施工技术规程》附录 D.5；

4. 水泥浆稠度应控制在 14～18s 之间，试验方法见《北京市城市桥梁工程施工技术规程》附录 D.6；

水泥浆需用机械拌合，不得用人工搅拌。水泥浆应随拌随灌，使用时间一般不宜超过 30～45min。

16.3.21 压浆

1. 压浆宜采用活塞式压浆泵，不得使用压缩空气。压浆压力一般为 0.5～0.7MPa，压浆泵的输浆管长度不得超过 40m，长于 30m 时应提高压力 0.1～0.2MPa。梁体有竖向预应力筋孔道的压浆压力可控制在 0.3～0.4MPa。

2. 压浆应缓慢均匀进行，不得中断并应排气通畅。比较集中的相邻孔道，宜先灌注下层孔道并连续完成全部孔道的压浆，以免串孔的水泥浆凝固，堵塞孔道；不能连续压浆的，后压浆的孔道应及时用压力水冲洗通畅。在压满孔道封闭排气孔后，应保持一定的稳压时间（压力 0.5～0.7MPa），稍后再封闭灌浆孔。压浆应从孔道的最低处的灌浆孔压入并应达到孔道的另一端饱满出浆，从排气孔流出与规定稠度相同的水泥浆为止。

3. 不掺铝粉的水泥浆，宜采用二次压浆以提高压浆的密实性，第一次由一端压浆，间隔 30min 左右再由另一端进行二次压浆。

4. 压浆后应从检查孔抽查压浆的密实情况，如有不实，应及时处理和纠正。压浆作业，每一工作班应留取不少于 3 组砂浆试块，标养 28d，以其抗压强度作为水泥浆质量的评定依据。

5. 压浆过程中及压浆后 48h 内，结构混凝土的温度不得低于 5℃，否则应采取保温措施。当气温高于 35℃时，压浆宜在夜间进行。

6. 预制构件在孔道内的水泥浆强度达到设计规定后方可进行吊移，设计未规定时，应不低于梁体混凝土设计强度的 55%，且不低于 20MPa。

7. 孔道灌浆的全过程应填写施工记录。

16.3.22 封锚混凝土

对应埋设在结构内的锚具，压浆后应将其周围冲洗干净，端部混凝土表面应凿毛，然后绑扎钢筋网和浇筑封锚混凝土。封锚混凝土的强度等级应符合设计规定，一般不低于结构混凝土强度等级的80%，亦不低于30MPa。封锚混凝土的浇筑必须严格控制梁体的长度。

16.3.23 冬雨期施工

1. 雨期波纹管就位后要将端口封严，以免灌入雨水而锈蚀预应力筋或波纹管。

2. 雨雪天不进行预应力张拉作业。

3. 冬期孔道压浆过程中及压浆后48h内，结构混凝土的温度不得低于5℃，否则应采取保温措施。

4. 后张预应力工程冬雨期施工应符合本规程第3.3.8、3.3.9条规定要求。

16.4 质 量 标 准

主 控 项 目

16.4.1 预应力筋必须符合设计要求和国家现行产品标准规定。

检查数量：各项技术性能按进场的批次和产品的抽样检验方案确定。

检验方法：检查产品合格证，出厂检验报告和进场复验报告。

16.4.2 预应力钢筋混凝土工程应由有相应资质等级的专业施工单位施工。

检查数量：全数检查。

检查方法：施工资质等级证书，施工人员上岗证书。

16.4.3 预应力张拉设备及油压表等应配套、定期标定；其他测量器具应标定。

检查数量：全数检查。

检验方法：检查标定证书和标定标识。

16.4.4 预应力筋用锚具、夹具和连接器应按设计要求采用，其性能指标均应符合现行国家标准《预应力筋锚具、夹具和连接器》GB/T 14370 及《预应力锚具、夹具和连接器应用技术规程》JGJ 85 规定。

检查数量：按进场的批次和产品的抽样检验方案确定。

检验方法：检查产品合格证，出厂检验报告和进场复验报告。

16.4.5 预应力筋加工和安装应符合下列规定要求：

1. 预应力筋的品种、规格、数量必须符合设计要求；

2. 预应力钢丝束应梳理顺直，不得有缠绕、扭曲现象；

检查数量：全数检查。

检验方法：观察或钢尺检查；检查施工记录。

16.4.6 先张法施工应使用非油质隔离剂，并应避免玷污预应力筋。

检查数量：全数检查。

检验方法：观察。

16.4.7 施工过程中应避免电火花损伤预应力筋，受损伤的预应力筋应更换。

检查数量：全数检查。

检验方法：观察。

16.4.8 预应力张拉时，混凝土强度等级应符合设计要求，当设计无要求时，不得低于设计强度标准值的75%。

　　检查数量：全数检查。

　　检验方法：检查同条件养护试件试验报告。

16.4.9 预应力筋的张拉力、张拉顺序及张拉工艺等应符合设计要求和施工技术方案要求，并应符合本规程规定。

　　检查数量：全数检查。

　　检验方法：全过程观察，检查施工记录。

16.4.10 预应力张拉应符合表16.4.10规定要求。

表 16.4.10　预应力筋后张法允许偏差表

序号	检 查 项 目		允许偏差（mm）	检查频率		检 查 方 法
				范围	点数	
1	张拉应力值		符合设计要求	全部	100%	全过程观察、查张拉记录
2	张拉伸长率		±6%			
3	断丝滑丝数	钢束	每束一根，且每断面不超过钢丝总数的1%			
		钢筋	不允许			

16.4.11 灌浆用水泥浆性能应符合设计要求和本规程规定。

　　检查数量：同一配比检查一次。

　　检验方法：检查水泥浆性能试验报告。

16.4.12 预应力筋孔道灌浆应及时进行，孔道压浆的水泥浆强度必须符合设计要求，压浆时排气孔、排水孔应有水泥浓浆溢出。

　　检查数量：全数检查。

　　检验方法：观察，检查灌浆记录和水泥浆试件强度试验报告。

16.4.13 锚具的封闭保护应符合设计要求及本规程规定。

　　检查数量：全数检查。

　　检验方法：观察，钢尺检查；检查施工记录。

一 般 项 目

16.4.14 预应力筋使用前应进行外观质量检查，不得有弯折，表面不得有裂纹、毛刺、机械损伤、氧化铁锈、油污等。

　　检查数量：全数检查。

　　检验方法：观察。

16.4.15 预应力筋用锚具、夹具和连接器使用前应进行外观质量检查，表面不得有裂纹、机械损伤、锈蚀、油污等。

　　检查数量：全数检查。

　　检验方法：观察。

16.4.16 预应力混凝土用波纹管的尺寸和性能指标均应符合《预应力混凝土用金属波纹

管》JG 225 规定。

检查数量：按进场的批次确定（或按《北京市城市桥梁工程施工技术规程》附录 D 规定抽样试验）。

检验方法：检查产品合格证，出厂检验报告和进场复验报告。

16.4.17 预应力混凝土用波纹管使用前应进行外观质量检查，内外表面应清洁、无锈蚀，不得有孔洞、锈蚀、油污等，接口应密封。

检查数量：全数检查。

检验方法：观察。

16.4.18 预应力筋下料应符合本规程规定。

检查数量：每工作日抽查预应力筋总数的 3%，且不少于 3 件。

检验方法：观察，钢尺检查，检查施工记录。

16.4.19 预留孔道的规格、数量、位置、形状及灌浆孔、排气孔、排水孔和溢浆孔等应符合设计要求、本规程规定和施工技术方案要求。

检查数量：全数检查。

检验方法：观察或钢尺检查。

16.4.20 预应力管道安装应符合表 16.4.20 规定。

表 16.4.20　后张预应力筋孔道位置允许偏差表

序号	检查项目		允许偏差（mm）	检查频率		检查方法
				范围	点数	
1	管道坐标	梁长方向	30	全部	抽查30%，每根查10个点	用钢尺量
		梁高方向	10			用钢尺量
2	管道间距	同排	10		抽查30%，每根查5个点	用钢尺量
		上下排	10			用钢尺量

16.4.21 锚固阶段张拉端内缩量应符合设计要求。当设计无要求时，张拉端预应力筋的内缩量允许偏差不大于表 16.4.21 的规定。

表 16.4.21　张拉端预应力筋的内缩量允许偏差

序号	检查项目		允许偏差（mm）	检查频率		检查方法
				范围	点数	
1	支承式锚具（镦头锚具）	螺帽缝隙	1	每个锚具	1	用钢尺量
		每块后加垫板的缝隙				
2	锥塞式锚具		4			
3	夹片式锚具	有顶压	6			
		无顶压				

检验数量和检验方法：按表 16.4.21 的规定检验。

16.4.22 压浆工作在 5℃ 以下进行时，应采取防冻或保温措施。

检查数量：全数检查。

检验方法：观察，检查灌浆记录。

16.4.23 预应力筋应采用机械切断锚固后的多余外露部分。

检查数量：全数检查。

检验方法：观察。

16.5 质量记录

1. 混凝土构件、块体张拉强度试件试压报告单
2. 预应力筋的出厂质量证明或试验报告单
3. 预应力筋的冷拉记录
4. 冷拉预应力筋的机械性能试验报告
5. 冷拉预应力筋焊接接头试验报告
6. 预应力筋锚具和连接器的合格证及检验记录
7. 预应力张拉设备校验记录
8. 预应力张拉记录
9. 预应力管道灌浆试块强度试压报告单及水泥出厂合格证
10. 混凝土构件、块体标准试块强度试压报告
11. 设计要求的其他有关资料

16.6 安全与环保

16.6.1 预应力工程施工，应根据单项混凝土预应力工程的施工方案，制定详细的安全措施，批准后实施。

16.6.2 预应力张拉操作人员，必须经培训并取得上岗合格证。

16.6.3 张拉所用高压油泵和千斤顶，应有产品合格证和安全生产许可证。

16.6.4 预应力施工时，应根据预应力钢筋的种类及张拉锚固工艺情况，正确选用张拉设备。设备使用应每半年检测、维护一次。

1. 预应力张拉设备在使用中，不得大于额定的张拉力。
2. 严禁在负荷时，拆换油管或压力表。
3. 接电源时，必须接地，检测绝缘可靠后，方可试运转。
4. 操作人员必须戴防护用品。

16.6.5 预应力施工，应建立张拉作业区并设围栏。非施工人员不得进入。操作人员应确定联络信号，应配备对讲机。

16.6.6 预应力钢筋下料，对已经按预定长度下料的钢丝应即时盘卷，捆扎好。不得乱放。钢绞线下料及切割时应有防止回弹的安全防护措施。

16.6.7 后张预应力张拉施工对梁的预留孔道进行钢绞线穿束时，梁两端应搭设工作平台并加设护栏。穿束作业，梁的每一端不得少于3人，严禁使用翻斗车、推土机强拉钢绞线。

16.6.8 预应力钢筋张拉时，各种混凝土结构物的强度应符合设计要求，无设计要求时，应不低于设计强度的75%。

16.6.9 预应力张拉前，应对工作平台、张拉设备等进行安全检查，工作平台时应安全梯。

16.6.10 张拉作业时，任何人不得站在预应力筋的两端，千斤顶的台背应设防护装置。操作人员必须戴防护用品。

16.6.11 操作千斤顶和测量伸长值的人员，应严格遵守安全操作规程。油泵开动过程中，不得擅离岗位，如需要离开，必须把油阀门全部松开或切断电路。

16.6.12 张拉操作时，如发生异常现象，应立即停机进行安全检查。

16.6.13 张拉完毕后，应对张拉施锚的两端进行保护，严禁撞击锚具、钢束及钢筋或施压重物。梁端应设围栏和挡板。

16.6.14 雨期张拉作业，应搭设防雨棚。冬期张拉时，应有防冻保温设施。

16.6.15 无粘结预应力钢筋张拉，混凝土强度必须符合设计要求，无设计要求时，不得低于设计混凝土强度的75%。

16.6.16 无粘结预应力钢筋张拉除了严格遵守张拉施工的安全技术规定外还应注意：

　1）割掉多余部分无粘结钢筋时，不得用电弧或乙炔焰，只准用砂轮锯。

　2）油箱油量不足时，应在没有压力下加油。

　3）不得超负荷用电。

16.6.17 孔道灌浆施工应根据灰浆的垂直和水平运输距离，选择符合安全技术要求的灰浆泵；电机不得超负荷运转，灌浆嘴应有阀门。

16.6.18 孔道灌浆时，严禁超压力进行灌浆，灰浆泵开启前，应调整好安全阀。关闭阀门时，操作人员应站在侧面。

16.6.19 孔道灌浆后水泥浆必须达到设计规定的强度后，方可拆除孔口封堵板和顶木，进行吊移。无设计规定时，应不低于混凝土设计强度的75%。

16.6.20 孔道灌浆溢出的水泥浆待其凝固后作渣土消纳处理。

16.7 成品保护

16.7.1 预应力筋和金属管道在仓库内保管时，仓库应干燥、防潮、通风良好、无腐蚀气体和介质；在室外存放时，时间不宜超过6个月，不得直接堆放在地面上，必须采取垫以枕木并用苫布覆盖等有效措施，防止雨露和各种腐蚀性气体、介质的侵蚀。

16.7.2 锚具、夹具和连接器均应设专人保管。存放、搬运时均应妥善保护，避免锈蚀、玷污、遭受机械损伤或散失。临时性的防护措施应不影响安装操作的效果和永久性防锈措施的实施。

17 现浇箱梁施工工艺

17.1 适 用 范 围

17.1.1 本工艺适用于城市桥梁工程，现浇箱梁施工。

17.2 施 工 准 备

17.2.1 材料要求

现浇箱梁需材料（模板、支架、钢筋、混凝土原材料及钢绞线等），应符合设计要求及本规程第1、2、3和16章规定。

17.2.2 机具设备

1. 预应力器材：锚具、夹具和连接器等，千斤顶（压力表）、油泵、注浆机、手提砂轮切割机、卷扬机等。

2. 钢筋施工机具：钢筋弯曲机、钢筋调直机、钢筋切断机、电焊机、砂轮切割机等。

3. 模板施工机具：电锯、电刨、手电钻等。

4. 混凝土施工机具：预拌混凝土强制式搅拌机、混凝土运输车、混凝土泵车、混凝土输送泵、汽车吊、混凝土振捣器等。

5. 工具：扳手、直尺、限位板、卡尺等。

17.2.3 作业条件

1. 墩柱、盖梁经验收合格。

2. 支撑排架作业面已满足施工要求。支撑排架可以安置于可靠的基底上或牢固地固定在构筑物上，并有足够的支承面积以及有防水、排水和保护地下管线的措施。

3. 材料按需要已分批进场，并经检验合格，机械设备状况良好。

4. 支撑排架所占现况路面已完成交通导行，并有可靠的交通导行保证措施。

17.2.4 技术准备

1. 认真审核设计图纸，编制专项分项工程施工方案并报业主及监理审批。

2. 进行钢筋的取样试验、钢筋放样及配料单编制工作。

3. 对模板、支架进行进场验收。

4. 对混凝土各种原材料进行取样试验及混凝土配合比设计。

5. 对操作人员进行培训，向班组进行交底。

6. 组织施工测量放线。

17.3 操 作 工 艺

17.3.1 工艺流程

墩柱、盖梁验收→测量放线→支架地基处理→架设支撑排架→底模安装→支架堆载预压及沉降观测→侧模、上翼模板及端模板安装→绑扎底板、腹板、翼板钢筋（预应力管道铺设）→安装内模板→绑扎顶板钢筋→混凝土浇筑→养护→侧模拆除→预应力张拉→压浆、梁端封锚→养护→拆除底模板和支架。

17.3.2 测量放线

依据基准控制桩在地基上放出箱梁中心点及纵向轴线控制桩，直线梁段控制桩间距以20m为宜，曲线梁段控制桩间距不宜大于5m。用白灰线标出地基处理边线控制桩，确定地基处理范围，地基四周边线距支架外缘距离不宜小于500mm。将地基处理的标高控制线标注在墩台上。

17.3.3 支架地基处理

1. 支架现浇梁施工前，先对施工现场进行场地平整，对搭设支架的场地进行加固处理，确保地基承载力达到满布荷载的要求，使梁体混凝土浇筑后不产生沉降。

2. 支架地基处理可采用换填法（二灰稳定粒料等材料）、压（夯）实法等方法；对于软弱土层可采用混凝土扩大基础（混凝土条形基础）或桩基等方法。

3. 采用换填法时，先将地基表面不适宜材料彻底清除干净，铺筑换填材料，每层松铺厚度不应大于300mm，用推土机、平地机整平，压路机碾压，压实度大于96%。

4. 采用混凝土扩大基础（混凝土条形基础），其断面尺寸及强度等级应依据施工荷载及地基情况等因素确定，条形基础顶宽不应小于200mm。浇筑混凝土基础时注意支架连接用的预埋件的正确安装。

5. 采用枕木、木板或型钢基础时，枕木、木板或型钢规格应依据施工荷载及地基情况等因素确定，但其宽度不宜小于200mm。就位前在基础顶部泼洒细砂一层，使其与地基密贴，纵横交叉点有缝隙时应用薄钢板或木板等予以填充，不得留有空隙。

17.3.4 支架安装（架设支撑排架）

支架安装应符合本规程第1章规定，并应遵守下列规定：

1）支架安装前必须依照施工图设计、现场地形、浇筑方案和设备条件等编制施工方案，按施工阶段荷载验算其强度、刚度及稳定性，报批后实施。

2）支架安装可从箱梁一端开始向另一端推进，也可从中间开始向两端推进，工作面不宜开设过多且不宜从两端开始向中间推进，应从纵横两个方向同时进行，以免支架失稳。

3）用于支撑的所有杆件，必须经检验合格后方可使用。

4）支架立柱（立杆）应设水平撑和双向斜撑，斜撑的水平角度以45°为宜；剪刀撑应由底至顶连续设置。

5）支架搭设严格控制立柱（立杆）垂直度和水平杆水平度，多层支架的立柱应垂直，中心线铅垂一致。

6）支架高度超过其宽度5倍或支架高度超过10m时，应设一组缆风绳，每增高10m

应增加一组。

7）碗扣支架及其他定型产品支架、架设时应符合产品说明书规定。

17.3.5 底模安装

1. 为使混凝土表面平整、光滑，达到清水混凝土标准，底模宜采用酚醛覆膜胶合板模板、防水竹胶合板、定型钢模板或组合钢模板，全桥宜使用同一种材质、同一种类型的模板；采用定型钢模板时，钢模板应由专业生产厂家设计及生产，拼缝以企口为宜。

2. 底模安装前复核支架顶标高。铺设底模采用人工为主机械配合的方式施工。底模板安装前要考虑支架的预留拱度的设置调整、加载预压试验及支座板的安装。

3. 现浇梁的支座按设计位置安放好后，四周用砂桶将底模支起，使底模内面与支座顶面同高，拆模时先放砂桶，底模自然下落与梁脱开，梁体则完全支撑在支座上。

17.3.6 支架堆载预压及沉降观测

城市桥梁工程各种支架和模板安装后，宜采取预压方法消除拼装间隙和地基沉降等非弹性变形。

1. 支架预压采用满铺沙袋的方法进行，施荷可用沙袋装土或砂等材料，加载时使用汽车吊吊装人工配合堆放，堆放时注意沙袋不得将沉降观测点覆盖。加载时按设计要求分级进行，每级持荷时间不少于10min。

2. 预压应按设计进行，设计未规定时，预压荷载不小于结构自重与施工荷载之和的1.2倍。

3. 加载顺序为从支座向跨中依次进行。满载后持荷时间不小于24h，分别量测各级荷载下支架的变形值。然后再逐级卸载，当支架的沉降量偏差较大时，要及时对支架进行调整。

17.3.7 侧模、翼模、内模及端模安装

1. 侧模及翼板模板宜在加工厂制作、组装成型后，运到现场吊装。

2. 先使侧模及翼板模板吊装到位，与底模板的相对位置对准，用顶压杆调整好侧模垂直度，并与端模连接好。

3. 侧模安装完后，用螺栓连接稳固，并上好全部拉杆。调整其他紧固件后检查整体模板的长、宽、高尺寸及不平整度等，并做好记录。

4. 内模安装要根据模板结构确定，当内模为拼装式结构时，可采用吊装方式安装内模。内模安装完后，严格检查各部位尺寸是否正确。

5. 端模安装：将波纹管逐根插入端模各自的孔内后，进行端模安装就位。安装过程中逐根检查是否处于设计位置。端模安装要做到位置准确，连接紧密，侧模与底模接缝密贴且不漏浆。

17.3.8 底板、腹板钢筋加工及绑扎

钢筋加工及绑扎应符合本规程第4章规定，并应符合下列要求：

1. 钢筋绑扎程序及方法

1）在模板上标出底板下层纵横向钢筋准确位置。

2）人工搬运钢筋逐根就位，并对所有交叉点进行绑扎。

3）安装底板保护层垫块。

4）横隔梁及腹板钢筋就位并与底板钢筋绑扎，安装侧模保护层垫块。

5）摆放底板上层钢筋支撑马凳（如果需要设置），用粉笔在马凳及模板上放出底板上层纵横向钢筋准确位置。

6）将底板上层钢筋逐根就位并对所有交叉点进行绑扎，并将其与横隔梁及腹板钢筋绑扎。

7）埂斜筋、腹板腰筋及底板架立筋等就位绑扎。

2. 钢筋绑扎要求

1）当箱梁为曲线梁时，放样时要特别注意图示钢筋间距的标注位置是其设计线还是横断面对称线。

2）底板下层钢筋形成整体后，应及时安装保护层垫块，以免到后期骨架重量增加而使其安装困难，用撬棍安装时撬棍下应垫以小木板以免损伤模板。

3）当底板的上下层钢筋之间未设计架立筋或架立筋不足以支撑施工荷载及上层钢筋自重时，上下层钢筋之间应设马凳或增加架立筋。

4）靠模板一侧所有绑丝扣应朝向箱梁混凝土内侧。

5）保护层垫块应具有足够的强度及刚度；使用混凝土预制垫块时，必须严格控制其配合比，配合比及组成材料应与梁体一致，保证垫块强度及色泽与梁体相同；腹板宜使用塑料垫块；垫段浇筑时，施工缝处全部孔道均应使管箍外露以便于连接。

17.3.9 锚垫板安装及要求

1. 在模板上准确放出锚垫板位置，然后在其中央打孔，孔径略大于波纹管孔径，以便穿束或作拉通准备。

2. 用木螺钉将锚垫板固定在模板上，锚垫板与模板夹角应通过计算确定。

3. 安装模板，将波纹管伸入喇叭口内，将接头位置用胶带缠裹严密，检验合格后将模板固定。

4. 要求锚垫板位置准确，垫板平面应与预应力管道轴线垂直。

5. 螺旋筋应按设计要求安装，其轴线应与锚垫板平面垂直。

17.3.10 预应力体系安装定位应符合本规程第16.3节规定要求。

17.3.11 混凝土浇筑

1. 混凝土搅拌、运输、浇筑，应符合本规程第3.3节规定。

现浇梁施工必须保证保护层强度和布置密度，钢筋加工和安装要准确，顶面高程要严格控制。混凝土浇筑是要由低向高处进行，注意对称浇筑。在施工过程中应派专人负责支架和模板的变形及沉降观测，发现问题及时处理。现浇梁的浇筑最好安排在白天进行。现浇梁的养护设备和设施必须事先准备妥当，制定详细的养护方案，确保梁体的混凝土质量。

2. 多跨连续箱梁因整联长度过长，需分段张拉，或混凝土浇筑量过大，不能整联一次连续浇筑完成时，可分段浇筑，分段位置如设计无规定宜留在梁跨1/4部位处。

3. 多跨连续箱梁宜整联浇筑，必须分段浇筑时，应自一端跨逐段向另一端跨推进，每段浇筑跨数，可依设计或施工需要而定。

4. 多跨连续箱梁分段浇筑（含混凝土浇筑、预应力张拉和脱架）不宜由两端跨开始，到中间跨合龙。如果必须从两端跨开始，在中间跨合龙时，合龙段应作合龙设计，按合龙设计要求处理。

5. 简支箱梁混凝土浇筑应尽量加快浇筑速度，连续一次浇筑完毕，混凝土可从跨中向两端墩台方向浇筑，也可以从一端开始浇筑。

6. 底板混凝土一般不宜分层连续浇筑，底板混凝土初凝前浇筑腹板混凝土，底板与腹板交界埂斜处混凝土应饱满密实。

7. 浇筑时底板内多余混凝土应及时清理干净，严格控制底板厚度，底板顶面要拍实、压平。

8. 支点横梁两侧预应力束上弯部位不宜两次成型，应全断面一次浇筑。

9. 浇筑宜采用插入式振捣器振捣，因锚区钢筋较密，浇筑时应人工配合机械振捣。

10. 采用后穿束时，混凝土浇筑前宜在波纹管内穿入铅丝棉球作拉通准备，混凝土浇筑时设专人由两端往复拉通，采用先穿束时，混凝土浇筑时可用卷扬机由两端往复拉动预应力筋，防止渗入水泥浆凝块堵孔，直至混凝土初凝后停止。

11. 混凝土浇筑时应设专人检查钢筋、模板、波纹管、锚垫板、预埋件等，出现位移、松动时，及时纠正修复。

12. 除按要求制作标准条件养护试块外，还应制作同条件养护试块，以确定张拉时间。

17.3.12 模板拆除

1. 当梁体混凝土强度达到设计强度的 50%，混凝土芯部与表层、箱内与箱外、表层温度与环境温度之差均不大于 15℃，且能保证构件棱角完整时方可拆除侧模和端模。气温急剧变化时不宜进行拆模作业。拆除前先清理好拟进入的作业面。

2. 内侧模拆除应在混凝土终凝且棱角不易被损坏时进行。首先松开模板支撑，然后逐块拆除模板。

3. 侧模、端模、内模及翼板底模拆除

1) 当梁体混凝土强度达到设计强度的 50%，混凝土芯部与表层、箱内与箱外、表层温度与环境温度之差均不大于 15℃，且能保证构件棱角完整时方可拆除侧模和端模。气温急剧变化时不宜进行拆模作业。

2) 先进行内模拆除，箱内清理干净。再进行侧模及翼板模板拆除，逐段松开并拆除模板支撑，一次松开面积不得过大，逐块拆除模板。

3) 拆模时严禁重击或硬撬，避免造成模板局部变形或损坏混凝土棱角，拆除时注意保护模板。

4) 模板拆下后，要及时清除模板表面和接缝处的残余灰浆并均匀涂刷隔离剂，与此同时还要清点和维修、保养、保管好模板零部件，如有缺损及时补齐，以备下次使用。并根据消耗情况酌情配备足够的储存量。

17.3.13 预应力张拉及锚固

现浇混凝土连续箱梁预应力工程施工程序及方法应符合本规程第 16 章规定；预应力张拉前梁混凝土强度及混凝土龄期必须符合设计要求；并应符合下列要求：

1) 施加预应力前，应对箱梁混凝土外观进行检查，且应将限制位移的模板全部拆除后方可进行张拉。

2) 混凝土应达到规定的强度等级和相应的弹性模量值后，方可施加预应力；预施应力时，预应力筋、锚具和千斤顶应位于同一轴线上。

3) 预应力筋的张拉控制应力应符合设计要求。当施工中预应力筋需要超张拉或计入锚圈口预应力损失时，张拉控制应力可比设计要求提高5%，但在任何情况下不得超过设计规定的最大张拉控制应力。

4）孔道压浆、封锚程序及方法应符合本规程第16.3节规定要求。

17.3.14 支架拆除

现浇箱梁脱模及卸落支架应按设计程序规定进行，应符合本规程第3章规定，并应符合下列要求：

1）在梁体张拉完成后，压浆强度达到设计强度，方可拆除支架和底模。梁底模及支架卸载顺序，严格按照从梁体挠度最大处支架节点开始，逐步向两端卸落相邻节点，当达到一定卸落量后，支架方可脱落梁体。

2）多跨箱梁分段浇筑或逐孔浇筑落架时，除考虑主梁混凝土强度外，同时应考虑邻跨未浇筑混凝土对本跨的影响。

3）多跨连梁整联浇筑时，落架脱模宜各跨同时均匀分次卸落，如必须逐跨落架时，宜由两边跨向中跨对称拆除。

4）在柔性分段墩上浇筑连梁张拉或落架时，因支座偏心，应验算桥墩偏心荷载，墩柱抗弯不足时需设临时支撑，待邻跨加载后方可拆除。

5）独柱多跨连梁或连续弯梁，宜整联连续浇筑，施加预应力后，脱模、落架；如需分段或逐孔浇筑分段张拉、分段落架时，必须考虑已浇梁段的稳定性，防止偏载失稳或受扭。

6）拆除时严禁上下同时作业，施工过程中应做好对支架材料及模板的保护。

17.3.15 冬雨期施工

1. 雨期施工

1）雨期施工中，箱梁支架地基要求排水顺畅，不积水；

2）模板涂刷脱模剂后，要采取覆盖措施避免脱模剂受雨水冲刷而流失；及时准确地了解天气预报信息，避免雨中进行混凝土浇筑；

3）预应力筋应在仓库内保管，不得直接堆放在地面上，必须采取垫以枕木并用苫布覆盖等有效措施，防止雨水锈蚀；

4）锚具、夹具和连接器均应设专人保管，防止雨水锈蚀；

5）波纹管就位后要将端口封严，以免灌入雨水而锈蚀预应力筋或波纹管。

2. 冬期施工

1）应根据混凝土搅拌、运输、浇筑及养护的各环节进行热工计算，确保混凝土入模温度满足有关规范规定，确保混凝土在达到临界强度前不受冻；

2）冬期焊接环境温度，低合金钢不得低于5℃，普通碳素结构钢不得低于0℃。大风、雪天、温度低于−15℃时不得进行张拉作业。

3. 冬雨期为免受天气影响，现浇箱梁场地上空宜搭设固定或活动的作业棚，使梁段预制作业不受天气影响。

17.4 质量标准

支架现浇箱梁施工中涉及模板与支架、钢筋、混凝土、预应力混凝土的质量检验应遵守本规程第1.4节、2.4节、3.4节、16.4节的有关规定。

主 控 项 目

1. 现浇箱梁混凝土强度等级必须符合设计要求。

检验数量：全数检查。

检验方法：混凝土抗压强度试验。

2. 现浇箱梁结构表面不得出现超过设计规定的受力裂缝。

检查数量：全数检查。

检验方法：观察或用读数放大镜观测。

一 般 项 目

3. 支架现浇箱梁偏差应符合表 17.4 的规定。

表 17.4　支架现浇箱梁允许偏差

序号	检 查 项 目		规定值或允许偏差	检 查 频 率		检 查 方 法
				范围	点数	
1	轴线偏位		10		3	用经纬仪测量
2	梁板顶面高程		±10		3~5	用水准仪测量
3	断面尺寸（mm）	高	+5 -10	每跨	1~3 个断面	用钢尺量
		宽	±30			
		顶、底、腹板厚	+10 0			
4	长度		+5 -10		2	用钢尺量
5	横坡（%）		±0.15		1~3	用水准仪测量
6	平整度		8	每侧面每10m 梁长测1点		用2m直尺、塞尺量

4. 结构表面应无空洞、露筋、蜂窝、麻面和宽度超过 0.15mm 的收缩裂缝。

检查数量：全数检查。

检验方法：观察、用读数放大镜观测。

5. 所有预埋件、孔洞等设施的规格、种类、尺寸、位置应符合设计要求。

检查数量：全数检查。

检验方法：观察或用塞尺量，用钢尺量或用水准仪、经纬仪检测。

17.5　质 量 记 录

1. 测量复核记录

2. 现浇箱梁质量记录应符合本规程第 1.5 节、2.5 节、3.5 节和 16.5 节规定。

17.6　安全与环保

1. 支架现浇箱梁施工中涉及模板与支架、钢筋、混凝土、预应力混凝土的安全与环保应遵守本规程第 1.6 节、2.6 节、3.6 节、16.6 节的有关规定。

2. 模板及支撑系统在安装施工过程中，必须采取临时支撑措施。安装高处模板操作时，必须设置操作平台，安全梯和防护栏杆等设施。大模板组装或拆除时，指挥和挂钩人员，必须站在安全可靠的地方操作。混凝土结构的模板及支撑系统的拆除，应制定安全可靠的拆除方案或措施。并经项目总工程师批准，必要时需报企业总工程师批准，方可实施。

3. 模板、支架起吊必须由信号工指挥。起吊后下方严禁站人或通行。支立模时，应按工序操作，竖立较大模板时，应设临时支撑，上下必须顶牢，整体模板合龙后，应及时用拉杆斜撑固定，模板支撑严禁与脚手架相连。桥上模板安装应分区域完成，不宜分散进行，当天安装的底模、立模、排架，必须支撑牢固。

4. 模板、支架拆除施工前，应先清理拆除现场，划定拆除现场禁区并派专人警戒，严禁无组织人员零星拆卸，一切非施工操作人员不得进入禁区。

5. 拆除桥梁下部支撑系统前，应严格按拆除方案程序进行，拆除原则是自上而下。先将组合钢支柱的顶托调低 30～50mm，使钢桁架或工字钢高度下降，预留出拆底模的空间量。先拆模板及模板排架，再拆钢桁架或工字钢，最后按顺序拆卸支撑支架。在拆除钢桁架及支撑支架时，严禁使用机械牵引，一次拉倒的操作方法。

6. 预应力张拉操作人员，必须经培训并取得上岗合格证。张拉所用高压油泵和千斤顶，应有产品生产合格证和安全生产许可证。

7. 后张预应力张拉施工对梁的预留孔道进行钢绞线穿束时，梁两端应搭设工作平台并加设护栏。穿束作业，梁的每一端不得少于 3 人，严禁使用翻斗车、推土机强拉钢绞线。

8. 预应力钢筋张拉时，各种混凝土结构物的强度应符合设计要求，无设计要求时，应不低于设计强度的 75%。

9. 预应力张拉前，应对工作平台、张拉设备等进行安全检查，工作平台时应安全梯。

10. 张拉作业时，任何人不得站在预应力筋的两端，千斤顶的台背应设防护装置。操作人员必须戴防护用品。

11. 操作千斤顶和测量伸长值的人员，应严格遵守安全操作规程。油泵开动过程中，不得擅离岗位，如需要离开，必须把油阀门全部松开或切断电路。

12. 张拉操作时，如发生异常现象，应立即停机进行安全检查。

13. 张拉完毕后，应对张拉施锚的两端进行保护，严禁撞击锚具、钢束及钢筋或施压重物。梁端应设围栏和挡板。

17.7　成 品 保 护

1. 现浇箱梁有现况交通时，在支架两侧设置限高设施及警示牌。

2. 混凝土在浇筑过程，派专人负责成品保护工作，既要对钢筋进行修正，又要对预埋件进行看护、校正，在混凝土刚浇筑完毕时，对预埋件进行复查其准确性。

3. 注浆完毕后，及时将喷洒到箱梁上的水泥浆冲洗干净。

4. 铺装层浇筑前，严禁在箱梁上集中堆放施工材料或停放施工机械。

18 箱型梁顶推施工工艺

18.1 适 用 范 围

18.1.1 本工艺适用于截面等高、跨径 60m 以内的预应力混凝土连续箱梁、连续钢箱梁（钢—混凝土结合梁）；城市桥梁工程宜优先选用在工厂内制造梁段，在施工现场顶推安装的钢箱梁；当设计采用预应力混凝土连续箱梁时，施工现场应有预制场地位置，并符合工期要求。

18.2 施 工 准 备

18.2.1 材料要求

1. 现浇箱梁（块件）所需材料（模板、钢筋、混凝土及预应力工程等所需材料），应符合设计要求及本规程第 1、2、3 和 17 章规定。

2. 架设临时支架、临时墩、临时鹰架、制梁台座所需的材料，应符合设计要求及施工方案规定。

18.2.2 机具设备

1. 顶推器材：千斤顶（水平千斤顶、竖直千斤顶）、油压表、油泵及同步控制设备、拉杆（钢绞线）、锚具、滑座（滑道）、滑块等。

2. 钢筋施工机具：钢筋弯曲机、钢筋调直机、钢筋切断机、电焊机、砂轮切割机等。

3. 模板施工机具：电锯、电刨、手电钻等。

4. 混凝土施工机具：预拌混凝土强制式搅拌机、混凝土运输车、混凝土泵车、混凝土输送泵、汽车吊、混凝土振动器等。

5. 吊装作业设备：龙门吊、卷扬机及汽车吊等。

6. 工具：扳手、撬杠、直尺、限位板、卡尺等。

18.2.3 作业条件

1. 桥梁下部结构经验收合格。

2. 架设临时支架、临时墩和制梁台座所需作业面已具备三通一平，满足施工要求。支撑排架可以安置于可靠的基底上或牢固地固定在构筑物上，并有足够的支承面积以及有防水、排水和保护地下管线的措施。

3. 用于顶推法施工的顶推液压设备经调试、状况良好；现浇混凝土箱梁或钢箱梁与完成制造，并已就位于顶推台座上。

4. 施工所占现况路面已完成交通导行，并有可靠的交通导行保证措施。

18.2.4 技术准备

1. 认真审核设计图纸，根据桥跨数量、设备条件、场地情况及工期要求，确定预制、顶推方案并报业主及监理审批。

2. 顶推施工组织和施工辅助结构设计，其内容应符合下列规定：

1）顶推方案应根据设计文件的指导性施工组织设计及主梁长度、设计顶推跨度、桥墩可承受的水平推力、顶推设备及滑动装置等条件，选用适宜的顶推方式；桥跨不多的可一次顶推到位，桥跨多的可分联顶推。

2）根据顶推方案及桥墩允许水平推力选择顶推方式，可选择单点顶推或多点顶推。

3）根据顶推方案、顶推方式和一次顶推长度进行制梁台座、导梁、临时墩、滑道、顶推千斤顶及其油路等施工辅助结构的设计。

4）施工场地的布置及墩台的施工顺序应和预应力混凝土梁顶推顺序相适应。

3. 编制施工工艺和安全操作细则，建立质量监控和质量保证体系。

4. 对操作人员进行培训，向班组进行交底。

5. 组织施工测量放线。

18.3 操 作 工 艺

18.3.1 工艺流程

1. 现浇预应力钢筋混凝土箱梁顶推

预制场地准备（平整桥台场地）→制作台座→安装顶推设备→预制节段（块件）→张拉预应力筋→架设临时墩及平台→架设导梁→梁段顶推（拖拉）→顶推就位→张拉后期预应力筋（后期束）→安正式支座→落梁就位→桥面施工。

2. 钢箱梁顶推

1）工厂钢梁制作→验收合格→编号出厂→钢梁运输

2）平整桥台场地→制作台座→安装顶推设备→架设临时墩及平台→钢梁吊装→架设导梁→顶推（拖拉）→安正式支座→落梁就位→桥面施工。

18.3.2 预制场地

1. 预制场地设在桥台引道（或引桥）上，其长度为预制节段的 2~3 倍以上，应考虑梁段悬出时反压段的长度、梁段预制长度、导梁拼装长度和机具设备材料进入预制作业线的长度。预制场地宽度，应满足梁段两侧作业的需要。预制场地采用推土机推土、刮平机刮平、压路机压实。

2. 预制场地上空搭设固定或活动的作业棚，其长度宜大于 2 倍预制梁段长度，使梁段预制作业不受天气影响。

18.3.3 台座

1. 预制台座布置在台后或引桥的墩台附近，台座基础应为刚性基础，同时应设防水和排水设施。使用前应进行预压，沉降量和四角高差不大于 1mm。

2. 台座的轴线应与桥梁轴线延长线相重合，台座的纵坡应与桥梁纵坡一致；制梁台座和底模中心线与桥梁中心线的偏差不大于 1mm，且不得有反向偏差。

3. 若预制块在排架上制作，必须在制作前消除排架的非弹性变形值。

18.3.4 预应力混凝土连续箱梁梁段预制

1. 梁段预制块件应符合设计要求；梁段可根据箱梁结构（单箱单室或单箱双室）及全截面顶进还是分段顶进来确定预制方案。预制顺序要先河内后岸边，按其顶进段先后次序定之。

2. 预制块件应尽量标准化；梁段块件的预制长度，应考虑节段的连接处不应设在连续梁最大的支点及跨中截面处，并应尽量减少分段，以每段长 10~30m 为宜，同时连续梁节段长度应使每跨梁不多于 2 个接缝。

3. 顶出的梁段不应产生高程变化，且梁的尾端不能产生转角，为此，在顶推梁到达主跨之前应设置过渡孔，并通过计算确定分孔和长度，也可采用引桥作为过渡孔。

4. 模板

1）模板宜采用钢模板，模板应保证刚度、制作精度应符合设计规定及本规程第 3 章的规定。

2）底模板宜采用升降式大模板，侧模板宜采用旋转式整体模板，内模（芯模板）宜采用易于拆卸和移动取出的构造方式（折叠移动式内模或支架升降式内模）。梁底板的底模上应装有表明磨光的钢板，以减少梁底板的摩擦力。

3）安装底模板的预制平台应严格控制平整度。通常情况下预制平台应有一个整体的框架基础，并要求总下沉量不超过 5mm，在框架上设置底模和底模滑道，在底模与基础之间应设置卸落设备。

4）底模不得与外侧模板连在一起，应与底架连成一体，并将底模板安置在预制平台上，其升降与卸落设备宜采用千斤顶，为控制底模在设计平面内升降应设置底模限位器。

5. 钢筋工作除应符合本规程第 2 章的规定外，还应做好接缝处纵向钢筋的搭接。预应力管道安装应符合第 16 章的要求。

6. 梁段混凝土浇筑

1）梁段模板、钢筋、预应力管道、滑道、预埋件等应经检查签认后方可浇筑混凝土。混凝土的材料要求、配合比设计、搅拌、运输、浇筑等的具体要求，可参照本规程第 3 章的规定执行。在必要时可使用早强水泥或掺入早强减水剂，以提高早期强度，缩短顶推周期。

梁段浇筑过程要严格控制截面尺寸、底面平整度和梁段端部的垂直度。严格控制梁段内钢筋、预应力筋孔道位置、预埋件位置，以及混凝土的浇筑质量。

2）混凝土可采用全断面整段浇筑或采用两次浇筑；分两次浇筑时，第一次浇筑箱梁底板及腹板根部，第二次浇筑其他部分。

3）梁段工作缝的接触面应凿毛，并冲洗干净，或采用其他可加强混凝土接触的措施。

4）若工作缝为多联连续梁的解联断面，干接缝依靠张拉临时预应力束来实现，断面尺寸应准确，表面平整，解联时分开方便。

5）支座位置处的隔板，在整个梁顶推到位并完成解联后，进行浇筑，振捣时应避免振动器碰撞预应力筋管道、预埋件等。

6）第一梁段前端设置导梁端的混凝土的浇筑，应注意振捣密实，导梁中心线与水平位置应准确平整。

18.3.5 梁段施加预应力

1. 梁段预应力束的布置、张拉次序、临时束的拆除次序等，应严格按照设计规定执行。其施工的技术要求应符合设计要求及本规程第16章相关规定。

2. 顶推安装的预应力混凝土连续箱梁，三种预应力束（永久束、临时束及后期束）均应严格按设计规定布置、张拉、接长及拆除。不得随意增加或漏拆预应力束，更不得漏张拉。

3. 预应力钢束张拉顺序宜采用先临时束、后永久束，先长束后短束，先直束后弯束。

4. 为防止因水平扭矩而产生的附加内力，顶板、底板预应力束应上下交错、左右对称地进行。

5. 先期永久束必须及时压浆。在桥梁顶推就位后需拆除的临时预应力束，张拉后不应灌浆，锚具外露多余预应力筋钢材不必切除。

6. 施工过程中应特别注意体外预应力束的防腐和保护。

7. 梁段间需连接的永久预应力束，应在两梁段间留出适当空间，用预应力束连接器连接，张拉后用混凝土填塞。

18.3.6 钢箱梁制作、运输及吊装

1. 钢箱梁制作、预拼装、出厂运输及顶推前吊装、现场拼装应符合本规程第22、23章相关规定。

2. 钢箱梁现场拼装平台与现浇连续箱梁台座相同；也可采用间隔式临时支墩组成，必须确保钢箱梁在拼装及顶推时不得失稳、沉降和偏斜。

3. 钢箱梁在拼装过程中应确保各制作段相对位置准确，轴线对中；高强螺栓应全部终拧，并经检查验收合格。顶推用连接板（梁侧或梁底锚板）位置准确。

18.3.7 架设导梁

1. 导梁宜为钢导梁（钢横梁、钢框梁、贝雷梁或钢桁架），采用在分联顶推时，根据设计设置后导梁，其与顶推梁的连接方式应符合设计要求。

2. 当用连接件连接时，应先将导梁全部拼装与连接件相连接后，再浇筑混凝土，当用预应力筋连接时，应按有关规定进行预应力筋的张拉。

3. 采用钢桁架导梁时，应注意导梁与梁段刚度的协调，不得采用刚度过小的导梁，并减小每个节点的非弹性变形，使其梁端挠度不大于设计要求。

4. 设置导梁时，导梁全部节间拼装平整，底缘与箱梁底应在同一平面上，其前端底缘应向上呈圆弧形。导梁底面应平顺、无棱角、无毛刺，中心线、平面、高程的偏差均不大于1mm。

5. 导梁长度一般为顶推跨径的2/3左右。导梁和混凝土梁的刚度比一般取1/15～1/9。

6. 预埋在梁段前端的预埋件连接强度、刚度必须满足梁顶推时的安全要求。

7. 导梁在施工中出现杆件变形、连接螺栓松动、导梁与主梁连接处有变形或混凝土开裂等情况时，应停止顶推，进行处理。施工时要随时观测导梁的挠度。

8. 当导梁前端挠度过大时，可在前方墩顶设置接引千斤顶，通过不断将导梁前端顶起，引导滑道进墩。

18.3.8 架设临时墩及平台

1. 当跨径较大时、为减小顶推时梁的内力，可设置临时墩，城市桥梁工程临时墩设置时应考虑桥下交通、拆除等综合因素。

2. 临时墩需有足够的刚度，来承受顶推时的水平推力，同时能承受过程中最大竖直荷

载而不沉陷，必要时打临时桩基；其墩身宜采用可重复使用、便于装拆的型钢钢框架型式（或装配式空心钢筋混凝土墩柱），墩身钢框架应满足其受力和稳定要求。

3. 临时墩应考虑梁向前顶时，墩有前倾趋势，故宜将墩上支座放在墩中心线后面，使墩偏心受压产生后倾力矩，用以抵消一部分前倾力矩。

4. 临时墩在顶推时不得发生超过规定的偏斜，用斜拉索加固，或用水平拉索串联加固连成整体以抵抗顶推时的水平力；当跨距较小时用桁架、型钢连接加固。

5. 临时墩通常只设置滑道，当加设顶推装置时，应通过计算确定。

18.3.9 梁顶临时塔架

当两墩间距较大、悬臂较长时，可在主梁前端加设梁顶临时塔架，并用斜拉索连接主梁后端及前端导梁，增强悬臂端刚度、减少导梁挠度。

18.3.10 梁段顶推设备

1. 顶推前应对顶推设备，千斤顶、油泵、控制装置及梁段中线、各滑道顶面标高等进行检查，并做好顶推各项准备工作后，方可进行顶推。

2. 顶推设备

1）根据施工组织设计要求安装顶推泵站。顶推泵站宜采用变量泵站、分级调压，集中控制，使各千斤顶同步运行。液压系统的各部件，应单体试验，合格后方可安装。全部安装后必须试运转，检查油路、千斤顶及控制台，达到要求方可使用。

水平千斤顶及电动液压站应根据梁段重量，计算每墩的垂直反力，再根据滑道的摩擦系数计算出每墩所需的水平拉力，由此选择水平千斤顶的规格及数量，千斤顶所使用油泵均配置远程控制电磁阀和换向阀，使多台水平千斤顶出力均匀，同步运行，并能分级调压，集中控制，使各墩的千斤顶同步运行。

2）液压传动系统的动力机构、顶推泵站及其辅助装置的布置，通常设置在台座一侧视野开阔位置。

3）水平顶推千斤顶宜采用连续顶推千斤顶（穿心式）。

4）牵引装置（拉杆体系）通常由钢绞线束（或精轧螺纹钢、高强度钢丝束）拉杆、锚具和拉锚器组成。其中拉锚器是拉杆与箱梁连接的锚固装置，由梁侧安装锚碇板和工具式拉锚器两部分组成，锚板与拉锚器的螺栓孔栓接。

18.3.11 滑动装置

1. 水平—竖直千斤顶顶推方式的滑动装置一般由摩擦垫、滑块（支承块）、滑板和滑道组成。

2. 摩擦垫用氯丁橡胶与钢板夹层制成，粘附于滑块顶面，其尺寸应根据墩顶反力和橡胶板容许承载力计算决定。

3. 支座垫石按设计要求设置并严格控制顶面标高及平整度。

4. 滑道垫块应保证滑道顶面标高与落梁后梁底面标高一致，纵向坡度与桥梁纵坡一致。

5. 滑块是用铸钢或高强度等级钢筋混凝土块制成的，其高度不小于正式支座的高度，其尺寸不宜小于摩擦垫及其下面滑板的尺寸。

6. 滑板有多种构造，一般可用硬木板、钢板夹橡胶板等粘聚四氟乙烯板（四氟板）组成。四氟板面积按最大反力计算决定，对无侧限的容许应力可按 5MPa 计算，有侧限的可按 15MPa 计算；滑板厚度以 20mm 为宜。

7. 滑道一般可用不锈钢或镀铬钢带包卷在铸钢底层上,铸钢底层应用螺栓固定在支座垫石上。滑道顺桥向长度应大于水平千斤顶行程加滑块顺桥向长度;其宽度应为滑板宽度的 1.2 ~ 1.5 倍。相邻墩(包括主墩与临时墩)滑道顶面高差 ± 2mm,同墩两滑道高差 ± 1mm。

8. 滑道装置的摩擦系数,取决于滑板和滑道所用的材料,宜经试验确定。在一般选用千斤顶顶力时,对四氟滑板与不锈钢或镀铬钢板的滑道面的摩擦系数:启动时可按 0.07 ~ 0.08(静摩擦系数);滑动后可按 0.04 ~ 0.05(动摩擦系数)考虑,启动时可在四氟板与钢板件上涂以中性润滑剂,以降低摩擦阻力。

9. 顶推过程中滑板的陆续补充:随着梁段的顶推前进,滑道上的滑板从前方滑出后,必须立即从后面插入补充,补充的滑块应涂以润滑剂,任何情况下,每条顶推线各墩顶滑道上的滑板不应小于 2 块。滑板(四氟板)磨损较大,须按顶推长度和滑板损失率备好足够当量的滑板,以利于及时更换。

18.3.12 拉杆顶推方式滑动装置

其滑板和滑道的组成、构造、技术要求以及滑道宽度均与水平一竖直顶推方式相同,但拉杆顶推方式的滑道长度应大于 3 块滑板的长度。

18.3.13 导向装置

1. 在顶推过程中,为防止箱梁左右偏移,始终用经纬仪校准桥轴线,随时检查梁中心是否偏离,如有偏离立即进行纠偏。

2. 楔形滑板导向装置:用型钢做成反力架,成对地安于箱梁两边支座垫石上,并与预埋螺栓连接,反力架内用方木填实。靠主梁边留约 6mm 空隙,当需要调整主梁轴线时,在一边的反力架与主梁的空隙中放一对木楔。其中一块镶嵌四氟板,另一块镶嵌磨光的不锈钢板。由于四氟板与不锈钢板之间的摩擦阻力较小,而梁体与木块之间的摩擦阻力较大,必将带着木块随梁体向前滑移,迫使梁体按要求横向移动调整梁的轴线。

3. 千斤顶导向装置:横向螺旋千斤顶导向装置在桥墩两侧的钢支架上,进行纠偏时开动一侧的横向螺旋千斤顶,通过设在顶部竖向轮控制主梁轴线位置。

18.3.14 顶推方式

1. 单点顶推适用于桥台刚度大、梁体轻的施工条件。单点顶推水平力的施加位置一般集中于桥台或某一桥墩(仅在一个墩台上安装左右两套顶推装置),其他支点只设置滑道支撑。单点顶推设备、控制系统简单,由于全桥顶推水平力仅由一个墩台上顶推设备承担,顶推设备能力要求高,尤其孔数较多的长桥,顶推设备能力难以适应。未设千斤顶的墩顶均有较大的水平摩阻力。

2. 将顶推装置安装在每个墩台顶面即为多点顶推,多点顶推适用于桥墩较高、截面尺寸较小的柔性墩的施工条件。多点顶推时,各墩台的水平千斤顶均应沿纵向同步运行,控制系统要求高,通常采用多点自动连续顶推方法。多点顶推同步运行包括每个墩顶两侧顶推设备的同步运行,保证盖梁不受扭矩;同时包括各个墩顶的纵向同步运行。

18.3.15 水平—竖直千斤顶顶推需满足下列要求:

1)水平千斤顶的实际总顶力不应小于计算顶推力的 2 倍;

2)墩台顶上水平千斤顶的后背必须坚固,应验算能够承受顶推时的总应力,顶推过程中各桥墩的纵向位移值不超过设计规定;

3）水平千斤顶顶推时，左右两条顶推线横向应同步运行，多点顶推时各墩台的水平千斤顶应纵向同步运行，保证主梁纵向轴线在设计容许偏差内。

4）顶推过程中各桥墩的纵向位移偏差不得超过设计规定。

18.3.16 顶推作业注意事项

1. 顶推前要详细地检查各项准备工作情况，现场要设总指挥统一进行指挥。

2. 主控制系统控制顶推液压泵站启动、确认安全后，采用集中控制、分级调压、差值限定的方式同步顶推各组千斤顶交替同步顶推，开始顶进时先少量顶进，回油后再逐级加力顶推。为防止各站水平千斤顶的压力相差太多，将每个站均分为几级根据各墩计算支反力调好压力，逐级进行加压，当所有水平千斤顶中有一台行程走完，触及限位开关时，则各千斤顶全部停止同时打开换向阀，千斤顶自动回油，准备下一个行程，直至就位。在梁体前进的同时，各墩顶喂送滑块人员不断地将滑块从滑道后端喂入，并将随梁体前移而从滑道前端滑出的滑块接住备用，液压站操作人员随时注意千斤顶的运行情况。

3. 顶进中同时进行测量及横向纠偏工作。

18.3.17 顶进过程中应注意问题

1. 顶推时，如导梁杆件有变形，螺丝松动、导梁与主梁连接处有变形，或混凝土开裂等情况，应禁止顶推，进行处理。

2. 梁段中未压浆的各预应力钢材的锚具如有松动，应禁止顶进，并将转动的锚具重新张拉、锚固。

3. 采用拉杆方式顶推时，如拉杆有变形、锚旋连接螺丝有松动等情况，应及时处理。

4. 顶推时，至少应在两个墩上设置保险千斤顶，如遇到滑移故障用千斤顶处理时，起顶的反力值不得大于计算反力的1.1倍，起顶高度不得大于5~10mm。

5. 梁段偏离较大，当梁体中线偏移值大于5mm时，应采取纠偏措施，利用安装在墩两侧面导向限位装置和纠偏对箱梁施加侧向力来纠偏，促使箱梁复位。

6. 每墩需有一人监视滑道的工作状态并及时清除不锈钢上的灰尘，保持滑道顶面清洁。

18.3.18 顶推过程中的施工观测

1. 主梁、导梁平面轴线的偏移，桥墩受水平推力发生的偏转移位可在桥面和桥墩上标记的轴线位置用经纬仪观测。对于水中桥墩的观测应事先在桥墩两旁立红外线仪观测点，进行纵向位移值观测。当出现较大偏斜时，进行纠偏。

2. 顶推过程中主梁、导梁挠度、桥墩的压缩变形和沉降等项目可在观测部位设置固定的水准尺或测点用精密水准仪观测。

3. 观测应随时记录、整理，如超过规定限值，应分析原因，采取措施纠正，确保符合规定要求。

18.3.19 顶推接近到位时，如前方已有先架设的梁，应及时拆除导梁，或将导梁移到梁顶，在先架设的梁顶设置接引千斤顶和滑动支座。

18.3.20 落梁

1. 落梁前应做好以下各项准备工作

1）为防止落梁过程中发生事故，应拟定相应的安全措施。

2）将梁体外的一切约束解除，清理永久支座并在垫石顶面、滑道旁边就位，在支座垫石上放样画线。

3）在墩上清理出工作面，找平千斤顶安放位置，并垫砂浆。

4）对墩顶标高点进行复测，确认桥墩有无沉降量。

5）对支座垫石顶面梁底标高进行复测并作相应的调整，准备加垫钢板备用。

6）为了防止泄油，确保千斤顶的工作油压，竖直千斤顶进应安装单向安全阀。

7）千斤顶应正确安装。当千斤顶安于梁腹板下时，每墩上应安置4台，分别置于顺桥向支座的两侧；千斤顶安装在梁的横隔板下时，为使梁体平稳，桥墩受力均衡每墩至少应安两台；千斤顶底面应垫40～60mm的钢板，钢板面积可根据应力扩散的要求来确定。

2. 全梁顶推到设计位置、将梁落到正式支座上时，应满足下列要求：

1）按照设计文件规定的张拉顺序，对补充的预应力钢材进行张拉、锚固、压浆。

2）将供顶推用的临时预应力钢材按设计规定的顺序拆除。

3）落梁前应拆除墩、台上的滑动装置。拆除时，各支点宜均匀顶起，其顶力应按设计支点反力大小进行控制。相邻墩各顶点的高差不得大于5mm；同墩两侧梁底顶起高差不得大于1mm。落梁反力允许偏差为±10%设计反力。

4）落梁时，应根据设计规定的顺序和每次下落量进行，同一墩台的千斤顶应同步进行。

5）千斤顶举梁后，下降必须均匀缓慢，应设置钢板等保险垛。

6）落梁步骤：准备工作→千斤顶举梁→拆除滑道→安装支座→梁下降落到支座上→分别焊固支座上部和下部。

落梁时，应先计算桥墩的反力，确定落梁竖直千斤顶的型号和台数。拟定竖直千斤顶在墩顶需占用的位置和最小高度，选用吨位应留有富余，使其工作负荷处于额定范围内，当千斤顶数量不够时，可采用分段落梁方案。但每批至少在3个以上的墩上轮流进行（与跨径有关）。一般先从安装固定支座的桥墩开始。为避免梁内产生过大的弯矩，顶高应控制在5mm内，能取出滑板即可；下落高度控制在10mm内。

3. 支座的安装应按有关技术说明实施并应符合本规程第16章的有关内容。安装活动支座时，要按落梁时的气温调整其具体位置（落梁时的气温应按设计规定控制）。

18.3.21 冬雨期施工

1. 冬雨期梁段预制施工应符合本规程现浇箱梁章节有关规定要求。

2. 冬雨期为免受天气影响，预制场地上空宜搭设固定或活动的作业棚，其长度宜大于2倍预制梁段长度，使梁段预制作业不受天气影响。

3. 冬期梁段预制场地、台座、主梁、导梁墩台顶、临时墩、滑道、脚手架等所有场地和构件上均不得有结冰、积雪，脚手架和墩台顶工作平台等作业面应有防滑保护设施。

18.4 质量标准

主控项目

18.4.1 台座和滑道组的中心线必须在桥轴线或其延长线上。

检查数量：全数检查。

检验方法：用钢尺量或用经纬仪检测。

18.4.2 导梁应在地面试装合格，方可在台座上安装，导梁与梁身必须牢固连接。

检查数量：按试拼装单元全数检查。

检验方法：检查试拼装验收记录，用钢尺量或用经纬仪检测；检查连接，检查施工记录。

18.4.3 千斤顶及其他顶推设备经校验合格方可施工，多点顶推必须确保同步。

检查数量：全数检查。

检验方法：检查检查标定证书和标定标识；检查检测记录。

18.4.4 顶推及落梁程序必须符合设计和规范要求。

检查数量：全数检查。

检验方法：对照设计文件和施工方案，检查施工记录。

一 般 项 目

18.4.5 顶推施工梁偏差应符合表18.4.5规定。

表18.4.5 顶推施工梁允许偏差表

序号	项 目		允许偏差（mm）	检验频率		检 验 方 法
				范围	点数	
1	轴线偏位		10		2	用经纬仪测量
2	落梁反力		不大于1.1设计反力		次	用千斤顶油压计算
3	支座顶面高程		±5	每段		用水准仪测量
4	支座高程	相邻纵向支点	5或设计要求		全数	用水准仪测量
		同墩两侧支点	2或设计要求			

18.4.6 各梁段连接线形平顺，接缝光洁，色泽一致。

检查数量：全数检查。

检验方法：观察。

18.5 质 量 记 录

1. 测量复核记录
2. 现浇箱梁质量记录应符合本规程第1.5节、2.5节、3.5节和17.5节规定
3. 箱型梁顶推施工记录
4. 导梁安装、临时墩安装施工记录
5. 顶推监测记录

18.6 安全与环保

1. 现浇箱梁或加工钢梁顶推工程应编制专项施工组织设计或专项安全施工方案。

2. 顶推法架梁施工前应对临时墩、导梁、制梁台座进行施工设计，其强度、刚度、稳定性应满足施工安全要求。使用前应经验收，确认合格并形成文件。使用中应随时检查，发现隐患必须及时排除，确认安全后方可继续使用。

3. 所有顶推设备必须按施工组织设计的规定选用，同时必须按施工组织设计的规定设置或布置。所有顶推设备必须按制造厂提供的操作说明书或操作规程使用。

4. 顶推法施工的机具设备使用前应经检查。试运行，确认合格。所有运行使用中的顶推设备必须处于正常的工作状态，存在安全隐患时，必须停止使用并由维修人员修理。

5. 顶推设备在使用前检查电路、液压系统等无漏电、漏油现象，监测指示仪表应灵敏、可靠，机械传动系统灵活、准确。

6. 不得在电力架空线路下方设置预制台座，预制台座一侧有电力架空线路时，其水平距离应符合《北京市桥梁工程施工安全技术规程》DBJ 01-85-2004 的有关规定。

7. 预制梁段混凝土浇筑前应将导梁安装就位，导梁与梁段连接的埋件应安装牢固，经检查验收，确认符合设计要求并形成文件后，方可浇筑梁段混凝土。

向第一跨顶推导梁时，应考虑梁段悬出时反压段的长度、抗倾覆安全度。

8. 梁段顶推应遵守下列规定：

1）油泵与千斤顶应配套标定。

2）顶推千斤顶的额定顶力和拉杆的容许拉力均不得小于设计最大顶力的 2 倍。

3）顶推千斤顶用的油泵应配备同步控制系统。两侧顶推时，左右应同步；多点顶推时各千斤顶纵横向应同步。

4）顶推过程中应及时在滑座后插入补充滑块，插入的滑块应排列紧凑，其最大间隙不得超过 20 cm。

5）顶椎过程中应按设计要求进行导向、纠偏等监控工作，确认偏差符合设计要求。

9. 顶推过程中应随时检测桥墩墩顶变位，其纵、横向位移均不得超过设计规定。

10. 顶推过程中出现拉杆变形、拉锚松动、主梁预应力锚具松动。导梁变形等异常情况，必须停止顶推，妥善处理，确认符合要求后方可继续顶推。

11. 落梁前拆除滑动装置时，各支点应均匀顶起，同一墩台上的千斤顶应同步进行，同墩上两侧梁底顶起高差不得大 1mm；相邻墩台上梁底顶起高差不得大于 5mm。

12. 现场梁段预制块施工中涉及模板与支架、钢筋、混凝土、预应力混凝土的安全与环保应遵守本规程第 1.6 节、2.6 节、3.6 节、17.6 节的有关规定。

18.7 成品保护

1. 预制梁段在浇筑过程，派专人负责成品保护工作，既要对钢筋进行修正，又要对预埋件进行看护、校正，在混凝土刚浇筑完毕时，对预埋件进行复查其准确性。

2. 预应力张拉设备、顶推设备均应设专人保管。存放、搬运时均应妥善保护，避免锈蚀、玷污、遭受机械损伤或散失。

3. 顶推施工过程中严禁在箱梁上堆放施工材料；落梁就位后，严禁在箱梁上集中堆放施工材料或停放施工机械。

19 混凝土 T 型梁预制工艺

19.1 适用范围

19.1.1 本工艺适用于在构件厂或基地内预制 T 型梁，运到现场吊装的城市桥梁工程。

19.2 施工准备

19.2.1 材料要求

1. 预制 T 型梁需材料（模板、支架、钢筋、混凝土及预应力工程等），应符合设计要求及本规程第 1、2、3 和 16 章规定。

2. 预制 T 型梁所需的材料，应符合设计要求及施工方案规定。

19.2.2 机具设备

1. 预应力张拉器材：千斤顶、油压表、油泵及锚具等。

2. 钢筋施工机具：钢筋弯曲机、钢筋调直机、钢筋切断机、电焊机、砂轮切割机等。

3. 模板施工机具：电锯、电刨、手电钻等。

4. 混凝土施工机具：预拌混凝土强制式搅拌机、混凝土运输车、混凝土泵车、混凝土输送泵、汽车吊、混凝土振捣器等。

梁场应设不少于 $120m^3/h$ 混凝土拌合站一座，并配置输送距离长短不同及与高性能混凝土技术要求相应的混凝土输送泵。

5. 吊装作业设备：龙门吊、汽车吊、卷扬机等。生产区应设至少 2 台 60t 左右龙门吊（双线布置）。

6. 工具：扳手、撬杠、直尺、限位板、卡尺等。

7. 制梁生产台座、存梁台座应满足梁场供梁能力的要求。

19.2.3 作业条件

1. 预制场地已具备三通一平，满足施工要求并有防水、排水措施。

2. 材料按需要已分批进场，并经检验合格。

19.2.4 技术准备

1. 认真审核设计图纸，编制专项分项工程施工方案并报业主及监理审批。

2. 进行钢筋的取样试验、钢筋放样及配料单编制工作。

3. 对模板进行进场验收。

4. 对混凝土各种原材料进行取样试验及混凝土配合比设计。

5. 对操作人员进行培训，向班组进行交底。准备各种原始记录表格。

19.3 操作工艺

19.3.1 工艺流程

预制场地→底模安装→钢筋绑扎→预应力筋管道安装→侧模、端模安装→绑扎顶板钢筋→混凝土浇筑→养护→拆侧模→预应力穿束→预应力钢束张拉→孔道灌浆→封锚→起吊、运输→存放。

19.3.2 预制场地

预制场地采用推土机推土、刮平机刮平、压路机压实。制梁生产台座、存梁台座应进行加固处理，靠近梁端部位的台座基础进行特别加固，因梁体张拉后跨中上拱，质量集中在梁体端部。

预制厂生产场地地面宜采用全部硬化处理，先将场地平整，用 300mm 厚的石灰粉煤灰稳定砂砾碾压密实，压实度不低于 96%，其上浇筑 200mm 厚的 C25 混凝土。

19.3.3 底模安装

底胎模采用钢筋混凝土，上铺 5mm 厚的钢板与基础混凝土预埋件焊接。胎模的起拱，设计规范规定，在正常使用状态下对结构进行变形验算，桥梁应设置预拱度，其值等于结构重力和半台汽车荷载所产生的竖向挠度。当结构重力和汽车荷载产生的向下挠度不超过跨径的 1/1600 时，可不设拱度。考虑到预应力引起的反拱值，胎模顶面按抛物线形设负拱。

19.3.4 钢筋绑扎（钢筋工程）

1. 在绑扎工作台上将钢筋绑扎焊接成钢筋骨架，钢筋骨架在就位安装前，应先检查底模板，并涂刷隔离剂，安装好支座钢板，在确认底模板与支座板尺寸位置符合要求后，方可吊装钢筋骨架。

用龙门吊机将钢筋骨架吊装入模，绑扎隔板钢筋，埋设预埋件，在孔道两端及最低处设置压浆孔，在最高处设排气孔，安设锚垫板后，先安装端模，再安装涂有脱模剂的钢侧模，统一紧固调整和必要的支撑后交验。

2. 绑扎时注意确保定位网格位置的正确。当其他钢筋与定位网筋相碰撞时应调整其他钢筋，不得改变定位网的位置。预留吊装孔处加强钢筋等附属筋不得遗漏。

由于钢筋骨架高，绑扎时采用自制马凳，马凳应与钢筋分离，不得依靠在钢筋上；横隔板处钢筋骨架自重较大，为确保其位置正确，需用自制支架支撑。

3. 为保证浇筑混凝土时钢筋保护层厚度，且必须保证在混凝土表面看不到垫块痕迹，因此采用塑料垫块，以增加混凝土表面的美观性。

19.3.5 预应力管道

预应力管道根据设计规定采用金属波纹管或 PVC 双壁波纹管成孔。预应力波纹管接长时，接缝处用密封胶带进行密封，密封长度至少超出接头 200mm，接缝缠裹用胶布至少三层，以免漏浆。

预留管道各截面均采用定位网（或定位支架），并在专用的胎卡具上进行焊接，定位网每 0.5m 设置一个。管道的方向、位置必须反复检查和调整，确保管道定位准确。

19.3.6 侧模、端模安装

1. 外侧模采用大刚度定型钢模板与台座配套设计，在工厂分节加工侧模板，在现场用螺栓连接组装后焊接成整体侧模板。若外模考虑倒用方式，宜采用整体滑移式装置，侧模在台座之间通过整体滑模轨道和卷扬机实现纵向移动。钢模设计应验算其强度、刚度和稳定性；保证 T 梁各部位形状。尺寸准确，拆装容易，操作方便。

2. 端模为钢模，主要由紧贴梁端锚垫板的端面板及端模骨架组成，安装时连在侧模上。

3. 模板安装

模板安装前，在混凝土底胎模上弹线确定每块模板的位置，然后用龙门吊将模板按对应的编号吊装在基本准确位置，用螺旋千斤顶、撬棍等工具将模板调至侧准确位置，并加楔块支撑。在侧模板均准确就位后，穿入上下两道对拉螺栓对模板进行加固。模板安装完毕后，绑扎 T 梁翼缘钢筋。

19.3.7 混凝土工程

1. 混凝土的浇筑在钢筋及模板验收合格后进行。

2. 浇筑工艺及顺序

1）浇筑方向从梁的一端开始，循序进展至另一端，浇筑方法采用竖向分层、水平分段、连续浇筑。一气呵成。灌注时间控制在 4～6h 之内。

2）分段长度以 4～6m 为宜，前段混凝土初凝前必须灌注下段混凝土，分段之间斜向接缝，上下层接茬错开。

3）分层下料并振捣，在中间节段第一层厚度以 300～400mm 为宜，下层振捣密实后再投上层料，上下层之间灌注时间间隔不得超过混凝土初凝时间。

3. 混凝土振捣

1）混凝土振捣采用附着式振捣器侧震，插入式、平板式共同配合进行振实。

2）侧振采用 1.5kW 附着式振捣器，间距不超过 1.75m，位置尽量布置在抽拔棒部位，两边侧板对称布置。在使用附着式振捣器时，每次用 8 台（每侧 4 台）在混凝土浇筑处同时开启，振动时间以 30～40s 为宜，最多连续振捣时间不超过 1.5min，一次振捣不密实，可多次启动振捣。

3）插入式振捣棒振动时，注意波纹管及预埋件周围不要距离太近，以免钢筋、预埋件移位或变形。顶板以插入式振捣棒为主，为保证顶板混凝土表面平整，可以使用平板振捣器。插入式高频振捣棒应垂直点振，不得平拉，并应防止过振、漏振。

4）在机械不易涉入的角落（如横隔板处等），采用插钎人工辅助捣固。

5）一般以混凝土不再下沉，无显著气泡上升，混凝土表面出现薄层水泥浆，并有均匀的外观和平面为止。

4. 混凝土养护

1）当气温较高，混凝土强度增长满足施工进度要求，即混凝土养护 4～5d 强度达到 50MPa 以上时，采用自然养护。T 型梁顶面混凝土初凝时，覆盖塑料布、用透水性土工布洒水养护；侧面及横隔板处由于所处位置及形状特殊，不便采用洒水和覆盖养护，可在其表面涂混凝土养护剂养护。

2）当外界气温不能满足工程进度要求时，则采用蒸汽养护。梁体混凝土浇筑完毕后，用帆布覆盖，静停 4h 后，开始通气升温蒸养。升温速度不超过 20℃/h，恒温养护最高温度不超过 80℃，恒温时间由同条件养护的试块确定。当试块强度达到设计强度时，即可停止养护。降温速度不得超过 20℃/h，以避免混凝土产生表面裂缝。

19.3.8 模板拆除

1. 当梁体混凝土强度达到设计强度的 50％，梁体混凝土芯部与表层、表层与环境温差均不大于 15℃，且能保证棱角完整时，方可拆除模板，拆模时，首先拆除模板顶面连接平台（灌注混凝土时的操作平台），其次拆除端模，最后拆除侧模。

2. 模板拆除。拆模板时先敲去模板支腿下楔块，一般情况下，模板靠自重可自行脱落，如不能脱落，用撬棍轻轻撬动模板使之与混凝土脱离。退出后，用龙门吊将其吊离，模板板面清理涂脱模剂后备用。

3. 模板拆除后，及时在 T 梁两侧横隔板下加支撑以防倾覆。

19.3.9 预应力张拉

1. 预制 T 梁预应力张拉前，梁混凝土强度及混凝土龄期必须符合设计要求。

2. 预制 T 梁预应力钢束张拉工艺应符合本规程第 16.3 节规定。

3 穿束前检查锚垫板和孔道，确保锚垫板位置正确，孔道内畅通，无水分和杂物。

采用卷扬机整束穿束，束的前端装上穿束网套。穿束网套用细钢丝绳编织，网套上端通过挤压方式装上吊环，使用时将钢绞线穿入网中，前端用钢丝绳扎紧，以防脱落。

4. 张拉与锚固，

预应力钢绞线张拉方法、张拉程序应符合设计要求及本规程规定。张拉过程中，要详细记录伸长值，压力表读数。采用控制应力和控制伸长值的双控法进行张拉控制，若实际伸长值与理论伸长值差超过 ±6％，应暂停张拉，待查明原因，并采取措施后，方可继续张拉。

19.3.10 压浆及封锚

1. 孔道压浆及封锚应符合设计要求及本规程第 16.3 节规定。

2. 压浆时，每一工作班留取 4 组立方体试件，标准养护 28d，检查其抗压强度作为水泥浆质量的评定依据。

3. 压浆后，切除锚具外多余钢绞线，将锚具周围混凝土冲洗干净并凿毛，然后设置钢筋网，浇筑封锚混凝土。

19.3.11 场内移运和堆放

预制 T 梁的场内移运吊装采用龙门吊，运梁采用轮胎式配套运梁车，运梁车行走道路：基底换填夯实，然后浇筑至少 300mm 厚的 C20 混凝土。

构件的堆放场地应宽敞，堆放场地应平整坚实、排水良好。

19.3.12 冬雨期施工

预制 T 梁冬雨期施工要求应符合设计要求及本规程第 1、2、3 和 16 章相关规定。

19.4 质 量 标 准

主 控 项 目

1. 结构表面不得出现超过设计规定的受力裂缝。

检查数量：全数检查。

检验方法：观察或用读数放大镜观测。

一 般 项 目

2. 预制梁偏差应符合表 19.4 的规定。

表 19.4 预制梁、板允许偏差

序号	项 目		允许偏差（mm）		检验频率		检 验 方 法
			梁	板	范围	点数	
1	断面尺寸	宽	0，−10	0，−10	每个构件	5	用钢尺量，端部、L/4 处和中间各 1 点
		高	±5	—		5	
		顶、底、腹板厚	±5	±5		5	
2	长度		0，−10	0，−10		4	用钢尺量，两侧上、下各 1 点
3	侧向弯曲		L/1000	L/1000		2	沿构件全长拉线，用钢尺量，左右各 1 点
4	对角线长度差		小于 15			1	用钢尺量
5	平整度		8			2	用 2m 直尺、塞尺量

注：表中 L 为构件长度（mm）。

3. 混凝土表面应无空洞、露筋、蜂窝、麻面和宽度超过 0.15mm 的收缩裂缝。

检查数量：全数检查。

检验方法：观察、读数放大镜观测。

19.5 质 量 记 录

1. 预制 T 梁质量记录应符合本规程第 1.5 节、2.5 节、3.5 节和 16.5 节规定。
2. 预制 T 梁工地吊装记录。
3. 预制 T 梁检验批质量验收记录。

19.6 安全与环保

1. 龙门吊必须经过有关部门验收后方可使用。龙门吊的电缆应悬挂在钢丝绳上，严禁拖拽电缆线。

2. 拆除模板时，按顺序分段拆除，不得留有松动或悬挂的模板，严禁硬砸或用机械大面积拉倒。

3. 操作现场周围 10m 范围内不应有闲杂人员，以防止预应力筋断裂和油管崩裂伤人。张拉时，拉伸机应与承压板垂直，高压油管不能出现死弯现象。

4. 所选用的电缆线应完好无损，以防漏电伤人。

5. 为防止钢绞线弹出伤人，未拆捆的钢绞线应放在一个牢固的放线架中，然后拆除包装，从卷中心抽出抽头。

6. 混凝土养护用水，应经过沉淀处理后，方可排入市政管道。

7. 孔道灌浆作业时，加强水泥浆的保管，防止水泥浆污染现场；灌浆后剩余的水泥浆应集中处理、不得随意排放。

19.7 成 品 保 护

1. 预制梁段在浇筑过程，派专人负责成品保护工作，既要对钢筋进行修正，又要对预埋件进行看护、校正，在混凝土刚浇筑完毕时，对预埋件进行复查其准确性。

2. 模板的拆除必须在混凝土强度达到规定要求后，且其表面及棱角不因拆模而受损时，方可拆除。拆模宜按立模顺序逆向进行，不得损伤混凝土，并减少模板破损。当模板与混凝土脱离后，方可拆卸、吊运模板。

3. 模板拆除后，及时在T梁两侧横隔板下加支撑以防倾覆。

4. 预制T梁起吊装车前，其混凝土强度必须达到规定的强度。

5. 构件移运时的起吊（支承）点位置应符合设计给定位置，不得随意变更其位置，如需变更必须同设计协商确定。

6. 构件运输时的支承位置应与吊点位置一致。

7. 构件的堆放场地应排水良好。

20 钢筋混凝土预制梁安装施工工艺

20.1 适 用 范 围

20.1.1 本工艺适用于在构件厂或基地内预制梁（板），运到现场，采用汽车吊、履带吊等吊装设备，采用单机或双机抬吊法进行吊装的城市桥梁工程。

20.2 施 工 准 备

20.2.1 材料要求

1. 预制梁（板）吊装前必须验收合格；混凝土预制梁的几何尺寸、混凝土强度应符合设计要求。

2. 预制梁应按吊装方案规定的吊装顺序编号。

20.2.2 机具设备

1. 运梁车辆：轴线车、拖车、炮车等。运梁车辆应根据预制梁长度、重量及几何尺寸以及运输线路现况条件选用，其载重能力及技术性能必须满足运输梁板的要求。

2. 吊装设备：汽车吊、履带吊等，其起吊质量及技术性能必须满足吊装梁板的要求。

3. 工具：吊具（吊环）、索具（钢丝绳）、起重梁（扁担梁）、紧线器、钢尺、角尺、大锤、撬杠、扳手、千斤顶、线坠等。

20.2.3 作业条件

1. 桥台、盖梁、支座垫石混凝土强度已达到设计要求，支座安装已完成其轴线、高程等复核完毕并符合设计要求。

2. 桥台、盖梁、支座顶面已清扫干净，并设置护栏。

3. 在有车辆、行人的活动区域进行吊装施工时，要有保证车辆、行人安全的防护措施和文明施工措施。

4. 进行吊装所占用的社会交通线已进行交通导行，并有专人维护社会交通。

20.2.4 技术准备

1. 认真熟悉图纸，进行现况调查，根据现场条件、确定吊车站位。

2. 召开预制梁吊装相关单位施工配合会并会同有关人员对方案进行论证，对有关数据进行计算复核、优化，确定施工方案、绘制梁、板安装顺序图，并报监理审批。

3. 对操作人员进行培训，向班组进行交底。

4. 组织施工测量放线。

20.3　操作工艺

20.3.1　工艺流程

运梁线路调查→吊装方案论证、审批→吊装场地准备（场地处理）→测量放线→梁、板运输→梁、板吊装→支撑（防止倾斜）。

20.3.2　运梁线路调查

城市桥梁工程构件运输前必须进行行驶道路调查。

1）构件运输道路应有足够的车行宽度和符合规定的转弯半径。

2）应安全通过行车路线沿线的桥涵、隧道、铁路箱涵、人行天桥等限高构筑物。

3）应安全通过沿线跨路电气线及施工现场的临时架空电线。应与沿线的高压线保持安全距离。

4）沿线经过的道路、桥涵、管渠、临时便线、临时便桥等应有足够的承载力。

20.3.3　吊装方案论证、审批

1. 吊装方案编制完成后，应会同有关人员对方案进行论证，对有关数据进行计算复核、优化，确定施工方案。

2. 根据现场情况，复核吊车在吊装最不利梁、板时，吊车的工作幅度、起重力矩和提升高度是否满足施工要求。如果采用两台吊车同时吊装一块梁、板时，对每台吊车的参数和型号选择应单独进行计算复核，起重力矩核算时应考虑吊车配合时的降效，降效系数为80%。25m以上的预应力简支梁还应验算裸梁的稳定性。

3. 根据梁、板的质量、长度和角度，参考运距和道路情况，复核运输车辆的载重能力和技术性能是否满足运输梁板的要求。

4. 根据吊装方案中各种机械车辆运行的线路、工作的位置和车辆的工作质量，对照现场的地质情况，复核现场的场地处理方案，判断其能否满足施工要求。对吊车的支点位置应调查地基承载力应符合设计要求。

5. 将编制的梁、板吊装方案报业主、监理及有关部门审批；将编制的梁、板运输方案报交通管理部门，得到批准后方可实施。

20.3.4　吊装场地准备（场地处理）

1. 吊装前必须对施工现场作业环境、架空电线、地上建筑物、地下构筑物以及构件质量和分布等情况进行全面了解。根据吊装方案中的场地处理要求，在吊装前对吊装现场进行处理和加固。

2. 吊装作业应在平整坚实的场地上进行，不得停放在斜坡上，应有足够的工作场地满足吊装作业，起重臂杆起落及作业有效半径和高度的范围内不得有障碍物。

3. 起重机不得支设在各类管线和地下构筑物之上。如需支承在其上时，必须分析地下设施情况，采取加固防护措施并取得管理部门的同意，吊装前约请有关管理部门到现场监控。

4. 在沟渠、基坑附近吊装时，起重机支承点必须与沟渠、基坑保持安全距离并确保基坑边坡土壁稳定。

5. 对地下有坑穴或松软土层部位应采取加固处理，加固后的地基必须满足起重要求。

6. 起重吊装作业严禁在高压线下作业，如需在其附近作业时，必须保持与高压线的安全距离。

20.3.5 测量放线

吊装前，测量人员放出高程线、结构的中心线、支座的中心十字线、每块梁、板的端线和边线。用墨线弹出并标识清楚。

20.3.6 梁、板运输

1. 梁、板运输前对车辆型号、车辆状况进行检查，有隐患的车辆不得进行运输。
2. 预制场应有专人根据吊装方案安排梁、板的发车顺序。
3. 梁、板装车后应进行固定，并对固定情况进行检查，符合安全运输要求后方可发车。
4. 事先与交通部门取得联系，重要路口派专人临时维持交通秩序。
5. 车辆进入吊装现场要有专人指挥，安排车辆的进出线路、临时停车地点和卸车顺序。

20.3.7 梁、板吊装

1. 按照吊装方案进行吊装，吊装时严格按设计给定的吊点位置挂装吊环，不得随意变更吊点位置。

当梁体较长时，应使用起重梁（扁担梁）等工具。

2. 吊装前应进行试吊，试吊三次，每完成一个起和落为一次；试吊时检查作业场地、吊车状态及钢梁起吊后的状态，检查吊机的稳定性、制动器的可靠性、重物的平稳性、绑扎的牢固性。确认无异常情况后，方可进行正式吊装作业。检查架梁机具设备的可靠性。

3. 吊装过程中要有专人负责指挥。吊装中，梁、板靠近桥梁时要慢起慢放，梁、板每端应有 2~4 人对梁、板吊装中的方向进行调整。墩台、盖梁上应有专人根据测量所弹的端、边线检查梁、板就位情况。就位不准时要吊起重放，不允许在就位后用撬棍移动梁、板。

4. 每片梁、板就位后，应立即检查支座情况，如果出现个别支座悬空的现象，应将梁、板吊起，采用直径大于橡胶支座的不锈钢板，选用适当的厚度垫在支座顶部，再重新将梁、板就位。

5. 吊装 T 梁时，第一片梁就位后应立即设置保险垛或支撑将梁固定，必须有抗倾覆措施，固定好后吊车再摘钩。以后每片梁就位后应立即用钢筋或钢板与前一片梁的横向预埋钢筋或钢板焊接牢固再摘钩，防止 T 梁倾倒。

6. 严格检查每片梁、板的起拱度，对于可调换顺序的梁板，应将起拱度相近的梁板安排在相邻的位置，确保吊装后梁、板顶面的高程符合设计要求，梁、板底面大致在同一平面。

7. 为预防梁、板安装完成后板缝间距不一，个别板缝过大的现象，安装时严格按照弹线位置放置梁、板，保证梁、板间距基本均匀。

20.4 质量标准

主控项目

20.4.1 预制安装梁（板）质量检验除遵守本规程第 19.4 节规定，尚应遵守下列规定：

1. 预制梁场内移动或安装时的混凝土强度和预应力混凝土构件的孔道水泥浆强度应达到设计规定强度。

检验数量：全部。

检验方法：检查混凝土和水泥浆强度检测报告。

2. 梁、板安装前墩台支座垫板必须稳固。

检查数量：全数检查。

检验方法：观察，检查施工记录。

3. 梁板就位后，梁两端支座应位置准确，梁板与支座必须密合，不得有虚空现象。

检查数量：全数检查。

检验方法：观察或用塞尺量。

4. 梁板之间连接方式及接缝填充材料的规格和强度应符合设计要求。

检查数量：按检验方案确定。

检验方法：观察，检查施工记录；检查连接材料的试验报告和产品合格证书等。

20.4.2 混凝土预制梁安装后构件不得有损坏或裂纹等缺陷。

检验数量：全部。

检验方法：观察。

一 般 项 目

20.4.3 梁、板安装允许偏差应符合表 20.4.3 的规定。

表 20.4.3 梁、板安装允许偏差

项 目		允许偏差（mm）	检验频率		检 验 方 法
			范围	点数	
平面位置	顺桥纵轴线方向	10	每个构件	1	用经纬仪测量
	垂直桥纵轴线方向	5		1	
焊接横隔梁相对位置		10	每处	1	用钢尺量
湿接横隔梁相对位置		20		1	
伸缩缝宽度		+10 −5	每个构件	1	
支座板	每块位置	5		2	用钢尺量，纵、横各1点
	每块边缘高差	1		2	用钢尺量，纵、横各1点
焊缝长度		不小于设计要求	每处	1	抽查焊缝的10%
相邻两构件支点处顶面高差		10	每个构件	2	用钢尺量
块体拼装立缝宽度		+10 −5		1	
垂直度		1.2%	每孔2片梁	2	用垂线和钢尺量

20.5 质 量 记 录

1. 测量复核记录

2. 构件吊装记录

3. 吊装质量检验记录

20.6 安全与环保

20.6.1 城市桥梁工程构件的运输和吊装施工作业必须符合国家或行业相关的技术规范和安全标准。

城市桥梁工程预制梁的运输和吊装应符合《北京市桥梁工程施工安全技术规程》DBJ 01—85 规定要求。

城市桥梁工程构件的运输和吊装作业施工前，应建立统一的组织指挥系统。所有参加施工作业人员应明确职责、分工明确、相互配合。进行构件的运输和吊装应有专人负责指挥。

20.6.2 城市桥梁工程构件的运输和吊装施工作业前应进行安全作业指导书交底或安全技术交底，并应有签认手续。

构件的运输和吊装安全作业指导书（安全技术交底）应详细注明施工部位、工序名称、操作顺序、操作方法和安全技术规定。使用的设备应注明设备型号、规格和数量。使用的材料应注明材料的种类、规格和数量。作业指导书（安全技术交底）确定的安全规定和作业规定，施工过程中不得随意改动。

20.6.3 参加构件的运输和吊装的作业人员应进行专业安全技术培训、经考试合格后，方准持证上岗。无证人员不得参加构件的运输和吊装作业。

20.6.4 城市桥梁工程构件的运输和吊装必须按北京市交通安全管理法规和北京市交通安全管理的有关规定。超长、超高、超宽的大型构件运输和吊装必须到北京市公安交通管理局办理有关审批、备案程序，经其批准后，在指定的时间内、在确定的路线和确定的吊装场地上进行城市桥梁工程构件的运输和吊装。必要时应请交通管理部门进行开道督运。

20.6.5 城市桥梁工程构件的运输和吊装应严格按专业安全操作规程施工作业。在高处作业时，必须执行《建筑施工高处作业安全技术操作规范》JGJ 80 有关的规定。施工作业现场所有坠落可能的物件，应一律先行撤除或加以固定。

20.6.6 城市桥梁工程构件运输前必须进行行驶道路调查。运行道路应有足够的车行宽度和符合规定的转弯半径。应安全通过行车路线沿线的桥涵、隧道、铁路箱涵、人行天桥等限高构筑物和跨路电气线及施工现场的临时架空电线。应与沿线的高压线保持安全距离。沿线经过的道路、桥涵、管渠、临时便线、临时便桥等应有足够的承载力。

20.6.7 混凝土预制构件在起吊装车前，其混凝土强度必须达到规定的强度，在构件验收合格后，方可吊装、起运、出厂。

20.6.8 构件移运时的起吊（支承）点位置应符合设计给定位置，不得随意变更其位置，如需变更必须同设计协商确定。构件运输时的支承位置应与吊点位置一致。

较长简支梁构件运输，车长应能满足支承点间的距离规定，严禁采用悬臂式运输。构件装车时应平衡放置，使车辆承载对称均匀。构件支承点下及相邻构件之间需放置橡胶垫等支承物并固定牢固，防止构件相互碰撞损坏车辆和构件。

20.6.9 起重吊装作业前必须对施工现场作业环境、架空电线、地上建筑物、地下构筑物以及构件质量和分布等情况进行全面了解。吊装作业应在平整坚实的场地上进行，应有足够的工作场地满足吊装作业。起重臂杆起落及作业有效半径和高度的范围内不得有障碍物。起重吊装作业必须保持与高压线的安全距离。

20.6.10 起重吊装作业时应绑扎平稳、牢固，应先将构件吊起 20cm 后停止提升，进行安全检查。检查起重机的稳定性、制动器的可靠性、重物的平稳性、绑扎的牢固性。确认无误后方可再行提升。构件起吊提升和降落速度应匀速平稳。严禁忽快忽慢和突然制动，左右回转动作平稳，当回未停稳前不得反向动作。严禁带载自由下降。

20.6.11 现场在高处作业时，必须执行《建筑施工高处作业安全技术操作规范》JGJ 80 的规定。按规定搭设防护操作平台、上下梯道和挂安全网并悬挂警示标志。所有的防护装置必须经安全技术部门设计，经总工程师批准后方可搭设，防护装置搭设完成后，必须经有关部门检查合格后，方可使用。

20.6.12 要防止人为敲打、野蛮施工等产生的噪声，减少噪声扰民现象。

20.6.13 当采用夜间运梁、夜间吊梁时，尽可能使用低噪声设备，严格控制噪声，尽量做到施工噪声小于 60dB。对于特殊设备采取降噪消声措施，以尽可能减少噪声对周边环境的影响。

20.7 成品保护

1. 运梁车上构件支承点下及相邻构件之间需放置橡胶垫等支承物并固定牢固，防止构件相互碰撞损坏车辆和构件。车辆应慢速行驶，穿越桥涵通道时要有专人照看、慢速通过，防止磕碰。

2. 吊装中要防止梁、板碰撞桥梁结构。

3. 支座安装后，梁板吊装前应安排专人看护，防止支座丢失。

4. 梁、板就位后应有专人看护，防止梁板上的预埋钢筋和预埋件出现丢失、损坏。

21 架桥机架梁施工工艺

21.1 适用范围

21.1.1 本工艺适用于城市桥梁工程（桥跨不大于40m、预制梁重不大于150t），采用双导梁架桥机架设预制梁施工工艺。

21.2 施工准备

21.2.1 材料要求

1. 架桥机轨道铺设所用原材料（石渣、枕木、钢轨等）其规格、数量等应符合施工组织设计或专项方案规定。

2. 预制梁吊装前必须验收合格；混凝土预制梁的几何尺寸、混凝土强度应符合设计要求及本规程第21.4节规定。预制梁应按专项方案规定的吊装顺序编号。

21.2.2 机具设备

1. 运梁车辆：轴线车、拖车、炮车、DCY150轮胎式平板运输车等。运梁车辆应根据预制梁长度、重量及几何尺寸以及运输线路现况条件选用，其载重能力及技术性能必须满足运输梁板的要求。

2. 吊装设备：双导梁架桥机，其起吊重量及技术性能必须满足吊装预制梁段的要求。

3. 工具：钢尺、角尺、全站仪、经纬仪、水准仪、大锤、撬杠、扳手、千斤顶、线坠等。

21.2.3 作业条件

1. 预制梁制造完成，并对预制梁的强度、规格、尺寸、质量验收符合设计要求。

2. 支座安装完并验收合格。

3. 双导梁架桥机拼装场地的准备工作已完成，拼装场地平整坚实有足够承载力，能够满足架桥机安装及试运行荷载的要求。

21.2.4 技术准备

1. 认真熟悉图纸，确定施工方案并报监理审批。

2. 对操作人员进行培训，向班组进行交底。

3. 组织施工测量放线，对每个支座的高程及轴线偏差进行复核，并放出支座中心十字线。

21.3 操作工艺

21.3.1 工艺流程

运梁线路调查→架桥机组装准备→轨道铺设→架桥机组装、试运行→架桥机行走就位、安前支腿→运梁车辆到场→喂梁、试吊→纵向移动→带梁横移→落梁及固定→重复其余各孔架梁。

21.3.2 运梁线路调查

运梁线路调查应符合第20.3.2条规定。

21.3.3 架桥机组装准备

1. 检查架梁桥头路基填筑质量，应符合规定要求。
2. 确定组装架桥机的安放位置。
3. 确定桥头备碴、堆料、存放机具等具体位置。
4. 落实电源、照明、通信设施。

21.3.4 轨道铺设

1. 运梁轨道通常根据桥梁的长度，现场需准备好充足的枕木、钢轨（43kg/m）、道钉等附属配件，运梁轨道钢轨内、外侧用道钉固定在枕木上，枕木中心距不得大于600mm。中支腿横移轨道钢轨两头加装限位开关和轨道挡铁。纵向运梁轨道、天车轨道、前支腿轨道、中支腿轨道铺设要求钢轨接头平顺，轨距正确，支垫平稳牢固，两条横向轨道间（前、中支腿）距离尺寸严格控制平行。

2. 前、中支腿的横向运行轨道铺设必须保持水平，并严格控制间距，两条轨道必须平行，架桥机行走前，检查轨道铺设情况，轨距误差小于2mm，相邻轨道接头高差不大于1mm，轨道用道钉固定在枕木上，保证所有枕木处于受力状态，已报废的枕木禁止使用，限位块安装牢固。架桥机工作状态，必须安装轨道两头的挡块和限位开关，并随时检查限位开关是否正常。

3. 盖梁上枕木根据桥梁横坡调整，保证钢轨横坡小于0.5%，枕木垛搭设视具体情况确定，要求稳固可靠，枕木间距宜小于300mm。

21.3.5 架桥机组装、试运行

1. 组装架桥机应按设计使用说明书及出厂使用说明书进行规范拼装。架桥机完成组装后应按规定进行静、运载试验和试运行，合格后方可进行架梁。

2. 架桥机在组装前应确认前后端的位置与架桥方向相符。

3. 组装架桥机应在直线段进行，有效长度不宜短于120m。

4. 组装架桥机程序

测量定位→对称安装左右主梁及导梁→安装前后框架及临时支撑→安装前、中支腿、顶高支腿→主梁前支腿→铺设运梁平车轨道→安装运梁平车→安装起吊天车→安装液压系统→安装电器系统→调试、试运行。

5. 调试及试运行

1）将两台起吊平车后退至后支腿附近，测量导梁前端悬臂挠度，是否满足过前墩帽的要求。

2）如果满足要求，将前支腿调整就位，调整各机构至正常，将起吊天车吊钩降至地面，检查卷筒上的剩余钢丝绳不得少于三圈。

3）运梁平车安装完毕后，在轨道上来回运行三次，如有故障及时排除，正常后投入使用。

4）完成上述调试后，检查各机械、机构、液压及电气部分有无异常，若正常，方可进行下道工序。

6. 架桥机空载纵向、横向前移就位

1）先把两台运梁平车开到架桥机后部，前起吊天车把前运梁平车吊起作为配重，后运梁平车和主梁连接牢固。利用中支腿上的驱动机构及后运梁平车的动力，驱动架桥机主梁前移至导梁前支腿就位于前墩帽上，通过导梁前支腿千斤顶，调整导梁和主梁水平，主梁前支腿通过吊挂装置运行至前墩帽预定位置处，下落行走箱及钢轨（前支腿可带钢轨），调整至要求高度，将前支腿与墩帽连接牢固。

2）收起导梁前支腿，依靠中支腿上的驱动机构和运梁平车的动力，继续驱动主梁前移至工作位置。然后，将前支腿上部与主梁下弦连接牢固，中支腿下部与主梁下弦连接牢固，此时架桥机完成了主梁的空载前移。

3）架桥机空载横向试运行，架桥机空载横向全行程移动两次，运行平稳、制动可靠后方可进行下道工序。

21.3.6 运梁（运梁车辆到场）

1. 运梁可采用运梁平车、轴线车、拖车、炮车、DCY150 轮胎式平板运输车等设备，运梁车载梁经运梁便道进入路基上行驶至架桥机后待架，运梁车行驶速度不得大于 3km/h。

2. 运梁应符合本规程"钢筋混凝土预制梁安装施工工艺"规定要求。

3. 现场采用运梁平车运梁时，预制梁吊装到安装运梁平车上，装好斜撑，用捯链拉紧后才能摘除吊具，运梁时两台运梁平车采用小于 500m/h 的速度，运梁时，每台运梁车配备一名司机三名工人，三名工人拿木楔分别跟随四组行走轮，观察电机运行情况，并在运梁过程中检查支撑是否松动。

21.3.7 喂梁及纵向移动

运梁平车前行，进入架桥机后部主梁内，后运梁平车距架桥机后支腿 300mm 时，运梁车停止前进并设止轮器，前起吊天车运行至梁吊点处停车。安装吊具应与前起重吊具连接牢靠。解除梁前端支撑，前起吊天车吊起梁前端，然后同时开动前起吊天车、后运梁平车，两车以不大于 25cm/min 的速度前进，当后运梁平车运行至前运梁平车净距 300mm 时，两车同时停止前进并设止轮器。后起吊平车运行至梁尾端吊点处，安装吊具，并与起吊天车连接牢靠，解除梁后端支撑。后起吊平车吊起梁后端，此时，两起吊平车已将预制梁吊起，预制梁吊起后应进行试吊，检查架桥机各部位情况，检查架梁机具设备的可靠性，确认安全后，运梁车退至梁场，准备运送下一片梁。

21.3.8 架桥机带梁横移

前、后起吊天车将外边梁纵向运行至前跨位，落梁距支座垫石 50mm 时停止，注意保持梁的稳定，整机带梁横移至距外边梁最近的一片梁的位置，落梁，做好翼缘板处的支撑，改用架桥机边主梁吊架起吊边梁，整机携梁移至外边梁位置（距落梁位置 150mm）

停车。继续横移时用捯链带住梁体，随横移过程同步放松捯链。对于内边梁，直接横移至相对应的落梁位置。

前、中支腿横移轨道上用油漆每 100mm 标识距离，以观察前、中支腿是否同步，横移时，前、中支腿处派专人手持木楔观察运行情况，如有异常现象，及时停车垫木楔检查，横向移动速度不得大于 25cm/min。

21.3.9 落梁及固定

架设内梁，直接落梁就位。架设边梁，横移至指定位置后，在桥墩外侧用捯链拉在梁体的上两端，然后操纵架桥机边梁吊架内的千斤顶松钩，同时逐渐收紧捯链，直到最后边梁落到正确位置。梁安放时必须细致稳妥，就位准确且与支座密贴，不得使支座产生剪切变形。就位不准时，预制梁吊起重放。落梁后，经自检合格及时通知监理验收签证，T 形梁安装后要利用垫木或临时支撑将梁固定。

21.3.10 架桥机架梁一般规定

1. 双导梁架桥机架设预制梁，应根据架桥机性能，按国家有关规定、架桥机设计要求和架桥机使用说明书要求，制定架梁工艺细则及安全操作细则，严禁超范围使用。

2. 架梁施工辅助结构应按设计或施工组织设计施工，并经检查验收后方可使用。

3. 主机悬臂走行时必须锁紧摆头机构，严禁前大臂相对中大臂有任何偏摆。

4. 前大臂采用托臂台车支护走行时，必须解开摆头机，后大臂必须由后托臂台车支护。

5. 横移梁时，机身两侧支腿、零号柱和中柱不应产生位移和下沉。

21.4 质 量 标 准

架桥机架梁质量检验应遵守本规程第 19.4.2 条及 20.4.3 条规定。

21.5 质 量 记 录

1. 测量复核记录
2. 构件吊装记录
3. 吊装质量检验记录

21.6 安 全 与 环 保

1. 城市桥梁工程预制梁的运输和吊装施工作业必须符合国家或行业相关的技术规范和安全标准。应符合本规程"钢筋混凝土预制梁安装施工工艺"有关规定。

2. 架桥机架梁必须遵守设计和出厂使用说明书规定的安全与环保要求。

3. 架桥机架梁应指定负责线路的加固、检查和整修。

4. 严禁非工作人员进入架桥机作业场地，严禁工作人员进入架桥机上；除司机之外其他人员不得进入架桥机操作室。

5. 架桥机停置时应加以锁闭固定，架桥机停置地点设人监护。

6. 架桥机组装后通过地段两侧人员应避让至安全距离线。

7. 架桥机架梁时，桥下严禁行人、车辆、船只通行。

8. 正在移动和起落的梁上，不得进行其他作业。

9. 要防止人为敲打、野蛮施工等产生的噪声，减少噪声扰民现象。

21.7 成 品 保 护

1. 预制梁起吊时，吊点位置应按设计规定，无规定时，吊点应根据计算决定。

2. 预制梁安装就位后，应及时将预制梁焊接固定，随时检查运梁轨道的运行情况，确保钢轨及枕木与梁面紧密接触，间隙 10mm 时可用木板垫平，以减轻运梁时对梁体的冲击和振动，枕木间距不大于 600mm。

3. 梁体间湿接缝的施工应根据施工组织设计合理安排，运梁时不得进行相邻梁体的湿接缝施工。

4. 安装吊具时在梁底面与吊具之间需垫木板或胶皮，以防起吊时梁体受损。

22 预制节段逐跨拼装施工工艺

22.1 适 用 范 围

22.1.1 本工艺适用于城市桥梁工程预应力混凝土梁桥，采用工厂化生产预制节段、采用架桥机逐跨拼装预制节段（节块）施工工艺。

22.2 施 工 准 备

22.2.1 材料要求

1. 预制节段所用原材料（水泥、石子、砂、钢筋、预应力筋、波纹管等）其品种、规格等应符合设计要求及现行国家产品标准规定。

2. 预制节段出厂安装前必须验收合格；预制节段的几何尺寸、混凝土强度应符合设计要求及本规程第19.4节规定。预制节段应按专项方案规定的吊装顺序编号。

3. 预制节段胶粘剂性能指标应符合设计要求及现行产品标准规定。

22.2.2 机具设备

1. 预制节段（预制节段段）预制设备：应符合本规程第19.2节规定。

2. 运梁车辆：龙门吊、轴线车、拖车、平板运输车等。运梁车辆应根据预制节段长度、重量及几何尺寸以及运输线路现况条件选用，其载重能力及技术性能必须满足运输预制节段的要求。

3. 架桥拼装设备：应根据整跨桥梁的设计重量和现场条件选定架桥机。在确定承载主梁的最大承载力时，应充分考虑施工荷载的作用。

4. 架桥机组装设备：汽车吊、履带吊等。

5. 预应力张拉设备：千斤顶、油压表、油泵及锚具等。

6. 工具：钢尺、角尺、全站仪、经纬仪、水准仪、大锤、撬杠、扳手、千斤顶、线坠等。

22.2.3 作业条件

1. 预制节段制造完成，并对预制节段的混凝土强度、规格、尺寸、质量验收符合设计要求。

2. 支座进场验收合格。

3. 架桥机拼装场地的准备工作已完成，拼装场地平整坚实有足够承载力，能够满足架桥机安装及试运行荷载的要求。

4. 下部结构施工时根据逐跨拼装施工工艺要求，设置的节段拼装施工所需的预埋件与预留孔，埋设准确、牢固。

22.2.4 技术准备

1. 认真熟悉图纸，应根据预制节段逐跨拼装桥梁的施工特点，编制施工组织设计。

施工组织设计应根据节段重量、架设工艺和设计要求，选定架桥机、模板、运梁车、搬运机等设备。

对架桥机的安装、调试、使用、拆除等应编制专项施工方案，并应制订生产安全事故应急救援预案。

2. 桥梁下部结构和拼装施工过程中，上部结构的承载能力应满足施工荷载要求，应按实施的施工工艺对桥梁上、下部结构在拼装过程中各种工况的安全性进行验算。

3. 架桥机的拼装、移动等施工顺序，应在下部结构施工前确定。

4. 对操作人员进行培训，向班组进行交底。

5. 组织施工测量放线，对每个支座的高程及轴线偏差进行复核。

22.3 操作工艺

22.3.1 工艺流程

1. 预制节段工艺流程

预制场生产准备→测量放线→台座制作→模板制作→模板安装→节段钢筋加工→节段钢筋绑扎、预应力管道安装→养护、拆模→张拉横向预应力→保留匹配节段、吊移已完成节段→将匹配节段吊移至匹配位置→依次依序完成全部预制节段（长线台预制可按整跨梁长，依次匹配完成整跨节段预制）。

2. 预制节段逐跨拼装工艺流程

运梁线路调查→架桥机组装场地准备→架桥机组装、试运行→运梁车辆到场→逐块提升节段、分层悬吊→准确定位首节（1 号）块件→2 号节段试拼装→节段间缝隙涂胶粘剂→施加临时预应力→校核坐标位置→依次依序逐块胶接、施加临时预应力→整跨调整→永久支座固定、支座灌浆→体系转换（体内预应力张拉、体外预应力张拉、拆除架桥机吊杆）→架桥机过孔→真空灌浆→循环完成所有预制节段逐跨拼装→拆除架桥机。

22.3.2 节段预制

1. 节段预制可采用短线法或长线法，节段预制前应根据实际条件综合考虑后确定采用短线法或长线法进行节段的预制。

为保证预制节段在安装时可以密贴，所有的节段预制必须采取短线密贴镶合匹配浇筑法或长线密贴法施工工艺。

2. 模板都必须具备足够的刚度以避免在混凝土浇筑过程中发生变形，而使节段在拼装时发生困难。每次安装、调整模板时，应检查模板的几何尺寸和空间坐标位置，以保证预制节段的几何尺寸与线形都符合设计的要求，尤其在进行曲线段节段预制时必须特别注意。

3. 预应力管道成型采用抽拔式橡胶硬管。以保证相邻节段接合面上的预应力管道位置一致、顺畅，橡胶硬管必须深入前一节段预应力管道内，深入长度不得小于 70cm。

4. 按节段拼装施工的要求，在节段上设置的预埋件、预留孔、局部加固构件、节段间临时张拉的预紧结构，均应取得设计单位认可。

5. 预制前，首先应建立精密的水平控制网和高程控制网，采用短线法预制节段时，前一节段产生的偏差应在后续节段预制前予以纠正。

6. 长线法预制节段应符合下列规定：

1）同一连续匹配浇筑的节段应在同一个长线台座上制作；台座应坚实可靠，地基变形应满足节段预制精度要求；

2）模板宜采用钢模板。模板及支撑应满足刚度、承载能力、稳定性和多次使用的要求。

7. 短线法预制节段应符合下列规定：

1）端模及侧模应采用钢模板，端模应铅直、牢固，匹配节段移出就位时应根据梁体曲线精确定位，待浇节段的侧模及底模均应符合节段的线形要求；

2）匹配节段应有可靠精确的空间调整装置；

3）模板应与匹配节段连接紧密、无漏浆，并应满足反复使用的质量要求；

4）内模宜安装在可移动的台车支架上做成可调整的模板系统，应保证其刚度及承载能力满足节段预制的精度要求。

8. 节段预制材料的选取应符合设计要求，混凝土性能除应符合国家现行标准有关的规定外，还应符合设计对弹性模量、收缩、徐变等方面的具体要求。

9. 节段混凝土的浇筑应按一定厚度、顺序和方向分层浇筑，分层厚度不宜大于300mm。混凝土入模温度不宜超过32℃；混凝土应振捣密实，振捣时应避免碰及管道、钢筋、模板、混凝土剪力键及预埋件；浇筑过程中应严格控制混凝土坍落度；混凝土的浇筑时间不应超过混凝土的初凝时间。

10. 节段脱模时间应符合设计要求。当设计无要求时，在混凝土抗压强度符合设计强度标准值的75%的要求后，方可拆除内外模板。当需进行横向预应力张拉时，内外模板的拆除应在横向预应力张拉后进行。脱模或移动节段时，应防止伤及梁体棱角及剪力键。节段脱模后应及时检查验收。

11. 节段应满足设计规定的存放时间。当设计无要求时，不得少于14d。

12. 节段变形控制：节段预制时，必须保证节段在用作为匹配节段时，其本身的几何尺寸与浇筑之前模板的尺寸相一致，必须消除由于模板变形、拆除翼缘部分外模后而产生的混凝土结构变形以及由于横向预应力张拉而引起的变形等一系列因素而对下一节段预制所产生的影响，防止新的节段原始误差过大。

22.3.3 节段吊离台座、移运、堆放时，混凝土的强度不应低于设计要求。移运、吊放节段应匀速、缓慢，应根据运输道路条件、节段重量、节段尺寸等因素选择合适的场外运输设备。

22.3.4 组装调试架桥机

1. 架桥机组装前应依据产品使用说明书和供应商提供的拼装方法编制专项方案（或作业指导书），向作业人员进行安全技术交底，严格按规定程序组装调试。

应根据架桥机性能，按国家有关规定、架桥机设计要求和架桥机使用说明书要求，制定操作工艺细则及安全操作细则，严禁超范围使用。

2. 按照设备供应商提供的拼装方法，将架桥机在临时基础或桥台上进行整体组拼。拼装完成后，对架桥机进行了整体性能检验，以保证架桥机的正常运行。

3. 整机性能试验分外观检查、吊装小车起重能力检验、架桥机桁架满载试验三个阶段。外观检查通过目测、尺量等简单方法对架桥机钢结构外观进行了全面的检查，包括桁架高度、轨道直顺度、高强螺栓拧紧情况等方面，应达到设计要求。吊装小车起重能力检验分为起重机空载运行检验、起重机额定荷载动载试验及其他产品说明书规定的试验。架桥机桁架满载试验测试内容是在主桁最不利工况和悬臂过孔工况时，对关键截面、关键杆件的应力及架桥机桁架的挠度进行测试。

架桥机主梁（主桁）挠度在满载工况下，不得大于 $L/500$。

22.3.5 架桥机就位

推进架桥机，使前主支撑梁支撑在 1 号桥墩上，后主支撑梁支撑在 0 号桥墩或桥台上，用预埋锚栓及高强螺栓（母）连接锚固牢固。移动架桥机，将架桥机主桁架中心与桥墩跨中对正。

22.3.6 节段提升、固定

1. 节段和提升附属装置的总质量必须在起重设备的安全起重范围内。

2. 节段的提升应缓慢、匀速，提升速度宜限制在 $2m/min$ 内。

3. 采用上行式架桥机提升或旋转节段时，应暂时封闭作业影响范围内的道路交通。开放交通时，节段底部最低点应满足净空要求。

4. 上行式架桥机承载主梁的前后悬臂段起吊节段时，应保证提升卷扬机的位置处于架桥机的安全范围内。

5. 节段之间应设置防止碰撞的垫块。

6. 采用上行式架桥机拼装节段时，节段应错层悬挂。错层的节段个数及节段的纵向间距应满足拼装工艺的要求。

7. 采用下行式架桥机拼装节段时，应采取有效措施抵抗支承面倾斜时节段重量对装载车产生的水平分力。

8. 拼装节段时，应对第一节段的空间位置进行临时定位、固定。

9. 应事先在预制场内对节段匹配面进行预处理；清除尘土、油脂等污染物及松散混凝土与浮浆后，应进行冲洗，然后进行干燥处理。

10. 节段拼装前宜进行试拼装，试拼装的节段质量应符合出场条件的要求。

22.3.7 吊装 1 号节块

1. 运梁车将 1 号节块运至架桥机下垂直于桥向停放。将吊机行进到 1 号节块顶部，通过吊索、吊具与节块上的扁担梁进行连接。首次吊装应进行试吊，吊机将节块垂直吊起，提升 $0.5m$ 左右再下降 $0.3m$ 位置停置，观察吊机及节块工况。

2. 无问题后，施工人员进行支座安装，安装完成后，吊机将节块吊运到拼装位置，并转换成由悬挂钢筋进行悬吊。

22.3.8 依次吊装本跨其余节块、分层悬吊

按照吊装 1 号节块的方法依次吊装其他节块，节块与节块间错层进行布置。吊运节块过程中要求吊机起吊、行驶速度均匀、平稳，节块与节块间距控制在 $20cm$ 左右，保证节块的剪力键不发生磕碰。进行最后 1 块节块吊装时，支座的下锚栓不安装在支座上，而悬至盖梁上的锚栓预留孔内，整跨调整完成后再将下锚栓与支座下钢板进行固定。

22.3.9 精确定位 1 号节块并固定

节块在构件厂采用短线法或长线法预制而成，1 号节块作为整跨梁段拼装的引导块，

首块的准确定位决定了整个拼装施工的精确度。通过吊具上下升降、横向移动完成节块中线位置及高程的调整，通过吊具上的纵、横向液压油缸完成对节块纵、横坡准确定位。1号节段的位置就是整跨拼装施工的基准位置，是整个桥梁线形的关键控制点。为保证在其他节段拼装施工时不会对其平面位置产生扰动，应在该节块定位完成后进行临时固定。

22.3.10 节块试拼

节块正式粘接之前，为检验临时预应力张拉设备、体内预应力管道是否对正、剪力键是否完全入位，应将节块在不涂刷环氧树脂胶的情况下试拼一次。

22.3.11 胶接缝一般规定

1. 应根据施工地区的常年温度变化、使用环境等情况，通过试验选用合适的胶粘剂。胶粘剂进场后应进行力学性能及作业性能的抽检，其各项性能应满足结构设计与节段拼装施工的要求。

2. 胶粘剂的涂抹厚度不宜超过 3mm，其有效工作时间应按成孔拼装要求确定，不宜小于 1h。胶粘剂应采用机械拌合，涂抹方式应根据胶粘剂的产品特性确定。涂胶时，混凝土表面温度不宜低于 15℃，在冬期低温条件下使用胶粘剂时应采取保温措施。

3. 胶粘剂应涂抹均匀，覆盖整个匹配面。施加临时预应力时，胶粘剂应在梁体的全断面挤出。应对孔道口做好防护，严禁胶粘剂进入预应力管道。每个节段拼装完成之后应适时通孔。

4. 节段的拼装、临时预应力张拉、节段的固定以及胶粘剂挤出后的清除工作都应在胶粘剂失去和易性之前完成。

5. 当拼装涂抹作业下方开放交通时，必须在车道上方设置防胶粘剂滴落的设施。

22.3.12 涂抹胶结料

1. 粘胶剂一般采用环氧树脂，使用前应做试验，环氧树脂胶浆应根据环境温度、固化时间和强度要求选定配方，固化时间应根据操作需要确定，符合设计要求方可使用。

2. 涂胶前对节块拼接表面进行预处理，除去油脂、尘土等松散物，并保持表面干燥。同时将密闭预应力管道的橡胶垫圈，用环氧树脂胶粘贴在 1 号节块预应力管道的凹槽内。

3. 涂胶应自上而下、由两侧向中间涂胶，要求快速、均匀，不得流淌。作业时严禁将胶涂入预应力管道，如有不慎，应及时清除干净，防止孔道堵塞。整个断面涂胶完毕后，吊机降下节块与待拼块对正，缓慢对准拼接。

22.3.13 预应力张拉一般规定

1. 预应力锚具、夹具和连接器应符合现行国家标准《预应力锚具、夹具和连接器》GB/T 14370 中 I 类锚夹具的要求。

2. 节段内预埋的波纹管或抽拔管应与匹配节段的各预留孔接顺，并宜穿入加强芯棒。抽拔管应贯穿整个节段长度并伸入匹配节段的预留孔内，伸入长度不宜小于 200mm。应根据混凝土强度确定抽拔管的拔出时机。

3. 为保证节段拼装后孔道的密封性，宜在孔道口设弹性密封圈。密封圈的设计应考虑密封材料的压缩变形系数、侧向膨胀系数与压力之间的对应关系。

4. 纵向预应力管道宜采用真空压浆，抽真空时的负压不应小于 0.06MPa。

5. 采用体外预应力应满足下列规定：

1) 体外预应力筋、PE 护套及建筑脂、建筑结构膏、热收缩套等材料的各项技术性能应符合设计要求和国家现行有关标准的规定；

2）预埋锚垫板、转向器、预留孔以及减小摩阻的垫板应定位准确；

3）外露的预应力筋和锚具应按设计要求进行防护处理。

22.3.14 临时预应力张拉

1. 临时预应力筋的布置、张拉力应符合设计要求，并应满足多次分级张拉的作业要求。当设计对张拉力没有要求时，匹配面的混凝土压应力不得小于0.3MPa。

2. 临时预应力筋应在结构永久预应力施工完成后方可拆除。

3. 临时预应力宜采用预应力粗钢筋作为张拉材料，并应拧紧张拉螺母。施工过程中发现张拉材料、千斤顶、锚具有损伤或有疑问时，必须立即予以调换。

4. 临时预应力张拉施工的同时，应对节块顶面进行高程复核，临时预应力施工完成后，节块顶面高程应符合设计要求。

22.3.15 节块由吊具到吊杆的静态转换

1. 临时预应力施工完成后，应将节块由吊具悬吊转换成架桥机的吊杆悬挂，转换工作为静态转换，应保证转换完成后节块的平面位置不产生变动。

2. 采用手提式穿心千斤顶逐步将吊具上的节块重量转换到吊杆上，在静态转换中应时刻监测节块顶面高程及纵、横坡，钢筋拉力以不使节块空间位置发生变化为准。

22.3.16 依次拼装其余节块

按照1号、2号节块的拼装方法依次拼装其余节块。墩顶块进行试拼时，应检查固定支座下锚栓的安装位置是否同支座锚栓预留孔匹配，如出现错位则要将预留孔进行处理后才能进行胶结施工。

22.3.17 整跨调整

整跨拼装完成后，需对整跨节段梁进行空间位置复核。采用架桥机前后主支撑梁下的4个主支撑液压千斤顶进行整跨梁段高程及坡度的调整。采用前后主支撑梁上的两个横移液压千斤顶进行梁段平面位置的调整。通过整跨调整使该跨梁空间位置符合设计要求。

22.3.18 永久支座固定、灌浆

支座在两端节块安装前已悬挂在梁底，通过节块上的预埋锚栓与垫石密贴。整跨调整完成后，支座下钢板与盖梁垫石间约有20~30mm间隙，使用有高流动性且有一定微膨胀作用的灌浆剂进行灌注。灌注时应先灌注支座锚栓孔，待锚栓孔灌满后，再灌注垫石与支座的间隙。支座灌浆时灌浆设备须有足够的压力，保证灌注密实；排气孔要保证排气通畅，严防堵塞。

22.3.19 支承转换一般规定

1. 支承转换的顺序应通过计算确定。

2. 当架桥机不具备支承转换的功能时，可通过事先设置在下部结构顶部的临时千斤顶顶升节段完成支承转换。

3. 根据桥梁结构设计体系形式，支承结构可采用永久支座、临时支座或千斤顶，并应符合下列规定：支承转换前应使梁底与支座间接触，但不应使支座受压；连续梁的中支点宜采用临时支座。

4. 当拼装后的整跨梁体的三维位置不符合设计要求时，应进行调整。

5. 当采用上行式架桥机时，应在支承转换过程全部完成后，方可拆除节段在架桥机上

的固定装置。

22.3.20　结构体系转换一般规定

1. 采用逐跨拼装法施工的桥梁，架设完成后应处于简支状态。形成连续梁，应进行结构体系转换，并应符合下列规定：

1）应根据设计规定，制定详细的结构体系转换施工工艺；

2）现浇混凝土湿接头施工前应准确放置永久支座；

3）现浇混凝土结构的养护应符合国家现行有关标准的要求；

4）应在湿接头的强度达到设计要求后，方可进行相关的预应力张拉；当设计无要求时，张拉强度不得低于其设计强度的 75%。

5）应在一联内所有纵向预应力及横向预应力张拉完成后，方可将临时支座对称均衡地更换为永久支座。

2. 每联连续箱梁或每跨简支箱梁完成后，应及时进行检查验收。

22.3.21　体系转换

1. 预应力施工按先体内、后体外次序进行，预应力的张拉与落架须交替进行，逐步完成体系转换。

2. 提前在每根吊杆上粘贴应变片，张拉过程中实时监测悬挂钢筋的应力变化。每张拉完一束，即读取吊杆上应变片的数值，如应力显著增大，则拆除该吊杆。

3. 体外预应力施工完成后，拆除临时预应力钢筋及其他配件。临时预应力钢筋的拆除分别由两侧向跨中对称逐块拆除，箱梁顶面和箱内的临时预应力钢筋同时拆除。

22.3.22　真空压浆

用真空泵抽吸预应力管道中的空气，使孔道中的真空度保持在 −0.09～−0.06MPa，然后用压浆机以大于 0.7MPa 的正压力将优化后的水泥浆压入预应力管道以利提高了孔道压浆的饱满度和密实度。

22.3.23　架桥机过孔

架桥机的移动、过孔作业要严格按设备供应商提供的操作手册进行。

22.3.24　监控量测

1. 应根据设计图纸准确定位每跨内第一节段的平面位置及高程。

2. 每个节段拼装完成后，应及时检查节段的高程与轴线，并应及时调整偏差。纠偏时，应对该跨内的所有已拼装完成的节段共同调整，严禁对单个节段进行强制纠偏调整。

22.3.25　冬雨期施工

1. 预制节段逐跨拼装作业应避开大风及雨雪天施工。

2. 在冬期低温条件下使用胶粘剂时应采取保温措施：

1）每道胶接缝施工完成后，节块顶面接缝用棉被覆盖；

2）整个梁体用苫布围裹严实；

3）箱梁箱室内放置电暖气。通过以上措施，现场测试温度在 12℃ 左右，保证了环氧树脂胶的施工温度。

3. 雨期波纹管就位后要将端口封严，以免灌入雨水而锈蚀预应力筋或波纹管。

4. 冬期孔道压浆过程中及压浆后 48h 内，结构混凝土的温度不得低于 5℃，否则应采取保温措施。

22.4 质 量 标 准

主 控 项 目

22.4.1 预制构件的起吊、搬移、堆放和运输等都必须符合设计要求。当设计无要求时，混凝土的强度不得低于设计强度的80%；存放时间不得少于30d。应避免碰撞而造成对构件的损伤或破坏。

检验数量：全部。

检验方法：检查混凝土强度检测报告。

22.4.2 拼装梁段的接缝面处理、接缝宽度和方法必须符合设计要求和施工工艺设计。

检验数量：全部。

检验方法：观察和尺量。

22.4.3 拼装梁段接缝的胶接材料种类、性能、质量必须符合设计要求。

检验数量：全部。

检验方法：观察和检查试验资料。

22.4.4 拼装梁段胶接材料的配合比必须符合设计要求，稠度和固化时间应符合施工工艺设计要求。并留置抗压强度和剥离强度的试件，

检验数量：全部。

检验方法：检查配合比和检测报告。

22.4.5 预制节段梁模板允许偏差应符合表22.4.5的规定。

表 22.4.5 预制节段梁模板允许偏差

序号	检 查 项 目			允许偏差（mm）	检验频率		检 验 方 法
					范围	点数	
1	相邻两板表面高低差			2	每跨节段	4	用钢尺量
2	表面平整度					6	用2m直尺检验
3	垂直度			0.15%H，且≤3		2	用垂线测量
4	模内尺寸	长度		0，−3		3	用钢尺量
		宽度		5，−2		2	
		高度		0，−2		4	
5	轴线位移			2		2	用经纬仪测量，纵、横各计1点
6	预埋件	支座板、锚垫板等预埋钢板位置	位置	4	每个预埋件每个预留孔洞	1	用钢尺量
			平面高差	2			用水准仪测量
		螺栓、锚筋等	位置	10			用钢尺量
			外露尺寸	±10			
7	预留孔洞	吊孔	位置	5			用钢尺量
		预应力筋孔道位置	位置	5			

注：表中H为节段梁的高度。

检验数量和检验方法：按表22.4.5的规定检验。

22.4.6 预制节段梁应符合表22.4.6的规定。

表 22.4.6 预制节段梁允许偏差

序号	检 查 项 目			允许偏差（mm）	检验频率		检 验 方 法
					范围	点数	
1	外表面平整度			2	每跨节段	4	用钢尺量
2	垂直度			0.15%H，且≤3		6	用2m直尺检验
3	长度			0，-2		2	用垂线测量
4	断面尺寸	宽度		5，-2		3	用钢尺量
		高度		±5		2	
		壁厚		±3		4	
5	轴线位移	纵（横）轴线		4			用经纬仪测量，纵、横各计1点
		横隔梁轴线		4			
6	平面侧向弯曲			L/1000，且≤10		2	沿全长拉线量取最大矢高
7	预埋件	支座板、锚垫板等预埋钢板位置	位置	10	每个预埋件每个预留孔洞	1	用钢尺量
			平面高差	5			用水准仪测量
		螺栓、锚筋等	位置	10			用钢尺量
			外露尺寸	±10			
8	预留孔洞	吊孔	位置	10			用钢尺量
		预应力筋孔道位置	位置	8			
			孔径	2			

注：表中 H 为节段梁的高度；L 为梁段的长度。

检验数量和检验方法：按表 22.4.6 的规定检验。

22.4.7 节段梁拼装应符合表 22.4.7 的规定。

表 22.4.7 节段梁拼装允许偏差

序号	检 查 项 目		允许偏差（mm）	检 验 频 率		检 验 方 法
				范围	点数	
1	轴线偏差		10	每跨	5	用经纬仪测量
2	相邻节段间接缝高差	顶面	5	每条接缝	2	用直尺量
		底面	3			
3	支座轴线偏位		5	每跨	8	用钢尺量
4	接缝宽度		5	每条接缝	3	
5	梁长		10，-20	每跨		

检验数量和检验方法：按表 22.4.7 的规定检验。

22.5 质 量 记 录

1. 测量复核记录
2. 构件吊装记录
3. 吊装质量检验记录
4. 工序质量评定表

22.6　安全与环保

1. 城市桥梁工程构件的运输和吊装施工作业必须符合国家或行业相关的技术规范和安全标准。

城市桥梁工程构件的运输和吊装作业施工前，应建立统一的组织指挥系统。所有参加施工作业人员应明确职责、分工明确、相互配合。进行构件的运输和吊装应有专人负责指挥。

2. 城市桥梁工程构件的运输和吊装施工作业前应进行安全作业指导书交底或安全技术交底，并应有签认手续。

3. 参加构件的运输和吊装的作业人员应进行专业安全技术培训、经考试合格后，方准持证上岗。无证人员不得参加构件的运输和吊装作业。

4. 城市桥梁工程构件的运输和吊装必须按北京市交通安全管理法规和北京市交通安全管理的有关规定。超长、超高、超宽的大型构件运输和吊装必须到北京市公安交通管理局办理有关审批、备案程序，经其批准后，在指定的时间内、在确定的路线和确定的吊装场地上进行城市桥梁工程构件的运输和吊装。必要时应请交通管理部门进行开道督运。

5. 城市桥梁工程构件的运输和吊装应严格按专业安全操作规程施工作业。在高处作业时，必须执行《建筑施工高处作业安全技术操作规范》JGJ 80 有关的规定。施工作业现场所有坠落可能的物件，应一律先行撤除或加以固定。

6. 城市桥梁工程构件运输前必须进行行驶道路调查。运行道路应有足够的车行宽度和符合规定的转弯半径。应能安全通过行车路线沿线的桥涵、隧道、铁路箱涵、人行天桥等限高构筑物和跨路电气线及施工现场的临时架空电线。应与沿线的高压线保持安全距离。沿线经过的道路、桥涵、管渠、临时便线、临时便桥等应有足够的承载力。

7. 混凝土预制构件在起吊装车前，其混凝土强度必须达到规定的强度，在构件验收合格后，方可吊装、起运、出厂。

8. 构件移运时的起吊（支承）点位置应符合设计给定位置，不得随意变更其位置，如需变更必须同设计协商确定。构件运输时的支承位置应与吊点位置一致。

9. 在架桥纵移或横移轨道两端必须设置挡铁，以保证架桥机移位的安全性。

10. 架桥机下坡工作状态下，纵行轨道的纵坡大于 1% ~3% 时，必须用卷扬机牵引保护架桥机，以防溜车下滑。

11. 安装混凝土梁时，要经常注意安全检查，每安装一孔必须进行一次全面安全检查，发现问题要停止工作并及时处理后才能继续作业。不允许机械及电气带故障工作。

12. 安装作业不准超负荷运行，不得斜吊提升作业。

13. 五级风以上严禁作业，必须用索具稳固起吊小车和架桥机整机，切断电源，以防发生意外。

14. 架桥机上的限位保护和过流保护装置必须确保完好，有故障不得进行安装作业。

22.7　成　品　保　护

1. 运梁车上构件支承点下及相邻构件之间需放置橡胶垫等支承物并固定牢固，防止构件相互碰撞损坏车辆和构件。车辆应慢速行驶，穿越桥涵通道时要有专人照看、慢速通过，防止磕碰。

2. 吊装中要防止梁、板碰撞桥梁结构。

3. 架桥机应安排专人看护，防止设备零件丢失，防止梁上的预埋钢筋和预埋件出现丢失、损坏。

23 造桥机制梁施工工艺

23.1 适用范围

23.1.1 本工艺适用于城市桥梁工程，桥跨间距不大于32m，采用移动模架造桥机整跨（含先简支、后连续的简支阶段）制梁施工工艺。

23.2 施工准备

23.2.1 材料要求

1. 造桥机制梁所需材料（钢筋、混凝土原材料及钢绞线等），应符合设计要求及本规程第2、3、16章规定。

2. 造桥机组装所用材料（预埋件、预埋锚栓、钢筋、混凝土原材料等），应符合本规程第1、2、3章规定。

23.2.2 施工机具与设备

1. 制梁设备：可根据梁体结构、现场条件，选择不同形式的造桥机（上承式或下承式）。

2. 确定预拌混凝土供应商，搅拌站（拌合站）生产保障能力。

3. 钢筋加工设备：钢筋切断机、钢筋弯曲机、钢筋调直机、电焊机、对焊机、钢筋网焊接设备等。

4. 安装设备：汽车吊、运输汽车等。

5. 混凝土运输、泵送浇筑设备：混凝土运输车（罐车）、泵车、混凝土输送泵及钢管、软泵管。

6. 工具：钢筋勾、石笔、墨斗、钢尺、撬棍，串筒、溜槽、吊斗、胶管、铁锹、铁抹子、木抹子，插入式振捣棒、扳手、撬杠、撬杠等。

7. 检查检测仪器工具：全站仪、经纬仪、水平仪、水平尺、线坠、盒尺等。

23.2.3 作业条件

1. 墩台已完成，桥梁下部结构经验收合格。

2. 墩台预埋件安装位置和数量符合设计要求，根据工艺要求在墩台结构上设置的预埋件、预留孔、局部加固构件，均应取得设计单位认可。

3. 模板厂内制作已完成、试拼装合格。

4. 材料按需要已分批进场，并经检验合格，机械设备状况良好。

5. 架设墩旁托架、临时支架所需作业面已完成，满足施工要求。

6. 造桥机现场安装所占现况路面已完成交通导行，并有可靠的交通导行保证措施。

23.2.4 技术准备

1. 根据设计施工图、环境条件、运输条件等因素，制定施工组织设计，获得批准后方可实施。

2. 造桥机在使用前，应根据造桥机的使用说明书，编制专门的施工组织设计和施工工艺，其主要内容应包括：

1）造桥机组装程序、试运行、作业程序设计［包括墩旁托架、临时支架、移动支（模）架基础设计］；

2）整孔制梁工艺、浇筑方法、养护、张拉顺序等施工工艺；

3）造桥机落架、脱模、卸载施工工艺；

4）造桥机跨孔移位、顶升就位设计；

5）造桥机施工注意事项及安全操作规程。

3. 明确流水作业划分；确定原材料供应、运输工作计划；确定混凝土机械设备规格型号、数量，确定水电保障，工具、材料、劳动力需要量。

确定混凝土配合比，进行原材料（水泥、砂、石材等）性能检验。

确定保证工程质量、施工安全、完成进度计划的措施；确定检验方法及试件组数。

4. 确定并培训造桥机操作作业人员。

5. 进行安全技术交底；落实组织、指挥系统。

23.3 操 作 工 艺

23.3.1 工艺流程

安装支承结构→安装造桥机→设备调试、试运行→调整底、外模及梁底预拱度→安放支座，吊放底板和腹板钢筋骨架→安装内模、吊放顶板钢筋骨架→浇筑梁体混凝土→混凝土养护→预应力张拉→灌浆封锚→落架（拆外模）→造桥机纵移过墩到位，同步横移合拢模架→进入下一施工循环。

23.3.2 墩柱施工时做好预埋件或预留孔的埋设工作。对于墩身上安装牛腿支架临时支撑点和锚固点的位置安装方式，应做出详细的施工设计方案报审以确保结构物安全。

23.3.3 安装支承结构

1. 支承结构应根据造桥机的形式及性能应根据桥梁跨度、梁体（节段）质量等选择确定，设计支承结构时应与设计部门对桥梁主体结构（含桥墩、台）的受力状态进行确认。

2. 支承结构根据设计可支于梁顶（0号块）、墩顶或在墩身上安装牛腿支架临时支撑点。

23.3.4 安装造桥机

1. 造桥机可在台后路基或桥梁边孔上安装，也可搭设临时支架。组装造桥机应按设计使用说明书及出厂使用说明书进行规范拼装。

2. 造桥机的形式及性能应根据桥梁跨度、梁体（节段）质量等选择确定。造桥机可由主桁结构、支承结构（支腿）、节段混凝土模板结构、动力、驱动及控制系统等组成。

3. 造桥机的主桁结构（承重梁）可选择桥面上支承或桥面下支承，也可选择穿式结构。造桥机跨墩移动时，可采用无横梁式、活动横梁式和墩顶跨越式等。

4. 主桁结构为承重结构，其上设有浇筑混凝土的模板支架或节段移动机构的通道，必要时加装前、后导梁。主桁结构可新制，亦可用常备式杆件拼装。

5. 节段移动机构有移梁小车或起重小车，可用电动或液压卷扬机牵引。

6. 造桥机的移位可在梁（墩）顶设置滑道用电动卷扬机拖动前移；"大跨度预应力混凝土梁造桥机"在中支腿上装有滑道和穿心式千斤顶，牵引钢绞线以移动造桥机。

7. 造桥机应按现行国家标准《起重机械安全规程》GB 6067 的有关规定，安装卷扬机起质量超载自动保护装置、卷扬机过缠绕和欠缠绕自动保护装置及起重或移梁小车限位装置。

8. 滑道和支架支腿应能保证支（模）架的稳定和移动的正常进行。

23.3.5 调试、试运行

造桥机拼装完成后，应进行全面检查，按不同工况进行试运转和试吊，并应进行应力测试，确认符合设计要求，方可投入使用。

23.3.6 造桥机制梁

1. 造桥机形式确定，应联系设计部门对桥梁主体结构（含桥墩、台）的受力状态进行确认。

2. 施工时应考虑造桥机的弹性变形对梁体线形的影响。

3. 造桥机支腿在梁上或桥墩上的位置应符合设计要求，造桥机的中线与桥梁的中线应一致。

4. 当造桥机向前移动时，起重或移梁小车在造桥机上的位置应符合设计要求，其抗倾覆系数应大于 1.5。

5. 在桥墩高度较低、地形平坦、地基坚实且无障碍的情况下，预应力混凝土梁的施工可选择地面支承的移动支（模）架进行。应采取措施预先消除地基及支（模）架基础上非弹性变形。

23.3.7 移动模架造桥机的底模应设置预拱度。此预拱度应计入造桥机主梁荷载作用后的弹性变形影响。此弹性变形应根据混凝土实际重度计算并结合有关实验数据修正后得出。

23.3.8 移动模架预压

移动模架在安装完成第一次使用前，通过等载预压消除非弹性变形，确定弹性变形值并据此进行预拱度设置，同时检验模架的安全性能。

为保证预压荷载的合理分布，采用等荷载砂袋进行预压。自跨中开始向两侧每隔 5m 设沉降观测点，每排设七个点，布设于底板及翼板，并进行编号。预压前，调好模板抄平所有点标高后加载，加载顺序同混凝土浇筑顺序（悬臂段和配重段同时加载，同时卸载），以后每天观测一次，直到支撑变形稳定为止。支撑变形稳定后，将预压砂袋卸除，将模板清理干净后测量各观测点标高。根据每次沉降记录绘制沉降曲线，并根据沉降值进行计算，确定合理的施工预拱度。根据梁的挠度和支撑的变形所计算出的预拱度之和，为预拱度的最高值。其他各点的预拱度应以中间点为最高值，以梁的两端点为零点，按二次抛物线进行分配设置。

23.3.9 移动模架造桥机梁体混凝土宜采用泵送混凝土连续浇筑，并应在初凝时间内一次浇筑完成。每次浇筑前应对所有生产系统进行全面检查。

23. 3. 10 移动模架造桥机用于多跨预应力混凝土连续箱梁需要浇筑接长时，应对其接缝面凿毛、清洗，连接孔道，绑扎钢筋，核对移动模架的位置及高程，接缝面涂水泥浆后浇混凝土。

23. 3. 11 造桥机制梁原材料的检验，钢筋加工及架立、制孔、预应力筋制作、真空压浆、拆模时的要求等内容应符合本规程第 18 章"现浇箱梁施工工艺"的相关规定。

23. 3. 12 移动模架造桥机制梁，在分批张拉预应力筋同时应注意混凝土梁的反拱度是否与设计相符，不得出现由于造桥机主梁的反弹而使混凝土梁体上翼缘超拉应力，必要时应配合预应力的张拉分级调低底模高程。

23. 3. 13 移动模架造桥机移位工艺

1. 箱梁浇筑完成经预应力钢束初张拉箱梁已能安全承受自重后整体脱模。松开造桥机的侧向约束，再松开支承千斤顶的保险箍慢慢回油，四个千斤顶同步下落，误差必须控制在 30mm 之内。在自重作用下，模板与混凝土面脱开，箱梁重量由支座承受，造桥机主梁下平面轨道落到支承台车的轮面上。

2. 拆除底模中缝的连接螺栓和底模析架对接处的螺栓，同时将施工平台上影响造桥机横向分开的约束拆除，上好支承台车上的安全反钩，将横移油缸与托架上横移轨道侧的横移孔相连，墩身两侧四个点同时开动横移油缸，同步将造桥机主梁连同上面所带的模板等向墩旁托架的外侧移动，待底模彬架的端部超过墩帽时，停止第一次横移。

3. 松开造桥机侧模上前后第三条接缝螺栓，将支承台车上的纵移油缸与主梁底的纵移用钢板上的纵移孔相连，开动已制梁前端两侧墩旁托架上的纵移油缸，同步将造桥机向前移动。

4. 造桥机导梁接近前方墩旁托架时，调整导梁的方向和高度，使主梁底面的轨道顺利落到台车轮面上，继续前移造桥机至墩旁托架上的支承千斤顶与主梁侧面的起顶位置在一条线上。

5. 开启墩旁托架上的横移油缸，造桥机向内横移，至合拢位置时，进行底模析架的对接，上好底模中间接缝螺栓，恢复造桥机刚刚落架时的状态，准确调整造桥机纵向、横向位置后，解除主梁与支承台车间的安全反钩，开动支承千斤顶，顶升造桥机到设计位置，开始调整模板。

23. 3. 14 模板调整

1. 内模为纵向分段横向分块制造，栓接结构，浇筑梁体混凝土时设水平和竖向支撑。拆模时用专用台车及台车上的油顶，将每段内模的各分块分别拆下并收缩贴紧台车，可通过混凝土箱梁的端隔板孔运至下一孔待制梁安装。

2. 外模分段制造用螺栓连成整体，它通过螺杆支撑固定在主梁上，用螺杆可调整外模准确就位。外模和底模间用螺栓连接。

3. 底模铺设在两主梁间的横向桁架上，底模与横向桁架之间设有若干竖向螺旋顶，用以调整底模拱度，底模仅在桥梁纵向中心线处设置拼接缝由螺栓连接。可随主梁横向分开。

23. 3. 15 施工注意事项

1. 墩旁托架的安装质量直接影响支承台车的动作效果，安装前必须对支承托架的承台面进行找平，保证托架顶面两轨道的纵向高差不超过 5mm，横向高差不超过 10mm。

2. 为保证造桥机内模顺利从前一孔梁拖出，箱梁隔墙处需留一施工槽口，方便内模小车轨道的铺设和模板的进出。

3. 第一孔箱梁混凝土浇筑完成后，应立即实测造桥机主梁挠度，终张拉后应实测实际上拱度，以此调整底模反拱值。宜通过二、三孔箱梁的实测资料进行对比，不断调整使其箱梁上拱度达到设计要求。

4. 在大跨度滑动模板支架系统使用过程中，应对支架系统所有钢结构件作随时检查，尤其是支腿、主导梁和横梁等关键部件的检查。检查内容主要是构件本身的焊缝有无开裂，构件在承受载荷过程中挠度值是否在允许范围内，以及构件之间的高强螺栓是否牢靠，螺栓有无松动现象。

23.3.16 冬雨期施工

1. 冬雨期造桥机制梁施工应符合本规程现浇箱梁章节有关规定要求。

2. 冬雨期为免受天气影响，造桥机上空宜搭设固定或活动的作业棚。

3. 冬期造桥机作业平台和墩台顶工作平台等作业面应有防滑保护设施。

4. 造桥机制梁梁体混凝土宜采用蒸汽养护。

23.4 质量标准

主控项目

1. 造桥机制梁混凝土施工中涉及模板与支架、钢筋、混凝土、预应力混凝土的质量检验应遵守本规程第 1.4 节、2.4 节、3.4 节、18.4 节的有关规定。

2. 结构表面不得出现超过设计规定的受力裂缝。

检查数量：全数检查。

检验方法：观察或用读数放大镜观测。

一般项目

3. 现浇混凝土梁偏差应符合表 23.4 的规定。

表 23.4 整体浇筑钢筋混凝土梁、板允许偏差

序号	项 目		允 许 偏 差	检验频率		检 验 方 法
				范围	点数	
1	混凝土抗压强度		符合设计要求			按附录 B 检查
2	断面尺寸	宽	±5		5	用钢尺量，沿全长端部、$L/4$ 处和中间各计 1 点
		高	±5		5	
		壁厚	±5		5	
3	长度		+0，-10	每个构件、每跨	4	用钢尺量，两侧上下各计 1 点
4	顶面高程		±10		4	用水准仪测量
5	轴线偏差	轴线 偏位	≤10		1	用经纬仪和钢尺测量
		横隔梁轴线	≤10			
6	平整度		8		5	用 2m 直尺量取最大值

4. 结构表面应无空洞、露筋、蜂窝、麻面和宽度超过 0.15mm 的收缩裂缝。

检查数量：全数检查。

检验方法：观察、用读数放大镜观测。

5. 所有预埋件、孔洞等设施的规格、种类、尺寸、位置应符合设计要求。

检查数量：全数检查。

检验方法：观察或用塞尺量，用钢尺量或用水准仪、经纬仪检测。

23.5 质 量 记 录

1. 测量复核记录。

2. 造桥机制梁质量记录应符合本规程第 1.5 节、2.5 节、3.5 节和 18.5 节规定。

23.6 安全与环保

1. 造桥机制梁施工中涉及模板与支架、钢筋、混凝土、预应力混凝土的安全与环保应遵守本规程第 1.6 节、2.6 节、3.6 节、18.6 节的有关规定。

2. 支承千斤顶工作时，必须上好保险箍。

3. 造桥机横纵移时，保持对称和同步，相差不得超过油缸的一个行程。

4. 注意天气情况，风力大于六级时，不得进行造桥机的横纵移工作。

5. 对张拉设备、电气、液压管路进行保护，防止施工误伤。施工前要检查所有液压系统，保证其都处于适应工作的状态。

6. 大跨度滑动模板支架系统应在风速不超过 9m/s 的环境下使用。

23.7 成 品 保 护

1. 造桥机制梁桥下有现况交通时，在两侧设置限高设施及警示牌。

2. 混凝土在浇筑过程，派专人负责成品保护工作，既要对钢筋进行修正，又要对预埋件进行看护、校正，在混凝土刚浇筑完毕时，对预埋件进行复查其准确性。

3. 孔道注浆完毕后，及时将喷洒到箱梁上的水泥浆冲洗干净。

24 钢梁制造工艺

24.1 适 用 范 围

24.1.1 本工艺适用于以工厂化制造，在工地以高强螺栓连接或焊连接的城市桥梁工程的钢梁（钢箱梁）施工。

24.2 施 工 准 备

24.2.1 材料要求

1. 钢梁所用钢板、型钢，其质量应符合《桥梁用结构钢》GB/T 714 等现行国家产品标准的规定。钢铸件的品种、规格、性能等应符合现行国家产品标准和设计要求。钢箱梁用进口钢材其质量应符合设计要求和合同规定标准的要求。

2. 钢梁用焊接材料（焊条、焊丝、焊剂及气体保护焊所用氩气、二氧化碳气体等）的质量应符合现行国家产品标准的要求。

3. 钢梁用涂装材料、连接紧固件和剪力钉等材料应符合设计要求和国家现行标准规定。

24.2.2 机具设备

1. 加工设备：剪板机、弯板机、平板机、卷管机、冲剪联合机、倒角机、钻床、刨床、端面铣床等。

2. 工装平台及胎具：放样平台、对接拼焊平台、工装胎具等。

3. 焊接、切割设备：半自动气割机、数控切割机，电弧焊机、氩弧焊机、埋弧自动焊机、二氧化碳气体保护焊机、割枪、焊条焊剂烘干箱等。

4. 除锈、防腐设备：空压机、除锈喷丸设备、涂料搅拌机、喷漆设备、喷漆工具。

5. 吊装作业设备：龙门吊、汽车吊、履带吊、卷扬机等。

6. 工具：滑轮组、千斤顶、手拉葫芦、手锤、撬杠等。

7. 试验、检测、测量设备器材：钢材机械性能和化学成分试验检测应由有相应资质的中心试验室检测、化验。游标卡尺、钢板尺、钢直尺、钢卷尺、水准仪、全站仪等。

24.2.3 作业条件

1. 场地已满足施工要求并有排水措施。

现场场地面积满足钢梁组装、试拼装场地布置要求；现场供电应符合焊接用电要求；现场吊装运输通道满足钢梁制作、运输要求。

2. 材料按需要已分批进场，并经进场检查、复验合格。

24.2.4 技术准备

1. 提交钢梁制造厂的设计文件齐全，熟悉设计文件，进行图纸会审。编制施工详图及相关表格，并经原设计人员签字认可。

2. 编制实施性施工组织设计、施工方案，报监理批准。编制作业指导书。

3. 各种工艺评定试验及工艺性能试验已完成。

4. 各种机械设备调试验收合格。钢桥制造和检验所使用的量具、仪器、仪表等应由主管部门授权的法定计量技术机构检定合格。

5. 所有生产作业人员专业技术培训已完成，取得相应资质证书。施焊前应检查焊工合格证有效期限。

24.3 操 作 工 艺

24.3.1 工艺流程

钢箱梁制作工艺流程：

图纸会审→设计图分解、绘制施工详图、编制工艺→原材料订货及进场检验→清理场地→厂内工装平台胎具制作→放样（放样检查）→原材料初平→号料→切割→矫正→开坡口→底板、腹板对接焊→焊缝探伤检查→组装→组焊成型→检查、矫形→焊缝探伤检查→试拼装→喷丸除锈→防腐涂装→分节段、待运。

注：先孔法在底板、腹板组装前先进行制孔工序；后孔法在钢箱梁节段组焊后再进行制孔工序。

24.3.2 图纸会审

设计图到厂后组织工程技术人员对设计图进行各项认真检查，其内容包括：设计文件是否齐全，构件几何尺寸是否齐全及正确；节点是否清楚，工程数量、规格表与图纸是否相符；构件之间连接形式是否合理恰当，是否便于加工制造；加工、焊接及分段等是否合理，加工、焊接符号标注是否正确、齐全。

24.3.3 绘制施工详图

按杆件编号绘制的施工图、工装平台图、工装胎具图、厂内试装简图、发送杆件表、钢梁支架支护图、工地吊装简图。编制工艺及作业指导书。

施工详图是结合钢梁制作工艺实际情况对设计图的细化处理。按杆件（制作段）绘制的施工图包括：底板、腹板、顶板（上翼板）拼板图或排料图，横隔板、纵向加筋肋、横向加筋肋钢梁图，体外束位置图等。

底板焊缝位置决定其上的腹板、横隔板、加劲肋的焊缝位置，且拼板时的焊缝位置必须符合规范和设计的规定（不得出现十字口焊缝，不得出现焊道集中现象），同时要考虑节约材料。

24.3.4 制作场地

钢梁零部件制作宜在有起吊行车的制作车间内。

钢梁组焊、试拼应在平整坚实的混凝土场地上，有相应起重吊装设备。

24.3.5 工装胎具

1. 在混凝土场地上搭设适用的工装胎具，配合仪器和小型卡具、顶压工具进行组装施焊。

2. 钢箱梁制作宜采用整体组装胎，每个工装胎最少组装 3~4 个制作段，以保证制作段的连贯性。

3. 钢箱梁组装宜采用在各横隔板位置设支点，其他位置的以 2m 间距设一个支点。在高度方向按照设计拱高尺寸进行（包括预拱高度尺寸），搭设胎具的上表面呈设计线型，各起拱点的横断面呈水平。

4. 为确保钢梁吊装运输作业顺利进行，应合理地排布工装胎具的位置，依据钢梁出厂吊装起运顺序排布工装胎具位置，并将第一个起运段，排布在最宜吊运位置。

5. 对工装胎具的制作工艺和制作精度应有严格工艺规定，要求其强度、刚度和稳定性必须完全满足制作要求、安全可靠，其加工精度必须符合设计规定，同时保证预制钢箱体完全处于工装胎具上。制作的工装胎线型、标高误差控制在 +2mm，以保证制作精度，采用正值偏差，以抵消钢梁自重变形。

24.3.6 原材料订货及进场检验

1. 制造钢梁使用的钢材、焊接材料、涂装材料、连接紧固件和剪力钉等材料、配件应符合设计要求和现行国家产品标准规定。

2. 当采用其他材料替代设计选用的材料时，必须经原设计单位同意，并应签署设计变更文件。

3. 钢梁工程中选用的新材料必须经过新产品鉴定。新钢材应由生产厂提供焊接性资料、指导性焊接工艺、热加工和热处理工艺参数、相应钢材的焊接接头数据等资料；焊接材料应由生产厂提供贮存及焊前烘焙参数规定、熔焊金属成分、性能鉴定资料及指导性施焊参数，经专家论证、评审和焊接工艺评定合格后，方可投入使用。

4. 采用进口钢材时，应符合设计要求和合同规定标准的要求；应对其进行化学成分、力学性能及工艺性能试验；并按现行有关标准进行复验，并对与其匹配的焊接材料作焊接试验，不符合要求的材料，不得使用。进口钢材应经焊接工艺评定合格后，方可投入使用。

5. 钢梁主要板材宜采用进货双定合同，对进场材料的外形尺寸偏差和技术要求两项规定均有明确要求，板长定尺和板宽定尺规格可依据《热轧钢板和钢带的尺寸、外形、重量及允许偏差》GB/T 709 采用，进场的板材为钢厂切边（代号 Q）。

6. 原材料进场检验

进厂的材料、配件除应有生产厂家提供的出厂质量证明书外，还应按设计要求和有关现行国家产品标准进行进场检查、复验，并做好记录。钢梁材料复验合格后方可使用。

原材料进场时应采用三级检验制度，即首先由材料保管员进行初步常规的量检和外观检验，再由材料工程师进行定尺检验并进行厂内理化检测，最后进行由监理工程师在指定位置取样，并在其指定的第三方检测。

24.3.7 放样

1. 钢梁制作时应严格按 1:1 放样，曲线桥放样时应注意内外环方向和钢箱梁中间的连接关系。

2. 放样时应考虑到钢梁在长度和高度方向上的焊接收缩量。通常放样时在长度方向上按 0.4mm/m 留出焊接收缩余量，在高度方向上按 1.0mm 留出收缩余量。

3. 根据各制作单元的施工图，严格按照坐标尺寸，确定其底板、腹板、横隔板、加筋肋的落料尺寸。

4. 对较难控制的弧形面，根据其实际尺寸放大样，做出样板，以备随时卡样检查。

5. 在整体放样时应注意留出余量，尺寸应根据排料图确定。

24.3.8 号料

1. 号料前首先根据料单检查清点样板与样杆，按号料要求料理好样板。

2. 号料前必须对钢板进行除锈；号料时必须核实来料，确认其牌号、规格、质量，合格后方可号料。

3. 底板必须按各段的底板拼板图（排版图）进行接料，焊接后整体号料。腹板、上翼板和横隔板的号料按各板的排料图执行。注意腹板接料线与底板接料线错开200mm以上，底板间接料线错开500mm以上，横向接口应错开1m以上，筋板焊接线不得与接料线重合，减少应力集中现象。

4. 底板、腹板、上翼板和横隔板的号料应按照整体尺寸号料。

5. 号料时必须注意钢板轧制方向与桥体方向一致。

6. 号料的钢材必须摆平放稳，不得弯曲。当材料有较大幅度弯曲而影响号料质量时，可先矫正平直，再号料。

7. 不同规格的零件应分别号料。并依据先大后小的原则依次号料。

8. 尽量使相等宽度或长度、相同规格的零件放在一起号料。在剪切或气割加工方便的情况下，注意套料，节约原材料。

9. 钢板的剪切线、气割线必须弹直，弹线时要拉紧。弹好的线可用样板进行复量，两端与中间的宽度应一致。

10. 在不切边的钢板（毛边料）上号料时，应甩去毛边；零部件的刨（铣）加工量、焊接收缩量应按样板、样杆、样条要求预留；零部件采用气割时，应根据钢板厚度和切割方法预留切口量。

11. 各种切断线必须打上了样冲印；用颜色粉或油漆标出符号，写上构件的编号。

24.3.9 切割

1. 腹板、上翼板、横隔板、纵横加劲肋等板材宜采用数控切割机编程全自动切割下料，以保证尺寸的一致性，切割后工件误差应控制在±1.0mm之内。

2. 非编程零件利用半自动切割机配精密切割嘴头进行切割，切割截面与钢材表面不垂直度应控制在0.5mm之内，以利于组装工序。

3. 机械剪切时，其钢板厚度不宜大于12mm，剪切面应平整。剪切钢料边缘应整齐、无毛刺、咬口、缺肉等缺陷。

4. 气割钢料割缝下面应留有空隙。切割后应清除边缘的氧化物、熔瘤和飞溅物等。

5. 大型工件的切割，先从短边开始；钢板上切割不同尺寸工件，先割小件，后割大件；钢板上切割不同形状工件，先割复杂的，后割较简单的。

24.3.10 矫正

1. 下料后零件必须进行矫正，矫正前，剪切的反口应修平，气割挂渣应铲净，使其达到质量标准。

2. 钢料应在切割后矫正，矫正以冷矫为主，热矫为辅。冷矫施力要慢，热矫温控要严。

3. 主要受力零件冷作弯曲时，环境温度不宜低于 -5℃，内侧弯曲半径不得小于板厚的 15 倍，否则必须热弯，热弯温度应控制在 900～1000℃之间，冷作弯曲后零件边缘不得产生裂纹。

4. 热矫温度应控制在 600～800℃，矫正后钢材温度应缓慢冷却，温度尚未降至室温时，不得锤击钢料或用水急冷。

5. 时效冲击值不满足要求的拉力杆件不得冷矫。

6. 矫正后的钢材表面不应有明显的凹痕或损伤。

24.3.11 边缘加工

1. 坡口可采用机加工或精密切割方法，边缘加工后，应将边缘刺屑、挂渣清除干净。

2. 零件应根据预留加工量及平直度要求两边均匀加工。已有孔（或锁口）的零件按孔（或锁口）中心线找正边缘；零件刨（铣）加工余量不应小于 2mm。

3. 设计要求磨光顶紧零件采用刨（铣）机加工方法，刨（铣）边时应避免油污污染钢料，发现油污污染时，应在焊前清洗。

4. 零件磨边时，应磨去剪切边缘的飞刺及气割边缘的挂渣、切口棱角的波纹，同时应将崩坑等缺陷部位磨修匀顺。

24.3.12 零件成型

1. 对需接料的零件，根据拼板图布置焊缝进行焊接。底板、腹板对接拼板在对接拼焊平台上进行，采用埋弧自动焊工艺。

2. 对所有腹板、底板、翼板的接料必须注意其轧制方向应与箱梁长度方向一致。接料焊接时应先焊横缝，后焊纵缝。

3. 钢板对焊电流较大，对于局部残余变形，在焊后采用振动整平方法、在拼焊后的整板上整平，同时消除释放焊接应力。

4. 对接焊后及时进行焊缝探伤检测。

5. 成型零件表面清理干净后进行工序检查并依据施工图编写零件号。所有零件检查无误后进行部件组装，然后进行双面贴角焊接。

24.3.13 部件组装

1. 所有零件检查无误后进行部件组装，成型后进行矫正，保证其外部尺寸：

2. 钢箱梁中的腹板与上翼板组装成一组部件。

3. 横隔板可将上翼板及其加劲肋（劲板）和人孔组装成一个独立的部件后进行焊接。

4. 横隔板组对：隔板→隔板劲板组对→护筒（人孔）组装→上翼板组对→检查→焊接→部件检查。

5. 腹板组对：腹板→腹板组对→腹板劲板组对→检查→焊接→清理→部件检查。

6. 翼板组对：翼板→翼板组对→检查→焊接→清理→部件检查。

7. 底板组对：底板→砥板组对→检查→焊接→清理→部件检查。

8. 加强对底板、翼板尺寸较大零件的保护，采用工具梁（扁担梁）等工具进行吊装，防止变形。

24.3.14 节段组装

1. 组装应在规定的工作台上或工艺装备内进行。组装前，对所有部件几何尺寸、制造质量进行检查，合格后方可进行段节组装。节段组装按工艺单规定的步骤将各部件依次拼装到位，只进行初步焊接（定位焊），将所有部件组装完毕，经总体检验合格后，按焊接工艺规定的焊接顺序依序进行整体焊接。

2. 对装配件表面及沿焊缝每边 30~50mm 范围内的铁锈、毛刺和油污清理干净。

3. 在零部件上画出其坐标等分线、定位线和定位基准线以及关键中心线，并打上标记。

4. 对底板进行胎上定位，用压板螺栓固定。

5. 装配中央腹板和横隔板。

6. 对两侧腹板进行组装时应注意对准底板上的坐标等分线。

7. 定位焊所采用的焊接材料型号应与焊件材质相匹配。焊缝厚度不宜超过设计焊缝厚度的 2/3，且不应大于 7mm；焊缝长度 50~100mm，间距 400~600mm。定位焊缝必须布置在焊道内并距端头 30mm 以上。

8. 安装底部纵长筋板及内部筋板。

9. 钢箱梁组装后，对无用的夹具及时拆除，拆除夹具时不得损坏母材，不得锤击。

10. 体外索安装主要包括锚垫板、外套管、转向器及导向管等，体外索安装精度要求高，必须精确定位，首先按照设计图进行校核，数据无误后出图用于指导施工。体外索张拉端位于钢箱梁两端头横隔板位置，必须在钢箱梁两端头处进行加固，防止底板的横向变形。

24.3.15 焊接

1. 焊接工艺评定

1）在首次焊接工作之前或材料、工艺在施工过程中遇有须重新评定的变化，必须分别进行焊接工艺评定试验。焊接工艺评定按现行《铁路钢桥制造规范》TB 10212 进行。

2）评定条件应与产品条件相对应，评定必须使用与产品相同的钢材、焊接材料及焊接方法；板材宜选用碳、磷、硫等化学成分偏标准上限且冲击韧性偏下限的母材制备。

3）焊接工艺评定均应进行对接接头试验和 T 型接头试验。对接接头应按设计要求的钢箱梁板厚范围选择，每一范围选择一种；角接 T 型接头按焊脚尺寸选择板厚。

4）试件接头的质量应符合《铁路钢桥制造规范》TB 10212 规定要求。

5）试件接头机械性能试验的方法、试件数量及试验项目应符合《铁路钢桥制造规范》TB 10212 附录 C 规定要求。

6）焊接工艺评定报告包括以下内容：

母材和焊接材料的牌号、规格、化学成分和机械性能；试板图；试件的焊接条件及施焊工艺参数；焊缝检验结果；机械性能试验及宏观断面酸蚀试验结果；结论。

2. 焊接工艺

钢箱梁焊接工艺应根据焊接工艺评定报告编制。

3. 焊工资质

钢箱梁焊接作业，根据不同的焊接方法和焊缝类型，焊工应具备相应的焊工资格；焊工应经过考试合格，取得资格证书后方可从事焊接工作。焊工停焊时间超过 6 个月，应重新考核。

4. 焊前准备

焊接前必须对焊接区 100mm 范围内的铁锈、毛刺、油污清除干净；焊接时不得使用药皮脱落、焊芯生锈和未经烘干的焊条;焊丝使用前应清除油污、铁锈;焊剂应保持干净,不得混入杂质;CO_2 气瓶应彻底排水以防止焊接时产生气孔。

5. 焊接坡口

焊接坡口按设计图纸加工,设计无要求时按焊接工艺卡或作业指导书要求加工。

6. 焊接环境温度

工厂焊接宜在室内进行。湿度不宜高于 80%。焊接环境温度低合金钢不应低于 5℃,普通碳素结构钢不得低于 0℃。主要杆件应在组装后 24h 内焊接。

7. 预热

低合金高强度结构钢厚度在 25mm 以上时进行定位焊、手弧焊及埋弧焊时应进行预热处理,预热温度 80~120℃,预热范围为焊缝两侧,宽度 50~80mm。厚度大于 50mm 的碳素结构钢焊接前应进行预热。

8. 焊接材料烘干

焊条、焊剂使用前应按产品说明书规定的烘焙时间和温度进行烘焙;焊剂中的杂质、焊丝上的油锈必须清除干净;CO_2 气体纯度应大于 99.5%;低氢型焊条经烘焙后应放入保温桶内,随用随取;不得使用药皮脱落或焊芯生锈的焊条和受潮结块的焊剂。

9. 定位焊应按下列规定进行:

1)施焊前应按施工图或工艺文件检查焊件坡口尺寸、根部间隙等,不合要求不能定位焊;

2)所采用的焊接材料型号应与焊件材质相匹配,使用前应按说明书规定的烘焙参数进行烘焙;

3)定位焊缝应距设计焊缝端部 30mm 以上;焊缝长宜为 50~100mm,间距 400~600mm,焊脚尺寸不得大于设计焊脚尺寸的 1/2;

4)定位焊不得有裂纹、气孔、夹渣、焊瘤等缺陷,如有缺陷,应查明原因,清除后重焊。

10. 焊接工艺

1)焊接必须根据不同的焊接位置、板材规格选择不同的焊接工艺;

2)施焊时母材的非焊接部位严禁焊接引弧;

3)多层焊接宜连续施焊,应注意层间温度;每一层焊缝焊完后应及时清理检查,清除药皮、熔渣、溢流和其他缺陷后,再焊下一层;

4)埋弧自动焊焊接前必须加设 150mm×150mm 的引弧板、熄弧板,焊接时必须在距焊件端部 80mm 以外的引弧板、熄弧板上进行起弧、熄弧;埋弧自动焊焊接过程中不应断弧,如有断弧必须将断弧处刨或磨成 1:5 斜坡后再继续搭接 50mm 施焊。

5)焊接后焊缝附近温度尚在 500℃ 左右时,应对焊缝及其附近区域进行锤击,以减小收缩应力和变形、改善金属组织和提高焊缝接头机械性能。

6)焊接后应待焊缝稍冷却,再敲去熔渣。

11. 焊缝修磨和返修时应符合下列规定:

1)杆件焊接后两端引弧板气割切除并磨平切口,不得损伤杆件;

2)焊脚焊缝尺寸超出表 24.4.18 中允许的正偏差的焊缝,及小于 1mm 超差的咬边应磨修匀顺;

3）焊缝咬边超过 1mm 或外观超出负偏差的缺陷应用手弧焊进行返修焊；低合金高强度结构钢钢板厚度大于 25mm 时，返修焊应预热 100~150℃；

4）返修焊采用埋弧焊、半自动焊时，必须将清除部位的焊缝两端刨成 1:5 的斜坡，再进行焊接；

5）返修后的焊缝应随即铲磨匀顺，并按原质量要求进行复检。返修焊次数不宜超过两次。

12. 焊接完毕应清理焊缝表面的熔渣及两侧的飞溅物，检查焊缝外观质量。

24.3.16 焊缝检验

1. 焊接完毕，所有焊缝必须进行外观检查。外观检查合格后，应在 24h 后进行无损检验。

2. 进行超声波探伤，内部质量分级应符合表 24.3.16-1 的规定。其他技术要求按《钢焊缝手工超声波探伤方法和探伤结果分级》GB/T 11345 执行。

表 24.3.16-1　焊缝超声波探伤内部质量等级

序　号	项　　目	质　量　等　级	适　用　范　围
1	对接焊缝	Ⅰ	主要杆件受拉横向对接焊缝
2		Ⅱ	主要杆件受压横向对接焊缝、纵向对接焊缝
3	角焊缝	Ⅱ	主要角焊缝

3. 箱形杆件棱角焊缝探伤最小有效厚度为 $\sqrt{2t}$（t 为水平板厚度）。

4. 焊缝超声波探伤范围和检验等级应符合表 24.3.16-2 规定。

表 24.3.16-2　焊缝超声波探伤范围和检验等级

序号	项　　目	探伤比例	探伤部位（mm）	板厚（mm）	检验等级
1	Ⅰ、Ⅱ级横向对接焊缝		全长	10~46	B
				>46~56	B（双面双侧）
2	Ⅱ级纵向对接焊缝	100%	两端各 1000	10~46	B
				>46~56	B（双面双侧）
3	Ⅱ级角焊缝		两端螺栓孔部位并延长 500，板梁主梁及纵、横梁跨中加探 1000	10~46	B
				>46~56	B（双面双侧）

5. 对接焊缝除应按规定进行超声波探伤外，尚须进行射线探伤检验，探伤数量不得少于 10%，并不得少于一个接头，探伤范围为焊缝两端各 250~300mm，焊缝长度大于 1200mm 时，中部增加探伤范围 250~300mm；焊缝的射线探伤应符合《金属熔化焊焊接接头射线照相》GB/T 3323 的规定，射线照相质量等级为 B 级；焊缝内部质量为 Ⅱ 级。

6. 进行局部超声波探伤的焊缝，当发现裂纹或较多其他缺陷时，应扩大该条焊缝探伤范围，必要时可延长至全长；进行射线探伤的焊缝，当发现裂纹和较多其他缺陷时应加倍检验。

7. 经射线和超声波两种探伤方法检查的焊缝，两种方法应达到各自质量标准，方可认为合格。

24.3.17 减少焊后变形和残余应力措施：

1. 尽量减少焊缝的数量和尺寸，使焊缝间保持足够的距离；

2. 焊缝分布要对称、合理，并尽量将焊缝布置在最大工作区域以外；

3. 应合理选择焊接顺序和方向，先焊收缩量较大的焊缝；先焊错开的短焊缝，后焊通长焊缝；先焊在工作时受力较大的焊缝，长焊缝焊接时从中间向两端分段跳焊，使内力分布更加合理。

4. 底板、腹板对接焊缝开不对称 X 形坡口，双面对称焊接。

5. 采用变形较小的 CO_2 半自动焊、埋弧自动焊。

6. 合理的组焊顺序是保证构件质量的关键，钢箱梁的组焊顺序如下：

底板拼焊→底板与隔板组焊→底板与底纵筋点焊→底板与腹、翼板组件组焊→先焊底板与腹板主角缝→再焊隔板与底板、腹板的角缝→后焊底板与底纵筋板角缝；

另外还有：先进行隔板与加劲板组焊，再进行底板与隔板组焊；

先进行腹板与加劲板组焊、再进行翼板与腹板组焊、最后进行底板与腹、翼板组件组焊。

7. 焊接时应将焊件固定，可采用刚性法固定，焊完后将固定措施放开。

8. 施焊前，应施加与焊接变形相反的一定的预变形，焊接完毕后，变为需要的形状。

9. 焊接后残余应力的消除

1）焊件整体高温回火。回火热处理的温度，碳素钢和低中合金钢大约为 580~680℃。

2）局部温度回火。只适用于比较简单的约束度较小的焊接接头，并应保证具有足够的加热宽度，可采用气焰、红外线、间接电阻和高频感应加热的方法。

3）机械拉伸法，加载于焊件结构上，使焊接塑性区受到拉伸，从而减少由焊接引起的局部压缩变形量，使残余内应力降低。

4）温度差拉伸法（低温消除残余内应力法）。在焊缝两侧各用一个适当宽度的氧—乙炔焰加热，在焰炬后一定距离处喷水进行冷却，即可形成一个焊缝区温度低、焊缝两侧温度高的温度场，使残余应力消除。

5）振动法。利用振动所产生的变载应力来消除残余应力的方法。

24.3.18　残余变形的矫正

1. 机械矫正法。用油压机、千斤顶、多辊平板机等机具对焊件施加外力，从而形成与焊件变形方向相反的变形，达到矫正的目的。使用时应注意：

1）对于高强度钢构件，在使用该方法时应慎重；

2）使用多辊平板机进行矫正时；只使用于薄板焊件；

3）对于焊缝比较规则的薄板结构，可使用窄轮碾压机圆盘形辊轮，对焊缝及其两侧进行碾压，使之延伸以消除焊件变形。

2. 火焰矫正法。金属局部经过火焰加热后会引起新的变形，该变形与焊接变形相互抵消，从而达到矫正的目的。使用时应注意：

1）须掌握好火焰加热后钢材的变形规律，正确定出加热位置。

2）控制好加热温度和适当的加热量。

3）经过热处理的高强度钢的加热温度不应超过回火温度。

24.3.19　高强螺栓连接部摩擦面的加工及试验

1. 采用喷砂进行摩擦面的加工。除锈应在制作质量合格后进行，除锈质量应符合设计要求；除锈方法和除锈等级设计无规定时，其质量要求应符合《涂装前钢材表面锈蚀等级和除锈等级》GB 8923 规定。

2. 喷砂合格后进行喷铝处理，喷铝施工严格按规范进行。

3. 加工后的摩擦面抗滑移系数值应符合设计要求。

4. 加工后的摩擦面不得有飞边、毛刺、焊疤或污损。

5. 加工后的摩擦面应进行抗滑移系数试验，最小值应符合设计要求，运输过程中应对摩擦面进行保护，不得损伤摩擦面。

6. 在对螺栓连接部进行摩擦面加工的同时，按相同的加工方法用相同的材料制作三套试件，保留到安装时再进行抗滑移系数的复验。在运输过程中试件摩擦面不得损伤。

24.3.20 制孔

1. 制孔采用机床（钻床）加工，制孔使用钻孔样板，可采用先孔法或后孔法，采用先钻孔后组焊工艺时，钻孔样板应预留焊接收缩量。连接板螺栓孔与箱梁端部螺栓孔应配套进行加工。

2. 制孔应采用钻孔样板、应有足够的刚度，样板厚度不小于 12mm。固定式钻孔样板（立体样板）应考虑温度变化的影响。钻孔样板制造必须按施工图检查零件规格尺寸，核对无误后方可钻孔，保证钢箱梁孔位准确。

3. 螺栓孔应成正圆柱形，孔壁光滑，孔缘无损伤不平，刺屑及污垢应清除干净。

4. 组装件可预钻小孔，组装后进行扩钻。预钻孔径至少较设计孔径小 3mm，扩钻孔严禁飞刺和铁屑进入板层。

5. 对卡固式样板钻孔的杆件，应检查样板外形尺寸和制造偏差，并将误差均分。

6. 钻孔时应经常检查钻孔套模的质量情况，如套模松动或磨损超限时，应及时更换。

24.3.21 剪力钉焊接

1. 采用专用螺柱焊钉焊机进行施焊，其焊接设备设置专用配电箱及专用线路。焊接人员须经专业培训，合格后持证上岗。焊钉正式施焊前应做 3 组以上焊钉试件，确定最佳焊接工艺和参数。焊前应先制作两套试验件，试件应按《电弧螺柱焊用圆柱头焊钉》GB/T 10433 进行抗拉强度试验。

2. 焊钉必须符合规范和设计要求。焊钉有锈蚀时，需经除锈后方可使用，严重锈蚀的焊钉不可使用。

3. 采用直流正接。为防止直流电弧磁偏吹，地线尽量对称布置在焊件两侧。

4. 在施焊面放线，画出焊钉的准确位置。

5. 对该点进行除锈、除漆、除油污处理，以露出金属光泽为准，并使施焊点局部平整。

6. 电弧保护瓷环摆放就位且瓷环要保持干燥。

7. 焊后根部均匀，饱满，用榔头击成 15°~30°，焊缝不产生裂纹。

24.3.22 试拼装

1. 试装时应根据试装施工图进行。

2. 试拼装前在拼装场地上按 1:1 放出大样，在大样之上按图纸要求放置刚性支撑体，支撑体上表面标高及形状按桥梁箱体要求进行设置。试拼装放线必须正确，且要与现场墩柱实际测量值吻合。

3. 钢梁试拼装前的杆件应将孔边的飞刺、板层间刺屑、边缘飞刺、电焊溶渣飞溅物等清除干净，杆件边缘和端部的允许缺陷均应铲磨匀顺。

4. 试拼装中应充分考虑气温及各种影响测量及钢材物理性能的因素，段节的结合部应保持自然吻合状态，严禁出现强力组对现象。

5. 试装时，螺栓应紧固、板层密贴，冲钉不得少于孔眼总数的 15%，螺栓不得少于孔眼的 25%。

6. 试装应有详细检查记录，合格后方可出厂。

24.3.23 厂内涂装

1. 在钢梁组装焊接完成后喷漆前进行整体喷砂。喷砂和涂装应在制作质量检验合格后进行。

2. 构件表面除锈方法与除锈等级应与设计要求相适应。除锈方法和除锈等级设计无规定时，其质量要求应符合《涂装前钢材表面锈蚀等级和除锈等级》GB 8923 规定。

3. 除锈处理符合要求后，首层底漆于 2h 内开始、8h 内完成。涂装时的环境温度和相对湿度应符合涂料说明书的规定，当产品说明书无规定时，环境温度宜在 5 ~ 38℃ 之间，相对湿度不应大于 85%，当相对湿度大于 75% 时应在 4h 内涂完。

4. 需在工地采用焊缝连接处的两侧应留出 30 ~ 50mm 宽暂不涂装。

5. 涂料、涂装层数应符合设计要求；当设计无规定时，可按下列规定执行：

1）栓焊梁杆件底漆两道，工地安装孔部位涂刷能保证防滑移系数的防锈材料；

2）纵梁、上承板梁和箱梁上盖板顶面涂耐磨底漆两道（高强度螺栓孔部位除外）；

3）箱形梁内部涂装环氧沥青厚浆底漆一道，环氧沥青厚浆面漆一道；或涂装环氧富锌底漆两道，环氧防腐漆两道；

4）备用梁涂底漆两道，面漆一道。

6. 涂层厚度应符合设计要求；当设计无规定时，涂层干漆膜总厚度为 150μm。当规定层数达不到最小干漆膜总厚度时，应增加涂层层数。

7. 涂装应在天气晴朗、无三级以上大风时进行，涂装时构件表面不应有结露，涂装后 4h 内应保护免受雨。杆件码放应在涂层实干后进行。遇漆膜损伤，应及时补涂。

24.3.24 钢桥成品出厂时，应提交下列文件：

1）产品合格证；

2）钢材和其他材料质量证明书和检验报告；

3）施工图，拼装简图；

4）工厂高强度螺栓摩擦面抗滑移系数试验报告；

5）焊缝重大修补记录；

6）产品试板的试验报告；

7）工厂试装记录（有试装者）；

8）杆件发送表和包装清单。

24.3.25 钢梁构件的支点及吊点位置应符合设计要求。吊环（吊孔）及焊缝应经计算确定。

24.3.26 桥梁杆件在存放和运输时应保证杆件不变形、不损伤。

24.3.27 高强度螺栓应符合本规程第 24 章规定。

24.3.28 季节性施工

1. 雨期施工

1) 钢箱梁的制造在露天室外作业，雨期应注意天气情况，电焊机设置地点应防潮、防雨水、防漏电。

2) 钢箱梁制作、施焊不得在有水或直接雨淋的条件下施工。钢梁潮湿时不得进行焊接作业。

3) 雨天及相对湿度大于85%不进行除锈、涂装作业。

4) 试拼装不得在雨天进行。

2. 冬期施工

1) 桥梁所选用的焊接材料必须是低温抗裂性好的焊材。使用前必须按焊条使用说明书的要求进行烘干，装入保温筒内随取随用。

2) 焊前应将坡口及坡口两侧各50mm范围内覆盖的冰、霜、雪采用氧乙炔火焰进行烤干后，才能焊接。

3) 当低合金高强度结构钢板厚度大于25mm时，焊接前须将坡口两侧各100mm范围内预热至80~120℃。焊接应连续进行，中间不应中断；如出现中断，在下次开始焊接前，应仔细检查，并重新进行预热，预热可采用氧乙炔火焰加热或电阻加热，并保持层间温度不低于预热温度。焊缝完成后，应立刻用保温棉进行保温、缓冷。

24.4 质量标准

钢 材
主 控 项 目

24.4.1 桥梁建筑用的钢板及型钢，其质量应符合《桥梁用结构钢》GB/T 714 的规定。钢铸件的品种、规格、性能等应符合现行国家产品标准和设计要求。进口钢材的质量应符合设计要求和合同规定标准的要求。

检验数量：全部。

检验方法：检查质量合格证明文件和检验报告等。

24.4.2 对属于下列情况之一的钢材，应进行抽样复验，其复验结果应符合现行国家产品标准和设计要求。

1) 国外进口钢材；

2) 钢材混批；

3) 板厚等于或大于40mm，且设计有 Z 向性能要求的厚板；

4) 主梁、主拱等主要受力构件采用的钢材；

5) 设计有复验要求的钢材；

6) 对质量有疑义的钢材。

检验数量：全部。

检验方法：检查复验报告等。

一 般 规 定

24.4.3 桥梁用钢板的尺寸、外形、重量及允许偏差应符合《热轧钢板和钢带的尺寸、外形、重量及允许偏差》GB/T 709 的规定。

检验数量：全部。

检验方法：检查复验报告等。

24.4.4 桥梁用型钢的尺寸、外形、质量及允许偏差应符合其产品标准的规定。

检验数量：每一品种、规格的型钢抽查 5 处。

检验方法：用钢尺量和游标卡尺量测。

24.4.5 钢材表面不得有裂纹、气泡、结疤、折叠、夹杂，钢材不得有分层。如有上述表面缺陷允许清理，清理深度不应大于钢材厚度公差之半，并保证最小厚度。清理处应平滑无棱角。

检验数量：全部。

检验方法：观察，判断疑似分层或夹杂性质可借助显微镜金相分析。

焊 接 材 料
主 控 项 目

24.4.6 焊接材料的品种、规格、性能应符合现行国家产品标准和设计要求。

检查数量：全数检查。

检验方法：检查焊接材料的质量合格证明文件及检查报告等。

24.4.7 焊接材料应进行抽样复验，复验结果应符合现行国家产品标准和设计要求。

检查数量：按有关国家标准规定。

检验方法：检查复验报告。

一 般 项 目

24.4.8 焊钉和焊接瓷环的规格、尺寸及应符合《电弧螺柱焊用圆柱头焊钉》GB/T 10433 中的规定。设计有要求时，按设计文件规定。

检验数量：按量抽查 1%，且不应少于 10 包。

检验方法：用尺和游标卡尺量测。

24.4.9 焊条外观不应有药皮脱落、焊芯生锈等缺陷；焊剂不应受潮结块。焊丝表面涂层均匀，不得出现无镀层的斑点。每盘焊丝必须完整，只允许有两个丝头。

检验数量：按量抽查 1%，且不应少于 10 包。

检验方法：观察。

涂 装 材 料

24.4.10 钢结构防腐涂料、稀释剂和固化剂及喷锌、喷铝等材料的品种、规格、性能应符合现行国家产品标准和设计要求。

检验数量：全部。

检验方法：检查产品的质量合格证明文件及检验报告等。

一 般 项 目

24.4.11 防腐涂料的型号、名称、颜色及有效期应与质量证明文件相符。开启后，不应存在结皮、结块、凝胶等现象。

检验数量：按桶数抽查，且不应少于 3 桶。

检验方法：观察。

构 件 焊 接
主 控 项 目

24.4.12 焊条、焊丝、焊剂、电渣焊熔嘴等焊接材料与母材的匹配应符合设计要求及国家现行行业标准的规定。焊条、焊剂、药芯焊丝、熔嘴等在使用前，应按其产品说明书及焊接工艺文件的规定进行烘焙和存放。

检查数量：全数检查。

检验方法：检查质量合格证明书和烘焙记录。

24.4.13 首次采用的钢材、焊接材料、焊接方法、焊前预热、焊后热处理等，应进行焊接工艺评定，并应根据评定报告确定焊接工艺。

检查数量：全数检查。

检验方法：检查焊接工艺报告。

24.4.14 设计要求全焊透的一、二级焊缝应采用超声波探伤进行内部缺陷检验，超声波探伤不能对缺陷作出判断时，应采用射线探伤，其内部缺陷分级及探伤方法应符合《钢焊缝手工超声波探伤方法和探伤结果分级》GB 11345 或《金属熔化焊焊接接头射线照相》GB/T 3323 的规定。

1. 焊缝超声波探伤内部质量分级应符合表 24.4.14-1 的规定。

表 24.4.14-1　焊缝超声波探伤内部质量等级

序 号	项 目	质 量 等 级	适 用 范 围
1	对接焊缝	Ⅰ	主要杆件受拉横向对接焊缝
2		Ⅱ	主要杆件受压横向对接焊缝、纵向对接焊缝
3	角焊缝	Ⅱ	主要角焊缝

2. 焊缝超声波探伤范围和检验等级应符合表 24.4.14-2 规定；距离—波幅曲线灵敏度及缺陷等级评定应符合《北京市城市桥梁工程施工技术规程》附录 P 的规定；其他技术要求应符合《钢焊缝手工超声波探伤方法和探伤结果分级》GB 11345 的规定；

表 24.4.14-2　焊缝超声波探伤范围和检验等级

序号	项 目	探伤比例	探伤部位（mm）	板厚（mm）	检验等级
1	Ⅰ、Ⅱ级横向对接焊缝	100%	全长	10～46	B
				>46～56	B（双面双侧）
2	Ⅱ级纵向对接焊缝	100%	两端各 1000	10～46	B
				>46～56	B（双面双侧）
3	Ⅱ级角焊缝	100%	两端螺栓孔部位并延长 500，板梁主梁及纵、横梁跨中加探 1000	10～46	B
				>46～56	B（双面双侧）

3. 主要杆件受拉横向对拉焊缝应按接头数量的 10%（不少于一个焊接接头）进行射线探伤。范围为焊缝两端各 250～300mm，焊缝长度大于 1200mm 时，中部增加探伤范围

$250 \sim 300$mm。

4. 焊缝的射线探伤应符合《金属熔化焊焊接接头射线照相》GB/T 3323 的规定，射线照相质量等级为 B 级；焊缝内部质量为 II 级。

5. 进行局部超声波探伤的焊缝，当发现裂纹或较多其他缺陷时，应扩大该条焊缝探伤范围，必要时可延长至全长；进行射线探伤的焊缝，当发现超标缺陷时应加倍检验。

6. 用射线和超声波两种方法检验的焊缝，必须达到各自的质量要求，该焊缝方可认为合格。

检验数量：全部。

检验方法：检查超声波或射线探伤报告。

24.4.15 产品试板检验应符合下列要求：

1. 受拉横向对接焊缝应按表 24.4.15 规定的数量焊接产品试板，探伤后进行接头拉伸、侧弯和焊缝金属低温冲击试验，试验数量和试验结果应符合焊接工艺评定的有关规定。

表 24.4.15　产品试板数量

接 头 长 度	接 头 数 量（个）	产品试板数量（件）
≤400	15	1
>400～1000	10	
>1000	5	

2. 若试验结果不合格，可在原试板上重新取样试验，如试验结果仍不合格，则应先查明原因，然后对该试板代表的接头进行处理。

检验数量：按表 24.4.15 的规定。

检验方法：检查试验报告。

24.4.16 焊缝表面不得有裂纹、焊瘤等缺陷。一级、二级焊缝不得有表面气孔、夹渣、弧坑裂纹、电弧擦伤等缺陷。且一级焊缝不得有咬边、未焊满、根部收缩等缺陷。对主要受力构件的受拉部位的凹形焊缝和设计规定的焊缝必须进行打磨。

检验数量：每批同类构件抽查 10% 且不应少于 3 件；被抽查构件中，每一类型焊缝按条数抽查 5%，且不少于 1 条；每条检查 1 处，总抽查数不应少于 10 处。

检验方法：观察检查或使用放大镜、焊缝量规和尺量。按设计要求，对不同类型焊缝采用磁粉探伤、超声探伤、X 射线照相等项全做或组合选项的无损探伤检查。

一 般 项 目

24.4.17 对于需要进行焊前预热或焊后热处理的焊缝，其预热温度或后热温度应符合国家现行有关标准的规定或按设计要求通过工艺试验确定。预热区在焊道两侧，每侧宽度均应大于焊件厚度的 1.5 倍以上，且不小于 100mm；后热处理应在焊后立即进行，保温时间应根据板厚按 25mm 板 1h 确定。

检验数量：全部。

检验方法：检查预热或后热施工记录和工艺试验报告。

24.4.18 焊接外观质量应符合表 24.4.18 规定。

检查数量：每批同类构件抽查 10%、且不少于 3 件；被抽查构件中，每一类型焊缝按条数抽查 5%，且不少于 1 条；每条检查 1 处，总抽查数不应少于 10 处。

检验方法：观察检查或使用放大镜、焊缝量规和尺量。

表 24.4.18 焊接外观质量标准

序号	项 目	质 量 要 求（mm）		
1	气孔	横向对接焊缝	不允许	
		纵向对接焊缝、主要角焊缝	直径小于 1.0	每 m 不多于 3 个，间距不小于 20
		其他焊缝	直径小于 1.5	
2	咬边	受拉杆件横向对接焊缝及竖加劲肋角焊缝（腹板侧受拉区）	不允许	
		受压杆件横向对接焊缝及竖加劲肋角焊缝（腹板侧受压区）	≤0.3	
		纵向对接焊缝及主要角焊缝	≤0.5	
		其他焊缝	≤1.0	
3	焊脚尺寸	主要角焊缝	+20，0	
		其他焊缝	+20，−10	
4	焊波	角焊缝	任意 25mm 范围内高低差≤2.0	
5	余高	对接焊缝	焊缝宽 $b<12$ 时，≤3.0	
			$12<b≤25$ 时，≤4.0	
			$b>25$ 时，≤$4b/25$	
6	余高铲磨后表面	横向对接焊缝	不高于母材 0.5	
			不低于母材 0.3	
			粗糙度 Ra50	

24.4.19 返修焊缝应按原焊缝质量检验；同一部位的返修不宜超过两次。

检查数量：全数检查。检验方法：检查施工记录或返修记录。

24.4.20 焊钉根部焊脚均匀，焊脚立面的局部未熔合或不足 360°的应进行修补。

检查数量：焊钉总数抽查 1%、且不少于 10 个。

检验方法：观察检查。

24.4.21 焊缝外观应达到外形连续、均匀、饱满，成型较好；焊道与焊道、焊道与基本金属间过渡较平滑，焊渣和飞溅物基本清除干净。

检查数量：每批同类构件抽查 10%、且不少于 3 件；被抽查构件中，每种焊缝按条数抽查 5%，且不少于 1 条，总抽查数不应少于 10 处。

检验方法：观察。

切　　割
主 控 项 目

24.4.22 钢材切割面或剪切面应无裂纹、夹渣、分层和大于 1mm 的缺棱。

检验数量：全部。

检验方法：观察或用放大镜及百分尺检查，有疑义时作渗透、磁粉或超声波探伤、X射线拍片检查。

一 般 项 目

24.4.23 气割允许偏差应符合表 24.4.23 的规定。

表 24.4.23 气割允许偏差

序号	项 目	允许偏差（mm）	检 验 频 率		检 验 方 法
			范 围	点 数	
1	零件宽度、长度	±2.0			用钢尺量
2	切割面平面度	0.05t，且≯2.0	抽查10%，且不少于3个	1	用水平尺量
3	割纹深度	0.3			
4	局部缺口深度	1.0			用塞尺量

注：表中 t 为切割面厚度。

检验数量和检验方法：按表 24.4.23 的规定检验。

24.4.24 机械切割允许偏差应符合表 24.4.24 的规定。

表 24.4.24 机械切割允许偏差

序号	项 目	允许偏差（mm）	检 验 频 率		检 验 方 法
			范 围	点 数	
1	零件宽度、长度	±2.0		1	用钢尺量
2	边缘缺棱	1.0	抽查10%，且不少于3个		
3	型钢端头垂直度	2.0			用角尺量

检验数量和检验方法：按表 24.4.24 的规定检验。

边 缘 加 工
主 控 项 目

24.4.25 气割或机械切割的零件，需要进行边缘加工时，其刨削量不应小于2.0mm。

检验数量：全部。

检验方法：检查工艺报告和施工记录。

一 般 项 目

24.4.26 边缘加工允许偏差应符合表 24.4.26 的规定。

表 24.4.26 边缘加工允许偏差

序号	项 目	允许偏差（mm）	检 验 频 率		检 验 方 法
			范 围	点 数	
1	零件宽度、长度	±1.0			用钢尺量
2	加工边直线度	L/3000，且≯2.0			
3	相邻两边夹角	±6′	抽查10%，且不少于3个	1	用角尺量
4	加工面垂直度	0.025t，且≯0.5			
5	加工面表面粗糙度	50μm			用钢尺量

注：表中 L 为构件长；t 为厚度。

检验数量和检验方法：按表 24.4.26 的规定检验。

制 孔
主 控 项 目

24.4.27 A、B 级螺栓孔（Ⅰ类孔）应具有 H12 的精度，孔壁表面粗糙度 Ra 不得大于 12.5μm，其允许偏差应符合表 24.4.27-1 的规定。

表 24.4.27-1 A、B 级螺栓孔径的允许偏差

序号	螺栓公称直径或螺栓孔直径	允 许 偏 差（mm）		检 验 频 率		检 验 方 法
		螺栓公称直径	螺栓孔直径	范 围	点 数	
1	10~18	0，−0.18	+0.18，0	抽查 10%，且不少于 3 件	1	用游标卡尺或孔径量规检查
2	18~30	0，−0.21	+0.21，0			
3	30~50	0，−0.25	+0.25，0			

检验数量和检验方法：按表 24.4.27-1 的规定检验。

C 级螺栓孔（Ⅱ类孔）孔壁表面粗糙度 Ra 不得大于 25μm，其允许偏差应符合表 24.4.27-2 的规定。

表 24.4.27-2 C 级螺栓孔径的允许偏差

序 号	项 目	允许偏差（mm）	检 验 频 率		检 验 方 法
			范 围	点 数	
1	直径	+0.18，0	抽查 10%，且不少于 3 件	1	用游标卡尺或孔径量规检查
2	圆度	2.0			
3	垂直度	$0.3t$，且 $\not> 2.0$			

注：t 为钢板厚度。

检验数量和检验方法：按表 24.4.27-2 的规定检验。

24.4.28 螺栓孔孔径允许偏差应符合表 24.4.28 的规定。

表 24.4.28 螺栓孔孔径允许偏差

序号	项 目		允许偏差（mm）	检 验 频 率		检 验 方 法
	螺栓直径	螺栓孔径（mm）		范 围	点 数	
1	M12	14	+0.5，0		1	用游标卡尺或孔径量规检查
2	M16	18	+0.5，0			
3	M20	22	+0.7，0	抽查 10%，且不少于 3 件		
4	M22	24	+0.7，0		2	
5	M24	26	+0.7，0			
6	M27	29	+0.7，0			
7	M30	33	+0.7，0			

检验数量和检验方法：按表 24.4.28 的规定检验。

24.4.29 螺栓孔孔距允许偏差应符合表 24.4.29 的规定。

表 24.4.29 螺栓孔孔距允许偏差

序号	螺栓孔孔距范围		允 许 偏 差（mm）			检 验 频 率		检验方法
			主 要 杆 件		次 要 杆 件	范 围	点 数	
			桁梁杆件	板梁杆件				
1	两相邻孔距		±0.4	±0.4	±0.4（±1.0）②	抽查10%，且不少于3件	1	用钢尺量
2	多组孔群两相邻孔群中心距		±0.8	±1.5	±1.0（±1.5）②			
3	两端孔群中心距	L≤11m	±0.8	±4.0①	±1.5			
		L>11m	±1.0	±8.0①	±2.0			
4	孔群中心线与杆件中心线的横向偏移	腹板不拼接	2.0	2.0	2.0			
		腹板拼接	1.0	1.0	-			

① 连接支座的孔群中心距允许偏差；
② 括号内数值为人检结构的允许偏差。

检验数量和检验方法：按表的规定检验。

杆 件 组 装

24.4.30 杆件组装允许偏差应符合表24.4.30-1、表24.4.30-2 按规定。

表 24.4.30-1 杆件组装允许偏差

序号	简 图	检 查 项 目		允许偏差（mm）	检验频率		检验方法
					范围	点数	
1		对接高低差	t≥25				用钢尺量
			t<25				
		对接间隙 b		+1.0			
2		桁梁的箱形杆件宽度 b		±1.0（有拼接）			
		桁梁的箱形杆件对角线差		2.0			
		桁梁的H形杆件和箱形杆件高度 h		+1.5，0			
3		盖板中心与腹板中线的偏移 Δ		1.0	每件	2	
4		组装间隙 Δ		0.5			用塞尺量
5		纵横梁高度 h		+1.5，0			用钢尺量
		板梁高度 h	h≤2m	+2.0，0			
			h>2m				
6		盖板倾斜 Δ		0.5			

续表

序号	简 图	检 查 项 目		允许偏差（mm）	检验频率		检验方法
					范围	点数	
7		组合角钢肢高低差Δ	结合处	0.5	每件	2	用钢尺量
			其余处				
8		板梁，纵、横梁加劲肋间距s	有横向连接	±1.0			
			无横向连接	±3.0			
9		板梁腹板，纵、横梁腹板的局部平面度Δ		1.0			
10	磨光顶紧	局部缝隙		≤0.2			用塞尺量

检验数量和检验方法：按表 24.4.30-1 的规定检验。

表 24.4.30-2 杆件组装允许偏差

序号	简 图	检 查 项 目		允许偏差（mm）	检验频率		检验方法
					范围	点数	
1		箱形梁盖板、腹板的纵肋、横肋间距s		±1.0	每件	2	用钢尺量
2		箱形梁隔板间距s		±2.0			
3		箱形梁宽度b		±2.0			
		箱形梁高度h	$h \leqslant 2m$	+2.0 0			
			$h > 2m$	+4.0 0			
		箱形梁横断面对角线差		3.0			
		箱形梁旁弯f		5.0			

检验数量和检验方法：按表 24.4.30-2 的规定检验。

矫正和成型
主 控 项 目

24.4.31　碳素结构钢在环境温度低于 −16℃、低合金结构钢在环境温度低于 −12℃ 时，不得进行冷矫正和冷弯曲。主要受力零件作冷弯曲时，环境温度不宜低于 −5℃，内侧弯曲半径不得小于板厚的 15 倍，否则必须热弯，热弯温度应控制在 900~1000℃，冷弯曲后零件边缘不得产生裂纹。碳素结构钢和低合金结构钢加热温度不应超过 900℃，矫正后钢材温度应自然冷却。特殊型号桥梁结构钢的冷矫正、冷弯曲和加热矫正温度与工艺应符合产品说明书和设计要求。

碳素结构钢和低合金结构钢杆件，冷矫温度不宜低于 −5℃，冷矫总变形量不得大于 2%，且应缓慢加力；热矫温度应控制在 600~800℃ 之间，严禁过烧；不宜在同一部位多次重复加热。

检验数量：全部。

检验方法：检查制作工艺报告和施工记录。

24.4.32 当零件采用热加工成型时，加热温度应控制在 900~1000℃；碳素结构钢和低合金结构钢在温度分别下降至在 700~800℃ 之前，应结束加工；低合金结构钢应自然冷却。

检验数量：全部。

检验方法：检查制作工艺报告和施工记录。

一 般 项 目

24.4.33 钢材矫正后允许偏差、冷矫正和冷弯曲的最小曲率半径和最大曲矢高应符合表 24.4.33-1 和表 24.4.33-2 的规定。

表 24.4.33-1 钢材矫正后允许偏差

序 号	项 目	允许偏差（mm）		检 验 频 率		检 验 方 法
				范 围	点 数	
1	钢板的局部平面度	$t \le 14$	1.5	每件	1	用1m平尺量
		$t > 14$	1.0			
2	型钢弯曲矢高	$L/1000$，且 ≥ 5.0				拉线用钢尺量
3	角钢肢的垂直度	$b/100$，双肢栓接角钢的角度 $\ge 90°$			2	用直角尺及塞尺或尺量
4	槽钢翼缘对腹板的垂直度	$b/80$				
5	工字钢、H 型钢翼缘对腹板的垂直度	$b/100$				

注：表中 t 为钢板厚度；L 为型钢的长度；b 为角钢肢长或槽钢翼板长或工字钢翼板长；Δ 为偏差值。

表 24.4.33-2 冷矫正和冷弯曲的最小曲率半径和最大曲矢高

序 号	项目	对应轴	允 许 偏 差（mm）				检 验 频 率		检 验 方 法
			矫 正		弯 曲		范 围	点 数	
			r	f	r	f			
1	钢板、扁钢	$x—x$	$50t$	$L^2/400t$	$25t$	$L^2/200t$	按件数抽查10%且不少于3个	1	拉线用钢尺量
		$y—y$（仅对扁钢轴线）	$100b$	$L^2/800b$	$50b$	$L^2/400b$			
2	角钢	$x—x$	$90b$	$L^2/720t$	$45b$	$L^2/360b$			
3	槽钢	$x—x$	$50h$	$L^2/400h$	$25h$	$L^2/200h$		2	
		$y—y$	$90b$	$L^2/720b$	$45b$	$L^2/360b$			
4	工字钢	$x—x$	$50h$	$L^2/400h$	$25h$	$L^2/200h$			
		$y—y$	$50b$	$L^2/400b$	$25b$	$L^2/200b$			

注：r 为最小曲率半径；f 为最大曲矢高；t 为钢板厚度；L 为弯曲弦长；b 为角钢肢长或槽钢、工字钢翼板长。

检验数量：全部。

检验方法：按表 24.4.33-1 的规定检验。

检验数量和检验方法：按表 24.4.33-2 的规定检验。

24.4.34 矫正后的钢材表面，不得有明显的凹面或损伤，划痕深度不得大于 0.5mm 且不应大于该钢材厚度负允许偏差的 1/2。表面的不超限的划痕和损伤，都应进行磨光修整。

检验数量：全部。

检验方法：观察或尺量。

24.4.35 杆件矫正后允许偏差应符合表 24.4.35-1 和表 24.4.35-2 的规定。

表 24.4.35-1 板梁、桁梁杆件矫正允许偏差

序号	项 目		允许偏差（mm）	检验频率		检验方法
				范 围	点 数	
1	盖板对腹板的垂直度		0.2（有孔部位） 1.5（其余部位）		1	用直角尺和塞尺（或直尺）
2	盖板平面度		0.2（有孔部位） 1.0（其余部位）			用平尺和直尺
3	箱形杆件对角线差		2.0		2	用直角尺和塞尺（或直尺）
4	工形、箱形杆件的扭曲		3.0	每件		
5	板梁、纵、横梁腹板平面度		$h/500$，且 $\not> 5.0$			用直角尺和塞尺（或直尺）
6	工形、箱形杆件的弯曲纵横梁的旁弯		2.0（$l \leqslant 4000$） 3.0（$4000 < l \leqslant 16000$） 5.0（$l > 16000$）			拉线用钢尺量
7	板梁，纵、横梁的拱度 f		+3.0，0（不设拱度） +10.0，-3.0（设拱度）			拉线用钢尺量

表 24.4.35-2　箱型梁杆件矫正允许偏差

序号	项　目		允许偏差（mm）	检验频率		检验方法
				范围	点数	
1	盖板对腹板的垂直度 Δ		1.0（有孔部位）	每件	2	用直角尺和塞尺（或直尺）拉线用钢尺量用平尺和直尺
			3.0（其余部位）			
2	隔板弯曲 f		2.0（纵横向）		1	
3	腹板平面度 Δ		2.0（有孔部位）		1	
			横向 $h/250$		2	
			纵向 $L/500$		2	
4	盖板平面度 Δ		2.0（有孔部位）		1	
			横向 $S/250$		2	
			纵向 4m 范围 4.0		3	
5	腹板平面度		横向 $\Delta_1 = h/250$，且 $\geqslant 3.0$		2	
			纵向 $\Delta_2 = L_0/500$，且 $\geqslant 5.0$			
	盖板平面度		横向 $\Delta_3 = S/250$，且 $\geqslant 3.0$		3	
			纵向 $\Delta_4 = L_1/500$，且 $\geqslant 5.0$			
	扭曲		每米 $\leqslant 1$，且每段 $\geqslant 10$		1	

检验数量：按矫正件数抽查 10%。

检验数量和检验方法：按表 24.4.35-1 的规定检验。

检验数量和检验方法：按表 24.4.35-2 的规定检验。

钢结构的预拼装
主 控 项 目

24.4.36 钢梁杆件或零件的规格、质量除应符合设计要求外，还必须符合本规程第24.3节的有关规定。

检查数量：全部

检验方法：观察、测量和检查出厂产品合格证。

24.4.37 钢梁杆件或节段如以焊接方式连接，工装设备、焊接材料必须符合设计要求和焊接工艺所确定的参数。

检查数量：全部

检验方法：观察、尺量和检查工厂提供的产品质量保证书、焊接试件试验。

24.4.38 钢梁杆件或节段如以栓方式连接，必须对工厂随梁发送的栓接板摩擦面抗滑移系数试件进行检验，抗滑移系数符合设计要求都才能进行杆件或节段拼装。

检查数量：全部

检验方法：随梁试件进行试验。

24.4.39 预拼时螺栓应紧固、使板层紧密。

检查数量：冲钉不得少于孔眼总数的10%，螺栓不少于螺栓孔总数的20%。

检验方法：塞尺检验。

24.4.40 由板厚小于32mm板组成的板束，其板层缝隙必须满足0.3mm塞尺深入缝隙应不大于20mm的规定。由板厚大于32mm板组成的板束，其密贴标准必须符合设计要求。

检查数量：全部

检验方法：用0.3mm塞尺检验。

24.4.41 钢梁预拼时，必须用试孔器检查所有螺栓孔，并应符合下列规定：

1）主桁的螺栓孔应100%自由通过较设计孔径小0.75mm的试孔器；

2）桥面系和连接系的螺栓孔应100%自由通过较设计孔径小1.5mm的试孔器；

3）板梁的螺栓孔应100%自由通过较设计孔径小1.5mm的试孔器。

检查数量：全部预拼装单元。

检验方法：用试孔器检查。

24.4.42 磨光顶节点预拼，按工厂的编号组拼，不得调换、调边或翻面拼装，磨光顶紧处缝隙不大于0.2mm的密贴面积应不大于75%。

检查数量：全部

检验方法：用0.2mm塞尺检验。

一 般 项 目

24.4.43 钢桁梁预拼装允许偏差应符合表24.4.43的规定。

表 24.4.43　钢桁梁预拼装允许偏差

序号	项目		允许偏差（mm）	检验频率		检验方法
				范围	点数	
1	桁高		±2	每拼装段	5	用钢尺量上下弦杆中心距离
2	节间长度		±2			用钢尺量
3	旁弯		L/5000			用钢尺量桥面中线与其预拼装段全长 L 的两端中心所连接直线的偏差
4	预拼装全长	L≤50000	±5		3	用钢尺量，桥面中心线及两侧各计1点
		L>50000	±L/10000			
5	拱度	f≤60	±3			用钢尺量
		f>60	±5f/100			
6	对角线		±3	每节间	5	
7	主桁中心距		±3			

注：表中 L 为拼装段长度；f 为计算长度。

检验数量和检验方法：按表 24.4.43 的规定检验。

24.4.44　钢板梁预拼装允许偏差应符合表 24.4.44 的规定。

表 24.4.44　钢板梁预拼装允许偏差

序号	项目		允许偏差（mm）	检验频率		检验方法
				范围	点数	
1	梁高 h	h≤2m	±2	每根梁	3	用钢尺量，桥面中线及两端入各计1点
		h>2m	±4			
2	跨度		±8			用钢尺量取支座中心至支座中心
3	全长		±15	每跨		用钢尺量全桥长，桥面中线及两端入各计1点
4	主梁中心距		±3			用钢尺量，跨中及两端入各计1点
5	旁弯		L/5000	每根梁		用钢尺量，桥梁中心线与其预拼装段全长 L 的两端中心所连直线的偏差
6	平联节间对角线差		3		2	用钢尺量
7	横联对角线差		4			
8	主梁倾斜		5		3	用水平尺量，L/4 及 3L/4 各计1点
9	支点高低差		3	每只支座	1	支座处三点水平时，另一点翘起高度，用钢尺量

注：表中 L 为拼装段长度，h 为梁高。

检验数量和检验方法：按表 24.4.44 的规定检验。

24.4.45　钢箱梁预拼装允许偏差应符合表 24.4.45 的规定。

表 24.4.45　箱形梁预拼装基本尺寸允许偏差

序号	项目		允许偏差（mm）	检验频率		检验方法
				范围	点数	
1	梁高 h	h≤2000	±2	每个试装组件	5	拉线用钢尺量或用水平仪、水平尺检测
		h>2000	±5			
2	跨度		(5+0.5L)		3	拉线用钢尺量

续表

序 号	项　目	允许偏差（mm）	检验频率		检 验 方 法
			范 围	点 数	
3	全长	±15	每个试装组件	3	用钢尺量或用水平仪、水平尺检测
4	腹板中心距	±3		3	
5	盖板宽	±4		3	
6	横断面对角线差	<4		2	
7	旁弯	$3+0.1L$		3	
8	拱度	$+10,-5$ $(L \leqslant 40000)$		5	
9	支点高低差	≤5		2	
10	盖板、腹板平面度	$<h/250$ 且 $\leqslant 8$		3	用直尺
11	扭曲	每 1m 不超过 1， 且每段 ≤10		3	

注：表中 L 为跨径或预拼装段长度，L 以 m 计，h 为盖板与加劲肋或加劲肋与加劲肋之间的距离。

检验数量和检验方法：按表 24.4.45 的规定检验。

涂 料 涂 装
主 控 项 目

24.4.46 钢结构普通涂料涂装工程应在钢结构构件组装、预拼装或钢结构安装工程检验批的施工质量验收合格后进行。

检验数量：全部。

检验方法：检查资料。

24.4.47 涂装时的环境温度和相对湿度应符合涂料产品说明书的要求。当产品说明书无要求时，环境温度宜在 5～38℃ 之间，相对湿度不应大于 85%。涂装时构件表面不应有结露。涂装后 4h 内应保护免受雨淋。

检验数量：全部。

检验方法：用温度计和湿度计量测。

24.4.48 涂装前钢材表面除锈应符合设计要求和国家现行有关标准的规定。处理后的钢材表面不应有焊渣、焊疤、灰尘、油污、水和毛刺等。当设计无要求时，钢材表面除锈等级应符合表 24.4.48 的规定。

表 24.4.48　各种底漆或防锈漆要来最低的除锈等级

除 锈 品 种	除 锈 等 级
油性酚醛、醇酸等底漆或防锈漆	Sa2
高氯化聚乙烯、氯化橡胶、氯磺化聚乙烯、环氧树脂、聚氨酯等底漆或防锈漆	Sa2
无机富锌、有机硅、过氯乙烯等底漆	Sa2.5

检验数量：按构件数抽查 10%，且同类构件不应少于 3 件。

检验方法：用铲刀检查和按《涂装前钢材表面锈蚀等级和除锈等级》GB 8923 规定的图片对照检查。

24.4.49 涂料、涂装遍数、涂层厚度均应符合设计要求。当设计对涂层厚度无要求时，涂层干漆膜总厚度：室外应为150μm，其允许偏差为0～50μm。每遍涂层干漆膜厚度的允许偏差为0～20μm。

检验数量：按构件数抽查10%，且同类构件不应少于3件。

检验方法：用干膜测厚仪检查。每个构件检测5处，每处的数值为3个相距50mm测点涂层干漆膜厚度的平均值。

一 般 项 目

24.4.50 构件表面不应误涂、漏涂，涂层不应脱皮和返锈。涂层应均匀，无明显皱皮、流坠、针眼和气泡。

检验数量：全部。

检验方法：观察。

24.4.51 当钢结构处在有腐蚀环境或设计有要求时，应进行涂层附着力测试。在检测处范围内，当涂层完整程度达到70%以上时，涂层附着力应达到全桥质量检验评定标准的要求。

检验数量：按构件数量抽查1%，且不应少于3件，每件测3处。

检验方法：按照《漆膜附着力测定法》GB 1720或《色漆和清漆漆膜的划格试验》GB/T 9286执行。

24.4.52 填缝所用腻子材料对钢材应无腐蚀作用。其使用寿命不应低于寿命。

检验数量：按同批次重量的10%抽查。

检验方法：与钢材和作配伍试验，与涂料同作老化试验。

喷铝和喷锌
一 般 项 目

24.4.53 热喷铝涂层应进行厚度和附着力检查。

检验数量：每批构件抽查1%，且不应少于3件，每件构件检测5处。

检验方法：在15mm×15mm涂层上用刀刻划平行线，每线距离为涂层厚度的10倍，两条线内的涂层不得从钢材表面翘起。

24.4.54 热喷锌涂层应进行净度和附着力检查。

检验数量：每批构件抽查10%，且同类构件不少于3件，每件构件检测5处。

检验方法：用5～10倍放大镜观察。游标卡尺或测厚仪测量涂层厚度。用小锤敲击或刀刮检测涂层与钢材的附着力。

24.5 质 量 记 录

1. 测量复核记录
2. 钢箱梁原材料、标准件进场验收记录、复验记录
3. 钢箱梁制作加工记录、检验批质量验收记录
4. 焊接材料进场检验记录，钢箱梁焊接工艺评定、焊接检验批质量验收记录

5. 钢箱梁防腐涂装材料进场检验记录，防腐涂装质量记录、检验批质量验收记录

6. 试拼装质量检验记录

7. 钢桥成品出厂时，应提交下列文件：

1）产品合格证；

2）钢材和其他材料质量证明书和检验报告；

3）施工图，拼装简图；

4）工厂高强度螺栓摩擦面抗滑移系数试验报告；

5）焊缝重大修补记录；

6）产品试板的试验报告；

7）工厂试装记录（有试装者）；

8）杆件发送表和包装清单。

24.6 安全与环保

24.6.1 钢桥施工在编制施工组织设计的同时必须制定有针对性的安全技术措施；对专业性较强或施工难度较大的钢桥工程施工项目，应编制专项安全施工组织设计或安全方案。

24.6.2 钢桥加工机械实行专人专机制度。机械作业时，操作人员不得擅自离开工作岗位或将机械交给非本机操作人员操作。钢桥加工机械操作人员和配合作业人员，应协调一致、相互配合、相互照应、听从指挥。进行日作业两班的机械设备均应认真填写交接班记录。

24.6.3 钢桥材料的码放应按品种、型号、规格尺寸的不同，分类整齐码放。码垛高度不宜超过 1.2m、每层应隔垫、确保吊装穿绳的安全操作，垛与垛之间应有安全通道。每垛钢板重量不应超过地面设计负荷能力。

24.6.4 钢桥加工机械应按其技术性能的规定正确使用。钢桥加工机械和钢桥加工工具必须在使用说明书允许的操作范围内使用。

24.6.5 钢桥加工机械必须设置安全防护装置，缺少安全装置或安全装置已失效的设备不得被使用。冲压机械必须设置安全启动装置、机械防护装置、自动保护装置并灵敏可靠。

24.6.6 钢桥加工机械的电气设备应按规定确定电源进线、总配电箱、分配电箱等位置及线路走向，并按安全用电措施和电气防火措施进行施工操作。

钢桥露天加工现场内不得有架空线路，进场电源采用埋地电缆，敷设深度不小于 0.6m，并应加设防护套管。埋地电缆的接头应设在地面上的专用接线盒内，接线盒应能防水、防尘、防机械损伤。

24.6.7 钢梁制作使用的工作台和工装胎具应按施工图制作，其强度、刚度和稳定性必须有可靠的保证。

工装胎具高度超过 2m，应在其两侧搭作业台，并作防护栏。

工作台和工装胎具制作完成后，必须经安全技术部门检查合格后方可使用。

24.6.8 号料宜在号料台上进行，大型杆件应在平整坚实的场地上进行。

使用的划针、划规、勒子、样冲、手锤等尖刺工具应妥善保管，操作者相互间时应直接传送使用，不得抛掷、戳送。

24.6.9　板材吊装

吊装钢板应使用专用钢板吊具，两吊索的夹角不大于120°。

钢板进行水平吊装时必须保证钢板平直，钢板水平试吊提升100mm停吊检查，严禁钢板出现挠曲情况时进行水平吊装。

使用钢丝绳吊装钢板，应采取防止钢丝绳滑移措施，严禁绳索与钢板棱边接触，应在钢板与绳索之间采取隔垫措施，不得采用钢丝绳直接套钢板的方法。

整张钢板或对接后的翼板、腹板等大型钢板吊装，应采用横吊梁等吊具。

采取多点吊装应保证各吊点受力均衡。起拱度较大的钢梁翼板吊装，应根据工装胎具的起拱度配置相应的多点吊具。

型钢吊装应采用型钢专用吊具。

专用吊卡具的制作应有施工图和计算书，外购吊具必须有产品合格证明和进厂验收记录。

24.6.10　剪切和冲裁必须严格按操作程序进行，不得过载或将数块钢板重叠在一起加工。应根据板材厚度调整剪刃间隙。

操作者双手不得距离刃口或冲模过近，应保持20cm以上距离，操作者双手不得置于压紧装置或待压紧工件的下部。

24.6.11　气割加工必须符合《焊接与切割安全》GB 9448规定。

气割加工现场必须配置符合规定的消防器材。

气割作业现场不得有易燃易爆物，易燃物应距气割作业现场10m以外。

气割作业现场应设置通风装置，排除有害气体、灰尘、烟雾。

24.6.12　在露天现场进行气割作业，乙炔罐、乙炔瓶、氧气瓶等应搭设防护棚。露天气割应设置挡风装置。

数控、自动、半自动切割加工设备应实行专人制度，由经过专业技术培训和安全技术培训，参加国家规定的安全技术理论和实际操作考核，其成绩合格者进行操作。

气割加工设备应按其技术性能规定正确使用，使用前检查电源、气源气路、水源、液压系统等无漏水、漏电、漏气、漏油现象，监测指示仪表应灵敏、可靠，机械传动系统灵活、准确。

24.6.13　氧气与乙炔胶管不得混用，均应符合《气体焊接设备焊接、切割和类似作业用橡胶软管》GB/T 2550的有关规定。

根据工件种类、材质、厚度，选择割炬型号、调整割嘴与割件表面距离、气体压力、切割速度等工艺参数。

必须遵守《气瓶安全监察规程》(质技监局锅发〔2000〕250号)和《气瓶产品安全质量监督检验规则》(劳锅字〔1990〕10号)有关规定。

运输气瓶的工具应有明显的安全标志。装卸气瓶必须戴好瓶帽，严禁抛、滑、滚、敲击、碰撞气瓶。吊装气瓶时，严禁使用电磁起重机和链绳。

瓶内气体相互接触能引起燃烧、爆炸、产生毒物的气瓶，不得同车运输。易燃、易爆、腐蚀性物品或与瓶内气体起化学反应的物品，不得与气瓶同车运输。

24.6.14　乙炔瓶必须直立使用，严禁卧放使用。要使用已卧放的乙炔瓶，必须先直立后，静止20min后再使用。

24.6.15 型钢矫正必须有保证型钢稳定的装置或措施。采用压力机矫正型钢，工件应放置在承压台正中，遇有偏心和斜面的工件，应使压头处在工件的重心位置上。

机械矫正大型型钢时应使工件放置稳固，操作人员不得用手直把持工件，操作人员应站在工件可能偏斜、偏移、翻滚的范围之外，密切观察工件矫正过程，发现异常情况立即停机，及时调整工件受压重心。

24.6.16 制孔时必须保证钢板卡固稳定，在制孔过程中钢板不得发生位移、震动等情况。制孔时钢板（工件）上、机床上不准堆放其他物件。

采用后孔法制孔时必须将杆件支垫稳固。必须保证制孔设备有足够的作业位置和作业空间，必须将制孔设备（钻床等）支垫稳固。

24.6.17 杆件组装

1. 零件（钢板）在工装胎具上铺设安装必须按工艺流程规定的安装顺序进行。

2. 钢板在吊装时，应缓慢均匀铺设至工装胎具上，应避免工装胎具受冲击荷载或集中荷载。在胎具上铺设零件时，必须有防滑、固定装置。

3. 铺设腹板、上翼板时，铺设直立、斜置或上置的零件（工件）时，必须有保证零件（工件）不发生倾倒、翻转、坠落、位移的临时支撑或固定装置。

4. 工件或临时支撑件的所有锐边、锐角应倒钝。所有的飞边、毛刺、污垢应清除。

5. 组装时不得使用钢丝绳等弹性材料拉拽腹板。不得使用钢丝绳等弹性材料作为临时固定装置。临时固定装置必须使用具有足够强度的刚性材料。

6. 预留人孔位置和梁端位置应设立警示标志（夜间设警示灯）。

7. 主梁上翼板未封盖前严禁操作人员站在腹板上操作。

8. 使用楔具时应在受力方向一侧或两侧焊接，用完后切割、磨平整，不得锤击打落。

9. 使用大锤时禁止戴手套，应先观察周围是否有障碍物和其他人员。

10. 杆件组装时，各工种交叉作业、工作面窄小，各工种、各工位应有专人负责，统一指挥、相互配合。各工种作业时，先与周围相关人员作好通知提示，提醒他人注意，得到他人表示同意信号后，方可操作。

11. 杆件组装制作中按施工方案、施工图和工艺规定所加的临时结构支撑及紧固件，未经安全技术部门同意，任何人不得随意减小、减少、变更或拆除。

12. 在高度超过 1.5m 的工装胎具上组装时，必须有临边防护装置，操作者上下工件（杆件）或钢梁时必须有人行梯。

13. 大型零件的组装时，应使用起重吊装设备。小型零件和工具向工装胎具上搬运时，应直接传递，不得抛掷。

14. 杆件组装时，严密观察工装胎具和零件、杆件的稳定性，发现异常情况，应立即停止作业，撤离作业现场，及时向有关部门汇报，在采取处理措施后，方可进行组装作业。

24.6.18 钢梁焊接

1. 钢梁焊接必须执行本工程焊接工艺评定和作业指导书规定。

2. 焊接加工必须符合《焊接与切割安全》GB 9448 规定。

3. 焊接加工现场必须配置符合规定的消防器材。

4. 焊接作业现场不得有易燃易爆物，易燃物应距焊接作业现场 10m 以外。

5. 焊接作业现场应设置通风装置，排除有害气体、灰尘、烟雾。

焊接区域必须予以明确标明，并且应有必要的警告标志。应用不可燃或耐火屏板加以隔离保护。

在露天现场进行焊接作业，露天放置焊接设备应搭设防护棚。二氧化碳气体保护焊露天焊接应设置挡风装置。

24.6.19 金属钢梁表面涂漆防腐作业前，应制定防毒、防火安全技术措施。

金属钢梁表面进行喷砂、除锈、喷漆作业前应检查钢梁杆件支撑的坚固性、稳定性，确认无问题后方可作业。

喷漆工必须穿戴本工种规定的劳保防护用品。压力罐、气泵、空压机等压力容器必须符合压力容器安全规定。

涂装作业场所的各种噪声源应采取消声和隔振措施，其操作位置的噪声应符合《工业企业噪声控制设计规范》GBJ 87 的标准。

24.7 成 品 保 护

1. 钢箱梁制作场地应平整坚实，并有良好的排水系统。

2. 杆件码放应在涂层实干后进行。遇漆膜损伤，应及时补涂。

3. 已完成的钢箱梁必须支垫稳定、牢固。成品钢梁杆件应编号成套，对号存放，钢梁杆件存放场地应平整坚实，存放钢梁支墩必须有足够的支承强度，支墩支点应符合设计规定。必须保证钢梁杆件的安全性、稳定性和不发生永久变形。

25 钢梁工地安装工艺

25.1 适用范围

25.1.1 本工艺适用于以工厂化制造，在工地以高强螺栓连接或焊连接的城市桥梁工程的钢梁（钢箱梁）施工。

25.2 施工准备

25.2.1 材料要求

1. 工厂内加工制造的钢箱梁在吊装前必须试拼装验收合格；其产品质量应符合设计要求及本规程第 23.4 节规定。

2. 钢箱梁应按吊装方案规定的吊装顺序编号。

25.2.2 机具设备

1. 运梁车辆：轴线车、拖车、炮车等。运梁车辆应根据钢箱梁长度、重量及几何尺寸以及运输线路现况条件选用，其载重能力及技术性能必须满足运输梁板的要求。

2. 吊装设备：汽车吊、履带吊等，其起吊重量及技术性能必须满足吊装梁板的要求。

3. 工具：撬棍、扳手、扭矩扳手、螺栓孔导向冲钉棍等。

25.2.3 作业条件

1. 桥台、盖梁混凝土强度已达到设计要求，支座安装已完成其轴线、高程等复核完毕并符合设计要求。

2. 桥台、盖梁、支座顶面已清扫干净，并设置护栏。

3. 在有社会行车、行人的活动区域进行钢梁吊装施工，要有保证社会行车、行人安全的防护措施和文明施工措施。钢梁吊装所占用的社会交通线已进行交通导行，并有专人维护社会交通。

4. 城市桥梁工程钢梁的运输和吊装必须执行"北京市交通安全管理法规和北京市交通安全管理规定"的有关规定。超长、超高、超宽的大型构件运输和吊装必须到北京市公安交通管理局办理有关审批、备案程序，经其批准后，在指定的时间段内、在确定的路线和确定的吊装场地上进行城市桥梁工程钢梁的运输和吊装。必要时应请交通管理部门进行开道督运。

25.2.4 技术准备

1. 认真熟悉图纸，进行现况调查，根据现场条件、确定吊车站位。

2. 会同有关人员对方案进行论证，对有关数据进行计算复核、优化，确定施工方案、绘制钢梁运输、钢梁吊装安装顺序图，并报监理审批。

3. 对操作人员进行培训，向班组进行交底。

4. 组织施工测量放线。

25.3 操 作 工 艺

25.3.1 工艺流程

钢梁运梁线路、吊装场地调查→吊装场地准备（场地处理）→钢梁支撑排架（支墩）搭设→钢梁起运→钢梁运输→吊装设备就位→运梁车辆到场→试吊→吊装→吊装就位→支撑（防止倾斜）→支撑连接。

25.3.2 钢梁运梁线路、吊装场地调查

城市桥梁工程钢梁运输前必须进行行驶道路调查。运行道路应有足够的车行宽度和符合规定的转弯半径。应安全通过行车路线沿线的桥涵、隧道、铁路箱涵、人行天桥等限高构筑物和跨路电气线及施工现场的临时架空电线。应与沿线的高压线及各种架空线保持安全距离。沿线经过的道路、桥涵、管渠、临时便线、临时便桥等应有足够的承载力。

25.3.3 吊装场地准备（场地处理）

城市桥梁工程构件运输时，施工现场内场地应平整坚实，场内施工便桥和施工便线应有足够的承载力。应选平整坚实的场地为装卸点，装卸点有地下管线和起吊回转半径内的地上构筑物应提前处理。

25.3.4 钢梁支撑排架（支墩、支架）搭设

1. 钢梁支撑排架（支墩、支架）搭设位置和高程，结构形式，必须经过设计计算。应有足够的承载力和稳定性。

2. 城市内现场钢梁支撑排架（支墩、支架）应优先选用拼装、拆卸速度快，占地面积小，使用效率高的组合钢支架或专用钢桁架，宜采用碗扣支架（密排）或军用支架（军用墩）；支架搭设应符合专项施工方案规定要求及本规程第 1 章相关规定，钢梁支撑排架（支墩）应有现场平面布置图和结构形式图。

3. 测量砂箱（砂袋）的顶部高程，其顶部高程必须严格按设计规定控制，考虑钢梁安装后的沉降量及支架承载后的间隙压缩，其顶部高程应控制在误差上限。

4. 支架搭设完成后在上横梁顶面精确测定钢梁中心线位置，测量应保证测距精度及钢箱梁的定位精度。用精测后的桥梁中线测量出定位线（定位线、纵向应以中腹板中心为准、横向应以设计梁端值为基础）。

25.3.5 钢梁起运

1. 钢梁起运按吊装方案规定的吊装规定顺序起运，首车为第一段吊装梁、依据安装顺序依次依序起运钢梁。

为减少现场车辆就位时，移车时间，在出厂前应保证钢箱梁在车上的安放位置准确，不得随意放置，钢箱梁在运梁车上的放置方向必须与运至工地现场时吊装就位时的方向一致。

2. 移运时的起吊（支承）点位置应符合设计给定位置，不得随意变更其位置，如需变更必须同设计协商确定。

钢梁吊装前应了解钢梁杆件的重量、重心位置。钢梁吊点位置必须按设计规定确定。

临时焊接的吊点必须有足够的连接强度。开孔吊点不得破坏钢梁结构强度，并有补强措施。

构件运输时的支承位置应与吊点位置一致。

3. 较长简支梁构件可采用炮车或轴线车运输，车长应能满足支承点间的距离规定，严禁采用悬臂式运输。钢梁装车时应平衡放置，使车辆承载对称均匀。支承点下放置橡胶垫等支承物并固定牢固。

构件在运输前必须绑扎稳固，确保运输过程中的稳定。

25.3.6 钢梁运输

运输大型构件时需应适当控制车速，时速宜控制在 5km/h 之内，严禁拐小弯及死弯。长距离运输构件必须中途停车检查固定装置是否依然牢固，如发现固定装置松动必须及时进行紧固后方可运行。

运梁车辆之间保持 3 倍车长（120m 左右）的运输间距。

25.3.7 吊装设备及吊装就位

1. 城市桥梁工程受社会交通、作业时间段影响，宜采用移动快速、支设便捷的全液压汽车吊机，当作业条件许可时，可采用履带吊机。

2. 吊装设备选择

根据作业场地、吊装环境、选择吊机类型；根据钢箱梁几何尺寸、钢梁重量、起吊高度等综合因素，确定吊机起吊吨位、吊机主臂起升高度、起重幅度、回转半径。

吊装设备选择由桥梁施工单位、钢梁制作单位与起重安装单位等共同研究确定，做到安全可靠、充分发挥吊机性能。

3. 城市桥梁工程占用场地狭窄、钢梁吊装设备必须事前确定其占位位置。

4. 当作业条件许可时，吊机应提前就位。当运梁车受影响时，可在运梁车就位后，再进行吊机就位。

25.3.8 试吊

钢梁吊装前，应进行试吊，试吊三次，每完成一个起和落为一次；试吊时检查作业场地、吊车状态及钢梁起吊后的状态，检查吊机的稳定性、制动器的可靠性、重物的平稳性、绑扎的牢固性。确认无异常情况后，方可进行正式吊装作业。

25.3.9 钢梁吊装

1. 城市桥梁工程钢梁吊装宜采用大吨位吊车进行双机或单机抬吊法作业。

2. 城市桥梁工程钢梁吊装通常采用夜间断社会交通、夜间吊装、清晨恢复交通方法，因此在有限的时段内，必须合理组织每夜吊装段数量、吊装顺序；建立高效快速的指挥通讯系统。

3. 钢梁起吊和降落速度均匀平稳。严禁忽快忽慢和突然制动。

4. 双机抬吊同一钢梁时，吊车臂杆应保持一定距离，必须设专人指挥，双机抬吊作业时，每一单机必须按降效 25% 作业。双机抬吊作业时钢丝绳应保持垂直，动作应协调一致，升降应同步。

5. 吊装时，应在距离就位点 5~10cm 处空间位置停留，及时调整对中。

6. 吊装就位必须放置平稳牢固并支设临时固定装置；钢梁就位后，起重吊车应适当落钩松绳不摘钩，此时应有专人负责检查吊装作业台的支承稳定性，检查支承变形情况和支座高程的准确情况，检查杆件轴线对中的准确性，检查钢梁连接处的可靠性；经检查确认安全后，方可松绳、摘钩。

7. 吊装全过程，应有专人观察支架的强度、刚度和稳定性，检查钢梁杆件的受力变形情况，如发现问题及时处理。

25.3.10 高强度螺栓

1. 钢桥所用高强度螺栓、螺母、垫圈可按现行国家产品标准《钢结构用高强度大六角头螺栓》GB/T 1228、《钢结构用高强度大六角螺母》GB/T 1229、《钢结构用高强度垫圈》GB/T 1230、《钢结构用高强度大六角头螺栓、大六角螺母、垫圈技术条件》GB/T 1231（以上简称 GB/T 1228~GB/T 1231）在有资质的专门螺栓厂制造，按批配套供货。

2. 高强度螺栓、螺母、垫圈的外形尺寸公差与技术资料应符合产品标准 GB/T 1228~GB/T 1231 的规定。高强度螺栓、螺母、垫圈表面应进行防锈处理。

3. 每批高强度螺栓必须有生产厂按批提供的产品质量保证书，螺栓运至工地后，除按规定进行检查，还应从各批中抽样复验。

4. 高强螺栓、螺母、垫圈在使用前应进行清点、分类造册、外观检查、探伤检查，螺纹不得有碰伤，螺栓、螺母、垫圈应同批成副装箱备用。

25.3.11 高强度螺栓连接

1. 由制造厂处理的钢桥杆件摩擦面，安装前应复验所附试件的抗滑移系数，合格后方可进行安装，并应符合设计要求。

2. 高强度螺栓的设计预拉力、施加预拉力应符合表 25.3.11 规定。

表 25.3.11 高强度螺栓预拉力（kN）

螺栓规格	M22	M24	M27	M30
设计预拉力	190	225	270	355
施工预拉力	210	250	320	390

3. 高强度螺栓连接副在运输和储存时应轻装、轻卸，分类分批保管、不得混淆，应防潮、防锈。在使用前进行外观检查并应在同批内配套使用。

4. 施工前，高强度螺栓连接副应按出厂批号复验扭矩系数，每批号抽验不少于 8 套，其平均值和标准偏差应符合设计要求。设计无要求时平均值应在 0.11~0.15 范围内，其标准偏差应小于或等于 0.01。复验数据应作为施拧的主要参数。

5. 安装钢梁的高强度螺栓长度必须与安装图所示一致。高强度螺栓应顺畅穿入孔内，不得强行敲入，穿入方向应全桥一致，在架梁工艺中应予确定。高强度螺栓不得作为临时安装螺栓。被拴合的板束表面应垂直于螺栓轴线，否则应在螺栓垫圈下面加垫斜坡垫板。

6. 施拧高强度螺栓应按一定顺序，从板束刚度大、缝隙大之处开始，对大面积节点板应由中央辐射向四周边缘进行，最后拧紧端部螺栓，并应在当天施拧完毕。施拧时，不得采用冲击拧紧、间断拧紧。

7. 用扭矩法拧紧高强度螺栓连接副时，初拧、复拧和终拧应在同一工作日内完成。初拧扭矩应由试验确定，一般可取终拧值的 50%，终拧扭矩值应按公式（25.3.11）计算：

$$T_c = K \cdot P_c \cdot d \qquad (25.3.11)$$

式中　　T_c——终拧扭矩；

　　　　K——高强度螺栓连接副的扭矩系数平均值，按第 25.3.11 条第 4 款规定测定；

　　　　P_c——高强度螺栓的施工预拉力（kN），见表 25.3.11；

　　　　d——高强度螺栓公称直径（mm）。

8. 用扭角法施工时，参照现行《铁路钢桥高强度螺栓连接施工规定》TBJ 214 规定执行。

9. 施拧高强度螺栓连接副采用的扭矩扳手，应定期进行标定，在每班作业前后均应进行校正，当发现扭矩误差大于 ±3% 时，应复查该扳手已拧螺栓的合格率。

10. 高强螺栓终拧完毕应按现行《铁路钢桥高强螺栓连接施工规定》TBJ 214 规定的要求进行检查。应设专职人员进行检查，当天拧好的螺栓当天检查完。验收合格后的螺栓，凡外露部分应立即涂漆防腐。

25.3.12　工地焊缝连接和固定

钢桥工地焊缝连接分全焊连接和焊缝与高强度螺栓合用连接两类。合用连接中高强度螺栓连接的技术要求应符合本章规定。工地焊缝连接的技术要求应符合下列规定：

1）钢桥杆件工地焊缝连接应按设计规定的顺序进行。设计无要求时，纵向应从跨中向两端进行，横向应从中线向两侧对称进行。

工地焊接宜采用 CO_2 气体保护焊等，以利提高焊缝接头质量；工地焊接的预热温度应比室内焊接的预热温度略高，宜用表面温度计严格控制。

2）工地焊接应设立防风设施，遮盖全部焊接处。雨天不得焊接，箱型梁内进行 CO_2 气体保护焊时，必须使用通风防护设施。

3）工地焊缝必须按工艺要求进行无损检测，对接焊缝除全部进行超声波探伤外，还应抽样进行射线探伤；焊接施工时的技术要求、检验要求应按本工程第 21 章规定执行。

25.3.13　钢梁工地涂装

1. 钢梁工地涂装应符合设计要求，防腐涂料应有良好的附着性、耐蚀性，喷涂金属的表面处理的最低等级为 Sa2.5。喷涂金属系统的封闭涂层，其底漆应具有良好的封孔性能。

2. 钢梁工地涂装应符合本规程第 21 章规定。

3. 上翼缘板顶面和剪力连接器均不得涂装，在安装前应进行除锈、防腐蚀处理。

25.3.14　桥面板混凝土浇筑应符合本规程相关章节规定，采用微收缩混凝土必须控制膨胀剂的添加量。桥面板混凝土浇筑应按设计要求分段施工。如需加预应力，应在桥面混凝土达到规定强度后，再按设计要求施加预应力。

25.3.15　钢梁支架拆除必须按设计程序规定进行。

25.3.16　季节性施工

雨雪天、风力超过 5 级不得进行吊装作业。钢梁吊装前及时准确收集气象信息，遇有可能的下大雨和大风天气，应及时向领导汇报，以便领导决策，应避免在雨天和大风天气作业。

25.4　质　量　标　准

主　控　项　目

25.4.1　钢梁试装合格后方可吊运出厂，构件运输和吊装应采取防护措施，产生塑性变形的钢梁不得安装。

　　检查数量：全数检查。

　　检验方法：检查质量合格证明文件，观察检查或用钢尺量。

25.4.2 高强度螺栓连接应符合下列规定要求：

　　1）制作厂和工地应分别进行高强度螺栓连接摩擦面的抗滑移系数试验和复验，其结果应符合设计要求。

　　检查数量：按分部（子分部）工程划分规定的工程量每2000t为一批，不足2000t的可视为一批。选用两种及两种以上表面处理工艺时，每种处理工艺应单独检验。每批三组试件。

　　检验方法：检查抗滑移系数试验报告和复验报告。

　　2）高强度大六角头螺栓连接副终拧完成1h后、24h内应进行终拧扭矩检查，其结果应符合设计要求。

　　检查数量：按节点数抽查10%，且不少于10个；每个被抽查节点按螺栓数抽查10%，且不少于2个。

　　检验方法：扭矩法检验或转角法检验、检查施工记录。

　　3）每个栓群或节点检查的螺栓，其不合格者不得超过抽查总数的20%，如超过此值，则应继续抽验，直至累计总数80%的合格率为止。然后对欠拧者应补拧，超拧者更换后补拧。

　　检查数量：当日施拧螺栓全数检查。

　　检验方法：扭矩法检验。

25.4.3 涂料品种、性能应符合设计要求，涂装质量应符合本规程第21.4节规定。

<h2 style="text-align:center">一 般 规 定</h2>

25.4.4 钢梁安装后的施工质量应符合表25.4.4规定。

表25.4.4　钢梁安装后的基本尺寸允许偏差

序 号	项 目		允许偏差（mm）	检验频率		检 验 方 法
				范 围	点 数	
1	轴线偏位	钢梁中线	10		2	用经纬仪量测
		两孔相邻横梁中线相对偏差	5			
2	梁底标高	墩台处梁底	±10		4	用水准仪量测
		两孔相邻横梁相对高差	5			
3	支座偏位	支座、横线扭转	1	每件	2	用经纬仪量测
		固定支座顺桥向偏差 连续梁或60m以上简支梁	20		2	
		固定支座顺桥向偏差 60m以下简支梁	10		2	
		活动支座按设计气温定位前偏差	3		2	
4		支座底板四角相对高差	2		4	用水准仪量测
5	连接	对接焊缝的对接尺寸、气孔率	符合规定	符合规定		符合规定
		高强度螺栓扭矩	±10%	符合规定		符合规定
6		涂膜厚度	不小于设计要求		3	用测厚仪

　　注：1. 连接项目的对接焊缝和高强螺栓应执行本章相关规定；

　　　　2. 连接项目的高强螺栓的符合规定应执行本章相关规定。

25.4.5 钢柱安装施工质量应符合表 25.4.5 规定。

表 25.4.5 钢柱安装的基本尺寸允许偏差

序 号	项 目		允许偏差（mm）	检验频率		检 验 方 法
				范 围	点 数	
1	钢柱轴线对行、列定位轴线的偏移		≤5	每件	2	用经纬仪
2	柱基标高		+10 −5			用水准仪
3	挠曲矢高		H/1000，不得大于 10			拉线量
4	钢柱轴线的垂直度	H≤10m	≤10			用经纬仪或垂直线
		H>10m	≤H/100，但不大于 25			

25.4.6 钢桥表面清洁，无污垢。防护涂层不应剥落，油漆（防护层）色泽均匀、一致，无刷纹、无流坠、无皱皮、无起皮，不得漏涂。涂层与其他材料的衔接处应吻合，界面清晰。

　　检查数量：全数检查。检验方法：观察检查。

25.4.7 各梁段线形平顺。

　　检查数量：全数检查。检验方法：观察检查。

25.5 质 量 记 录

1. 测量复核记录
2. 钢箱梁各节段吊装记录
3. 高强度螺栓连接施工记录
1）高强度螺栓连接副的复验数据；
2）拴接板面抗滑移系数试验数据；
3）初拧扭矩、终拧扭矩或终拧转角；
4）紧扣检查扭矩的试验数据；
5）施拧扭矩扳手和检查扭矩扳手的标定、校正记录；
6）各节点高强度螺栓连接副复拧扭矩、终拧扭矩或终拧转角检查记录。
4. 钢箱梁安装后沉降观测记录
5. 钢箱梁安装检验批质量验收记录

25.6 安全与环保

25.6.1 城市桥梁工程钢箱梁现场吊装在编制施工组织设计时应制定有针对性的安全技术措施。大型钢箱梁吊装工程应编制专项施工组织设计或专项施工方案。安全技术措施必须符合国家或行业的有关规定。

　　钢箱梁吊装专项施工组织设计（专项施工方案）必须由项目经理部总工程师批准，经监理工程师审批后方可实施。

25.6.2 城市桥梁工程钢箱梁夜间吊装必须有足够的照明设施。

严禁在高压线下进行吊装，在高压线附近进行吊装时，应确保与高压线的安全距离。

25.6.3 现场拼装作业在高处作业时，必须执行《建筑施工高处作业安全技术操作规范》JGJ 80 的规定。按规定搭设防护操作平台、上下梯道和挂安全网并悬挂警示标志。所有的防护装置必须经安全技术部门设计，经总工程师批准后方可搭设，防护装置搭设完成后，必须经有关部门检查合格后，方可使用。

支架上部的千斤顶和砂箱等支承设施，必须与作业台连接牢固。必须保证在吊装时各种支承设施不得有任何移动和松动松动现象。

支架、支墩、作业台搭设完成后，必须经有关部门检查验收合格后，方可投入使用。

支架搭设后，应设警示灯和警示牌等警示标志，或设置防撞墩、防撞栏等安全保护装置。

25.6.4 钢箱梁吊装前应了解钢箱梁的重量、重心位置。钢梁吊点位置必须按设计规定确定。钢箱梁采用单机或多机抬吊安装及高空滑移安装时，吊点必须进行计算确定。临时焊接的吊点必须有足够的连接强度。开孔吊点不得破坏钢梁结构强度，并有补强措施。

25.6.5 各种起重吊装设施使用前必须做好检查，确认其性能可靠。对施工所用的特制吊架、横梁、托架等吊装工具必须严格检查焊接质量，在可能的情况下作单体受力试验。

钢箱梁吊装前应准备充足的连接工具和连接零件。临时螺栓和冲钉的数量不得少于规定最小数量，并应集中在放在工具箱内。不得散放在作业台或杆件上。其他手用工具和专用工具宜应集中存放，或拴安全绳，不得临边放置，以防坠落伤人。

钢箱梁吊装前应检查施工现场的临时供电系统的接地、接零是否完好，电线、电缆是否影响吊装作业。

钢梁上的各种电动设施和电缆线、照明线必须符合安全用电规定。电线、电缆不得直接接触钢箱梁混乱敷设，必须保持绝缘良好，并应有专人值班进行管理。

25.6.6 钢箱梁吊装应在四角加设缆风绳的方法控制杆件在空中的位置。

钢箱梁起吊就位应缓慢、平稳、准确。杆件就位对接时，应在距离就位点 50～100mm 处空间位置停留，以利调整对中。

25.6.7 杆件就位时，起重工应听从指挥，应在操作作业台上，使用规定的手动工具，采用抬、撬、拨、垫的规定方法使杆件就位。不得采取用手直接抓握杆件端边，不得直接使用手推和用脚蹬踹杆件的方法。

使用撬杠操作时，应用双手握持撬杠，不得用身体扑在撬杠上或坐在撬杠上，人应站稳，拴好安全带。钢箱梁就位，必须放置平稳牢固后，操作人员方可上到钢箱梁上。

25.6.8 钢箱梁在起吊空中位置时，任何人都不得站在钢箱梁上。

25.6.9 钢箱梁就位后应使用规范规定的足够数量的临时螺栓和冲钉固定定位牢固。

钢箱梁接头拼装对孔时，应用冲钉探孔，严禁用手指伸入检查。

钢箱梁对孔作业中，吊车司机、信号指挥人员、架梁人员应操作准确，动作协调。

25.6.10 钢箱梁对孔拼装后，起重吊车应适当降钩松绳不摘钩，此时应有专人负责检查吊装作业台的支承稳定性，检查支架变形情况和支座高程的准确情况，检查杆件轴线对中的准确性，检查钢箱梁连接处的可靠性。确认连接牢固并且各方面均无问题后，方可摘钩。

25.6.11 钢箱梁吊装全过程，从开始直到支承作业台拆除的全过程，应有专人负责观察支承作业台（支架、支墩）的强度、刚度和稳定性，检查钢箱梁的受力变形情况。如发现问题及时处理。

25.6.12 进行高强螺栓连接或铆接作业时，作业人员必须执行本工种操作规程。使用手动力矩扳手拧紧高强螺栓时，不得加套管施拧，手持工具应系保险绳。各种作业工具应放置在安全地点。

25.6.13 在通行交通的场地进行作业时，桥梁作业面下相应位置应设置警戒区，设专人疏导交通，防止高处坠落物伤人、伤车。

25.6.14 钢箱梁连接拼装全过程，必须保持杆件作业面表面的清洁，不得有油污等易滑、易燃杂物。

25.6.15 钢箱梁支架的拆除应有专项拆除方案。应采取自上而下的拆除原则。

钢箱梁施工完成后，必须经有关部门同意后，方可按方案规定的拆除作业程序进行作业台支架的拆除。降落支架砂箱或千斤顶，应认真观测桥梁沉降情况，确认无问题后方可拆除作业台支架。

25.7 成品保护

1. 钢梁运输过程中，捆绑绳要打紧并垫上包角，防止绳索损坏钢梁漆面。

2. 吊装箱梁时，在吊装段的四角应用绳索牵引，防止钢箱梁在吊装过程中磕碰墩柱、桥台或支架。

3. 钢箱梁混凝土翼板悬挑支架安装及拆除时，要采取可靠防护措施避免箱梁变形或漆膜脱落。

4. 拆除钢箱梁支架时，应先拆除砂箱，后卸落支架，不得整体倾斜将支架吊出，以免磕碰墩柱或箱梁。

26 钢—混凝土结合梁施工工艺

26.1 适用范围

26.1.1 本工艺适用于钢主梁（钢箱梁）在工厂内制造、运输至工地安装，钢主梁与钢筋混凝土或预应力混凝土板结合成整体的梁桥施工。

26.2 施工准备

26.2.1 材料要求

1. 钢—混凝土结合梁所需原材料应符合设计要求及相关产品标准规定。

2. 钢—混凝土结合梁施工所需的模板、钢筋、混凝土、钢绞线等应符合本规程第1、2、3、16章有关规定外，还应符合施工组织设计（施工方案）的规定。

26.2.2 机具设备

1. 模板加工机具：电锯、电刨、手电钻等。

2. 钢筋加工设备：钢筋弯曲机、钢筋调直机、钢筋切断机、电焊机、砂轮切割机等。

3. 混凝土施工机具：混凝土运输车、混凝土输送泵、汽车吊、混凝土浇筑料斗、混凝土振捣器等。

4. 预应力器材设备：锚具、夹具和连接器等，千斤顶（压力表）、油泵、注浆机、卷扬机等。

5. 工具：扳手、直尺、限位板、卡尺、铁抹子、木抹子、斧子、钉锤等。

26.2.3 作业条件

1. 预制混凝土主梁吊装作业已完成、经验收合格。

2. 作业面所需水、电已接通，满足施工要求。

3. 材料按需要已分批进场，并经检验合格，机械设备状况良好。

26.2.4 技术准备

1. 认真审核设计图纸，编制专项分项工程施工方案并报业主及监理审批。

2. 进行钢筋的取样试验、钢筋放样及配料单编制工作。

3. 对模板、支架进行进场验收。

4. 对混凝土各种原材料进行取样试验及混凝土配合比设计。

5. 对操作人员进行培训，向班组进行交底。

6. 组织施工测量放线。

7. 施加预应力的锚具、夹具和连接器已经过校验并有记录。张拉机具与设备、灌浆机具准备就绪。

26.3 操 作 工 艺

26.3.1 工艺流程

钢主梁（钢箱梁）安装就位→支架安装→模板安装→绑扎钢筋（体外束预应力管道铺设）→预应力筋穿束→混凝土浇筑→养护→预应力张拉→压浆、梁端封锚→养护→拆除模板和支架。

26.3.2 钢主梁（钢箱梁）安装就位测量

钢箱梁吊装完成后，测量其实际标高，复核预拱度，并及时将测量结果反馈给设计及有关人员，如有必要，可用千斤顶调整标高。

26.3.3 支架安装

支架安装必须符合设计规定要求、应遵守本规程第1章规定。支架型式应根据具体情况确定；当支架高度在5m以内时，可采用就地支搭排架支架；

高度大于5m时，当桥下有现况社会交通时，可与设计商议在加工钢梁时预留安装孔，安装外挂三角支架，或采用门洞排架；减少支架安装工作量。

外挂三角架间距可控制在1m左右，用螺栓与钢箱梁连接（混凝土浇筑前要在钢箱梁和外挂三角架的螺栓位置预埋钢套管，以方便螺栓和三角架的拆除），三角架下端采用可调顶撑，顶紧在钢箱梁的侧壁上，纵向采用脚手管连接，保证三角架的稳定。

26.3.4 模板工程

模板安装应遵守本规程第1章规定。三角架顶铺设50mm的木板，然后铺设12mm厚的覆膜多层板。模板拼接要提前做好模板设计，按模板图进行拼装。

钢—混结合梁现浇板内模可采用50mm厚木板，背肋用50mm×100mm方木，模板表面钉塑料布，以防漏浆，便于拆模。

26.3.5 钢筋工程

钢筋工程应遵守本规程第2.3节、17.3节规定。加强对钢筋保护层的控制，不得随意踩踏钢筋网。

钢筋绑扎时首先安装与波纹管无矛盾的普通钢筋，初步形成钢筋骨架，与预应力钢束有矛盾的钢筋在波纹管就位后适当调整其位置。

26.3.6 预应力工程

钢—混结合梁的预应力工程（预应力管道、预应力筋下料、穿束、张拉及压浆封锚等）应符合本规程第16章规定，并应符合下列要求：

1. 钢梁制造时加强对锚垫板、外套管、转向器及导向管组焊精度的控制，必须精确定位，首先对设计图进行校核，数据无误后出加工图用于指导施工。

2. 体外索张拉端位于钢箱梁两端头横隔板上，横隔板处又有支座垫板，且两端头无封端钢板，如果体外索张拉导致底板变形，会直接影响支座垫板与垫石的贴合度，因此必须在钢箱梁两端头处进行加固，采用大型工字钢临时焊于两腹板间，防止底板的横向变形。

3. 组合梁混凝土现浇结构各部位波纹管安装需与相应部位的钢筋绑扎一起完成。根据设计放出控制点，定出波纹管实际位置，每0.5m用架立钢筋固定波纹管。

4. 体外索张拉的张拉应力控制、张拉顺序应符合设计要求。

26.3.7 混凝土工程

钢—混结合梁的混凝土工程（混凝土浇筑及养护等）应符合本规程第 2.3 节及 16.3 节规定，并应符合下列要求：

1. 混凝土浇筑前应检查模板尺寸、形状、接缝及支架牢固情况，清除模板内的杂物。检查钢筋的数量、尺寸间距、预埋件和预留孔应齐全，位置准确。金属螺旋管应固定牢靠、接缝严密，并测量其梁顶标高，经验收合格后浇筑混凝土。

2. 结合梁混凝土浇筑采用预拌混凝土、混凝土搅拌车运输（罐车运输）、混凝土输送泵车浇筑；桥面高程的控制采用平面振捣梁的轨道顶标高控制，用平板振捣梁初平，滚杠提浆，人工二次抹压平整。

3. 混凝土浇筑完成后应测量梁顶面高程。

26.3.8 钢—混结合梁桥，钢梁支墩、支架的拆除必须按设计规定的程序进行。

26.3.9 冬雨期施工

1. 钢—混结合梁桥钢梁加工制造、运输安装冬雨期施工措施应符合本规程第 21.3 节和 22.3 节规定。

2. 钢—混结合梁桥工地施工冬雨期施工措施应符合本规程第 1.3 节、2.3 节、3.3 节和 17.3 节规定。

26.4 质 量 标 准

1. 钢主梁制造、安装质量检验应符合本规程第 21.4 节、22.4 节有关规定。

2. 现浇混凝土施工中涉及模板与支架，钢筋、混凝土、预应力混凝土质量检验除应遵守本规程第 1.4 节、2.4 节、3.4 节、17.4 节有关规定。

一 般 项 目

3. 钢—混结合梁现浇混凝土结构应符合表 26.4.3 规定。

表 26.4.3　结合梁现浇混凝土结构允许偏差

序 号	项　　　目	允许偏差（mm）	检验频率		检 验 方 法
			范　围	点　数	
1	长度	±15		3	用钢尺量，两侧和轴线
2	厚度	+10，0	每段每跨	3	用钢尺量，两侧和中间
3	高程	±20		1	用水准仪测量，每跨测 3~5 处
4	横坡（%）	±0.15		1	用水准仪测量，每跨测 3~5 个断面

26.5 质 量 记 录

1. 钢—混结合梁质量记录应符合本规程第 1.5 节、2.5 节、3.5 节、17.4 节、21.5 节和 22.5 节有关规定。

2. 钢—混结合梁工地现浇混凝土质量记录。

3. 钢—混结合梁检验批质量验收记录。

26.6 安全与环保

钢—混结合梁安全与环保措施应符合本规程第17.6节、21.6节和22.6节有关规定。

26.7 成 品 保 护

钢—混结合梁成品保护应符合本规程第17.7节、21.7节和22.7节有关规定。

27 箱涵顶进施工工艺

27.1 适用范围

27.1.1 本工艺适用于城市桥梁工程从现有铁路、道路路基下通过、在现场工作坑内现浇闭合框架结构（箱涵），采取顶入法施工的框架式通道桥。

27.2 施工准备

27.2.1 材料要求

1. 箱涵制作所需原材料（模板、支架、钢筋、混凝土原材料等），应符合设计要求及现行产品标准规定，应符合本规程第1、2、3章规定。

2. 顶进后背、滑板所需原材料应符合设计要求及现行产品标准规定，应符合本规程第1、2、3章规定。

27.2.2 机具设备

1. 土方机械：反铲（挖掘机）、自卸车、翻斗车等。

2. 顶进吊装设备：高压泵站、高压油管、双作用千斤顶、顶铁、顶柱、横梁、连接板、汽车吊等。

3. 仪器工具：经纬仪、水准仪、激光指向仪、撬棍、扳手、水平尺、小线等。

27.2.3 作业条件

1. 施工现场具备三通一平，满足施工要求。

2. 箱体顶进前完成线路加固工作、完成既有线路监测布置。

3. 工作坑作业范围内的地上构筑物、地下管线调查、改移已完成。

27.2.4 技术准备

1. 认真熟悉图纸，进行现况调查、根据现场条件编制施工组织设计，报有关部门批准。确定桥涵顶进、引道施工、排水泵站及其他地下管线施工的占地范围、相互关系、施工顺序、施工工法。

2. 对操作人员进行培训，向班组进行交底。

3. 组织施工测量放线。

27.3 操作工艺

27.3.1 工艺流程

现场调查→工程降水→工作坑开挖→后背制作→滑板制作→铺设润滑隔离层→箱涵制作→顶进设备安装→既有线路加固→箱梁顶进启动、试顶、空顶→吃土顶进→监控与检查→箱体就位→拆除加固设施→拆除后背及顶进设备→工作坑恢复。

27.3.2 现场调查、包括下列内容：

1）客、货车辆运行状况，车辆通过次数、车辆间隔和运行速度、股道数量、间距和高程；线路及道岔种类和使用性质。并应了解路基中埋设的地下管线、电缆及其他障碍物等情况及所属单位对施工的要求；施工期间交通疏导方案的可行性。

2）设计桥涵长度、顶进坑位置和顶进方向是否与实际一致。

3）桥涵结构设计能否满足顶进要求。

4）桥位及附近的地形、地貌及现况地面排水系统，工程地质及水文地质情况。

5）调查现况路基填筑情况，土层分布及分层高程。查清是一次填筑还是多次加宽填筑及路基历次加宽的纵向接缝位置。

27.3.3 工程降水

1. 桥涵顶进施工现场的排水、降水工作应根据设计文件、工程水文地质报告及现场调查情况，结合总平面布置做好临时排水与降水设计并在工作坑开挖前完成。

2. 施工排水应结合总平面布置完善排水系统，保障地表水排放畅通，工作坑及顶进作业工作区段路基附近不得积水浸泡。工作坑周围要设截流挡水围堰，防止雨水灌入工作坑。工作坑内周边要设排水沟、集水井，设泵排除坑内积水。

3. 工作坑施工降水工作应根据工程、水文地质报告及需要降低水位高度，合理选择降水方法，做好降水设计并在开挖前实施，将水位降至基底下 0.5～1m 以下，以利干槽施工

27.3.4 顶进工作坑开挖

1. 工作坑应根据线路平面、现场地形和地物条件，选择挖填数量少、顶进长度短的位置。

2. 工作坑两侧边坡应视土质情况而定，地质边坡宜为 1：0.75～1：1.5，靠铁路基一侧的边坡宜缓于 1：1.5，工作坑距最外侧铁路中心线不得小于 3.2m。

当工作坑需要渡汛时，路基边坡应加固防护，或放缓边坡，顶进时箱体刃脚入土后方可拆除防护设施。

3. 工作坑的尺寸除应根据结构尺寸确定外，宜在桥身底板前留适当的空顶长度；在桥身底板后亦留适当位置，布置后背梁及其他顶进、装运、起吊设备。桥身两侧可视结构高度、横板支搭方法和排水方法等情况预留适当宽度。

4. 开挖工作坑应与修筑后背统筹安排，当采用钢板桩做后背时，应先打板桩再开挖工作坑和填筑后背土。

5. 工作坑底应密实平整，并有足够的承载力。

27.3.5 后背制作

1. 后背必须有足够的强度、刚度和稳定性。常用后背有板桩墙式及重力式两种，可依据顶推反力大小、现场条件及地质地形情况选用；城市桥梁工程箱涵顶进后背，宜采用施工速度快、拆除便捷的钢板桩（或型钢）后背。顶推反力大时，可使用组合后背。

2. 后背梁可现浇或预制钢筋混凝土板梁，后背梁与板桩应密贴。后背墙后填土，应夯填密实。

27.3.6 滑板制作

滑板应满足箱涵预制、定位、导向的需要。在箱涵的预制、启动、顶进过程中要有足够的强度、刚度和抗滑动稳定性。滑板的结构，根据工作坑基底土质情况及不同的顶进方法，可采用钢筋混凝土、混凝土或其他结构形式。滑板的修筑应符合下列要求：

1. 滑板中心线应与桥涵设计中心线一致；

2. 滑板与地基接触部分应有防滑措施，必要时在滑板下设锚梁；滑板的平面尺寸，箱涵的两侧及前端应较箱涵底板宽 0.5~1m，尾端应与后背梁相接；混凝土滑板和锚梁要同时浇筑，不得留施工缝；

3. 根据地质及线路使用情况可将滑板顶面做成前高后低的仰坡（船头坡），一般坡度为 3‰；

4. 当桥涵空顶时，可在滑板两侧设方向支墩。

27.3.7 铺设润滑隔离层

1. 润滑隔离层可用工业石蜡、机油、滑石粉等材料涂敷。

2. 工业石蜡等涂料的涂敷稠度，应视石蜡材料的软硬（针入度值）和施工温度而定，可掺兑机油来调整其稠度，具体掺兑比例可据现场试验，热涂流动性好。冷凝后与滑板粘接牢固，硬度适宜、不软、不脆即可。

3. 隔离层施工前应保持干燥，清扫干净，不得有浮灰，按箱涵底板平面放线周边放宽 100~200mm 作为涂蜡范围。

4. 隔离层应顺箱涵顶进方向纵向分条涂敷，一般可在滑板顶面绷紧一条直径 3mm 钢丝，用刮板将加热到 150℃的石蜡沿钢丝刮平，厚度约 3mm。

27.3.8 箱涵制作

1. 工作坑、滑板的平面位置、高程及滑板的纵坡经检测合格，滑板隔离层厚度、平整度符合要求。

2. 箱涵预制轴线要与桥涵设计轴线一致，预制前要精确放线。

3. 钢筋、模板、混凝土施工按本规程第 1、2、3 章有关规定执行。

4 箱涵预制混凝土浇筑可采用二阶段法或三阶段法施工，当混凝土浇筑数量不大时，可先浇底板，二次浇中边墙及顶板，若混凝土浇筑方量很大，墙体和顶板同时浇筑困难时，可采用先浇底板，二次浇中边墙，三次浇顶板，分别在顶板加腋下及底板加腋上部位留施工缝，但底板和墙身、顶板等同一结构部位必须连续一次浇筑。模板拆除时，混凝土强度应符合设计要求。

5. 箱涵前端周边宜设钢刃脚，为减少顶进开挖高度防止塌方需要时，可设中平台及中刃脚，顶进时采用切土顶进减少塌方。

6. 箱涵顶进前箱涵顶板应按设计要求做好防水层及防护层。防护层混凝土顶面宜涂工业石蜡减阻，箱涵外侧边墙宜用涂敷法做侧墙防水。

7. 箱涵顶面防护层混凝土应按预定就位纵坡预留纵横向排水坡度。坡度一般不小于 3‰。箱涵两侧应设集水槽、泄水管。必要时可在其前后端中墙处预留泄水管，防止大型箱涵顶面积水和向两侧排水浸泡路基。

27.3.9 顶进设备及布置

1. 应根据计算的最大顶力确定顶进设备。千斤顶（顶镐）的顶力可按额定顶力的 60%~70% 计算，并有备用千斤顶。

2. 液压传动系统的动力机构、高压油泵、油箱及其辅助装置的布置，应与千斤顶配套。

3. 液压系统的油管内径应按油量决定，但回油管路主油管的内径不得小于10mm，分油管的内径不得小于6mm。

4. 油管应清洗干净，油路布置合理，密封良好，液压油脂应过滤。

5. 液压系统的各部件，应单体试验，合格后方可安装。全部安装后必须试运转，检查油路、千斤顶及控制台，达到要求方可使用。

6. 顶进过程中，当液压系统发生故障时，严禁在工作状态下检查和调整。

7. 顶镐安放在箱体底板后面的预埋钢板上，顶镐位置以箱体中心线为轴放置。

8. 安装顶柱（顶铁），应与顶力轴线一致，并与后背梁垂直，应做到平、顺、直。

顶铁采用4m、2m、1.2m、0.4m共四种长度，随顶进随加适当长度的顶铁。为使顶柱均匀地传力，增加稳定性，在后背梁处及顶柱长度每隔12m处排设一道钢横梁（大梁），每隔6m设置连接板一组，并使大梁与桥体轴线垂直，顶柱与桥体轴线平行。接换顶铁时，以箱体中线为轴两侧对称排列，做到平、顺、直。

大梁与底板和后背梁的连接不得有间隙，出现间隙及时用适当厚度的钢板楔紧，再用水泥浆灌严。楔顶铁时，不得用铁锤猛击，以免铁垫板卷边，如发现铁垫板卷边、毛刺，及时修整后再使用。顶柱安装时要垫平，并在顶柱间加填素土夯实，土面高出顶铁50cm，以增加顶柱的稳定性。

27.3.10 既有路线加固（铁路加固）

1. 铁路加固应根据顶进桥涵的平面尺寸、位置、高程及现况铁道线路特点（长短轨、道岔等），线间距、高程、股道数及路基宽度、密实情况、现场地形与线路重要程度，采取不同加固方法，并在开工前完成加固设计，报请铁路主管部门核准。

线路加固前与铁路工务、电务、水电、铁通、供电等有关部门签订施工安全协议，并探明加固范围内的既有设备并防护，接到慢行命令后，按技术交底进行加固。

2. 铁道线路加固常用扣轨、穿横梁、吊纵梁使多股线路形成一整体，提高其刚度。

3. 在顶进前方路基对面打入防推桩，桩顶横系梁与加固横梁连接，承受顶进过程箱涵对铁道线路横向推力。抗推桩水平荷载可按箱顶线路及加固材料重量与箱顶摩阻计算。

4. 也可在后背土压力影响区外设地锚，用拉杆与加固横梁拉紧，承受推移荷载。拉杆松紧程度应均匀一致，拉杆断面宜稍大，防止弹性变形过大。

27.3.11 顶进前应检查下列工作：

1. 主体结构混凝土必须达到设计强度，防水层及防护层按设计完成；顶进作业面包括铁路路基下施工降水已达到基底下0.5m以下；

2. 线路加固、顶进设备及各类施工机械应符合要求；顶进后背达到施工组织设计的规定要求；

3. 现场照明、液压系统安装及试验结果应符合要求；

4. 运营部门协商确认的施工计划、线路监测抢修人员及设备工具、通信器材等应准备完毕；

5. 工作坑内所有与顶进无关的材料、物品和设施均已清运出现场。工作坑内所有与顶进无关的人员全部撤离出现场。

27.3.12 箱梁顶进启动应符合下列要求：

1. 启动时，必须由主管施工技术人员专人统一指挥；

2. 液压泵站应空运转一段时间，检查顶进设备、电源、液压系统、监测指示仪表，无异常情况、开始试顶进；

3. 液压千斤顶顶紧后（顶力在0.1倍结构自重），应暂停加压，检查顶进设备、顶进后背和各部位，无异常情况，方可分级加压试顶进；

4. 顶进启动时和加压顶进时，每当油压升高 5～10MPa 时，须停泵观察，监测人员应严密监控顶镐、顶柱、后背、滑板、箱涵结构等各部位的变形情况，发现异常情况，立即停止顶进。分析原因，采取措施后，方可重新加压顶进。

5. 当顶力达到0.8倍结构自重时箱涵未启动，应停止加压顶进，分析原因、采取措施后重新加压顶进。

6. 箱涵启动后，应及时检查后背、工作坑周边土体稳定情况，无问题后，方可继续顶进。

27.3.13 顶进挖土

1. 根据桥涵的净空尺寸、土质情况，可采取人工挖土或机械挖土。一般宜选用小型反铲按设计开挖坡度开挖，每次开挖进尺 0.4～0.8m，配装载机或直接用挖掘机装汽车出土。顶板切土，侧墙刃脚切土及底板前清土须由人工配合。挖土顶进作业应三班连续，不得间断。

2. 两侧应欠挖50mm，钢刃脚切土顶进。当数斜交涵时，前端锐角一侧清土困难应优先开挖。如设有中刃脚时应紧切土前进，使上下两层隔开，不得挖通漏天，平台上不得积存土壤。

3. 列车通过时严禁继续挖土，人员应撤离开挖面。当挖土或顶进过程中发生塌方，影响行车安全时，应迅速组织抢修加固，作出有效防护。

4. 挖土工作应与观测人员密切配合，随时根据桥涵顶进轴线和高程偏差，采取纠偏措施。

27.3.14 箱涵顶进作业

1. 每次顶进应检查液压系统、顶柱（铁）安装和后背变化情况等。

2. 挖运土方与顶进作业循环交替进行。每前进一顶程，即应切换油路，并将顶进千斤顶活塞后回复原；按顶进长度补放小顶铁，更换长顶铁，安装横梁。

3. 桥涵身每前进一顶程，应观测轴线和高程，发现偏差及时纠正。

4. 箱涵在吃土顶进前，应及时调整好箱涵的轴线和高程。在铁路路基下吃土顶进，不宜对箱涵作较大的轴线、高程调整动作。

27.3.15 监控与检查

1. 桥涵顶进前，应对箱涵原始（预制）位置的里程、轴线及高程测定原始数据并记录。顶进过程中，每一顶程要观测并记录各观测点左、右偏差值；高程偏差值和顶程及总进尺。观测结果要及时报告现场指挥人员，用于控制和校正。

2. 桥涵自启动起，对顶进全过程的每一个顶程都应详细记录千斤顶开动数量、位置，油泵压力表读数、总顶力及着力点。如出现异常应立即停止顶进，检查分析原因，采取措施处理后方可继续顶进。

3. 桥涵顶进过程中，每天应定时观测箱涵底板上设置观测标钉的高程，计算相对高差、展图，分析结构竖向变形。对中边墙应测定竖向弯曲，当底板及侧墙出现较大变位及转角时应及时分析研究采取措施。

4. 顶进过程中要定期观测箱涵裂缝及开展情况，重点监测底板、顶板、中边墙、中继间牛腿或剪力铰和顶板前、后悬臂板，发现问题应及时研究采取措施。

27.3.16 箱体就位

箱体就位及时拆除后背及顶进设备，及时按设计要求和施工组织设计的规定进行工作回填、或进行下道工序施工。

27.3.17 季节性施工

1. 箱涵顶进应避开雨期施工，需在雨期施工，在汛期之前必须对铁路路基、工作坑边坡等采取防护措施。

2. 雨期施工时做好地面排水，基坑周边应做挡水围堰、排水截水沟等防止地面水流入基坑的设施。

3. 雨期施工在开挖基坑（槽）时，应注意边坡稳定。必要时可适当放缓边坡坡度或设置支撑；经常对边坡、支撑进行检查，发现问题要及时处理。

4. 工作坑冬雨期施工应符合本规程第 5.3.3 条规定，箱涵预制冬雨期施工应符合本规程第 1、2、3 和 17 章相关规定。

27.4 质 量 标 准

主 控 项 目

27.4.1 基底必须密实，并有足够承载力。严禁带水作业。

检查数量：全数检查。检验方法：观察检查，检查施工记录、降水记录（如设计有规定时，检查地基承载力试验报告）。

27.4.2 后背应有足够的强度、稳定性，后背应垂直桥涵轴线。

检查数量：全数检查。检验方法：观察检查，检查施工记录。

27.4.3 桥体预制应符合表设计要求，桥体预制质量应符合表 27.4.3 规定。

表 27.4.3 桥体预制允许偏差表

序号	项　　目		允许偏差（mm）	检验频率		检 验 方 法
				范　围	点　数	
1	混凝土抗压强度		符合设计要求			按《混凝土强度检验评定标准》GBJ 107 检查
2	混凝土抗渗		符合设计要求			按 GBJ 82 检查
3	断面尺寸	净空宽	±30	每孔/节	6	用钢尺量，沿全长中间及两端的上、下各计 1 点
		净空高	±50		6	用钢尺量，沿全长中间及两端的左、右各计 1 点
4	厚度		±10		8	每端顶板、底板及侧壁各计 1 点
5	长度		±50		4	用钢尺量，两侧上、下各计 1 点
6	侧向弯曲		$L/1000$		2	沿构件全长拉线量取最大矢高，左、右各计 1 点

续表

序号	项　　目	允许偏差（mm）	检验频率		检　验　方　法
			范　围	点　数	
7	轴线位移	±10		2	用经纬仪测量
8	垂直度	0.15%H，且≥10		4	用垂线或经纬仪测量，每侧计2点
9	两对角线长度差	≤75	每孔/节	1	用钢尺量顶板
10	平整度	≤5		8	用2m直尺量最大值（两侧内墙各计4点）
11	麻面	≤1%		4	用钢尺量麻面总面积

注：箱体外形不得出现前窄后宽现象。

27.4.4 桥体不得有蜂窝、露筋等现象。

　　检查数量：全数检查。检验方法：观察检查。

27.4.5 桥体顶进就位质量应符合表27.4.5的规定。

表27.4.5　桥体顶进允许偏差表

序号	项　　目		允许偏差（mm）	检　验　频　率		检　验　方　法
				范　围	点　数	
1	轴线位移	L<15m	≤100		2	用经纬仪测量，两端各计1点
		15m≤L≤30m	≤200			
		L>30m	≤300	每座或每节		
2	高程	L<15m	+20，* -100		2	用水准仪测量，两端各计1点
		15m≤L≤30m	+20，-150			
		L>30m	+20，-200			
3	相邻两端高差		≤5，≤30		1	用钢尺量，每个接头各计1点

注：表中L为顶进桥的长度（mm）。

27.4.6 分节顶进的地道桥，桥体就位后，接缝处不应有渗漏。

　　检查数量：全数检查。检验方法：观察检查。

一　般　规　定

27.4.7 滑板施工偏差应符合表27.4.7规定。

表27.4.7　滑板允许偏差表

序号	项　　目	允许偏差（mm）	检验频率		检　验　方　法
			范　围	点　数	
1	中线位移	≤50		4	用经纬仪测量纵、横各1点
2	高程	+5，0	每座	5	用水准仪测量
3	平整度	≤5		5	用3m直尺取最大值

注：滑板宜有前高后低的仰坡。

27.4.8 滑板顶面润滑隔离层应符合设计要求或施工组织设计要求。

　　检查数量：全数检查。检验方法：观察检查。

27.4.9 桥体节间接缝应符合设计要求。

检查数量：全数检查。检验方法：观察检查。

27.4.10 顶入的桥身直顺，一字墙或八字墙平直。

检查数量：全数检查。检验方法：观察检查。

27.4.11 进出口与引道连接直顺、平整。

检查数量：全数检查。检验方法：观察检查。

27.5 质量记录

27.5.1 工作坑质量记录应符合本规程第5.5节规定。

27.5.2 工作坑降水记录，底板、后背、润滑隔离层施工记录。

27.5.3 箱涵制作质量记录应符合本规程第1.5节、2.5节、3.5节和17.5节规定。

27.5.4 箱涵顶进监测记录、箱涵就位检验批质量验收记录。

27.6 安全与环保

27.6.1 城市顶进桥涵工程在编制施工组织设计时，应对现场排降水、工作坑开挖、顶进后背、顶进桥涵制作、顶进设备、铁路加固、桥涵顶进等工序的安全技术措施加以规定。

27.6.2 在施工过程中必须遵守铁路管理部门的规定。保持铁路设施的完整、确保铁路列车安全运行。

27.6.3 在编制施工组织设计时应有交通安全方案。包括交通导改措施、交通维护措施、交通护栏的具体准确位置、施工现场的围挡等交通安全措施。

27.6.4 施工过程中，必须保证施工现场周围现况建筑物、构筑物的安全。必须保证现况管线的安全运行。

27.6.5 在铁路下进行箱涵顶进前，必须由有关部门进行铁路线路加固和防止线路推移的固定措施，经有关管理部门检查验收合格后方可进行顶进。

27.6.6 铁路路基下挖土、箱涵顶进作业，必须在铁路有关管理部门的全过程监控下进行。

27.6.7 工作坑开挖应遵守以下规定：

1. 城市顶进桥涵工作坑土方开挖前，应准确掌握地下土质的工程性质、地下水位情况、荷载情况；确定开挖断面形式，及必须采取的安全防护措施。

2. 工作坑与铁路路基的距离必须符合铁路部门规定。工作坑坑口边沿至最外侧铁路中心线不得小于3.2m。

3. 土方开挖前应根据现况条件、进行滑坡推力和边坡稳定计算；确定开挖形式、边坡坡度、基坑（槽）支撑形式和支撑结构。

4. 当工作坑坡顶有临时道路或有大型施工设备作业等活荷载时，对一般土质边坡坡度不得大于1：1.5。当坡顶无荷载时，一般土质边坡可取1：0.75～1：1。靠铁路路基一侧边坡坡度宜缓于1：1.5。

5. 在有地下水的地段土方开挖前，必须先进行降水处理。工作坑应设置排水沟和集水井，并有相应的排水设备。

6. 施工人员进出顶进工作坑，应在（走）专用通道出入，不得从其他位置进出工作坑。

7. 箱涵顶进工作坑必须有专用的出土和材料运输通道。向工作坑内运送物料时，必须使用专用通道，严禁在工作坑边其他位置向工作坑内运送、投掷任何物品、材料和工具。

8. 箱涵顶进工作坑周围应按规定设立施工现场围挡、并设有（悬挂）明显警示标志，隔离施工现场和社会活动区域，实行封闭管理，非施工人员不得入内。

9. 工作坑施工应遵守《北京市城市桥梁工程施工技术规程》第18.3章节规定。

10. 工作坑开挖前对受影响的地下管线进行加固时，应遵守地下管线管理部门的规定，先进行地下管线的加固防护或改移后，再进行基槽开挖。

11. 工作坑开挖应避开高压线。工作坑附近有高压线时，必须与供电管理部门协商、采取保护措施。

12. 钢横梁、传力柱、顶铁等不宜在工作坑边大垛堆放，如在工作坑边堆放，必须有确保边坡稳定的安全距离。

27.6.8 顶进设备在使用前检查电路、液压系统等无漏电、漏油现象，监测指示仪表应灵敏、可靠，机械传动系统灵活、准确。

27.6.9 传力系统的配置必须满足设计最大顶力的要求，钢横梁、顶铁、顶铁（顶柱）必须有足够的强度、刚度和稳定性。钢横梁（横顶铁）、顶柱必须严格按施工设计规定布置。液压千斤（千斤顶）、传力柱必须平行于箱涵顶进轴线。传力柱对（连）接处应采用钢横梁或连接钢板，加强横向约束，保持纵向稳定性。

27.6.10 箱涵顶进过程中，任何人不得对液压千斤、顶铁、顶柱进行调整，严禁在顶进过程中站在顶铁和顶柱上、使用大锤等工具敲击顶柱或垫铁。

27.6.11 箱涵顶进过程中，任何人不得在顶铁、顶柱布置区内停留。

27.6.12 箱涵顶进应遵守《北京市桥梁工程施工安全技术规程》DBJ 01—85 相关规定。

27.7 成品保护

27.7.1 工作坑施工成品保护应符合本规程第5.7节规定。

27.7.2 箱涵制作成品保护应符合本规程第1.7节、2.7节、3.7节和17.7节规定。

27.7.3 施工中，对地面以上设施及建（构）筑物采用合理及时的监控量测。明挖施工严格遵循时空效应，分层分段开挖，当变形接近保护警戒值时，采取补偿跟踪注浆控制周围土体的开挖形变，以实现对周边建筑物的保护。

27.7.4 在顶进过程中设专人检查观测后背承载情况，发现失稳等情况时应立即停机处理。

28 就地浇筑混凝土拱圈施工工艺

28.1 适 用 范 围

28.1.1 本工艺适用于城市桥梁工程桥就地浇筑混凝土拱圈（或就地浇筑箱型拱）施工工艺。

28.2 施 工 准 备

28.2.1 材料要求

1. 城市桥梁工程就地浇筑混凝土拱圈所用材料应符合设计要求、现行产品标准及环保规定。

2. 就地浇筑混凝土拱圈（就地浇筑箱型拱）所用材料（模板、拱架、钢筋、混凝土原材料等），应符合本规程第1、2、3章规定。

28.2.2 施工机具与设备

1. 确定预拌混凝土供应商，搅拌站（拌合站）生产保障能力。

2. 钢筋加工设备：钢筋切断机、钢筋弯曲机、钢筋调直机、电焊机、对焊机、钢筋网焊接设备等。

钢筋骨（网）架运输吊装设备：运输汽车、吊车等。

3. 拱架、拱架安装设备：汽车吊、运输汽车等。

4. 混凝土运输、泵送浇筑设备：混凝土运输车（罐车）、泵车、混凝土输送泵及钢管、软泵管。

5. 工具：钢筋勾、串筒、溜槽、吊斗、胶管、铁锹、铁抹子、木抹子，插入式振捣棒等。

6. 检查检测仪器工具：全站仪、经纬仪、水平仪、水平尺、线坠、靠尺、方尺、盒尺等。

28.2.3 作业条件

1. 墩台（拱脚）经验收合格。

2. 拱架、拱架地基承载力（和地基处理结果）符合设计要求。

3. 拱架、模板厂内制作已完成、试拼装合格。

4. 材料按需要已分批进场，并经检验合格，机械设备状况良好。

5. 拱架、拱架现场安装所占现况路面已完成交通导行，并有可靠的交通导行保证措施。

25.2.4 技术准备

1. 根据设计施工图、环境条件、运输条件等因素，制定就地浇筑混凝土拱圈施工组织设计，获得批准后方可实施。

2. 就地浇筑混凝土拱桥施工前应根据设计施工图、施工方案，制订施工结构设计，其主要内容应包括：

1）拱架设计（包括支架及支架基础设计）、拱架安装及卸落设计；

2）拱圈浇筑方法、顺序及分层分段施工程序设计；

3）拱架预压、加载设计、分段浇筑、分段卸载设计；

4）支架或劲性骨架上现浇拱圈，分层（环）浇筑及分环承载设计；

5）大跨拱桥合龙设计。

3. 明确流水作业划分、浇筑顺序；确定石料供应、运输、砌筑、养护工作计划；确定机械设备规格型号、数量，确定水电保障，工具、材料、劳动力需要量。

确定混凝土配合比，进行原材料（水泥、砂、石材等）性能检验。

确定保证工程质量、施工安全、完成进度计划的措施；确定检验方法及试件组数。

确定并培训关键工序的作业人员和试验检验人员。

4. 进行安全技术交底；落实组织、指挥系统。

28.3 操 作 工 艺

28.3.1 工艺流程

拱架制作→墩台验收→测量复核→地基处理→拱架组装→拱架联系固定→分条分段对称浇筑→桥面系→验收。

28.3.2 拱架制作

1. 拱架及支架制作、安装、卸落应按本规程第 1 章规定执行。

2. 拱架宜采用标准化、系列化、通用化的构件拼装；拱架可采用木拱架、钢木组合拱架、工字钢拱架、钢桁架拱架（万能杆件拱架、贝雷梁拱架、军用梁拱架）、钢管拱架、扣件式钢管拱架等，无论使用何种拱架，均应进行施工图设计，并验算其强度和稳定性。

3. 木拱架

1）木拱架所用的材料规格及质量应符合设计及规范要求。桁架拱架在制作时，各杆件应当采用材质较强、无损伤及湿度不大的木材。夹木拱架制作时，木板长短要搭配好；纵间接头要错开，其间距应大于 30cm；每个断面接头不可超过 3 个；面板夹木按间隔用螺栓固定，其余用铁钉与拱肋固定；应尽量减少长杆件；主要压力杆的纵向连接，应使用对接法，并用木夹板或铁夹板夹紧。次要构件的连接可用搭接法。

2）应注意拱架的弧形木的制作：一般跨度为 2～3m，弧形缘应按拱圈的内侧弧线制成弧形。

4. 钢拱架

1）常备式钢拱架纵、横向距离应根据实际情况进行合理组合，保证结构的整体性；钢拱架，为保证排架的稳定应设置足够的斜撑、剪力撑、扣件和缆风绳。

2）钢管拱架排架的纵、横距离应按承受拱圈自重计算，各排架顶部的标高要符合拱圈底的轴线。为保证排架的稳定应设置足够的斜撑、剪力撑、扣件和缆风绳。

3）工字梁钢拱架由工字钢梁基本节（分成几种不同长度）、插节（由同号工字钢截成）、拱顶铰及拱脚铰等基本构件组合，用选配工字钢梁长度和楔形插节节数的方法，使拱架适用于各种拱度和跨度的拱桥施工。

4）横桥方向拱架的片数应根据拱圈的宽度和承重来合理组合，拱片间可用角钢等杆件连接，以保证结构的整体稳定。

5）扣件式钢管拱架：钢管拱架组成排架的纵、横间距应按承受拱圈自重及施工荷载计算，各排架顶部的标高应符合设计要求。

6）为保证排架（拱架）的稳定应设置足够的斜撑、剪刀撑、扣件和缆风绳，缆风宜设在 $3/8L$ 和 $1/4L$ 处，且对等收紧。

5. 拱架杆件制作、节点板制作完成后，应进行试装，检验拱架制作质量，合格后方可投入使用。

28.3.3 墩台验收

拱架安装前，必须对墩台进行验收，合格后方可进行拱架安装。

28.3.4 地基处理

拱架基础可采用原状地基、混凝土条形基础、扩大基础、桩基等型式。

当采用原状土时，架设拱架的地基土承载力必须符合施工组织设计的规定。

采用混凝土条形基础、扩大基础、桩基等其他型式时，其结构尺寸、强度等应符合施工组织设计的规定。

28.3.5 拱架安装

1. 安装拱架时，对拱架立柱和拱架支承面应详细检查，准确调整拱架支承面和顶部标高，并复测跨度。各片拱架在同一节点处的标高应尽量一致，以便于拼装平联杆件。在风力较大的地区，应设置风缆。

2. 拱架安装应考虑拱架受载后的沉陷、弹性变形等因素预留施工拱度。

拱圈施工应按设计规定预留预拱度，中小跨拱桥亦可根据跨度大小、恒载挠度、拱架及支架变形等因素分析计算预拱度，其值一般宜取 $L/500 \sim L/1000$（L 为跨径）。

预拱度的设置一般在拱顶取最大值、拱脚为零，跨间按抛物线分配。

3. 拱架应稳定坚固，应能抵抗在施工过程中有可能发生的偶然冲撞和振动。安装时应注意以下几点：

1）支架立柱必须安装在有足够承载力的地基上，并保证砌筑后不发生超过允许的沉降量。

2）汽车通行孔的两边支架应加设护桩，夜间应用灯光标明行驶方向。

4. 为便于拱架的拆卸，应根据结构型式、承受的荷载大小及需要的卸落量，在拱架适当部位设置相应的木楔、木马、砂筒或千斤顶等落模设备。

5. 拱架安装完毕后，应对其平面位置、顶部标高、节点连接及纵、横向稳定性进行全面检查，符合要求后，方可进行下一工序。

28.3.6 拱圈模板（底模、侧模）安装

1. 拱圈模板的加工应符合本规程第1.4节的有关规定。

2. 拱圈模板（底模）宜采用双面覆膜酚醛多层板（或竹胶板），也可采用组合钢模板。

3. 采用多层板时，板背后加弧形木或横梁，多层板板厚依弧形木或横梁间距的大小来定。模板接缝处粘贴双面胶条填实，保证板缝拼接严密，不漏浆。

4. 侧模板应按拱圈弧线分段制作，间隔缝处设间隔缝模板并应在底板或侧模上留置孔洞，待分段浇筑完成、清除杂物后再封堵。

5. 在拱轴线与水平面倾角较大区段，应设置顶面盖板，以防混凝土流失。模板顶面标高误差不应大于计算跨径的 1/1000，且不应超过 30mm。

28.3.7 钢筋绑扎

1. 拱圈的钢筋加工应符合本规程第 2.4 节的有关规定。

2. 拱脚接头钢筋预埋：钢筋混凝土无铰拱的拱圈的主筋一般伸入墩台内，因此在浇筑墩台混凝土时，应按设计要求预埋拱圈插筋，伸出插筋接头应错开，保证同一截面钢筋接头数量不大于 50%。

3. 钢筋接头布置：为适应拱圈在浇筑过程中的变形，拱圈的主钢筋或钢筋骨架一般不应使用通长的钢筋，宜在适当位置的间隔缝中设置钢筋接头，但最后浇筑的间隔缝处必须设钢筋接头，直至其前两段混凝土浇筑完毕且沉降稳定后再进行连接。

4. 绑扎顺序：分环浇筑拱圈时，钢筋可分环绑扎。分环绑扎时各种预埋钢筋应临时加以固定，并在浇筑混凝土前进行检查和校正。

28.3.8 拱圈混凝土浇筑

1. 拱圈浇筑前，应测量检查桥墩、台高程、轴线及跨径，拱架安装轴线、高程及安装质量。拱圈砌筑、浇筑、安装前，应测量检查桥墩、台高程、轴线及跨径，拱架安装轴线、高程及安装质量。

检测高程、轴线合格后，在底模上放线标明拱圈（拱肋）中线、边线、分段浇筑位置。

2. 混凝土连续浇筑

跨径小于 16m 的拱圈或拱肋混凝土，应按拱圈全宽度从两端拱脚向拱顶对称地连续浇筑，并在拱脚混凝土初凝前全部完成，如预计不能在限定时间内完成，则应在拱脚预留一个隔缝并最后浇筑隔缝混凝土。

3. 跨径大于或等于 16m 的拱圈或拱肋，尽量保证一次性浇筑完成，对于一次不能浇完的，应沿拱跨方向分段浇筑。分段位置应能使拱架受力对称、均匀和变形小为原则，拱式拱架宜设置在拱架受力反弯点、拱架节点、拱顶及拱脚处；满布式拱架宜设置在拱顶、$L/4$ 部位、拱脚及拱架节点等处。

4. 分段浇筑程序应符合设计要求，应对称于拱顶进行，使拱架变形保持均匀和尽可能得最小，并应预先做出设计。

分段长度视混凝土浇筑能力和拱架结构及支架情况而定，其分段长度和分段浇筑程序应符合设计要求，拱段长度一般取 6～15m。

分段浇筑时，各分段内的混凝土应一次连续浇筑完毕，因故中断时，应浇筑成垂直于拱轴线的施工缝；如已浇筑成斜面，应凿成垂直于拱轴线的接合面或台阶式接合面。

5. 各分段点应预留间隔槽，其宽度一般为 0.5～1.0m，但布置有钢筋接头时，其宽度尚应满足钢筋接头的需要，各段的接缝面应与拱轴线垂直。间隔缝的位置应避开横撑、隔板。吊杆及刚架节点。

6. 浇筑间隔槽混凝土时，应待已完成分段拱圈混凝土强度达到设计强度的 75% 和接合面按施工缝处理后，由拱脚向拱顶对称进行。拱顶及两拱脚间隔槽混凝土应在最后封拱时浇筑。封拱合龙温度应符合设计要求，当设计无规定时，宜在接近当地年平均温度或 5～15℃时进行。为缩短工期，间隔槽混凝土可采用比拱圈混凝土高一级的半干硬性混凝土。封拱合龙前用千斤顶施加压力的方法调整拱圈应力时，拱圈（包括已浇间隔槽）的混凝土强度应达到设计强度。

7. 浇筑大跨径钢筋混凝土拱圈（拱肋）时，纵向钢筋接头应安排在设计规定的最后浇筑的几个间隔槽内，并应在这些间隔槽浇筑时再连接。

8. 预计拱架变形较小，可减少或不设间隔槽，而采取分段间隔浇筑。

9. 浇筑大跨径箱形截面拱圈（拱肋）混凝土，当采用分环（层）、分段法浇筑时，宜分成 2～3 环进行分段浇筑，第一环宜浇筑底板，第二环浇筑腹板、横隔板和顶板（或将顶板作为第三环）混凝土。其合龙可随每环浇筑完成后按环进行，这样虽工期长，但已合龙的环层能够起到拱架的作用；也可待所有节段浇筑完成后，一次性填充各段间隔缝进行合龙。在合龙过程中，上、下环的间隔缝位置需互相对应和贯通，其宽度一般为 2m 左右，有钢筋接头的间隔缝一般为 4m 左右。箱形拱主拱圈分环分段浇筑程序应按设计要求或施工方案进行。

10. 浇筑大跨径箱形截面拱圈（拱肋）混凝土，可沿纵向分成若干条幅，中间条幅先行浇筑合龙，达到设计要求后；再按横向对称。分次浇筑合龙其他条幅。

其浇筑顺序和养护时间应根据拱架荷载和各环负荷条件通过计算确定，并应符合设计要求。

11. 大跨径钢筋混凝土箱形拱圈（拱肋）可采取在拱架上组装与现浇相结合的施工方法。先在拱架上安装底模板，再将预制好的腹板、横隔板在底模上组装，待组装完成后，立即浇筑接头和拱箱底板混凝土，组装和现浇混凝土时应从两拱脚向拱顶对称进行，浇底板混凝土时应按拱架变形情况设置少量间隔缝并于底板合龙时填嵌，待接头和底板混凝土强度达到设计强度的 75% 以上后，安装预制盖板，然后铺设钢筋，现浇顶板混凝土。

12. 对分环浇筑的钢筋可分环绑扎，但各种预埋钢筋在浇筑混凝土前应予临时固定并校正准确。

28.3.9 模板、拱架拆除

1. 拱架拆除应根据结构形式及拱架类型制定拆除程序和方法，编制专项施工方案。

拆除应按拟定的卸落程序进行，拱架不得突然卸除，为保证拱架拆除时拱肋内力变化均匀，应对称于拱顶，自拱中部向两侧同时拆除。

2. 模板拆除

顶部扣压模板在混凝土初凝后即可拆除。当混凝土达到设计要求抗压强度方可拆除侧模，若设计无要求时，混凝土抗压强度达到 2.5MPa 时方可拆除侧模。底模必须等到拱圈最后施工段混凝土抗压强度达到 100% 设计强度方可拆除。

3. 应在接头（间隔槽）及横系梁混凝土强度达到设计强度 75% 以上或满足设计规定

后方可开始卸落；

4. 为避免一次卸架突然发生较大变形，可在主拱安装完成时，分两次或多次卸架，使拱圈及墩、台逐渐成拱受力；

5. 拱架卸落前应对已合拢拱圈混凝土质量、强度、拱轴线坐标、卸落设备及台后填土进行全面检查，全部符合要求后方可卸架；

6. 卸架时应观测拱圈挠度和墩、台变位情况；

7. 多跨拱桥卸架应在各孔拱肋合龙后进行，若必须提前卸架时，应验算桥墩承受不平衡推力后确定；

8. 拱上建筑宜在卸架后施工。

28.3.10 冬雨期施工

1. 冬期施工应预先做好冬期施工组织计划及准备工作，对各项设施和材料应提前采取防雪、防冻等措施，还应专门制定施工工艺要求及安全措施。

2. 拱架支架基础应有排水系统、不得受冻胀影响。

3. 雨天、大风、雾天、夜间不进行施工。

28.4 质 量 标 准

拱部与拱上结构施工中涉及模板和拱架、钢筋、混凝土、预应力混凝土的质量检验应遵守本规程第 1.4 节、2.4 节、3.4 节的有关规定。

主 控 项 目

1. 拱架及模板安装完成后，应经有关人员检查验收合格后方可使用。

检查数量：全数检查。

检验方法：对照专项施工方案观察检查，检查施工记录；钢尺检查。

2. 混凝土的浇筑，应分层对称地按设计规定的顺序进行，无空洞和露筋现象，并严格按设计要求，采取保证骨架稳定的措施。

检查数量：全数检查。

检验方法：对照专项施工方案观察检查，检查施工记录。

3. 浇筑混凝土过程中，要加强对拱轴线、模板的观测。

检查数量：全数检查。

检验方法：对照专项施工方案观测检查，检查施工记录。

4. 混凝土的强度等级应符合设计要求。

检查数量：按抽样检验方案确定进行混凝土试件取样。

检验方法：检查试件试验报告。

一 般 项 目

5. 拱架上浇筑混凝土拱圈质量表 28.4 规定。

表 28.4　拱架上浇筑混凝土拱圈允许偏差

序号	项　　目		允许偏差（mm）	检验频率		检 验 方 法
				范　围	点　数	
1	轴线偏位	板拱	10	每跨每肋	5	用经纬仪测量拱脚、拱顶、$L/4$ 各 1 处
		肋拱	5			
2	内弧线偏离设计弧线	跨径 $L \leqslant 30\mathrm{m}$	±20			用水准仪测量拱脚、拱顶、$L/4$ 各 1 处
		跨径 $L > 30\mathrm{m}$	$\pm L/1500$			
3	断面尺寸	高度	±5			用钢尺量拱脚、拱顶、$L/4$ 各 1 处
		顶、底腹板厚	+10，−0			
4	拱肋间距		5			

注：表中 L 为跨径。

6. 混凝土拱圈外形轮廓清晰、顺直，表面平整，施工缝修饰光洁，不得有蜂窝、麻面，表面无受力裂缝或裂缝宽度不应超过 0.15mm。

检查数量：全数检查。

检验方法：观察或用读数放大镜观测。

28.5　质　量　记　录

1. 测量复核记录

2. 原材料产品合格证、进场检验记录和原材料试验报告

3. 支架、拱架原材料产品合格证、进场检验记录和原材料试验报告；支架、拱架加工制作检验记录；支架、拱架支撑体系成品进场检验记录

4. 支架、拱架，支撑体系安装质量检验记录

5. 就地浇筑混凝土施工质量记录应符合本规程第 1.5 节、2.5 节、3.5 节规定。

6. 隐蔽工程检查记录

7. 工序质量评定表

28.6　安全与环保

28.6.1　执行国家和地方政府制定的有关安全与环保规定。

28.6.2　安全措施

1. 严格遵守《北京市桥梁工程施工安全技术规程》DBJ 01—85 规定。

2. 按时进入工作岗位，未经同意不得擅自离开工作岗位。

3. 一切行动听指挥，严格遵守操作规程。

4. 施工人员上班必须戴安全帽，高空作业必须系安全带；手持工具必须系挂安全绳、系在腰间。

5. 大雨、大风、大雾天及夜间停止作业。

6. 支架、拱架支撑体系，必须在施工前进行设计，其强度、刚度、稳定性必须符合规定要求，必须考虑拆除安全，对拆除程序进行规定。

7. 支搭、拆除施工，应由专业架子工担任，并按现行国家标准考核合格，持证上岗。凡不适于高处作业者，不得操作。支搭拆除施工，施工人员必须戴安全帽、系安全带、穿防滑鞋。

8. 就地浇筑混凝土拱圈施工中涉及模板与支架、钢筋、混凝土的安全与环保应遵守本规程第 1.6 节、2.6 节、3.6 节的有关规定。

28.6.3 环保措施

1. 必须严格贯彻执行《中华人民共和国环境保护法》、《中华人民共和国水土保持法》，加强对全体施工人员环境保护和水土保持方面的教育，提高全员环境保护和水土保持意识。

2. 按照《北京市水资源管理条例》规定对现场进行严格管理。服从当地水务部门监督和管理。

3. 建立环保管理领导小组，设置专职或兼职水资源保护、环保员。

4. 严格控制临时用地数量，雨期汛期禁止在最高水位之下的滩地、岸坡设置物料场地、施工营地。

5. 施工废水、生活污水必须收集处理，沉淀达标后排放。

6. 加强油料的储存、使用、保管，防止油料跑、冒、滴、漏污染土壤、水体。

7. 施工弃土、桥墩废渣、施工废料和垃圾等不得随意堆放或弃于河滩、河道处，造成水体污染。

28.7 成 品 保 护

1. 混凝土浇筑过程中，派专人负责成品保护工作，对钢筋、预埋件进行看护、校正，在混凝土刚浇筑完毕时，对预埋件进行复查其准确性。养护及拆模时不得碰撞构件。

2. 施工过程中严禁在拱圈上堆放施工材料。

29 浆砌石砌筑拱圈施工工艺

29.1 适 用 范 围

29.1.1 本工艺适用于城市桥梁工程石砌拱桥，浆砌石砌筑拱圈施工工艺。

29.2 施 工 准 备

29.2.1 材料要求

1. 城市桥梁工程浆砌石砌筑拱圈所用石料应符合设计要求、现行产品标准及环保规定。所用石料应符合设计规定的类别和强度，石质应均匀、耐风化、无裂纹。

2. 石料在砌筑前须清洗干净，如有山皮、水锈应清除。石料使用前如已干燥，应洒水湿润。

3. 砂浆应有良好的硬化速度，凝固后应满足强度要求，还须满足粘结性、耐久性、收缩率等要求。

28.2.2 机具工具

1. 砂浆拌制机械：强制性砂浆拌合机。砂浆、石料运输机械（自卸车、罐车、反斗车、手推车等）。

2. 测量检验仪器工具：全站仪、经纬仪、水准仪，水平尺、线坠、小白线、卷尺，砂浆试模。

3. 砌筑工具：备有大铲、手锤、手凿、皮数杆、小水捅、灰槽、勾缝条、扫帚等。

28.2.3 作业条件

1. 浆砌石砌筑拱圈砌体施工前，基坑支护和基坑开挖质量检查合格，基坑应保证稳定；基底原状土无扰动，如基坑扰动超挖，应按规定处理至不低于基底原状土状态。

2. 地基承载力（和地基处理结果）符合设计要求。

3. 基底在砌筑前应清理干净，无任何杂物。

4. 基坑应保证稳定和干燥，砌筑应在基底无水情况下施工。

5. 测量放线，做好基础的轴线和边线，测出基础高程，立好皮数杆，两皮数杆间距不大于15m为宜，在砌体的转角处和交接处均应设置皮数杆。

6. 拉线找平基础垫层水平标高，第一皮水平灰缝厚度超过20mm时，应用豆石混凝土找平，不得用水泥砂浆中掺加碎石找平。

7. 常温砌石前一天将料石浇水湿润。

8. 校好计量设备，备好砂浆试模。

28.2.4 技术准备

1. 根据设计施工图、环境条件、运输条件等因素，制定拱圈砌筑方案，获得批准后方可实施。

2. 砌筑拱桥施工前应根据设计施工图、施工方案，制订施工结构设计，其主要内容应包括：

1) 拱架设计（包括支架及支架基础设计）、拱架安装及卸落设计；

2) 拱圈砌筑方法、顺序及分层分段施工程序设计；

3) 拱架预压、加载设计、卸载设计；

4) 大跨拱桥合龙设计。

3. 明确流水作业划分、砌筑顺序；确定石料供应、运输、砌筑、养护工作计划；确定机械设备规格型号、数量，确定水电保障，工具、材料、劳动力需要量。

确定砂浆配合比，进行原材料（水泥、砂、石材等）性能检验。

确定保证工程质量、施工安全、完成进度计划的措施；确定检验方法及试件组数。

确定并培训关键工序的作业人员和试验检验人员。

4. 进行安全技术交底；落实组织、指挥系统。

29.3 操作工艺

29.3.1 工艺流程

测量放线→基槽开挖→基底验收→砌筑基础及墙身→架设拱架→石料选用→砂浆拌合→砌筑拱圈→做胶泥防水层→砌筑侧墙及缘石→砌筑翼墙→拆除拱架→基坑回填→桥下铺砌。

29.3.2 测量放线

使用全站仪测设桥梁中线，放出墩台坐标控制线（纵横轴线）、外形结构尺寸线。

用白灰线标出基坑开挖边线。

29.3.3 基槽开挖

1. 基槽开挖应符合设计要求、应遵守本规程第 5 章规定。

2. 按地质水文资料、结合现场情况，决定开挖坡度和支护方案、开挖范围和防排水措施。

基坑可采用垂直开挖、放坡开挖，支撑加固或其他加固的开挖方法；在有地面水淹没的基坑，可修筑围堰、改河改沟、筑坝排水后再开挖基坑。

无支护开挖、严格按规定放坡；有支护（支撑）基坑开挖严格按专项方案作业，应采用对称开挖或循环开挖的方式、分层挖土、先支撑后开挖，不得采用全断面、全尺寸开挖法。

3. 基槽开挖采用人工配合反铲开挖，至设计标高以上，槽底留 300mm 土层人工清底。

4. 开挖距槽底 500mm 以内后，测量人员测出距槽底 500mm 的水平标志线，然后在槽壁上钉小木桩或做标志，清理底部土层时用来控制标高。根据轴线及基础轮廓检验基槽尺寸，修整边坡和基底。

29.3.4 基底验收（检验）

1. 墩台基础应平整坚实，检查基底平面位置、尺寸大小、基底标高；检查基底地质情况和承载力是否与设计资料相符；检查基底处理和排水情况是否符合本规程要求，当与地质报告不符时及时与业主、设计、监理工程师会商确定处理方法。

2. 基底验收（检验）应遵守下列规定：

按桥涵大小、地基土质情况及结构对地基有无特殊要求，可采用以下检查方法：

1）小桥涵的地基检验：可采用直观或触探方法，必要时可进行土质试验；

2）大、中桥和地基土质复杂、结构对地基有特殊要求的地基检验，一般采用触探和钻探（钻深至少4m）取样作土工试验，或按设计的特殊要求进行荷载试验；

3）特大桥按设计要求处理。

29.3.5 砌筑基础及墙身

砌筑基础及墙身应符合设计要求及本规程第5.3节规定，并应遵守下列规定：

1）砌块在使用前必须浇水湿润，表面如有泥土、水锈，应清洗干净。

2）砌筑基础的第一层砌块时，如基底为岩层或混凝土基础，应先将基底表面清洗、湿润，再坐浆砌筑；如基底为土质，可直接坐浆砌筑。

浆砌石料的一般顺序为先砌角石，再砌面石，最后砌腹石。角石砌好后即可将线挂到角石上，再砌面石，腹石应与面石一样，按规定层次和灰缝砌筑整齐，砂浆饱满。

3）砌体应分层砌筑，各砌层应先砌外圈定位行列，然后砌筑里层，外圈砌块应与里层砌块交错连成一体。砌体外露面镶面种类应符合设计规定，位于流冰或有严重漂流物河中的墩台，宜选用较坚硬的石料进行镶砌。砌体里层应砌筑整齐，分层应与外圈一致，应先铺一层适当厚度的砂浆再安放砌块和填塞砌缝。

4）砌体外露面应进行勾缝，并应在砌筑时靠外露面预留深约20mm的空缝备作勾缝之用。砌体隐蔽面砌缝可随砌随刮平，不另勾缝。

5）各砌层的砌块应安放稳固，砌块间应砂浆饱满，粘结牢固，不得直接贴靠或脱空。砌筑时，底浆应铺满，竖缝砂浆应先在已砌石块侧面铺放一部分，然后于石块放好后填满捣实。用小石子混凝土塞竖缝时，应以扁铁捣实。

6）砌筑上层块时，应避免振动下层砌块。砌筑工作中断后恢复砌筑时，已砌筑的砌层表面应加以清扫和湿润。

7）砌筑过程中应随时用平尺和线坠校核砌体。

29.3.6 支架及拱架架设

1. 拱架及支架制作、安装、卸落应按本规程第1章规定执行。

2. 拱圈施工应按设计规定预留预拱度，中小跨拱桥亦可根据跨度大小、恒载挠度、拱架及支架变形等因素分析计算预拱度，其值一般宜取 $L/500 \sim L/1000$（L 为跨径）。

3. 预拱度的设置一般在拱顶取最大值、拱脚为零，跨间按抛物线分配。

4. 木拱架和钢拱架架设应遵守本规程第1.3节和28.3节相关规定。

5. 拱架基础可采用原状地基、混凝土条形基础、扩大基础等型式。

6. 无论使用何种材料的支架和拱架，均应进行施工图设计，并验算其强度和稳定性。

7. 安装拱架时，对拱架立柱和拱架支承面应详细检查，准确调整拱架支承面和顶部标高，并复测跨度。各片拱架在同一节点处的标高应尽量一致，以便于拼装平联杆件。在风力较大的地区，应设置风缆。

8. 拱架应稳定坚固，应能抵抗在施工过程中有可能发生的偶然冲撞和振动。安装时应注意以下几点：

1）支架立柱必须安装在有足够承载力的地基上，并保证砌筑后不发生超过允许的沉降量。

2）汽车通行孔的两边支架应加设护桩，夜间应用灯光标明行驶方向。

9. 拱圈砌筑前应检查支架、拱架和模板的安装质量，应对其平面位置、顶部标高、节点连接及纵、横向稳定性进行全面检查，符合要求后，按设计要求或施工设计规定在模板上放线，标明中线、拱石分块位置、灰缝宽度及分段砌筑界线。

29.3.7 拱圈料石

拱圈料石加工除遵照第 5 章有关规定外尚应符合下列要求：

1）拱圈料石和砌块加工或预制拱圈应按 1：1 放样，标明砌块分割尺寸、灰缝宽度、砌筑位置编号并套样板比照加工。

2）石料应立纹破料、岩面与拱轴线垂直。

3）当拱圈曲率较小灰缝上下宽度不超过 30% 时，可用矩形料石砌筑，拱圈曲率较大时应将石料加工成楔形。

4）石料尺寸可根据设计规定及施工条件确定，但应符合下列规定：

拱石厚度不得小于 20cm；

拱石高度应为最小厚度的 1.5～2 倍、上下层拱石错缝不宜小于 150～200mm；

拱石长度应为最小厚度的 1.5～4 倍。

29.3.8 拱圈砌筑一般规定

1. 拱圈的辐射缝应垂直于拱轴线，辐射缝两侧相邻两行拱石的砌缝应互相错开（同一行内上下层砌缝可不错开），错开距离不应小于 100mm。

2. 浆砌粗料石和混凝土预制块拱圈的砌缝宽度应为 10～20mm，块石拱圈的砌缝宽度不应大于 30mm，片石拱圈的砌缝宽度不应大于 40mm。用小石子混凝土砌块石时，不应大于 50mm。

3. 砌筑各类浆砌拱圈时，对于不甚陡的辐射缝，应先在侧面已砌拱石上铺浆，再放拱石挤砌；辐射缝较陡时，可在拱石间先嵌入木条，再分层填塞，捣实砂浆。

4. 拱圈砌筑程序应根据施工图设计要求和拱圈跨径、矢跨比、厚度及拱架类型等条件作出完善的施工设计，砌筑过程中应随时观测拱架变形情况做好监控，必要时对砌筑程序进行调整。

5. 跨度小于 13m 的拱圈当用满布式拱架砌筑时，可从两端拱脚起顺序向拱顶方向对称、均衡地全宽和全厚地砌筑，最后砌拱顶石。跨径 10m 以下的拱圈，当用拱式拱架砌筑时，宜分段、对称地先砌拱脚段和拱顶段，后砌：1/4 跨径段，并注意在砌筑的同时应对拱跨 1/4 部位进行预压。

预压可以有效地预防拱圈产生不正常的变形和开裂。加压顺序应与计划砌筑拱圈的顺序一致，加压的材料一般用砌筑拱圈的石料，也可用砂袋。砌筑时，应尽量利用附近的压重石就地砌筑，随撤随砌。

6. 跨径 13～25m 的拱圈，不论用何种拱架，每半跨均应分成三段砌筑，每段长度不宜超过 6m，先砌拱脚段（Ⅰ）和拱顶段（Ⅱ）、后砌 1/4 跨径段（Ⅲ），两半跨应同时对称地进行，最后砌筑拱顶石合龙。

相间砌筑的拱段（隔开砌的拱段），其倾斜角大于砌块与模板间的摩擦角（约20°）时，应在拱段下侧临时设置支撑，所需支撑力应通过计算确定。分段支撑的构造应按支撑强度的要求确定。三角形支撑适用于较大的强度，三脚支撑应在拱圈放样平台上按拱圈弧形放样制作，安装时须将螺栓拧紧。

三脚撑拆除时应自中间向两侧推进，拆一处砌一处。待新砌部分的砂浆达到一定强度时，再继续拆除下一个三角撑并补砌此处拱石。

7. 跨径≥25m 的拱圈，砌筑程序应符合设计规定。一般采用分段砌筑或分环分段相结合的方法砌筑，必要时应对拱架预加一定的压力。分段长度以每段不超过8m为宜。各段间应预留空缝，以防止拱圈因拱架变形而开裂。一般在拱跨的拱脚附近、1/4 点、拱顶及满布支架的节点处必须设置空缝。分环砌筑时，每一环可分成若干段对称、均衡地砌筑，砌一环合龙一环。待下环砌筑合龙、砌缝砂浆强度达到设计强度的75%以上后，再砌筑上环。每环分段方法、砌筑顺序、空缝设置与一次砌筑相同，但上下环间应以犬牙相接。

8. 大跨度拱圈可采用分环砌筑、分环合龙逐环承载的方法砌筑，但应符合下列要求：

1）底环圬工体积宜占拱圈 50%~60%；

2）底环封拱砂浆达 70%强度后方可承载、砌筑上环。

29.3.9 空缝设置和填塞

1. 砌筑拱圈时应在拱脚和各分段点设置空缝。用于空缝两侧的拱石，靠空缝一面应加工凿平。

2. 空缝的宽度，在拱圈外露面应与相应类别砌块的一般砌缝相同。当拱圈为粗料石时，为便于砂浆的填塞，可将空缝内腔宽度加大至 30~40mm。为保证空缝的宽度，当拱圈跨径≥16m 时，拱跨 1/4 点及其以下的空缝宜用铸铁垫隔，其他部位的空缝可用体积比为 1:1 的水泥砂浆预制块垫隔。当拱圈跨径小于 16m 时，所有空缝均可采用体积比为 1:2 的水泥砂浆预制块作垫块。

3. 空缝的填塞，应在所有拱段及拱顶石砌筑完成后，且砌缝砂浆强度达到设计强度的 70%后进行，填塞时应分层用插钎捣实，每层厚度约 100mm。须加大挤压力时，可在空缝填满后用木夯夯捣砂浆。

4. 空缝的填塞顺序视具体情况确定：对于跨径较大并用钢拱架施工的拱圈，以及跨径较小且用木拱架施工的拱圈，可采用先填塞拱脚处，次填塞拱顶处，然后自拱顶向两端对称逐条填塞；对于各种跨径的拱圈，所有空缝可同时填塞；对于 16m 以下的较小跨径的拱圈，由拱脚逐次向拱顶对称填塞。

5. 填塞空缝可使用 M2.5 以上或体积比为 1:1、水灰比为 0.25 的半干硬水泥砂浆，砂子宜用细砂或筛除较大颗粒的中砂。

6. 空缝填塞宜在一天中温度较低时进行，特别是当采用填塞空缝砂浆使拱合龙时，应注意选择最后填塞空缝的合龙时间。

29.3.10 拱圈封拱合龙

1. 拱圈封拱合龙时的温度、砂浆强度和封拱方法应符合设计规定，设计无规定时，应符合下列规定：

（1）封拱合龙温度宜在当地年平均温度或 5~15℃时进行；

（2）分段砌筑的拱圈应待填塞空缝的砂浆强度达到设计强度的 50%后进行，采用刹尖封顶的拱圈应待砂浆强度达到设计强度的70%后进行。

2. 刹尖封拱就是在砌筑拱顶石前，先在拱顶缺口中打入若干组木楔，使拱圈挤紧、拱起，然后嵌入拱顶石合龙，具体做法是：用三块硬木为一组制作木楔，两侧木块宽约100mm，中间木块宽150～300mm；将制作好的木楔放入预定位置，用木槌或木夯锤击，锤击时应先轻后重，各组夯力应均匀，直至拱圈脱离拱架、不再有显著拱起时为止；锤击完成后，应立即在木楔组与组之间空挡中嵌入拱顶石，并用铁片和稠砂浆挤紧、塞严；第一批拱顶石嵌入后就可拿出木楔，在原木楔的位置嵌入第二批拱顶石，完成拱圈合龙。

3. 封拱合龙前用千斤顶施加压力的方法调整拱圈应力时，砂浆强度应达到设计强度。预施压力封顶应注意：千斤顶的安装位置偏差不得大于10mm；施压到要求后，应立即安放拱顶石并填塞铁片和水泥砂浆；待砂浆达到一定强度后（一般为7d）即可撤除千斤顶和填塞千斤顶缺口；撤除千斤顶时，应由两端对称地向中间进行。

29.3.11 拱上结构的砌筑

1. 拱上结构在拱架卸架前砌筑时，应待拱圈合龙砂浆强度达到设计强度的30%以上后进行。

2. 当先松架后砌拱上结构时，应待拱圈合龙砂浆强度达到设计强度70%以上方可进行。

3. 当采用分环砌筑的拱圈时，应待上环合龙砂浆强度达到设计强度的70%以上后进行。

4. 当采用施加压力调整拱圈应力时，应待封拱砂浆强度达到设计规定的强度后砌筑拱上结构。

5. 拱上结构一般应由拱脚至拱顶对称、均衡地砌筑。对于实腹式拱、拱腹填料可随侧墙砌筑顺序及进度进行填筑。填料数量较大时，宜待侧墙砌筑完成后再分次填筑。在实腹式拱的侧墙与桥台间设伸缩缝使二者分开。对于空腹式拱，先砌空腹拱横墙，待卸落拱架后再砌筑腹拱拱圈，以防止腹拱圈受到主拱圈卸落拱架时的变形影响。腹拱上的侧墙，应在腹拱拱绞处设置变形缝。对于多跨连续拱桥应考虑桥墩的左右受力平衡，应在桥墩顶部设置伸缩缝使两侧侧墙分开。

29.3.12 支架拆卸

支架拆卸，除应符合本规程第2章的规定外，还应符合下列要求：

1）拱架拆除应在拱圈砌筑完成后20～30d左右，待砂浆砌筑强度达到设计强度的70%后方可拆除。此外还必须考虑拱上建筑、拱背填料、连拱等因素对拱圈受力影响，尽量选择对拱体产生最小应力的时候卸落拱架。为了能使拱架所支承的拱圈重力能逐渐转给拱圈自身来承受，拱架不能突然卸除，应按设计规定或施工组织设计（施工方案）规定程序进行。

2）为避免一次卸架突然发生较大变形，可在主拱完成后，分两次或多次卸架，使拱圈及墩、台逐渐成拱受力。

3）支架卸落前应对已合拢拱圈砌筑质量、砂浆强度、拱轴线坐标、卸落设备及台后填土进行全面检查，全部符合要求后方可卸架。

4）卸架时应观测拱圈挠度和墩、台变位情况。

5）多跨拱桥卸架应在各孔拱肋合龙后进行，若必须提前卸架时，应验算桥墩承受不平衡推力后确定。

6）拱上建筑宜在卸架后施工。

29.3.13 监控观测

1. 施工时，应对支架的变形、位移、节点和卸架设备的压缩及支架基础的沉陷等进行观测，如发现超过允许值的变形、变位，应及时采取措施予以调整。

2. 施工过程中，应配合施工进度对拱圈的挠度和横向位移、墩台变形和变位等项目进行观测。施工观测应尽量采用全站仪进行。

3. 卸落拱架的过程中，应设专人用仪器配合施工进度随时观测拱圈、拱架的挠度和横向位移以及墩台的变化情况，并详细记录，如发现异常，应及时分析，采取措施，必要时可调整加载或卸架程序。

29.3.14 冬雨期施工

1. 砌石冬期施工宜采用保温法、暖棚法和抗冻砂浆法。

2. 保温法是在初冬阶段正温条件下砌筑，水可加热，砌体可用塑料布、草帘、棉被等覆盖。

3. 暖棚法是临时在砌体处支搭暖棚砌筑，棚内可生火炉或安热风机、暖气等。砂、水均可加热，棚内温度应不低于5℃。

4. 抗冻砂浆法在砂浆中可掺入抗冻剂（氯盐等）。

5. 冬施拌合砂浆宜采用两步投料法，水的温度不得超过80℃，砂的温度不得超过40℃，水和砂先拌合，然后再投水泥。

6. 砌体冬期施工每昼夜至少定时检查覆盖、测温三次并作测温记录，砌体的地基不得受冻。砂浆的搅拌时间应比常温时延长 0.5 ~ 1.0 倍，当最低气温低于 - 15℃时，承重砌体的砂浆应提高一个强度等级。抗冻砂浆最好使用硅酸盐水泥或普通水泥拌制，砂中应无冻块，石料应无冰、雪、霜。

7. 雨期施工应防止雨水泡槽，防止雨水冲刷砌体砂浆，及时调整砂浆的用水量，不得冒雨砌筑，大雨后检测砌体的垂直度及现况地基是否发生不均匀下沉现象。

29.4 质量标准

主控项目

1. 石料的规格、尺寸、种类、材质和强度等级应符合设计要求。砂浆强度应符合下列规定要求。

检查数量：同一产地的石材至少抽验一组进行抗压强度检验；最冷月平均气温低于 - 5℃和浸水潮湿地区，应各增加一组抗冻性能指标和软化系数检验的试件。

检验方法：检查产品合格证书，检查试块试验报告。

2. 砌筑前应检查支架、模板、拱架等，在质量和安全方面符合规定要求后，方可进行下道工序施工。

检查数量：全数检查。

检验方法：对照施工组织设计、专项施工方案观察检查，检查施工记录；钢尺检查。

3. 砌筑程序，砌筑方法，拱石分块位置、灰缝宽度，分段、分环砌筑要求，空缝设置和填塞要求应符合设计要求和本规程规定。

检查数量：全数检查。

检验方法：观察或钢尺检查，检查施工记录。

4. 砌筑时应错缝，坐浆挤紧，嵌缝料和砂浆要饱满无空洞；砌缝要均称，不做宽缝，不以大堆砂浆填隙，不勾假缝。

检查数量：全数检查。

检验方法：对照施工组织设计、专项施工方案观察检查，检查施工记录；钢尺检查。

5. 拱圈不得出现拱顶或四分点区段局部下挠的现象。

检查数量：全数检查。

检验方法：用水准仪量测。

一 般 项 目

6. 砌筑拱圈质量应符合表29.4规定。

表 29.4 砌筑拱圈允许偏差

序号	检查项目	允许偏差（mm）		检验频率		检 验 方 法
				范　围	点　数	
1	轴线和砌体外平面偏差	有镶面	+20，-10	每跨	5	用经纬仪检测拱脚、拱顶、$L/4$处
		无镶面	+30，-10			
2	拱圈厚度	+3%拱圈厚，0				钢尺量拱脚、拱顶、$L/4$处
3	镶面石表面错位	粗料石、砌块	3		10	接线用钢尺量
		块石	5			
4	内弧线偏离设计弧线	跨径≤30m	±20		5	用水准仪检测拱脚、拱顶、$L/4$处
		跨径>30m	±1/1500跨径			

7. 勾缝平顺，无脱落现象。拱圈轮廓线条清晰圆滑，表面整齐。

检查数量：全数检查。

检验方法：观察。

29.5 质 量 记 录

1. 水泥、砂、108胶、外加剂等原材料的出厂合格证及产品使用说明。

2. 测量复核记录

3. 原材料产品合格证、进场检验记录和原材料试验报告

4. 砌体工程质量检验记录

5. 砂浆试块试验报告。

6. 支架、拱架原材料产品合格证、进场检验记录和原材料试验报告；支架、拱架加工制作检验记录；支架、拱架支撑体系（外购、外租）成品进场检验记录

7. 支架、拱架，支撑体系安装质量检验记录

8. 施工记录及隐蔽工程检查记录

29.6　安全与环保

1. 开挖拱脚基坑前，应对水文地质情况、地上、地下构筑物作好调查和勘测，画出相关位置图。施工人员应掌握各种管线情况及保护措施。

基槽与相邻构筑物距离较小，可能对已建构筑物产生影响时，必须采取有效安全技术措施，确保已建构筑物的安全，并上报有关部门审查同意后方可施工。施工前，应对水文地质情况、地上、地下构筑物作好调查和勘测，画出相关位置图。施工人员应掌握各种管线情况及保护措施。

基槽与相邻构筑物距离较小，可能对已建构筑物产生影响时，必须采取有效安全技术措施，确保已建构筑物的安全，并上报有关部门审查同意后方可施工。

2. 支架、拱架支撑体系，必须在施工前进行设计，其强度、刚度、稳定性必须符合规定要求，必须考虑拆除安全，对拆除程序进行规定。

3. 支搭、拆除施工，应由专业架子工担任，并按现行国家标准考核合格，持证上岗。凡不适于高处作业者，不得操作。支搭拆除施工，施工人员必须戴安全帽、系安全带、穿防滑鞋。

4. 使用翻斗车运输砂浆、石材时，运输道路要平整。石料运输的人力车，两车前后距离，平道上不得小于2m，坡道上不得小于10m。石材运送采用放坡滚运或机械吊运时，下方严禁站人。

5. 砌筑时，应戴安全帽，带工作手套。修整石料时应戴防护眼镜。

6. 砌筑高度超过1.2m时，必须搭设牢固的脚手架，材质应符合要求。脚手架上堆放石块，严禁超载。

7. 高处砌筑时，砌体下（脚手架下）严禁站人。抬运石料上架，脚手跳板应坚固，并设防滑条。高处砌筑时，砌体下（脚手架下）严禁站人。抬运石料上架，脚手跳板应坚固，并设防滑条。

29.7　成 品 保 护

1. 砂浆稠度应适宜，砌筑时应防止砂浆溅脏砌体表面，砌筑和勾缝后保持墙面洁净。

2. 砌筑完后，未经有关人员检查验收，轴线桩、水准桩、皮数杆应加以保护，不得碰坏、拆除。

3. 石体楞角应用木板、塑料布保护，防止损坏楞角或污染。

30 支架安装拱圈施工工艺

30.1 适 用 范 围

30.1.1 本工艺适用于城市桥梁工程在预制厂或基地内预制拱肋、现场采用支架安装拱圈施工工艺。

30.2 施 工 准 备

30.2.1 材料要求

1. 城市桥梁工程拱肋所用材料应符合设计要求、现行产品标准及环保规定。

2. 城市桥梁工程拱肋所用材料（钢筋、水泥、砂、石、外加剂等）及模板、支架和拱架应符合本规程第1、2、3章规定。

30.2.2 机具工具

1. 拱肋预制加工机具：钢筋弯曲机、钢筋调直机、钢筋切断机、电焊机、对焊机等，电锯、电刨、手电钻等，强制式混凝土搅拌机、混凝土运输车、混凝土泵车、混凝土输送泵、汽车吊、混凝土振捣器等。

2. 支架施工设备：支架、履带吊、汽车吊等。

3. 仪器工具：全站仪、经纬仪、水准仪、扳手、撬杠等。

30.2.3 作业条件

1. 墩台经验收合格，塔架基础已完成。

2. 现场作业面已满足施工要求。

3. 材料按需要已分批进场，并经检验合格，机械设备状况良好。

30.2.4 技术准备

1. 认真审核设计图纸，编制拱肋预制、吊装等专项分项工程施工方案并报业主及监理审批。

2. 拱肋有支架吊装可依据河床、地形、桥梁跨径、吊装设备等情况选择适宜方案。对支架、起重设施、各项机具设备规格、型号、数量等均应按有关规定经过设计计算确定。

3. 装配式拱肋施工前，必须掌握、核对各种构件的预制、吊运堆放、安装、拱肋合龙及施工加载等各个阶段强度和稳定性的设计验算。

4. 对操作人员进行培训，向班组进行交底。

5. 组织施工测量放线。

30.3 操 作 工 艺

30.3.1 工艺流程

测量复核→拱肋预制→支架地基处理→支架组装→支架联系固定→支架安装检验→分条分段对称吊装→桥面系→验收。

30.3.2 测量放线

1. 现场测量复核

墩台建成后，应及时复测每根拱肋的拱座起拱线处的轴线坐标、高程、拱座的横向间隔、拱座斜面的斜度及几何尺寸。

2. 预制块件（拱肋）测量复核

检查预制每根拱肋的实际跨长、弧长、几何尺寸及拱肋接头、吊环情况。拱肋上缘弧长宜小于设计弧长 5~10mm，使拱肋合龙时保留上缘开口，便于嵌塞铁片，调整拱轴线。如不符合以上要求，吊装前应采取相应措施。

30.3.3 拱肋预制

1. 预制拱肋应符合设计要求及本规程第 1.3 节、2.3 节和 3.3 节相关规定；应符合施工组织设计（施工方案）的规定。

2. 城市桥梁工程施工，当拱肋预制受现场条件限制，宜采用在预制构件厂内加工预制方法；当现场环境条件许可时，可采用在现场预制方法。

3. 现场预制时，拱肋预制场应布置在桥位两侧路床位置或其他便利位置。

4. 拱肋（箱）预制前应在放样台上按 1:1 比例放样，放样尺寸应计入预拱度；拱肋（箱）放样应标明分段预制尺寸，接头位置及构造，拱上立柱基座、横梁、吊环、扣索吊环等。放样水平长度及拱轴线偏差不得大于 1/5000 计算跨度。

5. 现场预制时、根据现场条件确定拱肋场地布置。

拱肋预制场布置：预制场地应平整坚实，为了便于施工操作，在同组中两箱间净距为 1m，组与组之间净距为 2m。拱肋在预制场由龙门吊起吊、平车运输、运输至安装位置，安装就位。

6. 拱肋（箱）预制应根据结构型式、场地、运输具体情况，选择预制方法。

7. 预制拱肋（箱）的场地应平整坚实，采用土牛拱胎基础应用灰土分层夯实，上浇 100mm 厚 C20 混凝土，底模要用样板，套出圆滑的弧线。在混凝土胎面上准确地放出拱箱底板中线及边线。

8. 当采用螺栓连接时，各段端模应采用钢套模以保证各接头螺栓孔一致，在安装端头模板时，其上缘向拱中心偏 5~10mm，使其预制后的拱段上弧长两端接头比设计弧长短 5~10mm。

9. 侧模可采用木模或钢模板，拱肋组装成型后，仔细对拱肋的长度、宽度、中线及端头钢模位置和倾角进行检查，检查符合要求后，方可浇筑混凝土。

10. 拱肋（箱）预制段宜一次浇筑完成，及时养护，在拱肋（箱）混凝土强度达到设计强度 75% 方可起吊运输。

11. 按设计规定位置埋设吊环，吊环应采用 HPB235 级钢筋制作，严禁使用冷加工钢筋，吊环应经计算确定。当设计无规定时，吊点位置应根据以下情况布置：

    1）采用 2 点吊时，吊点位置距拱肋，端头（0.22～0.24）L，L 为拱肋弧长；

    2）采用 3 点吊时，1 点设在跨中，另 2 点分别距拱肋端头 0.2L 处；

    3）采用 4 点吊时，吊点位置分别设在距拱肋端头 0.17L、0.37L 处。

30.3.4　支架架设施工

1. 支架可依现场情况设在天然地基、混凝土扩大基础或桩基础上，支架基础必须有足够的承载力，且不得受冻胀影响。

2. 城市桥梁工程拱肋（箱）架设，支架宜采用可重复使用、便于装拆的型钢钢框架型式，塔身钢框架应满足其受力和稳定要求。可采用万能杆件、军用墩、贝雷架组成。

3. 支架构造应根据支架高度及荷载大小确定，要有足够的强度、刚度和稳定性，支架顶部要设组合楔、砂箱、千斤顶等落架装置，满足多次落架需要。

4. 各片拱架在同一节点的标高应尽量一致，以便于拼装平联杆件。在风力较大的地区，应设置风缆，或采取其他稳定措施。

当桥下社会交通通行高度不受影响时，各支墩之间宜采用水平拉杆加固，以保证结构的整体性。

5. 支架架设后应对拱架立柱和拱架支承面进行详细检查，并复核跨度；准确调整拱架支承面和顶部标高，其顶部高程必须严格按设计规定控制，考虑拱肋安装后的沉降量及支架承载后的间隙压缩，其顶部高程应控制在误差上限，确认无误后方可进行安装。

30.3.5　拱箱（拱肋）吊装

1. 拱箱（拱肋）安装根据现场条件可选用汽车吊、履带吊等移动快捷、支设方便的起重设备安装。

2. 吊装前应先进行现况调查，事前确定其占位位置，吊车站位位置及回转半径内如有地下管线和地上构筑物应事先处理。

3. 拱箱（拱肋）试吊，首件吊装前应进行试吊，试吊三次，每完成一个 1m 高的起和落为一次；试吊时检查作业场地、吊车状态及构件起吊后的状态，检查吊机的稳定性、制动器的可靠性、重物的平稳性、绑扎的牢固性。确认无异常情况后，方可进行正式吊装作业。

4. 拱肋分段吊装时，先从拱脚段开始，依次向拱顶分段吊装就位，拱肋安装就位后，应即检测安装位置、轴线高程，符合设计要求后，方可固定、松绳、摘钩。

5. 拱肋分段吊装在支架上后，应及时敷设支撑及横向联系，防止倾倒及滑动。

6. 拱肋接头连接及合龙应按设计要求进行；接头及合龙缝混凝土宜用补偿收缩混凝土，拱圈横系梁混凝土宜与接头混凝土一并浇筑。

30.3.6　支架拆卸

支架拆卸，除应符合本规程第 1 章的规定外，还应符合下列要求：

    1）拱肋接头及横系梁混凝土强度达到设计强度 75% 以上或满足设计规定后方可开始卸落；

    2）为避免一次卸架突然发生较大变形，可在主拱安装完成时，分两次或多次卸架，使拱圈及墩、台逐渐成拱受力；

3）支架卸落前应对已合龙拱圈混凝土质量、强度、拱轴线坐标、卸落设备及台后填土进行全面检查，全部符合要求后方可卸架；

4）卸架时应观测拱圈挠度和墩、台变位情况；

5）多跨拱桥卸架应在各孔拱肋合拢后进行，若必须提前卸架时，应验算桥墩承受不平衡推力后确定；

6）拱上建筑宜在卸架后施工。

30.3.7 监控与观测

1. 装配式拱桥施工过程中，除应按照有关规定进行观测外，还应配合施工进度对拱肋、拱圈的挠度和横向位移、混凝土裂缝、墩台变位、安装设施的变形和变位等项目进行观测。施工观测应尽量采用全站仪进行。

2. 拱肋吊装定位合龙时，应进行接头高程和轴线位置的观测，以控制、调整其拱轴线，使之符合设计要求。从拱顶上施工加载起，一直到拱上建筑完成，应随时对 1/4 跨、1/8 跨及拱顶各点进行挠度和横向偏移的观测。

多孔拱桥，一孔吊装拱上建筑时，应观测相邻孔拱圈和墩台的影响。当发现挠度和横向偏移值超过允许值时，应及时分析，调整施工程序或采取其他有效措施。

3. 对支架的变形、位移，节点和卸架设备的压缩及支架基础的沉陷等进行观测，如发现超过允许值的变形、变位，应及时采取措施予以调整。

4. 在安装施工过程中，应经常对构件混凝土进行裂缝观测，若发现裂缝超过规定或有继续发展的趋势时，应及时分析研究，找出原因，采取有效措施。

5. 大跨度拱桥的施工观测和控制宜在每天气温、日照变化不大的时候进行，尽量减少温度变化等不利因素的影响。

30.3.8 冬雨期施工

1. 冬期不进行无支架安装施工。

2. 雨天、大风、雾天、夜间不进行施工。

30.4 质量标准

1. 拱部与拱上结构施工中涉及模板和拱架、钢筋、混凝土、预应力混凝土的质量检验应遵守本规程第 1.4 节、2.4 节、3.4 节的有关规定。

主控项目

2. 拱段接头现浇混凝土强度必须达到设计规定或达到设计强度的 75% 后，方可进行拱上结构施工。

检查数量：全数检查（每接头至少留置 2 组试件）。

检验方法：检查同条件养护试件强度试验报告。

3. 结构表面不得出现超过设计规定的受力裂缝。

检查数量：全数检查。

检验方法：观察或用读数放大镜观测。

一 般 项 目

4. 拱圈安装偏差应符合表 30.4-1 规定。

表 30.4-1 拱圈安装允许偏差

序号	检查项目		允许偏差（mm）		检查频率		检 验 方 法
					范 围	点 数	
1	轴线偏位		$L \leqslant 60000$	10	每跨每肋	5	用经纬仪测量，拱脚、拱顶、$L/4$ 处
			$L > 60000$	$L/6000$			
2	高程		$L \leqslant 60000$	± 20			用水准仪测量，拱脚、拱顶、$L/4$ 处
			$L > 60000$	$\pm L/3000$			
3	对称点相对高差	允许	$L \leqslant 60000$	20	每段、每个接头	1	用水准仪测量
			$L > 60000$	$L/3000$			
		极值	允许偏差的 2 倍，且反向				
4	各拱肋相对高差		$L \leqslant 60000$	20	各肋	5	用水准仪测量，拱脚、拱顶、$L/4$ 处
			$L > 60000$	$L/3000$			
5	拱肋间距		± 10				用钢尺量拱脚、拱顶、$L/4$ 处

注：表中 L 为主拱跨径（mm）。

5. 腹拱安装偏差应符合表 30.4-2 规定。

表 30.4-2 腹拱安装允许偏差

序号	检查项目	允许偏差（mm）	检查频率		检 验 方 法
			范 围	点 数	
1	轴线偏位	10	每跨每肋	2	用经纬仪测量拱脚
2	拱顶高程	± 20		2	用水准仪测量
3	相邻块件高差	5		3	用钢尺量
4	跨径	± 20		2	用钢尺量或全站仪量测

6. 拱圈外形圆顺，表面平整，无空洞、露筋、蜂窝、麻面和宽度大于 0.15mm 的收缩裂缝。

检查数量：全数检查。

检验方法：观察、用读数放大镜观测。

30.5 质 量 记 录

1. 测量复核记录。
2. 预制拱肋质量记录应符合本规程第 1.5 节、2.5 节、3.5 节规定。
3. 拱肋安装记录。
4. 拱肋监测记录。
5. 工序质量评定表。

30.6 安全与环保

30.6.1 执行国家和地方政府制定的有关安全与环保规定。

30.6.2 组织措施

1. 成立吊装领导小组，由业主、监理、设计、施工监控及施工单位有关人员组成。

2. 施工单位的项目经理部成立吊装指挥组。

3. 制定作业组"工作范围"及"操作注意事项"，使全体施工操作人员明确职责。建立安全规章、措施，严格执行。

4. 吊装作业小组设专职巡视检查员，负责施工过程中吊装系统各部的检查，发现问题及时报告或处理。

5. 在吊装现场设置专职警卫人员，禁止非工作人员进入现场，保护吊装设施安全。

6. 吊装作业前。技术负责人向参加吊装的所有施工人员进行全面细致的技术交底，做到人人心中有数。

30.6.3 安全措施

1. 严格遵守《北京市桥梁工程施工安全技术规程》DBJ 01—85 规定。

2. 按时进入工作岗位，未经同意不得擅自离开工作岗位。

3. 一切行动听指挥，严格遵守操作规程。

4. 指挥人员站位要适当，发出的信号要明确、及时、无误。

5. 施工人员上班必须戴安全帽，高空作业必须系安全带；手持工具必须系挂安全绳、系在腰间。

6. 施工工具、螺栓及螺帽应妥善放置，作业区下方布置密目钢丝网，防止坠物伤人。严禁向下抛掷物件，严防坠物伤人及对桥下安全构成威胁。

7. 停止作业时，所有吊装机具、设备应加防护，起重绳、牵引绳、扣索筹都应卡死、固定；拉闸断电。次日上班应进行全面检查。

8. 大雨、大风、大雾天及夜间停止作业。

9. 指挥联络设施失灵或缺乏可靠的安全防护措施。发现吊装设备工作不正常等原因影响吊装作业时，现场指挥应及时采取措施或暂停吊装作业，不得冒险施工。

10. 两岸索塔、扣塔设避雷装置。

11. 挂铁丝网防护。

12. 布置爬梯便于人员上下拱肋，爬梯两侧安装扶手，底部满铺铁丝防护网。

13. 扣塔上索鞍位置周边设防护栏，各操作位置设置操作平台。

30.6.4 环保措施

1. 必须严格贯彻执行《中华人民共和国环境保护法》、《中华人民共和国水土保持法》，加强对全体施工人员环境保护和水土保持方面的教育，提高全员环境保护和水土保持意识。

2. 按照《北京市水资源管理条例》规定对现场进行严格管理。服从当地水务部门监督和管理。

3. 建立环保管理领导小组，设置专职或兼职水资源保护、环保员。

4. 严格控制临时用地数量，雨季汛期禁止在最高水位之下的滩地、岸坡设置物料场地、施工营地。

5. 施工废水、生活污水必须收集处理，沉淀达标后排放。

6. 加强油料的储存、使用、保管，防止油料跑、冒、滴、漏污染土壤、水体。

7. 施工弃土、桥墩废渣、施工废料和垃圾等不得随意堆放或弃于河滩、河道处，造成水体污染。

30.7 成品保护

1. 预制拱肋浇筑过程中，派专人负责成品保护工作，对钢筋、预埋件进行看护、校正，在混凝土刚浇筑完毕时，对预埋件进行复查其准确性。养护及拆模时不得碰撞构件。

2. 拱肋安装时严格按设计规定吊点位置吊装并有补强措施，起吊就位应缓慢、平稳、准确。

3. 拱肋安装施工过程中严禁在箱梁上堆放施工材料。

31 无支架安装拱肋（箱形拱）施工工艺

31.1 适 用 范 围

31.1.1 本工艺适用于城市桥梁工程，在构件厂或现场预制箱形拱，现场采用无支架或少支架安装单跨箱形拱（缆索吊装）施工工艺。

31.2 施 工 准 备

31.2.1 材料要求

1. 城市桥梁工程箱形拱所用材料应符合设计要求、现行产品标准及环保规定。

2. 城市桥梁工程箱形拱所用材料（钢筋、水泥、砂、石、外加剂等）及模板、支架和拱架应符合本规程第1、2、3章规定。

31.2.2 机具工具

1. 钢筋施工机具：钢筋弯曲机、钢筋调直机）钢筋切断机、电焊机、砂轮切割机等。

2. 模板施工机具：电锯、电刨、手电钻等。

3. 混凝土施工机具：预拌混凝土强制式搅拌机、混凝土运输车、混凝土泵车、混凝土输送泵、汽车吊、混凝土振捣器等。

4. 无支架施工设备：卷扬机、塔架、索鞍、索具（主索、起重索、索引索、扣索）、风缆、跑车等。

5. 少支架施工设备：支架、履带吊、汽车吊等。

6. 仪器工具：全站仪、经纬仪、水准仪、直尺、扳手、撬杠等。

31.2.3 作业条件

1. 墩台经验收合格，塔架基础已完成。

2. 现场作业面已满足施工要求。

3. 材料按需要已分批进场，并经检验合格，机械设备状况良好。

31.2.4 技术准备

1. 认真审核设计图纸，编制箱形拱预制、吊装等专项分项工程施工组织设计（施工方案）并报业主及监理审批。

2. 箱形拱无支架吊装可依据河床、地形、桥梁跨径、吊装设备等情况选择适宜方案。对地锚、支架、索塔、起重设施、吊装索缆、各项机具设备和辅助结构的规格、型号、数量等均应按有关规定经过设计计算确定。

3. 装配式箱形拱施工前，必须掌握、核对各种构件的预制、吊运堆放、安装、拱肋合龙及施工加载等各个阶段强度和稳定性的设计验算。

4. 对操作人员进行培训，向班组进行交底。

5. 组织施工测量放线。

31.3 操 作 工 艺

31.3.1 工艺流程

测量复核→箱形拱预制→地锚施工→索塔架设→地锚试拉→索具安装→缆索吊机→检查、试吊→分条分段、依次依序、对称吊装→合龙。

31.3.2 测量放线

1. 现场测量复核

墩台建成后，应及时复测每根拱肋的拱坐起拱线处的轴线坐标、高程、拱座的横向间隔、拱座斜面的斜度及几何尺寸。

2. 预制箱形拱（拱肋）测量复核

检查预制每根箱形拱的实际跨长、弧长、几何尺寸及拱肋接头、吊环情况。拱肋上缘弧长宜小于设计弧长 5~10mm，使拱肋合龙时保留上缘开口，便于嵌塞铁片，调整拱轴线。如不符合以上要求，吊装前应采取相应措施。

31.3.3 箱形拱预制

1. 预制箱形拱应符合设计要求及本规程第 1.3 节、2.3 节和 3.3 节相关规定；应符合施工组织设计（施工方案）的规定。

2. 城市桥梁工程施工，当箱形拱预制受现场条件限制，宜采用在预制构件厂内加工预制方法；当现场环境条件许可时，可采用在现场预制方法。

3. 现场预制时，当防洪防汛条件许可时，主拱（箱形拱）预制场可布置在主跨桥孔下方；当防洪防汛条件不允许时，箱形拱预制场应布置在桥位两侧路床位置或其他便利位置。

4. 现场预制时、根据现场条件，为方便悬索吊装施工，可在桥下左右两侧对称布置；根据主拱纵向分段、横向分条情况，确定箱拱场地布置。

拱箱预制场布置：预制场地应平整坚实，为了便于施工操作，在同组中两箱间净距为 lm，组与组之间净距为 2m。拱箱在预制场由龙门架桁梁横移，由起重索起吊，运输至安装位置安装就位。

5. 箱拱预制采用立式预制、平向横移、按吊装顺序堆放。

由于箱拱侧板较薄，采用整体式预制二次浇筑的方法，先浇筑底板腹板再浇筑顶板。

底模可采用土牛拱胎。填筑牛拱胎时，应用灰土分层夯实，上浇 100mm 混凝土，底模要用样板，套出圆滑的弧线。在混凝土胎面上准确地放出拱箱底板中线及边线。

侧模可采用木模或钢模板，浇筑底模和腹板大于 2h 后拆内模，支立顶板模板，浇筑顶板混凝土。堆放构件的场地平整夯实，不得积水。

6. 两段拱箱的连接是每段拱箱接头能否将上下角钢的螺栓准确栓上的关键。端模采用 10mm 钢板制成，在钢板上按端头连接角钢螺栓眼孔设计位置准确钻孔，将端头角钢螺栓装在端头模板上，仔细校正端面平整度及端头的倾斜度，并使端面与拱箱中线垂直，然后与顶板和底板主筋点焊连接，再次检查、校正，最后分段对称电焊。

7. 侧模可采用木模或钢模板，拱箱组装成型后，仔细地对拱箱的长度、宽度、中线及端头钢模位置和倾角进行检查，检查符合要求后，浇筑底板及各接头混凝土形成槽形箱。

8. 浇筑底模和腹板超过 2h 后拆内模，在槽形箱内安装可拆卸的简易顶板模板，绑扎顶板钢筋和吊点及扣点牛腿钢筋，浇筑顶板混凝土，组合成闭合箱。

31.3.4 地锚（锚碇）施工

1. 地锚（锚碇）可用边梁墩台基础，临时利用或另做桩锚、坑锚、重力锚等型式，地锚的选用须根据地锚受力大小和所处的地形及地质条件通过设计计算确定。

2. 重力式锚碇基坑开挖时应采取沿等高线自上而下分层开挖，锚体混凝土必须与岩体结合良好，宜采用补偿收缩混凝土，防止混凝土收缩与拱顶基岩分离。混凝土浇筑完毕后，必须采取混凝土养护措施，确保混凝土的质量。

31.3.5 索塔架设施工

1. 索塔宜采用可重复使用、便于装拆的型钢钢框架型式，塔身钢框架应满足其受力和稳定要求。

2. 索塔由塔脚、塔身、塔顶、索鞍、抗风绳组成，塔身可采用万能杆件、贝雷架组成。塔顶一般采用单滑轮式索鞍，塔脚为固结钢结构和铰接钢结构。

3. 索塔在组拼过程中应设置临时缆风绳，一般至少设两道，与地面夹角 30°~45° 为宜。

4. 正式抗风设于塔顶，正式抗风的角度布置与需要根数应通过计算确定，以保证塔顶水平位移在规定范围内。其规定值为：

1) 塔脚为固结钢结构，塔顶位移的限制值为 $H/400$；

2) 塔脚为铰结钢结构，塔顶位移的限制值为 $H/100 \sim H/150$，其中 H 为索塔高。

5. 索鞍所用滑轮直径宜大于 15 倍主索直径，滑轮的轮槽的宽与深均应大于主索直径。

6. 在两岸塔顶间敷设压塔索，以加强索塔抗风。

31.3.6 承重主索、起重索和索引索

1. 承重主索

承重主索由钢芯或纤维芯钢丝绳组成，其直径大小及所用根数根据跨度及起重重量通过计算确定。

当采用 47.5mm 钢丝绳做一组主索，一般吊装由 1~4 根组成，若起重重量大则由 6~8 根组成。

施工时可将每组钢绳穿过设于锚旋的特制大滑车，将各根钢绳用索夹连接起来，以使每根钢绳受力一致。

主索的设计垂度一般为跨度的 1/13~1/18。主索安装时要严格按计算的安装垂度安装。

2. 索引索

一般由单线牵引，如果采用两点吊，则跑车之间用钢绳连接，牵引索在两岸分别由卷扬机牵引。

当一岸牵引时，另一岸牵引机要放松牵引索；当吊点距索塔很近时，牵引力大，可采

用双线牵引。

3. 起重索

起重索结构型式为主索跑车下联的起吊滑车组。跑车由纵向夹板将滑轮分为数排，排数与主索根数相同，跑车轮纵向一般 2~4 对滑轮。起重索一般穿线采用通过起重滑车组后的一端（死头）固定在塔架或锚碇上，另一端穿入卷扬机（活头）。

跑轮直径宜为 200~300mm；起重滑车组视起吊重量来确定所需轮数。

31.3.7 缆索吊机

缆索吊机的架设应符合下列要求：

1）承重主索、塔架、索鞍、地基承载力、风缆、地锚等设施的强度及稳定性均应按有关规定验算，符合规定要求；

2）主索的设计垂度可采用塔架间距 1/15~1/20。主索的计算荷载应计入 1.2 冲击系数；

3）塔顶受水平分力作用，防止失衡、摆动，应设缆索加固；

4）缆索吊机组装完毕应全面检查，并进行试吊、试拉、试运行。试吊荷载应不小于使用荷载的 130%。

31.3.8 扣索、扣架

1. 天扣专门用来悬挂稳定边段拱，是一组主索设备。在两段吊装的拱肋施工中，天扣为一套完整的主索。天扣不需另设扣架，可降低主索塔架的高度，收紧滑轮组应设置在拱肋扣点前。

2. 通扣常用于多孔跨的拱桥在桥墩上立一个扣架或直接用接近桥面标高的桥墩立柱、桥台，用一根钢丝绳做扣索，扣索的一头固定在拱肋扣点上，一端通过各扣架端顶，一直贯通到两岸地锚前，再用滑轮组收紧。当两岸缺乏平坦场地来设置滑轮组时，可以将扣索转向到桥的两侧；收紧滑轮组应设置在地锚前。

3. 塔扣多用于单跨桥用主索的塔架作为扣索的扣架。为保证纵向稳定要让扣索充分受力；应加强拱肋接头两侧的缆风索，确保边段拱肋的横向稳定性；采用粗钢丝绳时，收紧滑轮组应设置在两岸地锚前；单孔桥或细钢丝绳时，则设置于塔架与拱肋扣点间。

4. 墩扣直接将扣索锚固在接近桥面且本身具有足够强度的墩顶。悬挂边段拱肋扣索设备最少；但墩扣的拉力较大；收紧滑轮组应设置在拱肋扣点前。

31.3.9 扣索、扣架应符合下列要求：

1. 扣索、扣架应布置合理，扣架一般设在墩、台顶上，扣架底座应与墩、台固定，扣架顶部应设风缆，扣索、扣架的强度及稳定性应经验算符合有关规定；

2. 各扣索位置必须与所吊拱肋在同一竖直面内；

3. 扣架上索鞍顶面的高程应高于拱肋扣环高程；

4. 扣架应进行强度和稳定性验算；

5. 拱肋吊装时，除拱顶段外，每段拱肋应各设一组扣索悬挂；

6. 各段拱肋由扣索悬挂在扣架上时，必须设置风缆，其布置与安装应符合下列规定：

1）拱肋分 3 段或 5 段拼装时，至少应保持 2 根基肋设置固定风缆，拱肋接头处应横向连接；

2）固定风缆应待全孔合龙、横向连接构件混凝土强度满足设计要求后才可撤除；

3）在河流中设置风缆时，必须采取可靠的防护措施，防止风缆受到碰撞；

4）情况复杂时应按照有关规定对风缆进行专门设计。

31.3.10 缆索设备的检查与试吊

1. 缆索吊装设备在使用前必须进行试拉和试吊。

2. 地锚试拉：一般每一类地锚取一个进行试拉。缆索的土质地锚要求位移小，因此在有条件时宜全部试拉，使其预先完成一部分位移。可利用地锚相互试拉，受拉值一般为设计荷载的 1.3～1.5 倍。

3. 扣索对拉：扣索是悬挂拱肋的主要设备，因此必须通过试拉来确保其可靠性。可将两岸的扣索用卸甲连在一起，将收紧索收紧进行对拉，这样可全面检查扣索、扣索收紧索、扣索地锚和动力装置等是否达到了要求。

4. 主索系统试吊：主索系统试吊一般分跑车空载反复运载、静载试吊和重运行三步骤。必须待每一步骤检查、观测工作完成并无异常现象后，方可进行下一步骤。试吊重物可以利用钢筋混凝土预制构件、钢轨和钢梁等，一般按设计吊重的 60%、100%、130%，分几次进行。试吊后应综合各种观测数据和检查情况，对设备的技术状况进行分析和鉴定，然后提出改进措施，确定能否进行正式吊装。

31.3.11 拱肋缆索吊装

1. 拱肋缆索起吊：拱肋由预制场运到主索上后，一般用起重索直接起吊。

2. 多孔拱桥吊装宜由桥台或单向推力墩开始依次进行，吊装应按设计加载程序进行。

3. 拱肋分段吊装，应先吊装拱脚段，依次由拱脚向拱顶逐段吊装，拱肋分段吊装应待下端连接后，并设置扣索及风缆临时固定后方可摘除起重索，扣索固定分段拱肋时上端应较设计位置高出 5～10cm。

4. 整根拱肋吊装或每根拱肋分两段预制、吊装，对中小跨径的箱形拱桥，当其拱肋高度大于 0.009～0.012 跨径，拱肋底面宽度为肋高的 0.6～1.0 且横向稳定安全系数不小于 4 时，可采取单肋合龙，嵌紧拱脚后，松索成拱。

5. 大、中跨径的箱形拱，其单肋合龙横向稳定安全系数小于 4 时，可先悬扣多段拱脚段或次拱脚段拱肋，然后用横夹木临时将相邻两肋连接后，安装拱顶段单根肋合龙，松索成拱。

6. 当拱肋跨径不小于 80m 或横向稳定安全系数小于 4 时，应采用双基肋合龙松索成拱的方式，即当第一根拱肋合龙并校正拱轴线，楔紧拱肋接头缝后，稍松扣索和起重索，压紧接头缝，但不卸掉扣索和起重索，待第二根拱肋合龙，两根拱肋横向连接固定好并拉好风缆后，再同时松卸两根拱肋的扣索和起重索。

7. 当拱肋分 3 段吊装，采用阶梯形搭接接头时，宜先准确扣挂两拱脚段，调整扣索使其上端头较设计值抬高 30～50mm，再安装拱顶段使之与拱脚段合龙。采用对接接头，宜先悬扣拱脚段初步定位，使其上端头高程比设计值抬高 50～100mm，然后准确悬扣拱顶段，使其两端头比设计值高出 10～20mm，最后放松两拱脚段扣索使其两端均匀下降与拱顶段合龙。

8. 当拱肋分 5 段吊装时，宜先从拱脚段开始，依次向拱顶分段吊装就位，每段的上端头断面不得扭斜。首先使拱脚段的上端头较设计高程抬高 150～200mm，次边段定位后，使拱脚段的上端头抬高值下降为 50mm 左右，应保持次边段的上端头抬高值约为拱脚段的上端头抬高值的 2 倍的关系，否则应及时调整，以防拱肋接头处开裂。

9.7 段拱肋吊装，受施工条件或地形限制无法采用双肋合龙时，在对风缆系统进行专门设计，确保拱肋横向稳定安全系数不小于 4，拱肋接头强度满足该施工阶段设计要求，并经监理工程师审批后，方可采用单肋合龙。

10. 在各段拱肋松索过程中，应符合下列规定：

1）松索前应校正拱轴线位置及各接头高程，使之符合要求。

2）每次松索均应采用仪器观测，控制各接头、拱顶及 1/4 高程，防止拱肋接头发生非对称变形而导致拱肋失稳或开裂。

3）松索应按照拱脚段扣索、次拱脚段扣索、起重索三者的先后顺序，并按比例定长、对称、均匀松卸。

4）每次松索量宜小，各接头高程变化不宜超过 10mm，每次松索压紧接头缝后应普遍旋紧接头螺栓一次。当接头高程接近设计值时，宜用钢板嵌塞接头缝隙，再将扣索、起重索放松到基本不受力，压紧接头缝，拧紧接头螺栓，同时用风缆调整拱肋轴线的横向偏位，并应观测拱肋各接头、1/8 跨及拱顶的高程，使其在允许偏差之内。

5）大跨径箱形拱桥分 3 段或 5 段吊装合龙成拱后，根据拱肋接头密合情况及拱肋的稳定度，可保留起重索和扣索部分受力，等拱肋接头的连接工序基本完成后再全部松索。

11. 拱肋接头电焊作业应在调整完轴线偏差、嵌塞并压紧接头缝钢板之后和全部松索成拱之前进行。拱肋接头部件电焊时，应采取分层、间断、交错方法施焊，每层不可一次焊得过厚，以免周围混凝土烧坏。最后应将各接头螺栓拧紧并焊死。

12. 拱肋合龙温度应符合设计规定，如设计无规定时宜在气温接近年平均气温时合龙；天气炎热时可在夜间洒水降温进行合龙。

31.3.12 拱肋无支架安装的安全技术措施

1. 拱肋吊装时，除拱顶段以外，各段应设一组扣索悬挂。

2. 扣架一般设在墩、台顶上，扣架底部应固定，架顶应设置风缆。

3. 各段拱肋由扣索悬挂在扣架上时，必须设置风缆，其布置与安装应符合下列规定：

1）拱肋分 3 段或 5 段拼装时，至少应保持 2 根基肋设置固定风缆，拱肋接头处应横向连接。

2）固定风缆应待全孔合龙、横向连接构件混凝土强度满足设计要求后才可撤除。

3）在河流中设置风缆时，必须采取可靠的防护措施，防止风缆受到碰撞。

4. 多孔装配式拱桥吊装应按设计加载程序进行。

5. 中小跨径箱形拱桥整根拱肋吊装或每根拱肋分两段预制、吊装，当其拱肋高度大于 0.009 ~ 0.012 倍跨径，拱肋底面宽度为肋高的 0.6 ~ 1.0，采取单肋合龙时，其横向稳定安全系数不应小于 4。

6. 大、中跨径箱形拱，其单肋合龙横向稳定系数小于 4 时，可先悬扣多段拱脚或次拱脚段拱肋，然后用横夹木临时将相邻两肋连接后，安装拱顶段单根肋合龙，松索成拱。

7. 当拱肋跨径不小于 80m 或横向稳定安全系数小于 4 时，应采用双基肋合龙松索成拱的方式，即当第一根拱肋合龙并校正拱轴线，楔紧拱肋接头缝后，稍松扣索和起重索，压紧接头缝，但不卸掉扣索和起重索，待第二根拱肋合龙，两根拱肋横向连接固定好并拉好风缆后，再同时松卸两根拱肋的扣索和起重索。

8. 在拱肋安装过程中要时刻观测墩顶的位移情况，使合龙的拱肋片数所产生的单向推力不能超过桥墩的承受能力，其位移量应小于 $L/400 \sim L/600$。

9. 对于肋拱桥，在吊装拱肋时，尽早安装横向系梁，若不能及时安装，可设置临时横向联系，来加强拱肋的稳定性。

10. 现场要统一指挥，确保人身安全。

31.3.13 拱肋分段吊装施工注意事项

1. 拱肋跨径在 $30 \sim 80m$ 时，可分 3 段吊装。采用阶梯形搭接接头时，宜先准确扣挂两拱脚段，调整扣索使其上端头较设计值抬高 $30 \sim 50mm$，再安装拱顶段使之与拱脚段合龙。采用对接接头，宜先悬扣拱脚段初步定位，使其上端头高程比设计值抬高 $50 \sim 100mm$，然后准确悬扣拱顶段，使其两端头比设计值高出 $10 \sim 20mm$，最后放松两拱脚段扣索，使其两端均匀下降与拱顶段合龙。

2. 拱肋跨径大于 $80m$ 时，可分 5 段。当拱肋分 5 段吊装时，宜先从拱脚段开始，依次向拱顶分段吊装就位，每段的上端头断面不得扭斜。首先使拱脚段的上端头较设计高程抬高 $150 \sim 200mm$，次边段定位后，使拱脚段的上端头抬高值下降为 $50mm$ 左右；应保持次边段的上端头抬高值约为拱脚段的上端头抬高值的 2 倍关系，否则应及时调整，以防拱肋接头处开裂。

3. 7 段拱肋吊装，受施工条件或地形限制无法采用双肋合龙时，在对风缆系统进行专门设计，确保拱肋横向稳定安全系数不小于 4，拱肋接头强度满足该施工阶段设计要求，经监理工程师审批后，方可采用单肋合龙。

4. 对于特大跨径拱肋吊装，当前一段拱肋（箱）扣挂后，会对前面已经扣挂好的拱箱产生影响，因此，每挂上段拱肋（箱），都要对相邻两三段拱箱的索力进行调整。调整时，主索跑车吊点仍然吊住当前拱箱段，逐步调整相邻拱箱的索力来调整拱箱标高，当符合要求时慢漫放松跑车吊点，重新观测拱箱标高，符合要求后才能拆除跑车吊点，进行下段拱肋的安装。

5. 在各段拱肋松索过程中，应符合下列规定：

1）松索前应校正拱轴线位置及各接头高程，使之符合设计要求；

2）每次松索均应采用仪器观测，控制各接头、拱顶及 1/4 高程，防止拱肋接头发生非对称变形而导致拱肋失稳或开裂；

3）松索应按照拱脚段扣索、次拱脚段扣索、起重索三者的先后顺序，并按比例定长、对称、均匀松卸；

4）每次松索量宜小，各接头高程变化不宜超过 $10mm$，每次松索压紧接头缝隙应普遍旋紧接头螺栓一次。当接头高程接近设计值时，宜用钢板嵌塞接头缝隙，再将扣索、起重索放松到基本不受力，压紧接头缝，拧紧接头螺栓，同时用风缆调整拱肋轴线横向偏位，并应观测拱肋各接头、1/8 跨及拱顶的高程，使其在允许偏差范围之内。

31.3.14 施工观测和控制

1. 装配式拱桥施工过程中，除应按照有关规定进行观测外，还应配合施工进度对拱肋、拱圈的挠度和横向位移、混凝土裂缝、墩台变位、安装设施的变形和变位等项目进行观测。施工观测应尽量采用全站仪进行。

2. 拱肋吊装定位合龙时，应进行接头高程和轴线位置的观测，以控制、调整其拱轴线，使之符合设计要求。拱肋松索成拱以后，从拱顶上施工加载起，一直到拱上建筑完成，应随时对1/4跨、1/8跨及拱顶各点进行挠度和横向偏移的观测。

多孔拱桥，一孔吊装拱上建筑时，应观测相邻孔拱圈和墩台的影响。当发现挠度和横向偏移值超过允许值时，应及时分析，调整施工程序或采取其他有效措施。

3. 采取少支架安装施工时，应对支架的变形、位移，节点和卸架设备的压缩及支架基础的沉陷等进行观测，如发现超过允许值的变形、变位，应及时采取措施予以调整。

采取无支架安装施工时，应随时观测吊装设备的塔架、主索、扣索、索鞍、锚碇等的变形和位移，如发现异常，应及时采取措施。

4. 在安装施工过程中，应经常对构件混凝土进行裂缝观测，若发现裂缝超过规定或有继续发展的趋势时，应及时分析研究，找出原因，采取有效措施。

5. 大跨度拱桥施工过程中，应配合施工进度对拱圈（肋）混凝土、拱肋接头、劲性骨架、吊杆、系杆、扣索、锚碇（梁）等关键受力部位进行应力监测，并与控制计算值相比较，一旦偏差超出设计允许范围，应立即进行调整。

6. 大跨度拱桥的施工观测和控制宜在每天气温、日照变化不大的时候进行，尽量减少温度变化等不利因素的影响。

31.3.15 冬雨期施工

1. 冬期不进行无支架安装施工。

2. 雨天、大风、雾天、夜间不进行施工。

31.4 质量标准

1. 拱部与拱上结构施工中涉及模板和拱架、钢筋、混凝土、预应力混凝土的质量检验应遵守本规程第1.4节、2.4节、3.4节的有关规定。

主控项目

2. 拱段接头现浇混凝土强度必须达到设计规定或达到设计强度的75%后，方可进行拱上结构施工。

检查数量：全数检查（每接头至少留置2组试件）。

检验方法：检查同条件养护试件强度试验报告。

3. 结构表面不得出现超过设计规定的受力裂缝。

检查数量：全数检查。

检验方法：观察或用读数放大镜观测。

一般项目

4. 拱圈安装偏差应符合表31.4-1的规定。

表 31.4-1　拱圈安装允许偏差

序号	检查项目		允许偏差（mm）		检查频率		检验方法
					范围	点数	
1	轴线偏位		$L \leqslant 60000$	10	每跨每肋	5	用经纬仪测量，拱脚、拱顶、$L/4$ 处
			$L > 60000$	$L/6000$			
2	高程		$L \leqslant 60000$	± 20			用水准仪测量，拱脚、拱顶、$L/4$ 处
			$L > 60000$	$\pm L/3000$			
3	对称点相对高差	允许	$L \leqslant 60000$	20	每段、每个接头	1	用水准仪测量
			$L > 60000$	$L/3000$			
		极值	允许偏差的 2 倍，且反向				
4	各拱肋相对高差		$L \leqslant 60000$	20	各肋	5	用水准仪测量，拱脚、拱顶、$L/4$ 处
			$L > 60000$	$L/3000$			
5	拱肋间距		± 10				用钢尺量拱脚、拱顶、$L/4$ 处

注：表中 L 为主拱跨径（mm）。

5. 腹拱安装偏差应符合表 31.4-2 规定。

表 31.4-2　腹拱安装允许偏差

序号	检查项目	允许偏差（mm）	检查频率		检验方法
			范围	点数	
1	轴线偏位	10	每跨每肋	2	用经纬仪测量拱脚
2	拱顶高程	± 20		2	用水准仪测量
3	相邻块件高差			3	用钢尺量
4	跨径	± 20		2	用钢尺量或全站仪量测

6. 拱圈外形圆顺，表面平整，无空洞、露筋、蜂窝、麻面和宽度大于 0.15mm 的收缩裂缝。

检查数量：全数检查。

检验方法：观察、用读数放大镜观测。

31.5　质量记录

1. 测量复核记录
2. 预制箱形拱质量记录应符合本规程第 1.5 节、2.5 节、3.5 节规定。
3. 箱形拱安装记录
4. 箱形拱监测记录
5. 工序质量评定表

31.6　安全与环保

31.6.1　执行国家和地方政府制定的有关安全与环保规定。

31.6.2　组织措施

1. 成立吊装领导小组，由业主、监理、设计、施工监控及施工单位有关人员组成。

2. 施工单位的项目经理部成立吊装指挥组。

3. 吊装指挥组下设吊装作业组、测量观测组、安全治安组。吊装作业组下设 4 个作业小组：起吊落位组、扣索作业组、卷扬机组、抗风作业组。

4. 制定作业组"工作范围"及"操作注意事项"，使全体施工操作人员明确职责。建立安全规章。措施，严格执行。

5. 吊装作业小组设专职巡视检查员，负责施工过程中吊装系统各部的检查，发现问题及时报告或处理。

6. 在吊装现场设置专职警卫人员，禁止非工作人员进入现场，保护吊装设施安全。

7. 吊装作业前。技术负责人向参加吊装的所有施工人员进行全面细致的技术交底，做到人人心中有数。

31.6.3 安全措施

1. 严格遵守《北京市桥梁工程施工安全技术规程》DBJ 01—85 规定。

2. 按时进入工作岗位，未经同意不得擅自离开工作岗位。

3. 一切行动听指挥，严格遵守操作规程。

4. 指挥人员站位要适当，发出的信号要明确、及时、无误。

5. 施工人员上班必须戴安全帽，高空作业必须系安全带；手持工具必须系挂安全绳、系在腰间。

6. 施工工具、螺栓及螺母应妥善放置，作业区下方布置密目钢丝网，防止坠物伤人。严禁向下抛掷物件，严防坠物伤人及对桥下安全构成威胁。

7. 停止作业时，所有吊装机具、设备应加防护，起重绳、牵引绳、扣索等都应卡死、固定；拉闸断电。次日上班应进行全面检查。

8. 大雨、大风、大雾天及夜间停止作业。

9. 指挥联络设施失灵或缺乏可靠的安全防护措施。发现吊装设备工作不正常等原因，影响吊装作业时，现场指挥应及时采取措施或暂停吊装作业，不得冒险施工。

10. 两岸索塔、扣塔设避雷装置。

11. 挂铁丝网防护。

12. 布置爬梯便于人员上下拱肋，爬梯两侧安装扶手，底部满铺铁丝防护网。

13. 扣塔上索鞍位置周边设防护栏，各操作位置设置操作平台。

31.6.4 环保措施

1. 必须严格贯彻执行《中华人民共和国环境保护法》、《中华人民共和国水土保持法》，加强对全体施工人员环境保护和水土保持方面的教育，提高全员环境保护和水土保持意识。

2. 按照《北京市水资源管理条例》规定对现场进行严格管理。服从当地水务部门监督和管理。

3. 建立环保管理领导小组，设置专职或兼职水资源保护、环保员。

4. 严格控制临时用地数量，雨季汛期禁止在最高水位之下的滩地、岸坡设置物料场地、施工营地。

5. 施工废水、生活污水必须收集处理，沉淀达标后排放。

6. 加强油料的储存、使用、保管，防止油料跑、冒、滴、漏污染土壤、水体。

7. 施工弃土、桥墩废渣、施工废料和垃圾等不得随意堆放或弃于河滩、河道处，造成水体污染。

31.7 成 品 保 护

1. 预制拱肋浇筑过程中，派专人负责成品保护工作，对钢筋、预埋件进行看护、校正，在混凝土刚浇筑完毕时，对预埋件进行复查其准确性。养护及拆模时不得碰撞构件。

2. 拱肋安装时严格按设计规定吊点位置吊装并有补强措施，起吊就位应缓慢、平稳、准确。

3. 拱肋安装施工过程中严禁在箱梁上堆放施工材料。

32 钢管拱制造工艺

32.1 适用范围

32.1.1 本工艺适用于工厂化制造钢管拱肋，运到工地现场安装、钢管内灌注混凝土的加工制造工艺。

32.2 施工准备

32.2.1 材料要求

1. 钢管拱桥用的钢板、型钢及管材，其质量应符合《桥梁用结构钢》（GB/T714）等现行国家产品标准的规定。钢铸件的品种、规格、性能等应符合现行国家产品标准和设计要求。钢管拱桥用进口钢材其质量应符合设计要求和合同规定标准的要求。

2. 钢管拱桥用焊接材料（焊条、焊丝、焊剂及气体保护焊所用氩气、二氧化碳气体等）的质量应符合现行国家产品标准的要求。

32.2.2 机具设备

1. 钢管加工设备：剪板机、弯板机、平板机、卷管机、冲剪联合机等。

2. 工装平台及胎具：放样平台、煨管工装胎具、拼装平台和拱肋吊装临时横向联系等及拱肋吊装临时横向联系；工装胎具采用型钢、角钢、槽钢、工字钢等组焊。

3. 焊接、切割设备：半自动气割机、数控切割机，电弧焊机、氩弧焊机、埋弧自动焊机、二氧化碳气体保护焊机、加温用火焰圈、割枪、焊条焊剂烘干箱等。

4. 除锈、防腐设备：空压机、除锈喷丸设备、涂料搅拌机。

5. 钢管混凝土施工机具：混凝土运输车、混凝土泵车、混凝土输送泵等。

6. 吊装作业设备：龙门吊、汽车吊、履带吊、卷扬机等。

7. 工具：滑轮组、加温用火焰圈、千斤顶、手拉葫芦、喷漆工具、扳手、撬杠、直尺等。

32.2.3 作业条件

1. 场地已满足施工条件并有防水、排水措施。

2. 材料按需要已分批进场，并经检验合格。

32.2.4 技术准备

1. 熟悉设计文件，进行图纸会审，组织设计交底。

2. 编制实施性施工组织设计，报监理批准后，方可进行加工。

3. 工厂绘制钢管拱施工图

1）按杆件编号绘制施工图；

2）厂内试装简图；

3）发送构件表；

4）工地拼装简图；

5）各项检查、鉴定记录。

32.3 操 作 工 艺

32.3.1 钢管拱制造工艺流程

图纸会审→设计图分解、绘制施工详图、表格、编制工艺→原材料订货及进场检验→清理场地→厂内工装平台胎具制作→放样（放样检查）→原材料矫正→号料→切割→开坡口→零件加工→主管卷制→主管对接焊→焊缝探伤检查→放样调正、主管煨弯→主桁拱单片组焊→焊缝探伤检查→主桁拱大节段组焊成型→焊缝探伤检查→主桁拱试组拼（焊锚头、剪力撑、缀板）→检查、矫形、验收→编号、解体→喷丸除锈→防腐涂装→分节、待运。

32.3.2 图纸会审

1. 设计图到厂后组织工程技术人员对设计图进行各项认真检查，其内容包括：设计文件是否齐全，构件几何尺寸是否齐全及正确；节点是否清楚，工程数量、规格表与图纸是否相符；构件之间连接形式是否合理恰当，是否便于加工制造；加工、焊接及分段等是否合理，加工、焊接符号标注是否正确、齐全。

2. 注意以下几点：

1）结构的构造和外形尺寸以及运输条件与方式，分段是否合适，能否满足起重限量；

2）杆件和零部件的标准化程度及工厂现有设备和技术条件的适应情况；

3）所选用的钢材型号、品种、规格订货和供应的可能性；

4）制造数量和质量要求，发送顺序和方法；

5）管材、板材对接方案以及接头在构件中的恰当位置；

6）总体加工工艺方案与安装、拼装方案，并列出关键部位或有特殊要求地方的技术措施；

7）对结构、构造不合理处或施工有困难处，应通过业主与监理单位共商，向设计单位提出合理方案或变更意见，但必须经原设计单位同意并签署设计变更文件。

32.3.3 绘制施工详图

1. 施工详图是结合钢管拱制作工艺实际情况对设计图的细化处理，根据设计线形、坐标表、预拱度表等设计文件资料按杆件（制作段）绘制施工图。主要包括按杆件编号绘制的施工图（包括零件图、单元构件图、节段单元图及组焊工艺流程图等）、厂内试装简图、发送杆件表、支架支护图、工地安装简图等。

2. 施工图设计注意焊缝位置必须符合规范和设计的规定（不得出现十字口焊缝，不得出现焊道集中现象），同时要考虑节约材料。

32.3.4 钢管拱原材料

1. 制造钢管拱使用的钢材、管材、焊接材料、涂装材料、连接紧固件等材料、配件应符合设计要求和现行国家产品标准规定。

2. 钢管拱原材料选用

钢管混凝土拱桥所用钢管直径超过 600mm 的应采用卷制焊接管，卷制钢管宜在工厂进行。在有条件的情况下，优先选用符合国家标准系列的成品管。

3. 钢管拱工程中选用的新材料必须经过新产品鉴定。新钢材应由生产厂提供焊接性资料、指导性焊接工艺、热加工和热处理工艺参数、相应钢材的焊接接头数据等资料；焊接材料应由生产厂提供贮存及焊前烘焙参数规定、熔焊金属成分、性能鉴定资料及指导性施焊参数，经专家论证、评审和焊接工艺评定合格后，方可投入使用。

4. 原材料进场检验

1）进厂材料、配件除应有生产厂家的出厂质量证明书外，还应按设计要求和有关现行国家产品标准进行进场检查、复验，并做好记录。

2）原材料进场时应采用三级检验制度，即首先由材料保管员进行初步常规的量检和外观检验，再由材料工程师进行定尺检验并进行厂内理化检测，最后进行由监理工程师在指定位置取样，并在其指定的第三方检测。

3）钢管拱所用钢板、型钢，其质量应符合《桥梁用结构钢》GB/T 714 等现行国家产品标准的规定。

进场板料的外形尺寸偏差可依据《热轧钢板和钢带的尺寸、外形、重量及允许偏差》GB/T 709 检验。

当采用专业用钢产品时，可依据《建筑结构用钢板》GB/T 19879、《高层建筑结构用钢板》YB 4104 检验。

4）进场管材、钢铸件的外形尺寸偏差可依据专业用钢产品标准检验。

32. 3. 5　放样、号料

1. 放样、号料必须按设计文件执行，在放样台上精确放样，样台长度应大于 1/2 跨径，放样时应同时计入预拱度，并考虑焊接变形影响，精确确定合拢节段的尺寸。在大样图中要标出分段尺寸、混凝土压注孔、截流阀、排气孔位置尺寸等。加工时直接套样板下料。

2. 钢管拱放样、号料工艺应遵守本规程第 21.3 节规定要求，并应注意以下问题：

1）按拱肋轴线图进行排版放样，排好对接焊缝的接口位置，板与板之间的拼缝要错开不小于 250mm。

2）放样过程中碰到技术上的问题，要及时与技术部门联系解决。

3）画线、号料前首先根据料单检查清点样板与样杆、按号料要求料理好样板。

4）号料的钢材必须摆平放稳，不得弯曲。

5）需要拼接的同一构件必须同时号料，以利拼接。成对的构件画线时必须把材料摆放成对后再进行画线。

3. 拱肋放样时的预加拱度，应根据跨度、拱架刚度、地质条件和恒载等因素确定，并符合设计要求。

4. 卷管下料，以管中径计算周长，下料时加 2mm 的横缝焊接收缩余量。长度方向按每道环缝加 2mm 的焊接收缩余量。

32. 3. 6　切割

1. 钢管拱桥原材料切割应遵守本规程第 21.3.7 条规定。宜优先选用数控、自动、半自动切割机配精密切割嘴头进行切割。卷管下料采用半自动切割机切割，严禁手工切割。

2. 剪切、切割后的零件边缘应平整，无飞边毛刺、反口、缺肉等缺陷。

32.3.7 边缘加工

1. 坡口型式应符合设计要求及相关标准规定。

坡口可采用机加工（铣边、刨边）、铲边、碳弧气刨等方法，边缘加工应平直，应将边缘刺屑、挂渣清除干净。

坡口型式当设计未规定时，一般情况下，16mm 以下的钢板均采用单坡口的形式，外坡口和内坡口两种形式均可。出于焊接方面的考虑，一般开外坡口，内部清根后焊接；大于 16mm 的钢板（不含 16mm 的钢板）可开双坡口。

2. 坡口可采用机加工（铣边、刨边）、磁力切割机、坡口机或采用半自动切割机切割坡口，严禁手工切割坡口。坡口切割完毕后要检查板材的对角线误差值是否在规定的允许范围内。如偏差过大，则要求进行修补。

3. 坡口边缘加工应平直，应将边缘刺屑、挂渣清除干净。

32.3.8 钢管卷制

1. 钢管卷制（卷管）可采用直缝卷管或螺旋卷管，直缝卷管纵缝尽可能只用一条。管材卷制后不得有纵向弯曲、锥形、椭圆、表面划伤、管端不平等缺陷。失圆度不宜大于钢管外径的 0.003 倍。

2. 卷管前应根据工艺要求对零件和部件进行检查，合格后方可进行卷管。卷管前将钢板上的毛刺。污垢。松动铁锈等杂物清除干净后方可卷管。

3. 预弯头可采用弧形胎预弯头、厚板预弯头等型式；可采用吊车配合卷制。

4. 用卷板机进行预弯和卷板。根据实际情况进行多次往复卷制，采用靠模反复进行检验，以达到卷管的精度。

5. 卷制成型后，进行点焊，点焊区域必须清除掉氧化铁等杂质，点焊高度不得超过坡口的 2/3 深度。点焊长度应为 80~100mm。点焊的材料必须与正式焊接时用的焊接材料相一致。

6. 卷板接口处的错边量控制在规定范围内，则要求进行再次卷制处理。在卷制的过程中要严格控制错边量，以防止最后成型时出现错边量超差的现象。

7. 上述过程结束后，方可从卷板机上卸下卷制成形的钢管。

8. 焊接材料必须按说明书中的要求进行烘干，焊条必须放置在焊条保温桶内，随用随取。

32.3.9 钢管焊接

1. 钢管拱焊接工艺应遵守本规程第 21.3.12 条规定，并应遵循下列规定：

1）钢管拱结构主要焊缝为Ⅰ级，其余为Ⅱ级；

2）参加拱肋制作的焊接人员，全部必须持有相应等级的施焊操作证，持证上岗。在正式开始进行施焊之前，组织相关人员在施工现场进行模拟施焊，根据不同的焊接形式及焊接类型，制定工艺卡，进行工艺评定，以确定在施焊过程中的焊机电流、施焊环境的湿度等直接影响焊接质量控制的依据；

3）卷制钢管焊缝宜采用埋弧自动焊施焊；焊接时，焊工应遵守焊接工艺规定，不得自由施焊。

2. 焊缝检测

1）焊前要对坡口尺寸进行检查。

2）焊接完毕后对焊缝表面进行检查，表面不得有气孔、裂缝夹渣，咬边深度和长度符合规范要求。

3）对于所有焊缝进行100%的超声波探伤，对环缝进行10%射线无损探伤，无损检测应在焊接24h后进行，以避免延迟裂纹的漏判。

4）对于不合格的焊缝进行返修处理并记录，直至合格。焊缝尺寸超出允许正偏差的焊缝及小于1mm且超差的咬边必须磨修匀顺，焊缝咬边超过1mm或外观检查超出负偏差的缺陷，应用手弧焊进行返修焊；气孔、裂纹、夹渣、未溶透等超出规定时，应查明原因，用碳弧气刨清除缺陷，用原焊接方法进行返修焊；返修焊后、焊缝应随即铲磨匀顺，并按原质量要求进行复检。返修焊次数不宜超过两次。

3. 由于焊接过程中可能会造成局部失圆，故焊接完毕后要进行圆度检验，不合格者要进行矫圆。将需矫圆者放入卷板机内重新矫圆。

32.3.10 双管组对和焊接环缝

1. 根据构件要求的长度进行组对，先将两节组对一大节，焊接环缝。

2. 环缝采用焊接中心来进行，卷好的钢管必须放置在焊接滚轮架上进行，滚轮架采用无级变速，以适应不同的板厚、坡口、管径所需的焊接速度。

3. 组对必须保证接口的错边量。一般情况下，组对安排在滚轮架上进行，以调节接口的错边量。

4. 接口的间隙控制在2~3mm，然后点焊。

5. 环缝焊接时一般先焊接内坡口，在外部清根。采用自动焊接时，在外部用一段曲率等同外径的槽钢来容纳焊剂，以便形成焊剂垫。

6. 根据不同的板厚、运转速度来选择焊接参数。单面焊双面成型最关键是在打底焊接上。焊后从外部检验，如有个别成型不好或根部熔合不好，可采用碳弧气刨刨削，然后磨掉碳弧气刨形成的渗碳层，反面盖面焊接或埋弧焊（双坡口要进行外部埋弧焊）。

7. 焊接完毕后进行探伤检验，要求同前。

8. 清理掉一切飞溅、杂物等。对临时性的工装点焊接疤痕等要彻底清除。

9. 在端部进行喷号，构件编号要清晰。位置要明确，以便进行成品管理。

10. 构件上要用红色油漆标注 XX 和 YY 两个方向的中心线标记。

32.3.11 钢管拱节段制作

1. 钢管拱肋分段长度按单元节段图确定。

2. 钢管对接端头应校圆，椭圆度不得大于外径3‰；钢管对接焊缝可采用加衬管的单面坡口焊，或无衬管的双面熔透焊。主拱焊缝应达到Ⅱ级标准，对接焊缝100%进行超声波探伤。

3. 两条对接环焊缝的间距应符合设计要求，设计无规定时，直缝焊接管不小于管的直径，螺旋焊接管不小于3m。

4. 在管对接处采用衬管时，衬管长20mm左右，厚度不大于5mm，衬管与主管间保持0.5mm间隙。

5. 为减少运输及安装过程中对口处的失圆变形，应适当在该处加设内支撑。

6. 钢管拱节段除控制几何精度及焊接质量外尚须注意：制造温度与标准温度间温差对几何尺寸影响的修正；焊缝收缩对几何尺寸的影响，除在工艺过程胎夹具和焊接顺序控制外，应根据试验或经验预留收缩量；桥位安装体与工厂制造差别对节段变形的影响。

32.3.12 钢管热煨

1. 煨弯工装是钢管拱肋制作的关键设施，应调整好每块弧模板位置并固定可靠。

2. 钢管煨弯在煨弯台座上进行，煨弯顺序是从管中部向管两端对称进行。煨弯时，钢管加热温度一般为800℃左右，加热用氧炔焰（加温用火焰圈），在煨弯钢管跨中附近部位时，顶压钢管的幅度不宜过大，以避免中部加热区域变形过大而造成钢管变薄。煨弯好的钢管，应在空气中自然缓慢冷却，不能用浇水的方法骤冷；待钢管温度降到常温后才能松开千斤顶。

32.3.13 主拱组拼

1. 钢管拱主管与腹管采用相贯焊接时，宜采用自动或半自动的加工方式来保证相贯线和坡口的制作精度，对焊接材料和工艺的选择在满足焊接接头强度的原则下，应尽量提高接头的韧性指标，要力求避免和减少焊缝多次相交的不良结构细节。

2. 在钢管拱肋加工过程中，应注意设置混凝土压注孔、防倒流截止阀、排气孔及扣点、吊点节点板。如拱肋（桁架）节段采用法兰盘连接，对压注混凝土过程中易产生局部变形的结构部位应设置内拉杆。

32.3.14 工厂试拼装

钢管拱肋加工成品应在厂内试拼，并检查法兰、节点板、吊环、压注口、排气孔等部件位置尺寸全部合格后涂装，解体出厂。

32.3.15 除锈、防腐涂装

钢管拱除锈、防腐涂装应遵守本规程第21.3.20条规定要求。

32.3.16 冬雨期施工

钢管拱除锈、防腐涂装应遵守本规程第21.3.25条规定要求。

32.4 质 量 标 准

主 控 项 目

1. 使用的钢和其他材料，应符合规范和设计要求。

检查数量：按进场的批次和产品的抽样检验方案确定。

检验方法：检查产品合格证，出厂检验报告和进场检查记录，进场检验报告。

2. 钢管的加工和拼接，应按施工规范有关钢桥制作规定施工。

检查数量：按检验方案确定。

检验方法：按钢桥验收规定方法执行。

3. 应保证钢管内混凝土饱满，管壁与混凝土紧密结合。混凝土强度应符合设计要求。

检查数量：按检验方案确定。

检验方法：观察出浆孔混凝土溢出情况，检查超声波检测报告；检查混凝土试件试验报告。

4. 防护涂料和层数，应符合设计要求。

检查数量：涂装遍数全数检查；涂层厚度每批构件抽查 10%，且同类构件不少于 3 件。

检验方法：观察；用干膜测厚仪检查，每个构件检测 5 处，每处的数值为 3 个相距 50mm 测点涂层干漆膜厚度的平均值。

5. 钢管拱肋制作与安装应符合表 32.4.5 规定。

表 32.4.5　钢管拱肋制作与安装允许偏差

序号	检 查 项 目	允许偏差（mm）	检查频率		检 查 方 法
			范 围	点 数	
1	焊接质量	符合设计要求		全部焊缝长度	用超声波检测
2	内弧偏离设计弧线	8		5	用样板检查
3	每段拱肋内弧线	+0，−10		每段	用钢尺检查
4	钢管直径	D/500 及 5	每跨每肋	5	用钢尺检查
5	轴红横向偏位	L/6000		2	用钢尺量每个接缝
6	拱肋接缝错台	0.2 壁厚		全数接缝	用钢尺量每个接缝
7	拱肋高程	符合设计要求		5	用水准仪检查

注：D 为钢管公称直径；L 为拱跨径。

6. 钢管拱肋混凝土应符合表 32.4.6 规定。

表 32.4.6　钢管拱肋混凝土允许偏差

序号	检 查 项 目	允许偏差（mm）	检查频率		检 查 方 法
			范 围	点 数	
1	混凝土抗压强度	符合设计要求			按检验方案检查
2	混凝土填充度	≥98%	每跨每肋	全数	超声波检测
3	轴线横向偏位	L/5000		5	用经纬仪检查
4	拱肋高程	L/3000		5	用水准仪检查

注：L 为拱跨径。

一 般 规 定

7. 钢管拱肋线型圆顺，无折弯。浇筑混凝土的预留孔应焊接平整、光滑。

检查数量：全数检查。

检验方法：观察。

32.5　质 量 记 录

1. 钢管拱质量记录应符合本规程第 21.5 节规定。

2. 钢管拱工厂工拼装记录

3. 工序质量评定表

32.6 安全与环保

1. 钢管拱安全与环保措施应符合本规程第 21.6 节规定。

2. 工厂内试拼装时，场地应平整坚实、临时支撑体系必须牢固，各连接件相互连接可靠。

32.7 成 品 保 护

1. 钢管拱成品保护应符合本规程第 21.7 节规定。

2. 涂装后应加以临时围护隔离，防止损伤涂层。涂装后的构件需要运输时，应注意防止磕碰。

3. 堆放构件时，地面必须垫平，避免支点受力不均，以防止由于侧面刚度差而产生下挠或扭曲。

33 钢管拱安装施工工艺

33.1 适用范围

33.1.1 本工艺适用于工厂化制造钢管拱肋，运到工地现场安装（有支架安装或无支架安装），钢管内灌注混凝土的施工工艺。

33.2 施工准备

33.2.1 材料要求

1. 钢管拱桥工地安装所用的钢板、型钢及管材，其质量应符合《桥梁用结构钢》GB/T 714 等现行国家产品标准的规定。

2. 钢管拱桥用焊接材料（焊条、焊丝、焊剂及气体保护焊所用氩气、二氧化碳气体等）的质量应符合现行国家产品标准的要求。

3. 钢管拱肋工地安装所需材料应符合设计要求及专项施工组织设计规定。

33.2.2 机具设备

1. 钢管拱吊装运输设备：龙门吊、汽车吊、平板运输车等。

2. 无支架安装施工设备：卷扬机、塔架、索鞍、索具（主索、起重索、索引索、扣索）、风缆、跑车等。

3. 支架、少支架施工设备：风缆、支架、履带吊、汽车吊等。

4. 焊接设备：电弧焊机、氩弧焊机、埋弧自动焊机、二氧化碳气体保护焊机、割枪、烘干箱等。

5. 钢管混凝土施工机具：混凝土运输车、混凝土泵车、混凝土输送泵等。

6. 仪器工具：经纬仪、水准仪、全站仪、滑轮组、千斤顶、手拉葫芦、喷漆工具、扳手、撬杠、直尺等。

33.2.3 作业条件

1. 工地场地已满足施工要求并有防水、排水措施。

2. 钢管拱肋加工制作、试拼装已验收合格，出厂资料齐全。

3. 材料按需要已分批进场，并经检验合格。

33.2.4 技术准备

1. 熟悉设计文件，进行图纸会审。编制吊装等施工方案、绘制钢管拱肋运输、吊装安装顺序图并审批。

2. 钢管拱肋可采用支架、无支架、少支架吊装，可依据河床、地形、桥梁跨径、吊装设备等情况选择适宜方案。对支架、起重设施、各项机具设备和辅助结构的规格、型号、数量等均应按有关规定经过设计计算确定。

3. 装配施工前，必须掌握、核对各种构件的预制、吊运堆放、安装、拱肋合龙及施工加载等各个阶段稳定性设计验算。

4. 采用支架法安装钢管拱肋，应对拱架、支撑排架（支墩、支架）搭设位置、高程、结构形式进行设计计算。拱架、支撑排架（支墩、支架）应有足够的承载力和稳定性。

5. 采用少支架或无支架缆索吊装或斜拉扣索悬拼法吊装钢管拱肋，应对缆索吊装系统（索塔、承重主索、起吊系统、牵引系统及吊装系统锚碇）及斜拉扣挂系统（扣索、扣塔、扣索锚碇以及张拉设备）进行设计计算。

6. 对操作人员进行培训，向班组进行安全技术交底。

7. 组织施工测量放线。

33.3 操 作 工 艺

33.3.1 钢管拱安装工艺流程

1. 钢管拱有支架安装工艺流程

钢管拱肋运梁线路、吊装场地调查→墩台验收→吊装场地准备（场地处理）→钢管拱肋支架（支墩）地基处理→支架组装→支架联系固定→钢管拱肋起运→钢管拱肋运输→吊装设备就位→运梁车辆到场→试吊→吊装→吊装就位→支撑（防止倾斜）→横撑连接→分段对称吊装→拱肋合龙。

2. 钢管拱无支架安装工艺流程

墩台验收→吊装场地调查→测量复核→地锚施工→索塔组装→地锚试拉→索具安装→试吊→吊装系统全面检查→钢管拱肋起运→钢管拱肋运输至起吊位置→节段捆绑→起吊就位→调整→接头拴接→扣索安装→扣索调整、松吊点（放松吊索）→横缆风调整→安装同侧同段拱肋→横撑连接→分段对称吊装→腹拱横墙施工→腹拱拱圈安装→桥面系→检查验收。

3. 大跨径斜拉扣挂钢管拱肋吊装工艺流程

无支架缆索吊装系统、斜拉扣挂系统设计→安装准备→组织机构设立、系统安装技术培训、组织设备进场→锚碇施工→吊塔、扣塔安装→缆索系统安装→斜拉扣挂系统安装→试吊、调试系统→拱肋节段工厂制作、船运至桥位→节段起吊、纵移、就位螺栓连接→节段扣索设置、扣索调整、松吊点→完成同岸上、下游同号节段安装→拱肋间横撑安装、完成一个双肋节段吊装单元→扣索索力及拱肋节段标高的调整→是否已完成全桥拱肋节段及肋向横撑的安装→拱肋合龙→轴线、高程、索力调整→精调、固定合龙装置、各接头焊就形成无铰拱→松扣，在钢管内混凝土灌注后卸扣。

33.3.2 钢管拱肋安装基本规定

1. 钢管拱肋（桁架）的安装可采用有支架安装、少支架或无支架缆索吊装、转体施工或斜拉扣索悬拼法施工。

2. 钢管拱肋成拱过程中，应同时安装横向连接系，未安装连接系的不得多于一个节段，否则应采取临时横向稳定措施。

3. 节段间环焊缝的施焊应对称进行，施焊前需保证节段间有可靠的临时连接并用定位板控制焊缝间隙，不得采用堆焊。合龙口的焊接或拴接作业应选择在结构温度相对稳定的时间内尽快完成。

4. 采用斜拉扣索悬拼法施工时，扣索与钢管拱肋的连接件应进行设计计算。扣索根据扣力计算采用多根钢绞线或高强钢丝束，安全系数应大于2。

34.3.3 现场测量

1. 墩台建成后，应及时复测每根拱肋的拱座起拱线处的轴线坐标、高程、拱座的横向间隔、拱座斜面的斜度及几何尺寸。

2. 应根据施工组织设计要求测设临时支架、支墩、风缆、索塔、锚碇位置及现况地面高程。

33.3.4 支架法架设钢管拱肋施工

1. 支架法架设钢管拱肋施工应符合设计要求和本规程第1章规定。

2. 支架需有足够的刚度，承受钢管拱肋的水平推力，同时能承受过程中最大竖直荷载而不沉陷；支架可依现场情况设在天然地基、混凝土扩大基础上，支架基础必须有足够的承载力，且不得受冻胀影响，必要时采用临时桩基。

3. 支架构造应根据支架高度及荷载大小确定，要有足够的强度、刚度和稳定性，支架顶部要设组合楔、砂箱、千斤顶等落架装置，满足多次落架需要。

4. 支架（支墩）宜采用可重复使用、便于装拆的型钢钢框架型式（用万能杆件、军用梁、贝雷架等制式器材拼装而成），墩身钢框架应满足其受力和稳定要求。

5. 支架应设置风缆，或采取其他稳定措施，加固连成整体。各支墩之间宜采用水平拉杆加固，以保证结构的整体性。

6. 支架架设后应对拱架立柱和拱架支承面进行详细检查，并复核跨度；准确调整拱架支承面和顶部标高，其顶部高程必须严格按设计规定控制，考虑拱肋安装后的沉降量及支架承载后的间隙压缩，其顶部高程应控制在误差上限，确认无误后方可进行安装。

7. 钢管拱肋安装根据现场条件可选用汽车吊、履带吊等移动快捷、支设方便的起重设备安装；也可采用龙门吊等设备。

8. 吊装前应先进行现况调查，事前确定其占位位置，吊车站位位置及回转半径内如有地下管线和地上构筑物应事先处理。

9. 首件吊装前应进行试吊，试吊时检查作业场地、吊车状态及构件起吊后的状态，检查吊机的稳定性、制动器的可靠性、重物的平稳性、绑扎的牢固性。确认无异常情况后，方可进行正式吊装作业。

10. 拱肋分段吊装时，先从拱脚段开始，依次向拱顶分段吊装就位，拱肋安装就位后，应立即检测安装位置、轴线高程，符合设计要求后，方可固定、松绳、摘钩。

11. 拱肋分段吊装在支架上后，应及时敷设支撑及横向联系，防止倾倒及滑动。

34.3.5 无支架吊装施工准备

1. 缆索吊装系统及斜拉扣挂系统设计，主要包括缆索吊装系统中的索塔、承重主索、起吊系统、牵引系统及吊装系统锚碇，斜拉扣挂系统中的扣索、扣塔、扣索锚碇以及张拉设备。

2. 索塔的结构形式、高度根据缆索吊装系统的索跨、吊装重量、工作垂度、拱肋顶面标高、地面标高等因素通过计算确定。索塔采用钢塔架（通常采用铰支门式塔架），用万能杆件、军用梁、贝雷架等制式器材拼装而成。

3. 承重主索设计应根据吊装缆索系统的索跨、重载垂度及所吊装的构件重量，通过计算确定钢丝绳的类别、直径、长度和绳数以及安装垂度。

4. 起吊滑车组应根据起吊重量、起吊高度、起吊速度要求等因素计算确定滑车组线数、钢丝绳类别、直径、长度。根据承重主索、起吊钢丝绳的选型和线数配置滑车形成起吊滑车组。

5. 卷扬机选择

根据起吊钢丝绳出绳端的拉力、起吊速度要求选择起吊卷扬机。

根据计算的牵引力选择牵引钢丝绳和牵引卷扬机，牵引卷扬机一般选择慢速或中速卷扬机。

6. 吊装锚碇是固定承重主索、压塔索、工作天线主索、卷扬机及转向滑车的设施，通常采用重力式、桩式锚碇及重力式与岩锚结合的锚碇型式，具体根据地形地势情况，受力大小等条件确定。

7. 无支架吊装施工的拱肋节段在未合龙之前需用扣索悬挂稳定，扣索通常采用钢绞线、高强钢丝。扣索的选型根据计算确定，扣索的固定端为拱肋节段上设的锚点，扣索从锚点经扣塔上的索鞍至扣索锚碇处的扣索张拉端，在张拉端通过张拉设备进行调整。

8. 扣塔是支承扣索的塔架，是斜拉扣挂系统的重要组成部分。扣塔的结构形式、高度根据扣索所施加的力的大小、扣索布置的要求、地面标高等因素通过计算确定。扣塔通常采用万能杆件、军用梁、贝雷架等制式器材拼装的铰支塔架结构型式和自行设计加工的钢管（或钢管混凝土）桁架式铰支或固结塔架结构型式。

9. 扣索锚碇：扣索锚碇是固定扣索的设施。通常采用重力式、桩式锚碇及重力式与岩锚结合的锚碇型式，具体根据地形地势情况、受力大小等条件确定。扣索锚碇设计时需综合考虑扣索张拉端的布置。

10. 张拉设备根据扣索的选型、扣索力的大小、扣索同步、对称张拉调整的要求进行张拉千斤顶、张拉油泵等的配置。

11. 缆索吊装系统及斜拉扣挂系统的安装。按设计要求拼装扣塔，在扣塔顶面上拼装索塔，索塔底面铰接支承于扣塔顶面。在索塔顶安装主索索鞍，布置压塔索、承重主索和工作天线主索，安装起吊、牵引滑车组以及承索器，布置起吊、牵引转线和相关卷扬机后即完成吊装系统的安装。

在扣塔顶部安装扣索索鞍，布设平衡索。用工作主索辅助安装扣索钢绞线和相关张拉锚固设施后完成斜拉扣挂系统的设置。

12. 缆索吊装系统试吊。缆索吊装系统按吊装作业过程中牵引力最大和主索张力最大两种工况进行试吊，按设计吊重的 80%、100%、125% 三个荷载级别进行试吊并持荷 6h 检验并做好记录。

缆索吊装系统经过模拟不同工作荷载的试吊，检查、观测缆索吊装系统各部位不同工况的数据，各组数据完全符合设计要求后，方可投入正式吊装。

33.3.6 拱肋吊装顺序

1. 有支架钢管拱肋吊装顺序应符合设计要求。

2. 为使悬拼时骨架可以适当转动，并消除拱座弯矩，在骨架安装时，拱脚设置临时铰。

3. 钢管拱肋节段吊装顺序：两岸上、下游对称吊装，安装 2 组临时横联，依此类推安装。应及时安装两肋间的横联设施，包括临时横联的设置。

33.3.7 钢管拱钢管拱肋吊装

钢管拱肋节段由工厂加工运输至工地现场起吊位置完成定位，用无支架缆索吊装系统中处于每条拱肋上方的承重主索通过分配梁抬吊拱肋节段，并采用垂直起吊、正落位。

1. 拱脚扣段的安装。在拱脚扣段安装前用三维坐标定位方法精确定位安装拱脚铰座、预埋主管。

2. 拱脚扣段由 3 个吊段组成，先用上游的两组主索上的 4 个吊点吊运上游第 1 吊段至拱座旁，上好临时扣索，一边降吊点，一边张拉扣索，缓慢地将拱肋节段拱脚端置于拱座上，采用链子滑车逐步调整第 1 吊段拱脚端铰轴钢管位置，使其与预埋的拱脚铰座接触密贴。向跨中的一端，用横向抗风绳调整好轴线位置，根据设计标高用临时扣索调整标高，待吊点荷载全部交于扣索，拱肋标高、轴线调整满足规范允许的误差要求后，取下吊点。然后按同样方法吊完同岸下游第 1 吊段，对称吊另一岸上、下游第 1 吊段。

3. 按相同的方法，对称吊完第 2 吊段、第 3 吊段，第 2 吊段用临时扣索固定，第 3 吊段采用设计的正式扣索扣挂到位。钢绞线扣索安装通过无支架缆索吊装系统的工作天线来进行，先安装位于拱肋节段上的固定端，然后安装位于扣索锚碇处的张拉端。在张拉端布置卷扬机滑车组牵引扣索，穿过预埋在锚固端锚梁上的锚孔将钢绞线扣索用锚具锚固在锚梁上，在锚具后面安装张拉端张拉设备，张拉控制采用"可调索低应力夹片锚固系统"，以有效控制钢绞线扣索的张拉、锚固或放松。每组扣索采用上、下游对称同步张拉和调整索力的张拉方案，分别在张拉端、固定端、扣塔上设置操作平台。正式扣索扣挂好后，按设计标高对高程进行调整，正式扣索的张拉和临时扣索的放松均按分级、对称的原则进行，调整扣索实行扣段高程和扣索索力双控。索力用频谱分析仪测试，在调索过程中实施监控，确保施工安全。

4. 正式扣索的张拉、放松用多台千斤顶同时工作来实现，正式扣索张拉时逐步地松去临时扣索的力，直至拆除临时扣索交予正式扣索受力。

5. 第 2 吊段同岸上、下游双肋节段安装就位后（安装方法同第 1 吊段），用缆索吊装系统中的两组天线抬吊该吊段肋间横撑进行安装。肋间横撑在工厂内完成与拱肋节段试拼，确保其加工精度，防止由于误差过大导致工地现场的拼装困难，确保结构安全施工。按同样方法完成第 3 吊段间横撑的安装。

各吊段间拼装接头，先用高强螺栓拼接，然后焊接法兰盘周边。一个扣段完成后，进行节段间对接钢管的焊缝焊接。

6. 一般扣段的安装。一般扣段参照吊装程序与拱脚扣段的施工方法进行施工。按吊装程序，每一正式扣索扣挂好后，均须对该扣索之前的扣索进行调索作业。调索作业根据设计方和施工监控方现场共同发布的调索索力、拱肋标高和调索顺序，采用千斤顶、油泵张拉设备，同步作业，对称、分级张拉。同时用频谱分析仪对索力进行测试，以确保调索顺利开展，确保各吊段间横撑连接焊缝，节段间连接螺栓，节段间连接焊缝结构安全。对每一扣段，均进行一次拱肋轴线、拱肋高程的调整，避免拱肋的线形、标高误差累计到最后而造成调整困难，确保对其安装精度的有效控制。

7. 拱肋安装过程中的横向稳定。拱肋节段为单肋安装，待同一岸上、下游同一节段安装就绪后，紧接着安装节段间连接横撑，即完成一个双肋节段单元。对于尚未形成双肋节段单元前的一个单肋节段，布置抗风索辅助横向稳定。

8. 合龙段施工。合龙前通过扣索、抗风绳，对拱肋进行线形、标高的调整，并根据需要进行温度修正，选择设计要求的合龙温度采用临时合龙构造实现瞬时合龙。施工时统一协调指挥，确保合龙时临时合龙构造同步完成作业。合龙后对拱肋线形及位置实施精确测量，通过扣索和拱顶合龙装置进行精调，调整合格后固定合龙装置，进行各扣段间连接的焊接工作，完成后拆除临时合龙装置。

9. 松扣和卸扣。空钢管拱肋合龙、各节段接头焊接完成，封固拱脚，由两铰拱转换成无铰拱后，逐级松扣，将扣索拉力转换为拱的推力。松扣程序为：从跨中扣索开始，两岸对称分级（扣索拉力分 5 级，每级放 1/5），依次从跨中向拱脚放松扣索，各扣索松 1 级，暂停 15～20min 后，测试拱肋钢管应力、标高、轴线及平面位置，经设计、施工监控方确认后，再进行第 2 级放松，如此循环直至扣索的扣力全部放松。松扣后对拱肋进行全面测试，根据测量结果来决定：纠偏方式（适当调整缆风索、部分扣索索力等）和修正管内混凝土灌注方案和灌注顺序。

10. 拱肋钢管内混凝土灌注完成后，彻底放松扣索，并将扣索拆除。

33.3.8 吊装过程中的测量监测

拱肋吊装中，对拱肋主要杆件内力、拱轴线高程、桥轴线偏位、扣索索力、扣塔偏移以及缆索吊装系统的主要结构等进行全过程的施工跟踪监测和控制。

1. 拱肋杆件应力测试：采用钢弦式传感器测定。

2. 拱轴线高程，桥轴线偏位监测：结合两岸地形用两台全站仪和两台经纬仪进行监测，在每一吊装节段设置反射棱镜和轴线测量标尺。每一扣段安装完成后，调整扣索和缆风索，使各扣点高程和桥轴线偏位控制在容许范围内。

3. 扣索索力监控：用频谱分析仪测试扣索索力，结合千斤顶油表读数监控索力。

4. 扣塔偏移：用经纬仪对扣塔偏位进行观测，通过调整平衡索，使扣塔偏位始终控制在容许范围内。

5. 缆索吊装系统的主要结构：吊塔杆件应力用贴电阻应变片进行测试和控制；锚碇、索塔上设置标志，吊装期间密切观察标志移动情况；主索、起吊钢丝绳、牵引钢丝绳的受力情况用频谱分析仪测试并进行监控；钢丝绳的磨损程度，卷扬机、索鞍、滑车等机械设备，选经验丰富的起重工、机械工随时和定期检查，并及时更换易损件部分，保证吊装系统的正常使用。

6. 吊装期间收集中长期天气预报和短期天气预报，收集气象水文资料，防止恶劣天气影响吊装安全。

33.3.9 接缝焊接

1. 拱肋每吊装一个节段，安装就位后，即施以临时栓接，调整拱轴线至符合要求后，进行焊接工作。焊机电力由电缆线经已就位的拱肋引至施焊处，施工人员在有严密周全措施的挂篮中施工，挂篮由缆索系统上的工作索运到指定位置，焊机及施工人员严禁在吊挂在工作索的情况下施工，并配安全带、安全网、确保绝对安全。在操作中，将根据风力等天气情况设立挡风板、防雨篷、栅拦等。

2. 节段间环焊缝的施焊应对称进行，先间段后连续施焊，施焊前需保证节段间有可靠的临时连接并用定位板控制焊缝间隙，不得采用堆焊。合龙口的焊接或栓接作业应选择在结构温度相对稳定的时间内尽快完成。

3. 空中施焊完成后，即应根据前述要求和方法进行探伤检测，直至施工达到设计要求。

33.3.10 钢管混凝土浇筑

1. 钢管混凝土浇筑前在钢管拱外侧应进行加固。加固范围及方式应从拱脚至1/4处，采用槽钢和钢筋组成的对拉夹箍，将钢管拱肋夹住。

压注混凝土前，在每个拱脚处焊接一进浆泵送管。

2. 混凝土输送泵应质量可靠，能连续作业，保证混凝土不间断顶升；输送泵扬程应大于1.5倍灌注拱顶面高度；输送泵的出口泵压不宜超过规范要求，以免钢管被压裂。

3. 钢管混凝土应采用泵送顶升压注施工，由两拱脚至拱顶对称均衡地一次压注完成。除拱顶外不宜在其余部位设置横隔。

4. 钢管混凝土应具有和易性好、低泡、大流动性、收缩补偿、延后初凝和早强的工程性能。钢管拱混凝土一般须经多次试验来最终确定配合比。

5. 钢管混凝土压注前应清洗管内污物，润湿管壁，泵入适量水泥浆后再压注混凝土，直至钢管顶端排气孔排出合格的混凝土时停止。完成后应关闭设于压注口的倒流截止阀。管内混凝土的压注应连续进行，不得中断。

6. 钢管混凝土的泵送顺序应按设计要求进行，压注混凝土应遵循匀速对称、慢送低压的原则，确保两侧混凝土同时压注，其顶面高差不大于1m，压注速度以 $10 \sim 15m^3/h$ 为宜，于后续混凝土车到达后再压注完上一车，尽量避免停顿时间，保持压送畅通及连续性，两台固定泵的压注速度应尽量一致。

7. 压注时两边各有一人观测混凝土到达位置（采用锤敲击法），当两侧混凝土快相接时，控制两侧压注速度，使两侧混凝土慢速对称上升，直到两侧混凝土相连接。

8. 钢管混凝土的质量检测办法应以超声波检测为主，人工敲击为辅。

9. 为保证混凝土泵送工艺的顺利进行，对大跨径钢管混凝土拱桥，需按实际泵送距离和高度进行模拟混凝土压注试验。

33.3.11 冬雨期施工

1. 钢管拱在雨雪天、风力超过5级不得进行吊装、焊接和混凝土浇筑作业。

2. 钢管混凝土浇筑时环境气温宜大于5℃，当环境气温高于40℃且钢管温度高于60℃时，要采取洒水措施降低钢管温度。

33.4 质量标准

主控项目

1. 使用的钢和其他材料，应符合规范和设计要求。

检查数量：按进场的批次和产品的抽样检验方案确定。

检验方法：检查产品合格证，出厂检验报告和进场检查记录，进场检验报告。

2. 钢管的加工和拼接，应按施工规范有关钢桥制作规定施工。

检查数量：按检验方案确定。

检验方法：按钢桥验收规定方法执行。

3. 应保证钢管内混凝土饱满，管壁与混凝土紧密结合。混凝土强度应符合设计要求。

检查数量：按检验方案确定。

检验方法：观察出浆孔混凝土溢出情况，检查超声波检测报告；检查混凝土试件试验报告。

4. 防护涂料和层数，应符合设计要求。

检查数量：涂装遍数全数检查；涂层厚度每批构件抽查 10%，且同类构件不少于 3 件。

检验方法：观察；用干膜测厚仪检查，每个构件检测 5 处，每处的数值为 3 个相距 50mm 测点涂层干漆膜厚度的平均值。

5. 钢管拱肋制作与安装应符合表 33.4-1 规定。

表 33.4-1 钢管拱肋制作与安装量测项目

序号	检 查 项 目	允许偏差（mm）	检查频率		检 查 方 法
			范 围	点 数	
1	焊接质量	符合设计要求		全部焊缝长度	用超声波检测
2	内弧偏离设计弧线	8		5	用样板检查
3	每段拱肋内弧线	+0，−10		每段	用钢尺检查
4	钢管直径	$D/500$ 及 5	每跨每肋	5	用钢尺检查
5	轴红横向偏位	$L/6000$		2	用钢尺量每个接缝
6	拱肋接缝错台	0.2 壁厚		全数接缝	用钢尺量每个接缝
7	拱肋高程	符合设计要求		5	用水准仪检查

注：D 为钢管公称直径；L 为拱跨径。

6. 钢管拱肋混凝土应符合表 33.4-2 规定。

表 33.4-2 钢管拱肋混凝土允许偏差

序号	检 查 项 目	允许偏差（mm）	检查频率		检 查 方 法
			范 围	点 数	
1	混凝土抗压强度	符合设计要求			按检验方案检查
2	混凝土填充度	≥98%		全数	超声波检测
3	轴线横向偏位	$L/5000$	每跨每肋	5	用经纬仪检查
4	拱肋高程	$L/3000$		5	用水准仪检查

注：L 为拱跨径。

一 般 规 定

7. 钢管拱肋线型圆顺，无折弯。浇筑混凝土的预留孔应焊接平整、光滑。

检查数量：全数检查。

检验方法：观察。

33.5 质 量 记 录

1. 钢管拱质量记录应符合本规程第 21.5 节规定。
2. 钢管拱工厂工拼装记录
3. 工序质量评定表

33.6 安全与环保

1. 按时进入工作岗位，未经同意不得擅自离开工作岗位。人员上班前不得饮酒。一切行动听指挥，严格遵守操作规程。
2. 吊装指挥人员站位要适当，发出的信号要明确、及时、无误。
3. 各拱肋节段接头和横撑接头处悬挂工作平台，平台底部满铺钢板网，四周设围栏并挂铁丝网防护。
4. 布置爬梯便于人员上下拱肋，爬梯两侧安装扶手，底部满铺铁丝防护网。
5. 人员上下扣塔及吊塔。通过附着于扣塔上的电梯至扣塔顶，通过吊塔上附着的封闭安全防护步梯至吊塔顶。
6. 扣索锚固点下方设置牢固可靠的操作平台。
7. 整个拱肋吊装系统、拱肋各个作业点均设置漏电保护设施。
8. 吊塔塔顶、扣塔上索鞍位置周边设防护栏，各操作位置设置操作平台。

33.7 成 品 保 护

1. 钢管拱成品保护应符合本规程第 21.7 节规定。
2. 涂装后应加以临时围护隔离，防止损伤涂层。涂装后的构件需要运输时，应注意防止磕碰。

34 斜拉桥索塔施工工艺

34.1 适用范围

34.1.1 本工艺适用于城市桥梁工程斜拉桥混凝土索塔采用爬模法施工工艺。

34.2 施工准备

34.2.1 材料要求

1. 斜拉桥索塔塔身所用原材料（钢筋、水泥、砂、石子、预应力钢束和钢材等）应符合设计要求、现行产品标准规定。

2. 水中桩基、承台施工所用的围堰材料和基坑支护材料（钢板桩、钢围堰、型钢等）应符合设计要求和施工组织设计（施工方案）规定。

3. 索塔模板工程所用辅助材料（钢板、型钢等）应符合施工组织设计（施工方案）规定。

34.2.2 机具设备

1. 桩基围堰设备：打桩机、冲抓钻机、旋转钻机、旋挖钻机等。

2. 钢筋加工设备：钢筋弯曲机、钢筋调直机、钢筋切断机、电焊机、对焊机、砂轮切割机等。

3. 确定预拌混凝土供应商，搅拌站（拌合站）生产保障能力。

4. 混凝土运输浇筑设备：混凝土运输罐车、泵车、混凝土输送泵、输送钢管、布料管；振捣棒（器）、抹平机等，测温计、测温仪、测温埋管等。

5. 塔柱施工机械：附着式提升吊机、人货两用电梯、爬升吊机等。

6. 运输吊装设备：汽车吊、履带吊等。

7. 土方机械：挖掘机、出土卷扬机、自卸车等。

8. 测量检验仪器工具：全站仪、经纬仪、水准仪、测距仪、天顶仪等；桩孔检测工具、检测仪器；混凝土试模；桩基探测仪器等。

34.2.3 作业条件

1. 施工围挡已完成。

2. 基坑施工范围内妨碍开槽作业的地上、地下构筑物已清除或改移完毕，不妨碍施工的现场周边构筑物已进行标识，并有保护措施。

3. 现场道路畅通，施工场地已清理平整，现场用水、用电接通，备有夜间照明设施。

4. 测量控制网已建立，测量放线已完成。

28.2.4 技术准备

1. 斜拉桥施工前应进行详细的设计交底，全面掌握设计意图与技术要求，确定合理可行的施工技术方案与工艺要求，编制详细的施工组织设计，必要时，还应组织专家进行方案评审。

2. 认真熟悉图纸、根据现场条件编制总体施工组织设计和分项工程实施性方案，报有关部门批准。

施工组织设计应包括：

1）基础、墩、塔和主梁的施工方法与施工工艺；

2）拉索制作、安装、张拉、锚固与防护工艺；

3）塔、梁施工线形与内力、拉索索力的控制方法；

4）施工区域内及周边地区的交通组织安排；

5）对邻近构筑物（包括地下结构）的保护措施；

6）对航道、铁路、主干道等交通通道的限制要求、防护措施与应急预案。

3. 对深基坑、吊装、张拉、支架、爬模以及大型施工设备安装、调试、使用、拆除等涉及安全的关键工序还必须编制安全专项施工组织设计。

4. 对操作人员进行专业技术培训和安全培训，向班组进行交底。

5. 组织施工测量。

34.3 操作工艺

34.3.1 工艺流程

施工准备→工程测量→围堰、围护结构施工→桩基施工→承台（塔座）施工→下塔柱施工→下横梁施工→中塔柱施工→上横梁施工→上塔柱施工→塔顶建筑施工。

34.3.2 斜拉桥索塔施工基本规定

1. 应根据索塔的结构特点与设计要求选用适宜的施工方法与施工设备。除应采用塔吊、工作电梯之外，还必须设置登高安全通道、安全网、临边护栏等安全防护装置。

2. 索塔施工还应对防范高空坠物以及对防范雷击、强风、寒暑、暴雨、飞行器等影响索塔施工安全的问题确定具体的防范措施，并应进行核实与检查。

3. 混凝土下塔柱根据设计高度一般可采用支架法、爬模法施工；中塔柱、上塔柱宜采用爬模施工。

施工中所采用的支架与爬模、提模、翻模等模板结构均必须进行专门设计，按施工阶段荷载验算其强度、刚度与稳定性。应编制专项方案。

4. 倾斜式索塔施工时，必须根据各个施工阶段索塔的计算强度与计算变形数据，并依据结构设计要求，及时设置相应的对拉杆或钢管（型钢桁架）、主动撑等横向支撑系统。

5. 进行索塔横梁模板与支撑结构设计时，除应考虑到支撑高度、结构重量、结构的弹性与非弹性变形因素外，还应考虑到环境温差、日照、风力等外界不利因素的影响，宜设置支座调节系统解决支撑结构变形问题，并合理设置预拱度。体积过大的横梁可两次浇筑。

6. 索塔施工中宜设置劲性骨架，以保证索管空间定位精度和钢筋架立的精度。具体的分段长度应根据索塔混凝土分节浇筑的高度、索管位置及吊装设备的能力综合确定，劲性骨架的接头形式及质量标准应得到设计的确认。

7. 索塔上的索管安装定位时，宜采用三维空间极坐标法，并事先在索管与索塔上做好定位控制点。

8. 索塔施工的环境温度应以施工段高空实测温度为准。索塔冬期施工时，模板应采取保温措施。

9. 设计规定安装避雷设施时，电缆线宜敷设于预留孔道中，地下设施部分宜在基础等施工时配合完成。

34.3.3 测量控制

1. 斜拉桥索塔施工应选择天顶法或测距法等可靠易行的测量方法，方案设计、仪器选择和精度评价等应经过论证以保证索塔垂直度、索管位置与角度符合设计所要求的精度。

2. 斜拉桥索塔施工根据桥梁的形式、跨径及设计要求的施工精度，依据设计要求及有关规定进行测量作业，合理布设导线网与高程控制网。应遵守下列规定：

1）控制网应分期建立，不应是常规的分级建立；

2）斜拉桥的高程传递精度一般不低于二等水准精度；

3）应在地面设置索塔轴线的控制桩作为索塔施工测量控制的基准点；在桥区建立独立的相当于一级导线精度的闭合控制网，控制网布设在施工范围以外适当的位置上，并对控制网要做必要的加密埋桩（主要测站采用标准埋石）；

4）斜拉桥测量应设置强制对中装置（强制归心装置）。

3. 主塔局部测量系统的控制基准点，应建立在相对稳定的基准点上，如选择在主塔的承台基础上，进行主塔各部位的空间三维测量定位控制。测量控制的时间，一般应选择22：00～7：00日照之前的时段内，以减少日照对主塔造成的变形影响。根据主塔的高度，应选择风力较小的时机进行测量，并对日照和风力影响予以修正。

4. 在主梁0号块施工完成后，必须精确确定索塔的设计纵横轴线控制点，并在主梁0号块表面布置固定标志。

5. 主塔测量系统的基点选择在相对稳定的承台基础上，随着主塔的高度增高及混凝土收缩、徐变、沉降、风荷载、温度等因素的影响，基准点必然会有少量的变化。为此，应该在索塔各部位的相关转换点上，与全桥总体测量坐标系统"接轨"，以便进行总体坐标的修正，进行测量的系统控制。

34.3.4 围堰、围护结构施工

1. 斜拉桥塔基位于河道水中、河岸、滩地等有地面水淹没的位置，可修筑围堰、改河、改沟渠、筑坝排除地面水后，再进行塔基施工。塔基顶面应设置防止地面水流入塔基基坑的设施，并应留有适宜宽度的护道。

2. 围堰、围护结构型式应按施工组织设计规定施作，可采用土袋围堰、钢板桩围堰、钢围堰、套箱围堰等结构型式。

3. 围堰、围护结构内抽除积水，布设钻孔作业平台。

34.3.5 桩基施工

1. 桩基施工应符合设计要求及本规程第5.3节相关规定。

2. 应根据地质柱状图选用钻机，一般地质条件下本市桩基施工宜采用旋挖钻机或旋转钻机，大直径深孔桩可采用扩孔钻孔；群桩桩基通常采用间隔跳钻工法。

34.3.6 承台（塔座）施工

1. 承台施工应符合设计要求及本规程第 9.3 节相关规定。承台放样采用极坐标法控制承台的纵、横轴线；用钢尺控制边、角线。模板支好后，对四角进行坐标及标高复核。

2. 承台大体积混凝土施工应符合本规程"大体积混凝土施工工艺"规定。

3. 承台钢筋工程

1）由于承台的尺寸较大，宜采购定尺长度钢筋。钢筋连接方式应符合设计要求。当设计无要求时，可采用对焊接头连接或机械连接方式，一般情况下长度小于 20.0m 的钢筋，在钢筋加工厂对焊成形，人工或机械辅助，搬运至现场绑扎；对长度大于 20.0m 的 Φ25 以上钢筋先加工成两段，主筋采用挤压套筒连接。

2）挤压套筒连接应遵守下列规定：

（1）套筒应有出厂合格证。套筒在运输和储存中，应按不同规格分别堆放整齐，不得露天堆放，防止锈蚀和玷污；

（2）用于挤压连接的钢筋应符合现行国家产品标准规定；对 HRB335、HRB400 级带肋钢筋挤压接头所用套筒材料，应选用适于压延加工的钢材，其实测力学性能、承载力及尺寸偏差应符合设计要求和现行国家产品标准规定；

（3）压模、套筒与钢筋应相互配套使用，压模上应有相对应的连接钢筋规格标记。

（4）高压泵、挤压机的应用应严格按操作规程执行。

（5）操作人员必须持证上岗。

（6）挤压操作时采用的挤压力、压模宽度、压痕直径或挤压后套筒长度的波动范围以及挤压道数，应符合经型式检验确定的技术参数要求。

（7）挤压前钢筋端头的锈皮、泥沙、油污等杂物应清理干净。

（8）挤压前应对套筒做外观尺寸检查。

（9）挤压前应对钢筋与套筒进行试套，如钢筋有马蹄、弯折或纵肋尺寸过大者，应预先矫正或用砂轮打磨；对不同直径钢筋的套筒不得相互串用。

（10）挤压前钢筋连接端应划出明显定位标记，确保在挤压时和挤压后可按定位标记检查钢筋伸入套筒内的长度。

（11）挤压前应检查挤压设备情况，并进行试压，符合要求后方可作业。

（12）应按标记检查钢筋插入套筒内的深度，钢筋端头离套筒长度中点不宜超过 10mm。

（13）挤压时挤压机与钢筋轴线应保持垂直。

（14）挤压宜从套筒中央开始，并依次向两端挤压。

（15）宜先挤压一端套筒，在施工作业区插入待接钢筋后，再挤压另一端套筒。

（16）在高空进行挤压操作时，必须遵守有关高空作业的安全操作规程，施工现场用电必须符合有关临时用电安全技术规程。

3）承台钢筋分层绑扎，底层筋用等强度混凝土垫块支垫，用 φ32 钢筋焊成支撑骨架，上层钢筋用支架进行钢筋绑扎。

4. 冷却管采用热传导性好的输水钢管，直径 φ32×4mm，冷却管用 Φ25 钢筋架立，管接头安装牢固，安装后通水试压，保证在 0.5MPa 下不渗漏。

5. 承台模板宜采用大型钢模板，横竖楞可采用槽钢、工字钢等型钢骨架，底部采用预埋锚环或预埋筋固定，中间部位方木或钢管支撑、上部采用对拉杆固定。

6. 承台大体积混凝土浇筑应编制专项施工方案；从混凝土工程材料选用、配合比、水泥用量、拌制温度、浇筑方式、养护方法等各方面采取措施，降低混凝土的水化热温度、控制内外温差。

7. 承台施工宜采用预拌混凝土、罐车运输、混凝土输送泵泵送浇筑。

8. 塔身竖向预应力钢束锚固端设置应符合设计规定。

34.3.7 塔柱施工起重设备、电梯的选用与安装

1. 起重设备的选用应根据索塔的结构形式、规模及桥位地形等条件而定，起重设备的技术参数应满足索塔施工的垂直运输、起吊荷载及起吊范围的要求，并考虑安装、拆除的操作简便、安全、经济等综合因素。大型斜拉桥一般选用附着式塔吊并配以电梯的施工方法。索塔垂直时，可采用爬升式起重机，在规模不大的直塔结构中，也可采用简易的装配式提升吊机。

2. 塔吊的布置应根据索塔的结构形式和施工程序综合考虑；塔吊应有与索塔连接装置，牢固地附着在索塔塔柱的侧面；塔吊可设置在承台或横梁上，也可另行设计吊座基础。

塔吊布置可在承台横向中线任一侧设置一台塔吊，其位置距索塔横桥方向中心线的距离，由塔吊吊臂操作范围和施工需要确定。

对于主梁较宽的索塔，塔吊布置可在索塔中心线的上游或下游水中布置一台塔吊，其优点是可一次安装完成全塔施工，且塔吊可牢靠地附着在索塔塔柱的侧面，但在一般情况下吊座的基础需另行设计和施工。

3. 塔吊的安装

塔吊的安装包括基础设置和塔吊体的安装。塔吊的基础不论是设置在承台上还是主梁0号块、上横梁或是钢管桩平台上，均应考虑塔吊基础的构件预埋。施工时，先按塔吊基础节段的标高和螺栓孔位置预埋或安装地脚螺栓，并保证精度。底节安装时要求严格保证其水平度和垂直度。塔吊底节安装完成后，用其他起重设备安装塔吊的其他部分。

4. 塔吊的拆除

塔吊拆除时，一般均受到索塔、横梁和拉索的限制，故在塔吊布置及索塔施工时应预先确定塔吊的拆除方案，以便在索塔和主梁上预埋构件。

5. 抗风措施

塔吊随索塔的浇筑而不断升高，为保证其稳定性，应限制塔吊的自由长度，采取与塔壁附着措施。根据设计的标高和位置，在索塔外表面预埋钢板或螺栓，以利副塔杆的连接。附着框架安装在塔吊标准节上，副塔杆一端与附着框架连接，一端与索塔预埋件连接。副塔杆和附着框架可利用厂家的标准件，也可自行加工。

6. 塔吊的安装、拆除必须严格按专项方案要求进行，安装完后必须按说明书规定进行试吊。施工过程中，应经常检查塔吊的垂直度及安全装置，以确保塔吊的安全。

7. 人行通道的设置

人行通道是施工人员上下索塔的必经的通道，要求布置在安全、稳定且不妨碍施工的位置。在通道上方应有遮挡物，以防坠物伤人。另外，应安装扶手栏杆和防滑条、安全网，以保证过往人员的绝对安全。

人行通道分人、货通用电梯，根据索塔的结构形式、规模，以及安全、方便施工、便于安装和拆除，综合考虑经济因素为原则进行合理选择。通常采用CQl60型双笼式施工电梯，布置在塔吊对称另一侧。

34.3.8 劲性骨架

1. 索塔施工中宜设置劲性骨架，以保证索管空间定位精度和钢筋架立的精度。

2. 劲性骨架具体的分段长度应根据索塔混凝土分节浇筑的高度、索管位置及吊装设备的能力综合确定，劲性骨架的接头形式及质量要求应得到设计的确认。

3. 劲性骨架单元体采用型钢材质，在车间进行分段加工制作，先行制作单件，再组拼成钢桁架，试拼装符合规定要求后，运至现场分段超前拼接，精确定位。

4. 劲性骨架安装并精确定位后，方可进行测量放样、立模、绑扎钢筋、拉索、钢套筒定位等。

5. 劲性骨架的吊装和运输应轻吊轻放、防止变形，避免影响精度。

34.3.9 斜拉索锚固箱钢套筒定位

索塔的索道孔及锚箱位置以及锚箱锚固面与水平面的交角均应控制准确，锚板与孔道必须互相垂直，符合设计要求。

1. 拉索钢套筒应在工厂加工，现场安装。安装前检查钢套筒直径并编号，对号入位、避免混淆。

2. 拉索钢套筒的安装可采用先安装劲性骨架，再安装钢套筒或采用将钢套筒先安装在劲性骨架上，通过微调螺杆精确定位；也可采用专用定位骨架钢套筒。无论何种安装均应采用三维坐标控制技术。

3. 先装劲性骨架，再装钢套筒工艺。

1）斜拉索钢套筒与锚垫板按设计放样，锚垫板应与拉索钢套筒保持垂直，无误后焊接；钢套筒管口内侧成圆弧倒角，保持圆滑。

2）斜拉索锚固箱钢套筒安装，决定拉索锚固空间位置的准确性，其定位安装在劲性骨架对位后进行。

3）首先根据套筒的斜率、锚固中心坐标及套筒的长度，利用空间三维坐标关系推算出套筒上口端面（垂直套筒轴线）上下放样控制点 A、B 两点的三维坐标。

4）根据 A、B 两点的三维坐标，采用水平尺、钢卷尺及铅垂球、采用悬吊测量法在劲性骨架上放样，用角钢焊设固定架，然后将套筒初步安放在固定架上、使 A、B 两点落在固定架上。

5）套筒稳定后，再用全站仪复核，调整钢套筒至设计位置，并使其固定牢固。

4. 专用定位骨架钢套筒安装

1）劲性骨架与索导管在加工厂的专用台座上进行同槽加工，节段劲性骨架接高采用螺栓连接。索导管与锚板按设计放样，劲性骨架索导管加工好后，在专用台座上进行索导管的安装。

2）根据设计数据进行相对位置尺寸计算；对台座进行测量放样，并将索导管位置在劲性骨架上做好标志；用吊车吊安索导管，测量人员用钢卷尺测量定位至满足设计要求后，用型钢固定。经检验合格后、方可出厂。

3）劲性骨架的吊装运输要特别注意防止变形，避免影响精度。

4）索导管现场定位，即劲性骨架定位，首先对水准面严格抄平，然后吊起劲性骨架，利用全站仪采用三维极坐标法施测索导管进出口中心坐标，用水准仪校核高程，满足要求后，将两个单元劲性骨架用角钢连接成整体。

5. 施工过程中注意加强钢套筒的保护。

34.3.10 爬模工艺流程

1. 初始节段爬模安装工艺流程

塔座或下横梁混凝土凿毛、清理→劲性骨架安装→塔柱首段钢筋绑扎→预埋件安装固定→第一节段爬模安装（与塔座或下横梁固定）→塔柱首段混凝土浇筑→循环施工（爬升第一节段爬模）→安装第二节段爬模→循环施工→安装第三节段爬模。

2. 爬模标准节施工工艺流程

模板拆除、安装悬挂件→导轨延长爬升→爬架爬升→前一节预应力钢束张拉→前一节段混凝土凿毛、清理→劲性骨架安装→斜拉索孔道套筒调整定位→环向预应力管道定位→钢筋绑扎→预埋件安装固定→模板就位固定→混凝土浇筑、养护→循环施工。

34.3.11 爬模结构

1. 爬架爬模法施工，依靠附着在已浇混凝土索塔上的模板爬升架，利用提升设备，通过导向轨道分块提升模板，安装就位。

施工中所采用的爬模结构均必须进行专门设计，按施工阶段荷载验算其强度、刚度与稳定性。

2. 爬架正式使用前必须经过静、动载试验，合格后才能投入使用。

3. 爬模宜采用电动液压爬升模。模板配置依据索塔高度（下塔柱、中塔柱、上塔柱及横梁位置等因素）和爬模施工每段高度而确定。

4. 模板应采用钢制大模板，竖向一般布置3～4节、每节高度应根据支架的构造、提升能力等因素确定、通常采用2～5m。

5. 爬架由附墙固定架和操作平台组成、通过塔身预埋件连接固定，其高度一般在15～20m。

6. 爬架提升、模板提升可采用电动液压千斤顶、电动卷扬机、手拉葫芦或其他提升方式。

7. 爬架安装后，在塔柱4个侧面架体与劲性骨架之间分别挂2根$\phi18.5mm$钢丝绳作为保险绳。在爬架提升过程中保险绳要随着一起收紧，确保安全。

8. 单面爬架捯链手动爬模工艺

焊接劲性骨架，绑扎待浇节段的钢筋→待已浇混凝土达到规定强度→安装保险装置→松开爬升桁架夹头和固定螺栓→用一端悬挂于劲性骨架上的捯链将爬升桁架沿背模轨道向上提升→达到最上节模板时安装钢夹头和固定螺栓→再拆除最下一节模板，将其安装在最上一节模板的上面→测量调整就位→拧紧连接螺栓→浇筑上节模内的混凝土并养护→循环操作→直至塔柱施工完成。

9. 四面爬架捯链提升模工艺

施工缝凿毛、清洗→接高劲性骨架→绑扎钢筋→用捯链拉紧爬架与模板上的吊环→拆除爬架固定螺栓→推进伸缩脚轮，使架体离开索塔表面→拉动葫芦，提升爬架→到位后，退回脚轮，使下部架体贴紧塔表面→调整爬架位置→安装固定螺栓→松开模板并用捯链一端固定在接长架上，另一端固定在模板上→拉紧捯链分块提升模板→初步定位，打保险绳→所有模板均提升到位→连接块间螺栓→测量，调整模板位置符合要求后固定—浇筑混凝土并养护→循环操作→直至塔柱施工完成。

34.3.12 塔柱钢筋工程

1. 塔柱钢筋工程应遵守本规程"钢筋工程"相关规定。

2. 钢筋加工

钢筋工程全部采用在加工场集中下料加工，钢筋加工配料时要准确计算长度（包括弯曲伸长量）。钢筋弯曲时，先严格按设计图进行翻样，并按翻样图进行弯配钢筋，确保每根钢筋尺寸准确。

3. 塔柱竖向主筋

1）塔柱竖向主筋连接型式及连接位置应符合设计要求及本规程"钢筋工程"相关规定。

2）采用滚轧直螺纹钢筋接头逐根接长。主筋接长后定位在劲性骨架上，再绑扎水平箍筋和拉结筋。主筋长度一般为 9~12m，接头错开应符合规范规定。塔柱主筋按 9m 定尺长度下料，在钢筋加工车间进行滚压螺纹，现场用连接套连接。

34.3.13 滚轧直螺纹钢筋应符合设计要求，并应遵守下列规定：

1. 连接套筒及锁母宜选用 45 号优质碳素结构钢并应符合有关钢材的现行国家标准及《钢筋机械连接通用技术规程》JGJ 107 的有关规定。连接套筒装箱前套筒应有保护端盖，套筒内不得混入杂物。

2. 连接套筒应按照产品设计图纸要求制造，重要尺寸（外径、长度）及螺纹牙型、精度应经检验。钢筋连接套筒内螺纹尺寸宜按《普通螺纹基本尺寸》GB/T 196 确定；螺纹中径公差宜满足《普通螺纹公差》GB/T 197 中 6H 级精度规定的要求。

3. 丝头加工

1）钢筋下料时不宜用热加工方法切断；钢筋端面宜平整并与钢筋轴线垂直；不得有马蹄形或扭曲；钢筋端部不得有弯曲；出现弯曲时应调直。

2）丝头有效螺纹长度应满足设计规定。

3）丝头加工时应使用水性润滑液，不得使用油性润滑液。

4）丝头中径、牙型角及丝头有效螺纹长度应符合设计规定。

5）丝头螺纹尺寸宜按《普通螺纹基本尺寸》GB/T 196 确定；有效螺纹中径尺寸公差宜满足《普通螺纹公差》GB/T 197 中 6f 级精度规定的要求。

6）丝头有效螺纹中径的圆柱度（每个螺纹的中径）误差不得超过 0.20mm。

7）标准型接头丝头有效螺纹长度应不小于 1/2 连接套筒长度，其他连接形式应符合产品设计要求。

8）丝头加工完毕经检验合格后，应立即带上丝头保护帽或拧上连接套筒，防止装卸钢筋时损坏丝头。

4. 滚轧直螺纹钢筋连接施工

1）在进行钢筋连接时，钢筋规格应与连接套筒规格一致，并保证丝头和连接套筒内螺纹干净、完好无损。

2）钢筋连接时应用工作扳手将丝头在套筒中央位置顶紧。当采用加锁母型套筒时应用锁母锁紧。

3）钢筋接头拧紧后应用力矩扳手按不小于表34.3.13中的拧紧力矩值检查，并加以标记。

表34.3.13 滚轧直螺纹钢筋接头拧紧力矩值

钢筋直径（mm）	≤16	18~20	22~25	28~32	36~40
拧紧力矩值（N·m）	80	160	230	300	360

注：当不同直径的钢筋连接时，拧紧力矩值按较小直径钢筋的相应值取用

5. 钢筋连接完毕后，标准型接头连接套筒外应有外露有效螺纹，且连接套筒单边外露有效螺纹不得超过2P，其他连接形式应符合产品设计要求。

34.3.14 普通钢筋的绑扎和安装

钢筋采用塔吊和专用吊具逐捆吊安就位，预留出对拉螺杆位置。主筋是靠劲性骨架上的定位框精确定位，逐根就位连接，然后绑扎箍筋、拉筋。

绑扎和安装钢筋之前，按施工图做好钢筋排列间距的标尺；在混凝土基面上或模板上划线定位。严格按施工图纸进行绑扎，保证每根钢筋位置的准确。绑扎要牢固，特别是箍筋角与钢筋的交接点均要扎牢，对必要的地方用电焊加强。钢筋根数要准确。

钢筋在其侧部设置垫块，以确保钢筋保护层厚度。绑扎好的钢筋应有足够的刚度和稳定性。要采用加设撑筋的方法来增加钢筋的刚度和稳定性。

塔柱钢筋遇人孔处局部中断时，应在人孔处布置2.2m×1m型钢框架，塔柱钢筋焊接于框架上。安装精度应满足规范要求。

34.3.15 主塔混凝土施工

1. 主塔混凝土常用的施工工艺应采用商品泵送大流动度混凝土。为了改善混凝土可泵性能并达到较高的弹性模量和较小的混凝土收缩、徐变性能，应采用高密度骨料、低水灰比、低水泥用量、适量掺加粉煤灰和泵送外加剂，以便满足缓凝、早强、高强的混凝土泵送要求。

2. 在满足设计提出的混凝土性能要求的前提下，泵送混凝土工艺应根据主塔施工的不同季节、不同的缓凝时间、不同的高度、泵送混凝土的要求来确定。同时还应根据不同的部位、泵送高度，每段浇筑时间，每段浇筑混凝土工程量，考虑混凝土泵送设施的综合布置。

3. 泵送混凝土配合比

泵送混凝土配合比应按混凝土抗压强度、弹性模量、水泥等级、粉煤灰掺加量、碎石粗集料用量、初凝时间来设计混凝土配合比组成优选原材料。应对水泥、砂、碎石、粉煤灰、泵送剂、外加剂等材料，进行优化选择。

泵送混凝土在正式使用前，应经过试验室试拌、工程现场配合比调整（视骨料含水量情况），以确保主塔泵送混凝土施工质量达到设计要求，并制定混凝土的施工工艺和严格的质量保证体系。

4. 索塔混凝土水平分层浇筑，分层厚度300mm；不应在同一位置长时间连续投料，在浇筑过程中勤拆导管或勤移吊斗，使各部分浇筑均匀。

5. 混凝土浇筑过程中，应通过高频振捣减少混凝土内部形成的空隙和积水。浇筑时应分层振捣，按照振捣器的作用范围依次进行振捣。

6. 对于锚固段的混凝土，应对锚固区部位加强振捣，并注意保护拉索套筒，不要让

振捣头接触到套筒，以免套筒移位。

7. 索塔施工应根据设计位置预埋螺栓或钢板，便于附着件的连接。

8. 模板拆除后应立即进行养护，养护可采用洒水或涂养护剂的方法；当气温低于5℃时，应覆盖保湿，不得向混凝土表面洒水。

9. 施工缝处理

施工缝处理采用高压水冲毛配合人工凿毛的方法。其中立模前凿毛清理至露石后，用高压水冲净，再浇筑混凝土。

34.3.16 塔柱防倾措施

1. 混凝土下塔柱防倾措施

钻石形塔的下塔柱向外倾斜，当斜率大时，宜采取措施，防止塔根部内侧因受拉而开裂。为克服模板和混凝土在重力作用下产生的倾覆力矩，一般采用的措施是在模板调整定位后，用手拉葫芦连接钢丝绳或用精轧螺纹钢筋通过拧紧螺母，把上、下游肢塔柱模板对拉，浇筑混凝土并养护达到80%设计强度时，再松开钢丝绳。

经验算混凝土拉应力超过1MPa时，应在该位置设对拉杆，一般用2-φ500钢管焊接在上下游肢塔柱之间的预埋铁件上，以抵消塔柱的外倾力矩。若条件允许也可在塔外侧立钢管立柱或设置预应力束对拉。

2. 中塔柱施工防倾措施

为减少水平分力的影响可在中塔柱施工时，同步搭设竖向满堂支架或横向水平支撑；也采用主动撑，即在安装横向钢管支撑时，利用钢管本身较大的刚度和强度，用千斤顶向中塔柱内壁施力，变被动支撑为主动支撑，克服中塔柱施工过程中因自重和施工荷载而引起的应力及位移。

34.3.17 下横梁、上横梁施工

1. 横梁均应与该段索塔同时施工，以利索塔整体性，同时便于支架搭设和横梁预应力施工。横梁施工支架可用大直径钢管支撑加贝雷架或万能杆件桁架梁两种形式。

2. 在高空中进行大跨度、大断面现浇高强度等级预应力混凝土横梁，施工时要考虑到模板支撑系统和防止支撑系统的连接间隙变形、弹性变形、支撑不均匀沉降变形，混凝土梁、柱与钢支撑不同的线膨胀系数影响，日照温差对混凝土、钢的不同时间差效应等产生不均匀变形的影响，以及相应的变形调节措施。每次浇筑混凝土的供应量应保证在混凝土初凝前完成浇筑，并且采取有效措施，防止在早期养护期间及每次浇筑过程中由于支架的变形影响而造成混凝土梁开裂。

3. 下横梁采用常规支模施工，卸荷装置采用砂箱进行横梁支架落架。

4. 上横梁支架为附塔支架，即由牛腿、卸荷砂箱、1.5m高桁架梁、150mm×150mm方木横梁及底模组成。上横梁支架为了消除支架变形影响，使用桁架梁以减小挠度。在安装底模前，按计算值进行起拱。

5. 塔柱施工时在拟设位置上预埋牛腿预埋件，上横梁施工时焊接牛腿，牛腿使用型钢或钢板。牛腿焊接牢固后架设钢桁架，搭设支架及施工平台，然后进行上横梁钢筋模板与混凝土的施工。

6. 横梁采用两次浇筑一次张拉工艺，第一次浇筑至腹板加腋处，第二次浇筑顶板。另外两端塔肢混凝土和横梁混凝土同时浇筑，以保证混凝土外表光滑，且下横梁与相应高

度的塔柱的连接不会因浇筑混凝土过程的沉降变化而产生裂缝。

7. 当横梁混凝土体积很大时，为减小支架所承担的荷载，避免搭设庞大的施工支架，使支架和第一次浇筑的混凝土共同承担第二次浇筑的混凝土的重力，而采用两次张拉预应力工艺，即在第一次混凝土达到 80% 设计强度时对称张拉一部分底板预应力索，待第二次混凝土达到强度后，再张拉完全部预应力索。

8. 横梁底模安装时，应合理设置预拱度，同时在安装底模后，通过水箱压重等方法消除非弹性变形。

34.3.18 拉索锚固区施工

斜拉桥塔柱拉索锚固段，是将多个拉索作用的局部集中力传递给塔柱的重要受力结构。常用拉索锚固钢横梁结构形式和塔柱环向预应力构造锚固形式。

1. 钢横梁构造锚固段施工

1）索塔施工时，预埋拉索钢套管，要求采用三维坐标定位，按设计要求标高预埋牛腿钢筋或牛腿与索塔同时浇筑，牛腿严格按设计文件施工，保证混凝土振捣密实。

2）拉索锚固钢横梁，应按钢结构的加工规范和设计要求，在加工厂内制作，采用全焊。工厂加工后，应严格进行验收，合格后方可出厂。

3）当钢横梁的吨位过大，主塔施工的垂直起吊能力不足时，可采取分节加工，现场安装后进行高强螺栓连接。但在加工厂必须经过预拼合格后才可安装。

4）由于上塔柱一般断面尺寸不大，临时设施较多，加上塔壁有牛腿，安装困难，在编制施工方案时，应缜密确定钢横梁的尺寸和安装方法。

5）钢横梁安装顺序：①用塔吊吊起，移入塔内，支承于牛腿上，并对准预埋件；②调整横梁，使拉索锚箱与塔内预埋钢套管精确对准；③安装限位装置。

2. 环向预应力构造锚固段施工

环向预应力索能克服斜拉索的水平分力，防止混凝土塔在拉索锚固力作用下的开裂。环向预应力索一般设计为 U 形布置。

1）环向预应力拉索锚固段施工包括：模板安装、预应力索的安装、钢套管定位、混凝土浇筑、预应力索的张拉压浆等工序。

2）施工程序：

安装劲性骨架→绑扎钢筋→安装拉索钢套管→钢套管定位→安装预应力管道及预应力束→安装模板→浇筑混凝土→养护→拆模→张拉预应力→压浆→养护待强→验收。

3）模板工艺采用中塔柱施工的模板工艺。

4）钢套管定位，拉索钢套管要求在工厂加工、现场安装、安装前，要检查钢套管直径并编号，对号入位、避免混淆。

5）拉索钢套管的安装定位均采用三维空间极坐标法，借助全站仪利用施工专用控制网，进行空间三维坐标测量，直接测拉索钢套管锚垫板中心和塔壁外侧拉索钢套管中心，从而进行定位调整，测定锚板和拉索钢套管的中心（见本工艺第34.3.8条）。

6）预应力索的安装。先由测量人员放样，再由施工人员以放样点为基准，设置平面和立面位置的架立定位钢筋。施工时，要切实保证管道不漏浆，浇筑混凝土时要派专人检查和保护管道，对露出端应采取保护措施，严禁电焊、氧割预应力索，避免预应力筋损伤，导致张拉时断丝。

7）预应力张拉。由于施工场地小，除采用较小的高压油泵和更轻便的千斤顶外，对张拉端口处的预埋件进行处理，使张拉有足够的空间位置，保证张拉正常进行。

8）张拉时严格按延伸量和张拉吨位双控。

34.3.19　塔冠施工方法

1. A 型塔柱施工至塔冠时，塔柱内立面爬架无法继续爬升，因此必须将其拆除，其余三侧模板保留。同时根据塔柱内侧形式配置模板，合理衔接。

2. 塔冠部位塔柱内侧支设附塔施工脚手架，安装异型塔冠模板，完成塔冠混凝土浇筑。

34.3.20　预埋件埋设

1. 塔柱施工中，注意下列预埋件的埋设，埋设精度满足要求，即爬梯、电梯、照明设施、塔顶格栅、塔顶临时钢托架、防雷设施及施工用塔吊、爬模支架、上塔柱水平支撑及横梁支架的预埋件。

2. 为保证塔身的美观，受力小的预埋件均用螺栓预埋；受力大的预埋件钢板平面埋入混凝土内 20mm。在预埋件使用过程中其表面应涂刷一层环氧树脂，以防锈蚀污染塔柱。施工完成后，在预埋件表面焊接金属网，再用与塔柱混凝土颜色一致的微膨胀混凝土进行抹平。

3. 在塔柱施工过程中，塔柱附属结构施工严格按图纸进行操作，主要附属构件在预制厂加工，以确保质量。

34.3.21　冬雨期施工

1. 由于斜拉桥索塔的施工时间较长，施工将跨越雨期和冬期。在施工时应加强对雨期和冬期施工措施，在进行施工前，编写详细的季节施工方案。

2. 雨期施工

1）当施工进入雨期后，加强对天气预报资料的收集工作，现场管理人员应掌握当天的天气情况，以便及时采取有效的措施。合理地安排和指导施工，重要结构物及结构层避开雨天施工。

2）组织防汛抢险突击队，购置防汛器材，日夜有专人值班。

3）做好地面排水工作以防雨水浸泡基槽及现况交通道路。

4）主体结构施工时，避免在暴雨中浇筑混凝土。如临时遇大雨时，应对已浇筑且尚未凝固的混凝土加盖塑料薄膜，混凝土浇筑段全部架雨篷遮雨，防止雨水直接冲洗混凝土，当浇筑混凝土面被雨水冲走水泥浆仅见石子、砂粒时，应拌制同强度等级砂浆满铺一层；如浇筑面仅有雨水渗入，可以适当加些干水泥后再捣固、收面。当大雨连续不断无法进行混凝土浇筑时，则应停止浇筑混凝土，在规范允许留施工缝处留施工缝，按施工缝的要求处理，若不宜中断混凝土浇筑时，可将混凝土强度等级适当提高继续浇筑。雨期浇筑时，试验员应测试砂石的含水率，适当减少配合比的用水量，保证准确的配合比。

5）雨期空气湿度大，所有钢材、钢绞线、锚具应严加覆盖以防锈蚀。

6）加强电器设备的管理，定期检测、定期维修以防触电事故。

3. 冬期施工措施

1）冬施期间要严格按照冬期混凝土施工要求施工。冬施混凝土优先选用硅酸盐水泥和普通硅酸盐水泥，混凝土强度等级采用设计混凝土强度等级，最小水泥用量不宜少于 300kg/m³，水灰比不大于 0.6。搅拌时间适当延长，为避免罐车受阻，加速混凝土的运输，减少热量损失，施工时派人沿途进行交通疏导。

2）进入冬期施工严格控制砂、石骨料质量和混凝土坍落度，并按规范要求掺入低碱的复合高效抗冻剂，防冻剂符合现行《混凝土外加剂应用技术规范》GB 50119 的规定。抗冻剂的使用型号、品牌由施工单位与监理工程师共同商定，物资供应管理中心统一订购。此外，外加剂必须进行现场复试，合格后方可使用。

3）冬期浇筑混凝土将掺用引气剂，以提高其抗冻性，用于搅拌混凝土的各项材料温度，应满足混凝土搅拌生成所需的温度，当原有材料温度不能满足需要时，对拌合用水加温、加热。

4）混凝土运输必须合理安排，尽量减少运输时间和浇筑时间，混凝土运输车要加盖棉被保温。浇筑时外界气温不得小于 -20℃ 浇筑成型，开始养护，养护气温不得低于 10℃。

5）混凝土养护采用综合蓄热法，做好测温记录。在采用抗冻剂的情况下，达到 3.5MPa 强度后，每 6h 测温一次。混凝土浇筑后采用塑料薄膜、阻燃草帘覆盖。混凝土试块多做两组与结构同条件养护，按 7d、14d 试压，以确保拆模时间。一般情况下，入模温度不低于 10℃。

6）根据同条件下养护时间的检验，证明混凝土已达到要求的抗冻强度和拆模强度后，方可拆除模板。当混凝土与外界气温相差大于 20℃ 时，拆除模板后的混凝土表面要加以覆盖，使其缓慢冷却。

34.4 质量标准

主控项目

34.4.1 斜拉桥施工涉及模板与支架、钢筋、混凝土、预应力混凝土质量检验应遵守本规程相关章节的有关规定。

34.4.2 现浇混凝土索塔施工质量检验除遵守第 34.4.1 条外，尚应遵守下列规定：

主控项目

1. 索塔及横梁表面不得出现空洞、露筋和超过设计规定的受力裂缝。

检查数量：全数检查。

检验方法：观察、用读数放大镜观测。

2. 避雷设施应符合设计要求。

检查数量：全数检查。

检验方法：观察、检查施工记录、用电器仪表检测。

3. 预留孔道、索道的规格和数量应符合设计要求。

检验数量：全部。

检验方法：观察和尺量。

一 般 项 目

4. 索塔偏差应符合表 34.4.2 规定。

表 34.4.2　现浇混凝土索塔允许偏差

序　号	项　目	允许偏差（mm）	检 验 频 率		检 验 方 法
			范　围	点　数	
1	地面处轴线偏位	10	每对索距	2	用经纬仪测量，纵、横各 1 点
2	倾斜度	≤H/3000，且≤30 或设计要求		2	用经纬仪、钢尺量测，纵、横各 1 点
3	断面尺寸	±20		2	用钢尺量，纵、横各 1 点
4	塔柱壁厚	±5		1	用钢尺量，每段每侧面 1 处
5	拉索锚固点高程	±10	每索	1	用水准仪测量
6	索管轴线偏位	10，且两端同向		1	用经纬仪测量
7	横梁断面尺寸	±10		5	用钢尺量，端部、L/2 和 L/4 各 1 点
8	横梁顶面高程	±10		4	用水准仪测量
9	横梁轴线偏位	10	每根横梁	5	用经纬仪、钢尺量测
10	横梁壁厚	±5		1	用钢尺量，每侧面 1 处（检查 3～5 个断面，取最大值）
11	预埋件位置	5		2	用钢尺量
12	分段浇筑时，接缝错台	5	每侧面，每接缝	1	用钢板尺和塞尺量

注：H 为塔高；L 为横梁长度。

5. 索塔表面平整、直顺，无蜂窝、麻面和大于 0.15mm 的收缩裂缝。

检查数量：全数检查。

检验方法：观察、用读数放大镜观测。

6. 锚箱等的加工制作及安装应符合设计要求。

检验数量：全部。

检验方法：观察和尺量。

7. 劲性骨架制作及安装应符合设计要求。

检验数量：全部。

检验方法：观察和尺量。

34.5 质 量 记 录

1. 斜拉桥索塔围堰施工记录及质量检验记录

2. 斜拉桥索塔桩基础施工记录及质量检验记录

3. 斜拉桥索塔模板、支架、劲性骨架、钢锚箱、钢横梁制作、安装记录及质量检验记录

4. 斜拉桥索塔钢筋、混凝土、预应力混凝土施工记录及质量检验记录

5. 斜拉桥索塔单位（子单位）工程、分部（子分部）工程、分项工程和检验批质量验收记录表

34.6　安全与环保

34.6.1　一般规定

1. 斜拉桥索塔基围堰、桩基施工、塔柱施工涉及明挖基坑、模板与支架、钢筋、混凝土、预应力张拉等工序应遵守本规程相关章节的有关安全与环保规定。高处作业应遵守《建筑施工高处作业安全技术规范》JGJ 80 和《北京市桥梁工程施工安全技术规程》DBJ 01—85 有关规定。

2. 对施工作业人员应进行培训，合格者发给高空作业许可证，持证上岗；特殊工种也应持证上岗。

3. 注意天气的变化情况，六级以上的大风应停止作业，防范雷击、强风、暴雨、寒暑、飞行器对施工的影响。

4. 塔身周围一定范围应设置安全警戒标志。

5. 在人行通道及施工作业区须设置安全防护网或采取相应的安全措施。

6. 为了各个作业面相互联络，作业人员应配备对讲机。

7. 斜拉桥施工时应尽量避免塔梁交叉施工干扰。必须交叉施工时，应根据设计和施工方法采取保证塔梁质量和施工安全的措施。通常情况下斜拉桥按先塔后梁的施工顺序，双肢柱的塔柱也是双肢同时分段累高浇筑，保证了施工质量和安全。

34.6.2　爬架施工时应注意以下事项：

1. 爬架附墙安装完毕，应进行超载超压试验，确定最不利荷载组合下的极限强度和稳定性。

2. 爬架周围应铺设安全网，绕塔身四周形成全部封闭的高空作业系统。

3. 附墙架上部各层距塔身空隙处应焊制脚手翻板。

4. 每次爬升完毕，每片爬架应根据实际情况，应挂上适当保险葫芦，防止单片失稳和局部支承杆剪断。

5. 爬架四角应设置水平连接，防止横向摇摆。

6. 爬架的最高点应设置避雷针。

34.6.3　横梁施工安全措施

1. 横梁水平托架超出塔身的部分，应搭设脚手板挂安全网，形成全封闭的高空作业系统。

2. 横梁与升降机出口之间应搭设连接走道，走道上盖板，防止上部杂物坠落。

3. 横梁张拉平台用水箱试压，各层水平脚手管的接头应错开，避免接头处于同一断面。

34.6.4　起重、安装施工安全措施

1. 设置运输安全设施：塔吊起重量限制器、断索防护器、钢索防扭器、风压脱离开关等安全装置。

2. 为保证塔吊的安装质量和施工安全，必须进行静载（超33%）和动载（超25%）试吊，待塔身垂直度和安全装置等各项技术指标经检查符合要求后，方可进行起重作业。

3. 起重作业时，应合理选择吊点和索具，严禁扔掷工具，并应采用专用工具箱（或

专用工具栏等工具）集中吊运零散材料、工具等，以防吊落和作业事故的发生。

4. 升降机应限载，塔吊也应控制起重量，并保证足够的安全系数。

5. 采用两台塔吊时，应合理安排其平面位置，注意防止其吊臂相互碰撞和缠绞。

6. 为防止钢丝绳绞绕，可根据情况适当减少塔吊主钩钢丝绳的股数。

7. 塔吊、升降机传输线路分 20m 一节附着标准节绑扎，防止坠线过长导致线路坠断、缠绕。

8. 塔吊与爬架之间应设高空走道，根据塔身收分幅度调整走道长度。

9. 塔身施工达下横梁时，可增加竖向混凝土泵管管卡，防止泵送混凝土泵管上下跳动。水平输送管宜三节管一固定，拐角处应浇筑混凝土墩来固定，沿管两侧应竖挡板。

10. 塔吊设置应垂直，塔吊升至一定高度后（该高度应根据塔吊使用说明书确定），应安装附着设施。

11. 工作电梯与墩身的水平距离要适当，以免模板干扰而使电梯不能升到位，造成不必要的麻烦。

12. 高塔施工设置的电梯和安全通道特别是箱形塔柱的内通道应经过可靠性计算，严格按照高处施工作业规程执行。

13. 无论塔吊基础设置在承台上、主梁 0 号块上、上横梁上或墩旁的钢管桩平台上，都应充分考虑塔吊基础的构件预埋。

34.7 成品保护

1. 必须避免上部塔体施工时，由于模板不干净、不断使用脱模剂、上节段浇筑漏浆、预应力索压浆时的溢流、千斤顶张拉时的漏油等对下部塔体表面所造成的污染。

2. 对于混凝土主塔，待模板拆除后应立即进行养护、维修，以免给整体维修带来不便。养护可采用洒水或涂养护剂的方法，但当气温低于 5℃ 时，应覆盖保湿，不得向混凝土表面洒水。

3. 应对锚固区部位加强振捣，并注意保护拉索套筒，不要让振捣头接触到套筒，以免套筒移位。

35 斜拉桥主梁（支架法）施工工艺

35.1 适 用 范 围

35.1.1 本工艺适用于桥下净空低、无通航要求或搭设支架对桥下交通无影响、较小影响的中小跨径斜拉桥，其混凝土主梁采用支架法现浇施工工艺。

35.2 施 工 准 备

35.2.1 材料要求

1. 斜拉桥混凝土主梁所用原材料（钢筋、水泥、砂、石子、预应力钢束和钢材等）应符合设计要求、现行产品标准规定。

2. 混凝土主梁施工所用的支架体系材料和模板材料等应符合设计要求和施工组织设计（施工方案）规定。

3. 拉索及其锚具应委托专业单位制作，严格按照国家或部颁的行业标准、规定及设计的特殊要求进行生产，并应进行检查和验收。在工艺更新或确有必要时，可考虑进行拉索的疲劳性能、静载性能试验。对高强钢丝拉索，在工厂制作时应按1.2～1.4倍设计索力对拉索进行预张拉检验，合格后方可出厂。

斜拉桥所采用的钢板及型材的技术要求按现行国家标准《桥梁用结构钢》GB/T 714的规定采用。

斜拉索用高强钢丝应采用 ϕ5mm 或 ϕ7mm 热镀锌钢丝，其标准强度、性能应满足现行《桥梁缆索用热镀锌钢丝》GB/T 17101 的要求。

斜拉索用钢绞线应采用高强低松弛预应力镀锌或其他防护钢绞线，其标准强度、性能应满足现行《预应力混凝土用钢绞线》GB/T 5224 的要求。

斜拉索用锚具钢材应选用优质碳素结构钢或合金结构钢，性能应满足相应国家标准要求。

4. 锚具的动、静载性能应与锚具所对应的拉索相匹配。锚杯、锚板、螺母和垫块等主要受力件的半成品在热处理后应进行超声波探伤，探伤合格的方可进入下一道工序。

5. 拉索成品、锚具交货时应提供下列资料：

产品质量保证书、产品批号、设计索号及型号、生产日期、数量、长度、重量、产品出厂检验报告及有关数据。

6. 拉索的运输和堆放应无破损、无变形、无腐蚀，成圈产品只能水平堆放。产品出厂前，应用麻袋条或纤维布缠包防护。

35.2.2 机具设备

1. 预应力器材：锚具、夹具和连接器等，千斤顶（压力表）、油泵、注浆机、切割机等。

2. 钢筋施工机具：钢筋弯曲机、钢筋调直机、钢筋切断机、电焊机、砂轮切割机等。

3. 模板施工机具：电锯、电刨、手电钻等。

4. 混凝土施工机具：预拌混凝土强制式搅拌机、混凝土运输车、混凝土泵车、混凝土输送泵、汽车吊、混凝土振捣器等。

5. 拉索安装设备：索盘支架、滚筒（滚轮）、导向轮、卷扬机、塔吊等拉索安装设备：索盘支架、滚筒（滚轮）、导向轮、卷扬机、塔吊等。

6. 检测仪器设备：全站仪、经纬仪、水准仪、传感器、振动频率测力计、测试仪或频率仪等。

7. 工具：专用扳手、直尺、限位板、卡尺等。

35.2.3 作业条件

1. 施工围挡已完成。

2. 主梁施工范围内妨碍作业的地上、地下构筑物已清除或改移完毕，不妨碍施工的现场周边构筑物已进行标识，并有保护措施。

3. 现场道路畅通，施工场地已清理平整，现场用水、用电接通，备有夜间照明设施。

4. 测量控制网已建立，测量放线已完成。

35.2.4 技术准备

1. 斜拉桥混凝土主梁施工前认真熟悉图纸、根据现场条件编制总体施工组织设计和分项工程实施性方案，报有关部门批准。

施工组织设计应包括：

1) 主梁的施工方法与施工工艺；拉索制作、安装、张拉、锚固与防护工艺；塔梁施工线形与内力、拉索索力的控制方法；

2) 施工区域内及周边地区的交通组织安排；

3) 对邻近构筑物（包括地下结构）的保护措施；

4) 对航道、铁路、主干道等交通通道的限制要求、防护措施与应急预案。

2. 对操作人员进行专业技术培训和安全培训，向班组进行交底。

3. 组织施工测量。

35.3 操 作 工 艺

35.3.1 工艺流程

1. 支架法现浇主梁工艺流程

施工准备→工程测量→围堰围护结构施工→膺架体系施工→0 号段底模安装→预压→临时固结系统（临时支座）→安装支座→0 号段侧模、端模板安装→绑扎钢筋（预应力管道铺设）→安装内模板→绑扎顶板钢筋→浇筑 0 号段混凝土→养护→侧模拆除→张拉预应力筋→挂第一根索并张拉→依次依序对称现浇箱梁、重复上述步骤直至主梁施工完毕→一次调索、桥面施工→二次调索、拆除膺架→动静载试验、通车运行。

2. 支架浇筑主梁斜拉索施工工艺流程

斜拉索进场验收→作业平台搭设、料盘运输→卷扬机等起重、牵引设备安装→上、下锚具检查、安装→张拉设备安装→钢绞线卸盘→PC 圆管安装→单根挂索→下一根同号索挂索→紧索、索箍、减振器、防松装置安装→同号索同步张拉→下一块件挂索、张拉→全桥按需要循环索力调整→索体外防护→锚具防护。

35.3.2 斜拉桥主梁施工基本规定

1. 当设计采用非塔梁固结形式时，必须采取相应措施使塔梁临时固结，并按照经设计确认的解除程序逐步解除临时固结，在解除过程中还必须对拉索索力、主梁标高、塔梁内力与索塔位移进行必要的测量与控制。

2. 采用支架法现浇施工形成节段时，应消除温差、支架变形等因素对结构变形与施工质量产生的不良影响。支架搭设完成后应进行安全检查验收，必要时可进行压重荷载试验，加载重量和布载方式应等于节段混凝土重量和所有施工荷载之和。

3. 采用移动支架法施工时，移动支架的主梁长度应大于 2 倍支承跨径，一般以 2.5 倍为宜。

4. 合龙段现浇混凝土施工

为防止合龙段现浇混凝土施工出现的裂缝，应采用以下方法改善受力和施工状况：

1) 在梁体顶板与底板或腹板端部预埋临时连接钢构件（必要时可以设置临时纵向连接预应力索），实现梁体结构体系的先期合龙，随后再进行混凝土合龙施工，并按设计要求适时解除临时连接；

2) 对于非塔梁固结形式的斜拉桥，在合龙过程中必须按照设计确认的步骤逐步解除塔梁临时固结措施。

3) 必须不间断地观测合龙前数日的昼夜温度场变化与合龙高程及合龙口长度变化的关系，同时还应考虑风力对合龙精度与质量的影响，综合确定适当的合龙施工时间。

4) 合龙段现浇混凝土宜选择微膨胀低收缩混凝土，并应选用早强混凝土。

5) 采用千斤顶将合龙段两端的梁体分别向外顶出一定距离以提供给合龙段混凝土一定的预压应力。

6) 合龙段浇筑后至纵向预应力索张拉前应禁止施工荷载的随意变动。

35.3.3 围堰、围护结构施工

1. 主梁跨河段膺架有临时支墩在河道内、临时支墩采用灌注桩基础时，应进行围堰施工。

2. 围堰、围护结构型式应按施工组织设计规定施作，可采用土袋围堰、钢板桩围堰等结构型式。

3. 围堰、围护结构内抽除积水，布设钻孔作业平台。

35.3.4 桩基施工

1. 桩基施工应符合设计要求及本规程第 5.3 节相关规定。

2. 应根据地质柱状图选用钻机，一般地质条件下本市桩基施工宜采用旋挖钻机或旋转钻机。

35.3.5 模板膺架

1. 主梁非跨河段膺架采用碗扣支架或钢管支架体系、满堂支搭；支架的纵横向间距、组成模数应经设计计算确定。膺架四周用剪刀撑加固。可调底、顶托自由高度不大于350mm，支架下地基整平后，用 12t 压路机碾压平整，并设置排水系统。现浇 200mm 厚

C10 混凝土地梁。地梁浇筑后，需对地面进行附载预压，以消除地基变形。支架顶托挂线调高后安放 12 号工字钢和 100mm×150mm 方木，铅丝固定。梁下为现况路的段落，现浇箱梁膺架采用门洞形式支搭，以满足现况交通车辆通行。

2. 主梁跨河段膺架采用单层六四式铁路军用梁，采用专用沙袋落梁。梁下支墩采用八三式桥墩器材拼组临时支墩，支墩基础采用灌注桩加盖承台形式。六四式军用梁在陆地上按每片整体拼装，长度 20m，采用吊车在八三墩上组合成一整体。拆除时，采用沙袋落梁，每片六四梁平移出主梁翼板，吊车拆除。

3. 混凝土浇筑前对支架体系（主梁膺架）进行全断面压重，避免因支架受载不匀导致变形过大引起混凝土开裂。

35.3.6　永久性盆式橡胶支座安装

1. 盆式橡胶支座安装采用地脚螺栓连接法，即在桥梁上下部构造施工中，按支座位置正确预留地脚螺栓孔，通过砂浆锚固地脚螺栓及其通长螺栓、螺母连接，将支座与桥梁上、下部连接在一起。

2. 安装支座时，精确找平垫石顶面的标高，准确定出下支座地脚螺栓的栓孔位置，并检查其孔径大小与深度。吊装上座时，支座上下摆对准设计位置。在顶板和混凝土接触的一面对螺栓加以固定，以免其在浇筑时滑出。0 号段混凝土浇筑完成，并拆除模板后，再安放防护罩。

3. 安装时需注意以下事项：

1）安装前相对各滑移面用丙酮或乙醇清洁，其他部件也应清洗干净；

2）支座除标高符合设计要求外，保证平面两个方向的水平十分重要，支座四角高差不得大于 2mm；

3）注意支座顺桥向与横桥向的安位置；支座上下各件纵横向必须对中，或由于安装时温度与设计温度不同，纵向支座上下各件错开的距离必须与计算值相等；

4）支座中心线与主桥中心线应重合或平行；

5）安装地脚螺栓时，其外露螺母顶面的高度不得大于螺母的厚度；

6）纵向活动支座安装时，上下导向挡块必须保持平行，交叉角不得大于 5°。

35.3.7　临时支座的设置与拆除

浇筑施工过程中，由于墩梁铰接不能承受弯矩，根据设计提出的体系转换程序，为保证施工期间结构稳定，必须采取措施将墩梁临时固结，待悬臂施工至下一端合龙后，恢复到设计所要求的结构图式，通常采用设置临时支座的方法。

1. 临时支座的设置

临时支座的设计要求除能承受上部构造的重力外，还需满足一个节段的不平衡弯矩，并验算其稳定性，稳定性系数≥1.5。

临时支座用 C50 级混凝土浇筑，顺桥向靠外侧分别设置两排 16 根长 2.5m，φ32 螺纹钢筋，上下端分别锚固于梁体与墩身内，以增加抗震、防滑性能。临时支座在 0 号段立模以前安装完毕。

2. 临时支座硫磺砂浆夹层的铺设

为便于合龙时临时支座的拆除，在支座中间设置一层 60mm 厚的硫磺砂浆间隔层，并埋设电阻线。其铺设方法是临时支座下层混凝土块灌注且达到一定强度后，在上面设立木模，将预先制好的硫磺砂浆灌注到临时支座的木模中，由于木模本身含有水分，在靠近木模边沿处会出现少量泡沫，可用小木棍轻敲木模便可消除，硫磺砂浆冷却时体积收缩很大，浇筑时要略高出木模一些，表面初凝固后，用草袋盖好保温，最后浇筑上层混凝土块。

3. 临时支座的拆除

当合龙段纵向预应力钢束张拉完毕，按设计要求将临时支座拆除。在拆除前，先将墩顶活动支座临时锁定，限制箱梁的纵向位移，将临时支座硫磺砂浆夹层中预埋的电阻丝并联起来，用湿毛毯将临时支座和永久支座隔离开，防止损坏永久支座部件，再通电熔化硫磺砂浆夹层。硫磺砂浆夹层熔化后，将临时支座混凝土块拆除，并用氧焊切割临时支座锚筋。

35.3.8 主梁模板、钢筋、现浇混凝土、预应力张拉等施工应符合设计要求，施工工艺应遵守本规程相关章节规定，并应遵守本节规定。

主梁分段浇筑、张拉，既有长束又有短束。张拉顺序和吨位，将对梁体变位有一定影响，施工前要与设计协商，确定张拉顺序和吨位。张拉采取双控，即伸长值、应力控制，中线两侧相同预应力束对称同时张拉，保证梁体受力均匀。

35.3.9 主梁 0 号段（块件）施工

1. 主梁 0 号块件采用支架法施工，主要施工步骤：0 号块件现浇支架、模板、劲性骨架、钢筋等制作及其他准备→底模安装→塔梁临时固结系统施工→安装构造筋、主筋、预应力系统→安装内模、外模及横隔板模板→混凝土浇筑、养护、拆模→预应力张拉。

2. 箱梁的普通钢筋及预应力管道除须满足一般施工工艺的要求外，并应遵守以下规定：

1）钢筋、普通钢绞线、波纹管严格按设计要求在加工厂进行加工，运至桥上绑扎成型。

2）预应力管道严格按设计的要求布置，当与普通钢筋发生矛盾时，优先保证预应力管道的位置正确。固定波纹管的定位钢筋架，间距不大于500mm，定位筋要与梁体钢筋焊牢，管道与定位钢筋要绑扎结实，绑扎间距不大与500mm，并防止管道上下左右移动。波纹管接头采用套管，内衬海绵，用粘胶带缠紧，以防浇筑混凝土时管道内漏进水泥灰浆。

3. 主梁采用预拌混凝土、罐车运输、混凝土泵车浇筑、全断面一次浇筑，混凝土配合比经业主、监理审批合格后方可使用。

4. 浇筑混凝土时加强对预应力管道和斜拉索钢套筒的保护。

5. 主梁混凝土养护强度达到设计要求，张拉预应力筋。张拉前对张拉设备进行标定，锚具进行检验；正式张拉前测定孔道摩阻，请设计人设定摩阻系数，方可进行正式张拉；张拉前拆除所有制约梁体变形的支撑，所有侧模全部拆除。张拉采取双控，即以应力控制为主，伸长值做校核。

35.3.10 主梁标准段施工

1. 现浇主梁各制作段施工程序应符合设计要求，应考虑受载的对称与均衡性，应按设计规定的次序、依次依序施作。

2. 主梁各制作段衔接处的紧密性处理

主梁采用分段浇筑，分段张拉的方法施工，即每浇筑一段就张拉一段，张拉后主梁与底模脱离，为保证下一制作段与先施工的制作段衔接紧密无错台，采取如下措施：在先施工的制作段内靠近与下一制作段的衔接处预埋螺栓，将两段衔接处 1m 范围内的底、侧模拴接在主梁上（主梁张拉时拆除其余范围的侧模，这一范围不拆除），保证斜拉索施工时两段衔接处 1m 范围内不脱模，并将下一段膺架的顶托顶紧，这样就保证了两段模板的紧密衔接，也就保证了衔接处混凝土的外观。

3. 主梁斜拉索钢套筒

梁内预埋索管安装时，用单独的型钢支架固定在底模上，采用全站仪严格控制位置，并保证主梁与主塔上的穿索孔道同一轴线上，高程和横向误差控制在 ±3mm 以内。

1）在地面制作安装平台；施工数据的采集；制作及安装中心点位器。

2）在平台上安装索道管。在平台上放出索道管上下口的中心点的投影坐标，根据相对投影面高度，确定索道管位置。

3）在索道管上焊接四根角钢，连接成支架。

4）在现浇段主梁底模板上，放出每个索道管下口的中心点投影点及支架控制点。

5）根据支架位置控制点，将支架连同索道管，安放在底模板上。

6）上口中心点采用三维坐标测量进行复核，下口中心点采用简易吊线测量复核。如偏差较大，微调整支的位置及支架腿的高低，即可调整上下口中心点位置。

7）将支架固定在底模板上；抽出中心点位器；将底托安放在索道管的下端。

35.3.11 斜拉索安装前的准备工作

1. 从工厂运到工地的拉索先检查包装是否完好，并应妥善存放，防潮、防火、防油、防污。

2. 清除索道孔内的残余砂浆及焊渣等杂物；清理干净孔口处毛刺。

3. 清除锚板上的砂浆及焊渣，保证锚板上干净。

4. 检查锚固端外螺纹上是否有杂物，如有，应清理干净。

5. 现场重新检查量测斜拉索长度，实际是否与设计相符。

6. 对所有吊具、支架等受力部位进行检查，无误方可施工。

35.3.12 斜拉索施工方案

1. 斜拉索施工应符合设计要求，应编制针对性专项方案。

2. 拉索安装可根据塔高、布索方式、索长、索径、索的刚柔程度、起重设备和施工现场状况等综合选择架设方法。

3. 斜拉桥拉索张拉施工的设备和方法应根据设计的索型、锚具、布索方式、塔和梁的构造确定。

35.3.13 挂索程序

1. 安装过程中，挂索的程序应是由短到长，并应根据先期挂索的实践，预计下一根较长索的情况，及时作出相应的调整。

2. 斜拉索张拉端设于塔部，则先于梁部安装；斜拉索张拉端设于梁部，则先于塔部安装。

35.3.14 挂索可根据短索、中索、长索来制定挂索方案。

1. 短索：其索重不超过 6t。可用塔吊直接放盘，并将拉索张拉端先与在主塔张拉千斤顶的牵引钢绞线连接，在桥面吊机的配合下，将拉索锚固端安装到主梁内完成挂索。

2. 中长索：可用在主塔内的卷扬机的滑轮组进行牵引，并与主塔内的拉索张拉千斤顶牵引钢绞线连接或螺杆牵引，完成挂索；挂索应注意可能发生钢丝绳旋转、扭曲的现象。长索挂索对牵引力要求高，必须经过计算挂索设备满足要求后方可施工。

35.3.15 拉索的安装步骤为：放索（拉索展开）、水平牵引、起吊、梁上安装拉索的张拉端和塔上牵引锚固端安装就位。

1. 放索（拉索展开）

当工程所用的拉索规格较小，拉索采用成圈包装。拉索安装时，将放索盘放置在已完成的桥面上，然后将成圈索放置在放索盘内，用卷扬机牵引使拉索展开。

2. 拉索水平牵引

水平牵引使用卷扬机。为保护拉索的外护套，在牵引过程中，每 5m 放置一个托辊，避免拉索与桥面摩擦损坏。

3. 拉索起吊

拉索的起吊以塔吊为主、卷扬机配合的吊装方案。

4. 塔上安装拉索的锚固端

塔上拉索的安装由卷扬机与吊机配合完成，吊机或卷扬机与索的连接吊点使用专用的吊装索夹，它能有效地保证索外护套不受损坏。

5. 梁上安装拉索的张拉端

当拉索的梁段锚头脱离放索盘时，将拉索的张拉端锚头穿入拉索梁上套管并穿出锚固承压面，然后安装锚固螺母。

35.3.16 挂索注意事项

1. 施工中不得损伤索体保护层和索股以及索端锚头及螺纹，不得堆压弯折索体。

2. 不得用起重钩或易于对索体产生集中应力的吊具直接挂扣拉索，宜用带胶垫的管形夹具尼龙吊带或设置多吊点起吊。

3. 放索时，应避免拉索与桥面接触而受到损伤，可采用铺设地毯、设置滚轮、走管、或安装滚动托架的方法给予解决。索体应贴在特制的滚轮上拖拉。

4. 在放索过程中，为防止转盘转速突变或倾覆导致散盘，危及人身安全，应对转盘设置刹车装置，或以钢丝绳作尾索，用卷扬机控制放索，以限制索盘的转速。

5. 为防止锚头和索体穿入塔、梁索管时的偏位和损伤，应在放管处设置控制的力点或限位器调控。

6. 安装过程中，锚头螺纹应包裹，及时清除拉索的包护物。

7. 施工中，拉索抗振的约束环和减振器未安装前，必须确保索管（特别是梁上索管）和锚端的防水、防腐和防污染。

8. 挂索施工中连接件较多，如锚头与拉杆、牵引头的连接、滑轮与塔柱拉索的连接等，应特别注意各处连接的可靠性。

9. 在牵引过程中，应密切注意探杆和锚头的进孔角度，并及时调整。

35.3.17 斜拉索张拉一般规定

1. 拉索张拉的顺序、级次数和量值应按设计规定执行。

张拉施工的设备和方法应根据设计的索型、锚具、布索方式、塔和梁的构造确定。

拉索张拉形式应符合设计要求。

拉索张拉形式可分：塔端张拉、梁端锚固；梁端张拉、塔端锚固；塔、梁两端同时张拉。

2. 钢丝拉索宜采用整体张拉，平行钢绞线拉索可用整体或分索张拉，分索张拉应按"分级"、"等力"的原则进行，每根同级的索力允许误差为 ±1%。

3. 无论拉索布置是否对称、索力大小是否对称，均应采取分级同步加载张拉的方法，每一级的索力误差不得超出设计规定。对不对称的或设计拉力不同的拉索，应按设计规定或确认的索力分级同步加载张拉。

35.3.18　张拉前的准备工作

1. 确认临时锚固安全可靠，拆卸索引拉索的索引接头，确认拉索无额外的索挂。

2. 检查并清除锚垫板上的油污、杂物、混凝土墩渣等其他不属于结构部分的任何物质，检查并量测冷铸锚头是否与锚垫板对中，检查冷铸锚头内外螺纹的完好程度，如损伤应及时修复至符合施工要求。

3. 检查、调试张拉设备的完好状态，如电源安装、油表校验、油泵、千斤顶的标定和检验等。

4. 张拉计算资料的准备：张拉次数、每次张拉的力值、换算的油表读数、拉索的理论延伸量、梁体表面的标高变化值、塔柱的偏移值等。

35.3.19　张拉程序

1. 张拉准备→安装千斤顶→张拉杆拧入冷铸锚杯→拧入张拉杆工具锚圈→调整各部分的相应位置→施加5%设计索力→检查并调整安装位置→记录初始值→解除安装千斤顶时的吊点或支垫点的约束→分级施力直至达到一次张拉所要求的拉力值→与张拉同步拧紧锚圈量测应力、应变值→检验，与设计应力应变值核对→外观检查（锚垫板、锚箱、塔柱结构等变形情况，拉索有无断丝、滑丝现象）→检验合格→拆除千斤顶、张拉杆→进入下一根斜拉索的张拉周期。

2. 张拉注意事项

千斤顶应有悬吊或支垫块防护措施；千斤顶后不得站人；液压系统运转异常时立即停电检查，排除故障后方可作业。

张拉作业应由相应合格资质的专业施工队，在专业工程师指导下操作。

35.3.20　当下列工况施工完成后，应采用传感器或振动频率测力计检测各拉索索力值，并根据拉索减振器以及拉索垂度状况对测定的索力进行修正。

1）每组拉索张拉完成后；

2）悬臂施工跨中合龙前后；

3）全桥拉索全部张拉完成后；

4）主梁体内预应力钢筋全部张拉完成且桥面及附属设施安装完成。

5）安装、张拉拉索均属于高空作业，施工中应严格按照有关高空作业的要求进行，必须在拉索锚端及索管部位设置安全网、临边围护、操作平台等安全防护设施。

35.3.21　施工控制

1. 施工控制一般规定

1）斜拉桥施工中必须进行施工控制，编制动态监测方案；应严格控制实际施工时的结构几何尺寸、重度、收缩徐变、弹性模量、预加应力、斜拉索张拉力，并及时采集各类计算参数，按照实际参数进行跟踪计算分析，确定下一阶段所需拉索索力和施工节段的立模高程。

2）施工控制应以施工图设计内容为基础，以结构总体设计确定的标准温度为参考目标，根据实际施工过程中的具体情况对计算参数进行调整，形成施工控制文件。

3）施工控制文件中，应包括下列有关施工控制的内容：

施工过程控制系统：

施工控制流程、误差分析方法、测试系统、判断分析系统等。

施工过程控制数据：

斜拉索初拉力、斜拉索调整力、主梁节段立模或拼装高程。

主梁节段浇筑或安装及结构体系转换顺序。

施工过程测试数据：

主梁立面线形、索塔的变位以及控制截面应力、斜拉索索力等。

成桥恒载状态数据：

主梁立面线形、索塔的变位以及控制截面应力、成桥恒载斜拉索索力等。

2. 基本要求

1）斜拉桥施工控制应使大桥施工完成后，线形、索力和内力符合设计要求。

2）在斜拉桥整个施工过程中应对主梁线形、索塔变位、截面应力和斜拉索索力实施全过程控制。

3）施工控制应以控制主梁、索塔截面应力和索力满足设计要求为目标，对主梁立面线形和索塔变位进行控制。

4）施工监测内容主要包括：节段安装前后主梁高程、索塔变位、索力大小和结构控制截面的应力等。

5）施工过程中索力、应力和线形的实际值与理论值的偏差超过允许偏差时，应进行调整。

6）施工控制中应在现场进行温度场测试，掌握温度变化规律，有效修正温度的影响。

7）应利用计算机分析软件，跟踪、模拟斜拉桥的实际施工过程，确定影响斜拉桥施工状态的各种因素（如结构自重、混凝土弹性模量等），及时修正控制的相关参数，并通过调整索力或立模高程，使实测的结果和理论分析趋于一致。

3. 施工过程控制精度

1）变位控制：相邻节段相对高程误差应不大于节段长度的 ±0.3%，混凝土已浇梁段及成桥后主梁高程误差应不大于 $\pm L/5000$，钢梁应不大于 $\pm L/10000$，其中 L 为跨径。

索塔的倾斜度应控制在 $H/3000$ 以内，且不大于 30mm 或设计文件规定值，H 为承台以上塔高。

2）立模高程误差控制：施工节段的立模高程与预设值允许误差不大于 ±5mm。

3）索力误差控制：斜拉索索力与设计的允许误差需满足设计要求，且不宜大于 5%。钢绞线斜拉索索内各绞线索力误差宜控制在 2%~8%。

4）节段重量误差控制：现浇混凝土主梁，节段重量误差不应大于 2%。

4. 监控反馈

必须采取适宜的方法进行施工控制，即对主梁各个施工阶段的主梁立面线形、索塔的变位以及控制截面应力、斜拉索索力等技术指标进行详细的监测，并及时将有关数据反馈给设计单位，分析确定下一施工阶段的拉索张拉量值和主梁线形、高程及索塔位移控制量值等施工测量与控制要求，周而复始直至合龙。该项工作也可委托专业机构进行数据分析与控制。

5. 施工控制的主要计算方法

宜采用卡尔曼滤波法、最小二乘误差控制法、无应力状态控制法与自适应控制法。

主梁施工初期，主梁在索塔根部的相对线刚度较大，变形较小，因此，在控制过程初期，可采用经验参数或设计参数设置混凝土弹性模量、拉索弹性模量、混凝土徐变系数、节段混凝土及施工荷载重量、等控制参数，并通过施工初期阶段若干节段的施工结果对上述参数进行验证与修正，为跨中变形较大的节段施工创造良好的条件。

6. 拉索的拉力误差超过设计规定值时应进行调整，调整时可从超过设计索力最大或最小的拉索开始（放或拉）调整至设计索力。调索时应对拉索索力、拉索延伸量、索塔位移与梁体标高进行监测并做好记录。

7. 为避免日照与温差影响测量精度，宜选择在日出之前或日落之后进行测量工作，并在记录中注明当时当地的温度与天气状况。

8. 为保证测量与检测精度符合设计要求、检测速度符合施工要求，宜推广采用光电跟踪测量技术与计算机跟踪索力检测技术。

35.3.22 索力调整

1. 索力调整的方法和步骤应符合设计要求及专项方案的规定。

2. 拉索索力调整准备工作

1) 索力调整前，应将张拉千斤顶和配套油泵进行标定。对预计的调整值划分级次，计算并列出每级张拉值和相应的油表读数，以便在调索时直接使用。

2) 对调索设备和索力检测仪器进行标定。

调索的主要设备：千斤顶、张拉杆、撑架及锚固螺母、电动油泵及油压表、手拉葫芦、卷扬机、塔吊、塔内提升系统。

索力检测仪器：带筒式传感器的测力仪器、孔幅式传感器的测力仪器、数字直读式测力仪、钢索测力仪、环境随机振动法索力仪。

3) 计算各级调整值并应列出相应的延伸量。

4) 作好索力的检测和其他各种观测的准备工作。

3. 张拉工具、张拉设备就位

1) 将千斤顶撑架用手拉葫芦等固定在斜拉索锚固面上，再将千斤顶用螺栓连接支撑在撑架上；

2) 将张拉杆穿过千斤顶和撑架，旋接在斜拉索锚头端，再将张拉杆上的后螺母从张拉杆尾端旋转穿进；

3) 将千斤顶与油泵用油管接好，开动油泵使千斤顶活塞空升少许，如调索要求降低索力，可根据情况多升一定量；

4) 将后螺母旋至与活塞接触紧密。

4. 索力调整作业

按预定级次的相应张拉力，通过电动油泵进油或回油逐级调整索力。如果是降低索力，则先进油拉动斜拉索，使锚环能够松动，在旋开锚环后可回油使斜拉索索力降低。在调索过程中如千斤顶达到行程允许伸长量，即可将斜拉索锚头的锚环旋紧，使其临时支撑于锚固支撑面上，这时千斤顶可回油并进行下一行程的张拉。如果调索是在斜拉索锚头还未牵出其锚固面的情况下进行，则临时锚固由叠撑在锚环上的张拉杆前螺母即两半边螺母承担临时锚固。调索过程中，应以检测、校核数据配合油表读数共同控制张拉力，并通过观察结果防止非正常情况的发生。

35.3.23 索力调整注意事项

1. 主梁全桥合龙后应进行一次线形、索力以及关键断面的应力测量。为控制索力，一般应至少进行一次全桥索力调整。调整方案由设计计算确定，调整后还应进行全桥索力与标高的测量。

2. 索力的调整可采用四种方法：一次张拉法、多次张拉法、设计参数识别法和卡尔蔓滤波法。

3. 索力调整时，可从超过设计索力最大或最小的拉索开始（放或拉），直到调至设计索力。

4. 索方调整时，应对塔和相应梁段进行位移检测，并做出存档记录，记录内容包括日期、时间、环境温度、索力、索伸缩量、桥面荷载状况、塔梁的变位量及主要相关控制断面应力等。

5. 索力调整时，可根据不同的设计要求，在梁上或塔上进行，若塔上不便安装千斤顶，则可在施工脚手架上进行。

6. 在空心塔内进行调索施工时，需在塔内设置施工支架或升降平台，调索设备可通过塔吊、卷扬机、升降平台等运送；H 形带隔板的塔上调整，调索设备可设在塔外。

7. 在梁上调索时，宜将斜拉索锚固在箱型梁的箱内，以方便施工，而将斜拉索锚固在箱型梁的悬挑翼板或肋板梁的肋板处，则需要安装吊篮或其他形式的施工支架作工作平台。

8. 利用卷扬机、手拉葫芦等将调索设备吊运到位，千斤顶等设备可用手拉葫芦等工具定位、固定。

9. 调索一般用穿心千斤顶进行：

1）当千斤顶及其撑架安装到位后，用张拉杆与斜拉索锚头的内丝孔旋接；

2）若要增加索力，用千斤顶顶动张拉杆将斜拉索牵向索管口；

3）若要放松索力，受力前预先使千斤顶活塞伸出一定量，然后再用千斤顶顶动张拉杆，使斜拉索锚头上的锚固螺母即锚环刚好松动；

4）将锚环松开后，使千斤顶卸载，将斜拉索放出索管口；

5）当斜拉索锚头还没有被牵出索管就已经开始索力的张拉调整、需要在斜拉索锚环上增加一张拉杆锚固螺母即张拉杆前螺母；

6）为了便于组装和拆卸，张拉杆螺母可由两半组成；

7）千斤顶分行程逐步张拉时，应用张拉杆前螺母临时将斜拉索上端锚固。

10. 千斤顶和油泵等张拉机具应由专人管理和使用，并应经常维护，定期检查。

11. 对于下列情况，均应对千斤顶和油泵配套进行重新标定：千斤顶或油泵出厂初次使用；千斤顶使用超过 6 个月或 200 次；千斤顶或油泵在使用过程中出现的不正常现象；千斤顶或油泵经过检修；千斤顶和油泵重新配对。

12. 对千斤顶和油泵进行编号，以免标定结果用错。

13. 斜拉索的索力调整应由专业人员进行，并须经过设计部门同意。

14. 索力调整前应将锚头和锚固锚环配对并检查其质量。

15. 索力调整前应将斜拉索锚固面、各个张拉受力支承面及锚头、锚环、张拉杆、张拉杆锚固螺母等丝齿内的杂物逐一清除干净。

16. 锚环、张拉杆、张拉杆螺母等各自的悬紧程度要一致，以免斜拉索、张拉杆在索力的调整过程中受力不匀。

17. 斜拉索、撑架、千斤顶、张拉杆在调索施力的过程中位置要居中，以免拉索、张拉杆受力不均匀。

18. 索力调整的过程中，应注意保护拉索不受伤害。

19. 张拉和索力调整过程中，要及时校核索力的增量和拉伸量值之间的对应关系。

20. 索力调整的过程中，必须同时进行梁段和索塔变位观测并与设计变位校核。超过设计规定范围或出现其他不正常的情况时，应停工，检查原因，并与设计单位研讨，采用适当方法进行修正。

21. 调索过程中要密切注意油泵的压力表值，如遇压力突升应及时关机，查明原因并解决后才能继续工作。

35.3.24　冬雨期施工

1. 斜拉桥主梁、拉索冬雨期施工安全技术措施同本规程"现浇箱梁"章节相关规定。

2. 斜拉桥主梁、拉索冬雨期施工安全技术措施同本规程"斜拉桥索塔"章节相关规定。

35.4　质　量　标　准

主 控 项 目

35.4.1 斜拉桥主梁施工涉及模板与支架、钢筋、混凝土、预应力混凝土质量检验应遵守本规程相关章节的有关规定。

35.4.2 现浇混凝土主梁施工质量检验除遵守第 35.4.1 条外，尚应遵守下列规定：

主 控 项 目

1. 支架现浇混凝土主梁强度等级必须符合设计要求。

检验数量：全数检查。

检验方法：混凝土抗压强度试验。

2. 现浇箱梁结构表面不得出现超过设计规定的受力裂缝。

检查数量：全数检查。

检验方法：观察或用读数放大镜观测。

一般项目

3. 支架现浇箱梁偏差应符合表 35.4.2 的规定。

表 35.4.2 支架现浇箱梁允许偏差

项　目		规定值或允许偏差（mm）	检验频率		检　验　方　法
			范　围	点　数	
轴线偏位		10	每个节段	2	用经纬仪测量，纵向计2点
断面尺寸	宽度	+5，−8		3	用钢尺量，沿全长（L）端部和 L/2 各计1点
	高度	+5，−8		3	用钢尺量前端，宽度两侧和中间各计1点
	壁厚	+5，0		8	用钢尺量前端计8点
长度		±10		4	用钢尺量，顶板和底板两侧各计1点
节段高差		5		3	用钢尺量底板，宽度两侧和中间各计1点
预应力筋轴线偏位		10	每个管道（抽查10%，且不少于5件）	1	用钢尺量
拉索索力		符合设计要求	每根索	1	用测力计
索管轴线偏位		10	每根索	1	用经纬仪测量

4. 结构表面应无空洞、露筋、蜂窝、麻面和宽度超过 0.15mm 的收缩裂缝。

检查数量：全数检查。

检验方法：观察、用读数放大镜观测。

5. 所有预埋件、孔洞等设施的规格、种类、尺寸、位置应符合设计要求。

检查数量：全数检查。

检验方法：观察或用塞尺量，用钢尺量或用水准仪、经纬仪检测。

35.4.3 斜拉索安装质量检验应遵守下列规定：

主控项目

1. 斜拉索、锚具和减震装置的规格、品种和防腐等级必须符合设计要求。

检查数量：全数检查。

检验方法：检查原材料合格证和制造厂复验报告；检查成品合格证和技术性能报告。

2. 锚环必须与锚垫板密贴并居中。

检查数量：全数检查

检验方法：观察、用塞尺量。

3. 张拉力及索力调整必须符合设计要求。

检验数量：全数检查。

检验方法：用油压表或测试仪或频率仪测试。

一般项目

4. 拉索制作与防护偏差应符合表 35.4.3 规定。

表35.4.3 斜拉索允许偏差

序　号	项　　目		允许偏差（mm）	检验频率		检 查 方 法
				范　围	点　数	
1	斜拉索	≤100m	±20	每根每件每孔	1	用钢尺量
	长度	>100m	±1/5000 索长			
2	PE防护厚度		+1.0，−0.5		1	用钢尺量或测厚仪检测
3	锚板孔眼直径D		$d < D < 1.1d$		1	用量规检测
4	镦头尺寸		镦头直径≥1.4d，镦头高度≥d		10	用游标卡尺检测，10个
5	锚具附近密封处理		符合设计要求		1	观察
6	冷铸锚板内缩值		≤5			

注：d 为钢丝直径。

5. 拉索表面应平整、密实、无损伤、无擦痕。

检查数量：全数检查。

检验方法：观察。

35.5 质 量 记 录

1. 测量复核记录

2. 斜拉桥主梁模板、支架梁制作、安装记录及质量检验记录

3. 斜拉桥主梁钢筋、混凝土、预应力工程施工记录及质量检验记录

4. 斜拉索、锚具和减震装置等进场验收、安装、张拉记录

5. 斜拉桥监控量测记录、索力调整记录及设计要求的其他有关资料

6. 斜拉桥主梁单位（子单位）工程、分部（子分部）工程、分项工程和检验批质量验收记录表

35.6 安全与环保

35.6.1 一般规定

1. 斜拉桥主梁、拉索施工涉及模板与支架、钢筋、混凝土、预应力张拉等工序应遵守本规程相关章节的有关安全与环保规定。

2. 高处作业应遵守《建筑施工高处作业安全技术规范》JGJ 80和《北京市桥梁工程施工安全技术规程》DBJ 01—85有关规定。

3. 主梁高处作业、持索、安装锚具、张拉拉索等停业工序，必须在拉索锚端及索管部位设置安全网、临边围护、操作平台等安全防护设施。

35.7 成 品 保 护

1. 现浇箱梁有现况交通时，在支架两侧设置限高设施及警示牌。

2. 混凝土在浇筑过程，派专人负责成品保护工作，既要对钢筋进行修正，又要对预

埋件进行看护、校正，在混凝土刚浇筑完毕时，对预埋件进行复查其准确性。

3. 注浆完毕后，及时将喷洒到箱梁上的水泥浆冲洗干净。

4. 斜拉索搬运和安装时，应用有足够直径和刚度的专用索盘，严禁弯折、错压。不得撞伤锚头和损伤保护层。保护层不得进水。

5. 拉索的运输和堆放应无破损、无变形、无腐蚀，成圈产品只能水平堆放。产品出厂前，应用麻袋条或纤维布缠包防护。

6. 施工中，拉索抗振的约束环和减振器未安装前，必须确保索管（特别是梁上索管）和锚端的防水、防腐和防污染。

36 斜拉桥主梁（悬臂浇筑法）施工工艺

36.1 适 用 范 围

36.1.1 本工艺适用于城市桥梁工程、斜拉桥主梁采用悬臂法、前支点挂篮施工，挂篮从索塔两侧对称悬臂浇筑法施工工艺。

36.2 施 工 准 备

36.2.1 材料要求

1. 斜拉桥混凝土主梁所用原材料（钢筋、水泥、砂、石子、预应力钢束和钢材等）应符合设计要求、现行产品标准规定。

2. 混凝土主梁施工所用的挂篮体系材料和模板材料等应符合设计要求和施工组织设计规定。

3. 拉索及其锚具应委托专业单位制作，严格按照国家或部颁的行业标准、规定及设计的特殊要求进行生产，并应进行检查和验收。在工艺更新或确有必要时，可考虑进行拉索的疲劳性能、静载性能试验。对高强钢丝拉索，在工厂制作时应按 1.2 ~ 1.4 倍设计索力对拉索进行预张拉检验，合格后方可出厂。

4. 锚具的动、静载性能应与锚具所对应的拉索相匹配。锚环、锚板、螺母和垫块等主要受力件的半成品在热处理后应进行超声波探伤，探伤合格的方可进入下一道工序。

5. 拉索成品、锚具交货时应提供下列资料：

产品质量保证书、产品批号、设计索号及型号、生产日期、数量、长度、重量、产品出厂检验报告及有关数据。

6. 拉索的运输和堆放应无破损、无变形、无腐蚀，成圈产品只能水平堆放。产品出厂前，应用麻袋条或纤维布缠包防护。

36.2.2 机具设备

1. 预应力器材：锚具、夹具和连接器等，千斤顶（压力表）、油泵、注浆机、手提砂轮切割机、卷扬机等。

2. 钢筋施工机具：钢筋弯曲机、钢筋调直机、钢筋切断机、电焊机、砂轮切割机等。

3. 模板施工机具：电锯、电刨、手电钻等。

4. 混凝土施工机具：预拌混凝土强制式搅拌机、混凝土运输车、混凝土泵车、混凝土输送泵、汽车吊、混凝土振捣器等。

5. 拉索安装设备：索盘支架、滚筒（滚轮）、导向轮、卷扬机、塔吊等拉索安装设备：索盘支架、滚筒（滚轮）、导向轮、卷扬机、塔吊等。

6. 检测仪器设备：全站仪、经纬仪、水准仪、传感器、振动频率测力计等。

7. 工具：专用扳手、直尺、限位板、卡尺等。

36.2.3 作业条件

1. 施工围挡已完成。

2. 主梁施工范围内妨碍作业的地上、地下构筑物已清除或改移完毕，不妨碍施工的现场周边构筑物已进行标识，并有保护措施。

3. 现场道路畅通，施工场地已清理平整，现场用水、用电接通，备有夜间照明设施。

4. 测量控制网已建立，测量放线已完成。

36.2.4 技术准备

1. 斜拉桥混凝土主梁施工前认真熟悉图纸、根据现场条件编制总体施工组织设计和分项工程实施性方案，报有关部门批准。

施工组织设计应包括：

1）主梁的施工方法与施工工艺；斜拉索挂索的施工方法与施工工艺；

2）施工区域内及周边地区的交通组织安排；

3）对邻近构筑物（包括地下结构）的保护措施；

4）对航道、铁路、主干道等交通通道的限制要求、防护措施与应急预案。

2. 对操作人员进行专业技术培训和安全培训，向班组进行交底。

3. 组织施工测量。

36.3 操 作 工 艺

36.3.1 工艺流程

1. 采用悬臂法浇筑斜拉桥主梁其施工工艺应符合设计及施工组织设计要求。

2. 常规悬臂浇筑工艺流程

支架上立模现浇 0 号和 1 号块→拼装联体挂篮→对称浇筑 2 号梁段→联体挂篮分解前移→对称悬浇梁段、并挂斜拉索→依次对称悬浇梁段混凝土、挂索。

3. 采用前支点挂篮（索引挂篮）工艺流程

挂篮制作、运输→挂篮现场拼装验收→挂篮静载试验→挂篮调整就位—调整标高微调机构、底模安装与立模定位→拉索导管定位→斜拉索梁端安装、拉索第一次张拉→钢筋、预应力筋安装→外模及预埋件安装→混凝土抗拉索第二次张拉→混凝土浇筑完毕、养护待强、纵向预应力张拉→索力转换到主梁（挂蓝前支点张拉）、挂篮与斜拉索分离、拉索第三次张拉→脱模、松下挂篮、解除约束→挂篮索引前移→主梁接缝处理、节段循环推进→依次依序、对称、重复上述步骤直至主梁合龙→中跨合龙、体系转换（挂篮整体下放拆除）。

36.3.2 斜拉桥无索区主梁施工（0 号和 1 号块）

1. 0 号、1 号块件施工采用支架法施工，其工艺流程为施工准备→工程测量→支架体系施工→0 号、1 号段底模安装→预压→临时固结系统（临时支座）→安装支座→0 号、1 号段模板安装、绑扎钢筋（预应力管道铺设）→预埋件安装→浇筑混凝土→养护→张拉预应力筋。

2. 0 号、1 号块件施工应符合设计要求及本规程"斜拉桥主梁（支架法）施工工艺"相关规定。

3. 0 号、1 号块件浇筑前将挂篮主纵梁作为现浇支架置于其底模下，主纵梁的前端用一组钢绳临时锚固在索塔上以保证浇筑过程结构安全。

4. 当设计采用非塔梁固结形式时，必须采取相应措施使塔梁临时固结，并按照经设计确认的解除程序逐步解除临时固结，在解除过程中还必须对拉索索力、主梁标高、塔梁内力与索塔位移进行必要的测量与控制。

5. 主梁零号段及其两旁的梁段，在支架和塔下托架上浇筑时，应消除温度、弹性和非弹性变形及支承等因素对变形和施工质量的不良影响。

36.3.3 前支点挂篮设计与制作

1. 悬臂浇筑的节段长度应根据斜拉索的节间长度、梁段质量进行划分；悬臂浇筑节段的划分，一般采用 1 个或 1/2 个索距；应根据最大梁段重力设计挂篮，并经设计确认。

2. 挂篮主要结构（承重系统、模板系统、挂索系统、锚固系统、水平止推系统及行走系统）设计应符合现场工况要求。

3. 前支点挂篮（索引挂篮）的悬臂梁及挂篮全部构件制作后均应进行检验和试拼，合格后方能用于现场整体组装，并按设计荷载及技术要求进行预压，同时测定悬臂梁和挂篮的弹性挠度、调整高程性能及其他技术性能。

4. 挂篮设计应考虑抗风振的刚度要求。

36.3.4 挂篮现场拼装与静载试验

1. 挂篮属于大型施工设备，其自身的质量和安全与施工中的斜拉桥的质量和安全密切相关，为此对挂篮必须进行荷载预压试验；试验的目的是为了检验挂篮各构件的受力特性、整体刚度、变形协调性能，为施工控制提供实测参数。

试验模拟主梁标准节段的实际悬浇施工过程工况，并消除影响其非弹性变形，弹性变形通过预抬标高来予以调整。

2. 挂篮现场拼装可在已施工的主梁现浇段正下方（索塔两侧）进行，或在索塔附近其他位置拼装好以后平移到该处，再提升就位；挂篮现场拼装也可在主梁现浇段支架平台上组拼到位，并作为支架法浇筑梁段的施工平台。挂篮挂腿在主梁现浇段施工完成后安装焊接。试验加载按 $0 \rightarrow 50\% \rightarrow 75\% \rightarrow 90\% \rightarrow 100\% \rightarrow 110\% \rightarrow 120\% \rightarrow 100\% \rightarrow 90\% \rightarrow 75\% \rightarrow 50\% \rightarrow 0$ 的顺序进行。

其加载方式为以堆码袋装砂、加堆钢筋、封闭内灌水等形式。

挂篮检测合格后，方可投入正常使用。

36.3.5 挂篮悬浇施工步骤

1. 挂篮前移就位

每只挂篮的前移可通过安装在挂篮两侧的千斤顶（采用两台穿心式千斤顶）通过两根 032 精轧螺纹钢筋牵引来实现。

2. 安装止推机构

挂篮初定位后，安装止推座，通过止推机构微调挂篮的纵向定位，并形成水平抗力点。

3. 顶升锁定

即在挂篮行走到位后通过设置在挂腿内的 250t 顶升千斤顶提升挂篮，使模板的后部定位在正确的标高位置。

4. 标高及水平偏位调节

1）标高调整

标高调整是调整空载挂篮的前端标高，是通过挂篮尾部的标高调节机来实现。

2）水平偏位调整

挂篮的横桥向位移是通过在尾导架与主梁间以及挂腿与主梁间架设千斤顶来予以纠正。

5. 安装并张拉锚杆组。

6. 安装、张拉斜拉索

安装斜拉索并与牵索系统进行连接，即将挂篮张拉机构与斜拉索冷铸锚连接并对斜拉索进行第一次张拉以形成挂篮的前支来实现挂篮的悬浇施工（按设计值预拉斜拉索到一定吨位，控制挂篮标高到设计值，并注意索力值误差不超过 50kN，此时挂篮尾端因受拉而有离开梁底的趋势，需将后锚点锚紧，防止挂篮脱位）。

检查斜拉桥拉索冷铸锚的锚环是否离开模板上的锚垫板，其间距应大于 40mm，如有差异，应通过索塔上的千斤顶与牵索系统的千斤顶进行调节。

7. 支立模板、绑扎钢筋、安装预应力管道、浇筑混凝土。

检查挂篮连接情况及模板、钢筋安装情况，使其均满足设计要求；

悬臂浇筑肋板混凝土，从挂篮前端分层向后浇，并预留下一段挂篮锚固孔，此时挂篮尾端受向上的压力，检查梁底与挂篮间的支垫，以保持挂篮的正确位置。

8. 浇筑本节段一半质量的混凝土时，在塔内张拉斜索至控制索力（第二次斜拉索张拉）。

观测挂篮前支点标高，检查是否符合设计要求；

浇筑顶板及横隔梁混凝土；

9. 混凝土养护，待强度达到设计规定值后，拆除模板，施加预应力。

10. 索力转换

当一个节段浇筑完毕后，将索力由挂篮转换到已浇梁段上，并使挂篮与斜拉索分离。

1）将斜拉索锚固端的冷铸锚锚环紧密地锚固在梁体锚垫板；

2）松开牵索系统的锚固螺栓，千斤顶回油，解除牵索系统与斜拉索的连接，通过锚环将斜拉索由牵索系统转换至梁体结构上，从而实现体系转换；

3）第三次张拉斜拉索至设计值，并进行锚固。

11. 拆除止推座、接长钢板滑道、撤除锚杆组。

12. 放松顶升机构、下降挂腿、挂篮落架。

解除挂篮的前后约束，降下中挂点千斤顶，使梁体与挂篮脱离，做好挂篮前移准备。

13. 安装牵引机构，挂篮行走。

经过以上 13 个操作步骤完成挂篮的一个工作行程。

36.3.6 前支点挂篮的行走步骤

1. 斜拉索张拉到设计值锚固后，解除锚固系统的后锚点及水平反力支座。

2. 锚好行走滑板。

3. 将 C 形挂钩落在行走滑板上。

4. 将自动连续千斤顶平放在滑板前端的顶座上，并将牵引的粗钢筋或钢绞线一端与千斤顶连接，另一端与挂篮的 C 形挂钩相连，千斤顶同时反复顶拉，使挂篮前移。反向设倒链以保安全，挂篮尾部通过行走滚轮前进。

5. 挂篮行走就位后，重新对挂篮进行定位锚固。

36.3.7 主梁悬臂浇筑法施工规定

1. 各锚杆组的拆卸应注意先后顺序，即在先进行索力转换后，方可依次拆卸承重锚、中间后锚，边后锚。此外，还注意对称同时拆卸，即用两个千斤顶同时顶升、松开锚杆锁紧螺母，然后同时放松千斤顶进行拆卸。

2. 挂篮的纵向定位分两个步骤完成，即由牵引机构牵引挂篮纵向定位，再由止推机构顶、推挂篮，实现纵向微调定位。两次纵向定位的分界点在挂腿中心距其设计工作定位处 8～10cm，以能安装止推机构为准。

3. 所有预埋件均应按设计要求进行预埋，并保证定位精度。尤其是止推机构预埋件，误差控制在 2mm 以内。

4. 挂篮到位后，应检查挂篮的中心误差：顺桥向不大于 ±10mm、横桥向不大于 ±5mm、主梁前后端偏移不大于 ±10mm、水平高差不大于 ±10mm。

5. 施工荷载应尽量对称，尽量减少偏荷载。挂篮顶升、止推及标高等调节到位后均应采用机械锁定牢固。

6. 挂篮上严禁随意加焊任何型钢及切割挂篮上任何一个部位。

7. 模板、钢筋、预应力混凝土工程

模板宜采用大型钢模，在模板设计时，应根据主梁的结构形式及特点、主梁的施工节段划分等具体情况，分别采用铰接转动式、固定式、拆装式等形式。除封头模板外，所有模板均应与挂篮相连接，在挂篮自重的作用下，随挂篮的下降而自行脱模，并随挂篮的行走、提升而前移、就位。

钢筋采用加工设备集中加工、现场绑扎、钢筋接长型式应符合设计和规范要求，不得随意变更型式。

根据设计规范要求试配出高强度混凝土配合比，坍落度应符合泵送混凝土要求。

混凝土浇筑应有备份混凝土输送设备；混凝土的入模遵行先"前端"后"后端"、先"边主梁"后"横隔板"的原则，同时按规定水平分层。

预应力体系张拉均采用"双控"，以确保应力和伸长量满足设计要求。

8. 悬臂段主梁索道管安装

1）地面作业

地面作业是制作底托。根据索道管下口中心点与主梁底面的相对几何关系，结合锚槽形状，对于每一个索道管制作不同的底托。在底托顶面，刻画出中心线。底托采用木板加工制作，底托兼作锚槽锚板。

2）高空索道管安装

将底托初步安装在挂篮的底模板上。

在斜拉索安装之前，将索道管套穿在斜拉索的下端。

在斜拉索穿过底托，牵引在挂篮上，斜拉索初张拉之后，调整底托至正确位置并与底模板固定。

将索道管下端安装在底托上，根据底托顶面中线调整索道管下端位置，并与底托固定。

索道管上口通过内塞楔，与斜拉索固定一起，在混凝土浇筑前，可随斜拉索移动。根据经验，斜拉索与索道管上口不应同心，应偏于下方。

浇筑混凝土前，将索道管上口与周围钢筋固定在一起。

9. 斜拉索安装及张拉工程

1）根据斜拉桥的特点及现场的施工条件，短索可直接利用塔吊进行安装；长索则通过设置的半圆弧形滚筒支架上桥面进行安装，通过设置在桥面的卷扬机与塔吊间相互配合来完成长斜拉索的安装。

2）斜拉索张拉应根据设计及专项方案的规定，分次分级张拉；每次张拉力的大小严格控制其张拉吨位。每次张拉均应对称张拉斜拉索，操作时均基本保持同步，达到一级后稳压2min，然后再进行下一级张拉。同时，边张拉边拧紧冷铸锚的大螺母，以防油泵或千斤顶出现不测，导致索力突然变化。每次张拉作业过程中，监控单位均采用测索仪同步校对张拉索力，若索力误差超出允许范围，则根据监控现场要求立即进行调整。

36.3.8 斜拉桥悬臂浇筑注意事项

1. 无索区主梁进行施工后，再进行拼装挂篮，进行主梁的悬臂浇筑。

2. 挂篮的悬臂梁及挂篮全部构件制作后均应进行检验和试拼，合格后方能用于现场整体组装检验。

3. 在浇筑混凝土前，应按设计荷载及技术要求对挂篮进行预压，同时应对悬臂梁和挂篮的弹性挠度、调整高程性能及其他技术性能进行测定。预压方法主要有砂袋法、加水法、千斤顶加载法等。

4. 挂篮设计和主梁浇筑时应考虑抗风振的刚度要求。

5. 拉索张拉时应对称同步进行，以减少其对塔与梁的位移和内力的影响。

6. 漂浮体系的斜拉桥采用悬臂法进行主梁施工时，为确保结构的安全，一般在施工中都需采用适当的措施进行塔梁临时固结，待施工毕后再拆除。

7. 对于塔梁墩固结的斜拉桥不需进行临时固结。

8. 拉索位置和锚头尺寸要精确，否则会使结构内力发生较大的变化，影响工程质量。

9. 为保证梁体的结构安全和线形的平顺，在主梁悬臂浇筑施工过程中，必须进行施工跟踪监控。监控的主要对象是梁体的标高、斜拉索索力和塔柱变位等，同时必须考虑主梁受体系温差影响所引起的标高变化。

10. 可通过设置反向斜拉杆或设水平反力支座的方法，平衡斜拉索在挂篮上引起的水平分力并将其传递给主梁。

11. 斜拉索套管定位要准确，以保证斜拉索受力符合设计要求。

12. 长拉索在抗振阻尼支点尚未安装前，应采用钢索或杆件（平面索时）将一侧拉索联结以抑制和减小拉索的振动。

13. 大跨径主梁施工时应缩短双向长悬臂持续时间，尽快使一侧固定，以减少风振的不利影响，必要时应采取设置风缆等如临时抗风措施。

14. 混凝土施工和预应力施工要严格按设计要求进行。

15. 严格进行施工合龙控制，确保合龙段混凝土施工质量。

36.3.9 合龙段施工顺序

由于斜拉桥中跨合龙受边跨合龙的影响，边跨合龙又受相邻跨的影响。为了很好地控制主梁线形及斜拉桥体系转换的关键工序，也为中跨合龙的顺利进行，应首先进行边跨合龙，边跨合龙完成后即可进行中跨合龙施工。

36.3.10 施工合龙控制的具体措施

1. 在合龙段混凝土浇筑之前，将全部已张拉的斜拉索索力重新测一次，并调整设计数值。

2. 观测合龙前连日的昼夜温度场变化与合龙高程及合龙口长度变化的关系，选定适当的合龙浇筑时间。

3. 合龙段混凝土浇筑宜选择在一天中的最低温度时间进行，使混凝土在早期凝结过程中处于升温的受压状态，避免出现不利的拉应力。

4. 为保证合龙段混凝土不出现拉应力，可在合龙段混凝土浇筑前，用千斤顶将合龙空隙顶宽几厘米，在保持支顶力不变的状态下绑扎钢筋，安装模板，并在浇筑混凝土时稍加大支顶力，待合龙段混凝土达到设计强度的80%时放松支顶力，或在合龙段两侧主梁内预埋型钢，用千斤顶将合龙空隙顶宽后，将预埋件焊接成一整体撑架，起到刚性连接的作用。

5. 合龙两端高程在设计允许范围内时，可视情况进行适当压重。

6. 合龙梁段浇筑后至纵向预应力索张拉前应禁止施工荷载的超平衡变化。

36.3.11 施工合龙控制的过程（以某斜拉桥悬臂浇筑法施工为例）

1. 移动一端挂篮，到位后立模，将另外一端挂篮移动至影响范围之外并给予拆除。

2. 清理并解除掉无效施工荷载。

3. 测出挂篮的重量、加压使单侧挂篮所产生的不平衡力矩达到平衡。

4. 检测拉索索力、主梁应力和线形以及温度，进行监控计算，如索力、线形、中线出现偏差，应及时给予校正，经过调整，达到设计要求。

5. 解除竖向约束，对悬浮体系、张拉索，对于连续梁体、将临时支座换成正式支座。

6. 采用水箱法加压时，将压重水箱注水，使水的重量等于新浇筑的混凝土的自重。

7. 施加足够的临时连接，使主梁处于正式的支撑状态，并使即将合龙的两相邻梁段形成整体。

8. 由于合龙内力和线形受温度的影响很大，施加临时连接的闭合施焊应选择适当的温度，并应考虑与标准温度进行修正。

9. 解除主梁纵向施工约束，塔上支承为索支承，两边墩为活动支座，使桥成为悬浮体系，以减小主梁在塔处的负弯矩。

10. 在主梁侧放置侧向支座，以限制梁的侧向位移。

11. 再次检查索力、主梁应力和线形，并给予调整。

12. 捆扎钢筋、浇筑混凝土，实施中边浇筑混凝土边放水，直至混凝土浇筑完成。

13. 进行混凝土养护，待其强度达到设计要求后，张拉合龙预应力束。

14. 拆除无效施工荷载，对全桥索力、主梁线形进行检测，并进行监控计算，对索力和线型进行合理的调整，使合龙处于最佳状。

36.3.12 冬雨期施工

1. 斜拉桥悬臂浇筑所用模板、挂篮、钢筋、预应力混凝土工程冬雨期施工措施应符合设计要求及本规程相关章节规定。

2. 主梁悬臂浇筑冬雨期施工措施应遵守本规程《斜拉桥主梁、拉索（支架法）施工工艺》相关规定。

36.4 质 量 标 准

主 控 项 目

36.4.1 斜拉桥主梁施工涉及模板与支架、钢筋、混凝土、预应力混凝土质量检验应遵守本规程相关章节的有关规定。

36.4.2 现浇混凝土主梁施工质量检验除遵守第 36.4.1 条外，尚应遵守下列规定：

主 控 项 目

1. 支架现浇混凝土主梁强度等级必须符合设计要求。

检验数量：全数检查。

检验方法：混凝土抗压强度试验。

2. 现浇箱梁结构表面不得出现超过设计规定的受力裂缝。

检查数量：全数检查。

检验方法：观察或用读数放大镜观测。

一 般 项 目

3. 悬臂浇筑混凝土梁偏差应符合表 36.4.2 的规定。

表 36.4.2 悬臂浇筑混凝土梁允许偏差

项　　目		规定值或允许偏差（mm）	检验频率		检验方法
			范　围	点　数	
混凝土强度		符合设计要求			按 GB 107 规定
轴线偏位	$L \leqslant 100\text{m}$	10	每个节段	2	用经纬仪测量，纵向计 2 点
	$L > 100\text{m}$	$L/10000$			
断面尺寸	宽度	+5，−8		3	用钢尺量，沿全长（L）端部和 L/2 各计 1 点
	高度	+5，−8		3	用钢尺量前端，宽度两侧和中间各计 1 点
	壁厚	+5，0		8	用钢尺量前端计 8 点
节段长度		±10		4	用钢尺量，顶板和底板两侧各计 1 点
节段高差		5		3	用钢尺量底板，宽度两侧和中间各计 1 点
预应力筋轴线偏位		10	每个管道（每一类型抽查 10%，且不少于 5 件）	1	用钢尺量
拉索索力		符合设计要求	每根索	1	用测力计
索管轴线偏位		10	每根索	1	用经纬仪测量

注：L 为节段长度。

4. 结构表面应无空洞、露筋、蜂窝、麻面和宽度超过 0.15mm 的收缩裂缝。

检查数量：全数检查。

检验方法：观察、用读数放大镜观测。

5. 所有预埋件、孔洞等设施的规格、种类、尺寸、位置应符合设计要求。

检查数量：全数检查。

检验方法：观察或用塞尺量，用钢尺量或用水准仪、经纬仪检测。

36.5 质 量 记 录

1. 测量复核记录

2. 斜拉桥主梁模板、支架梁制作、安装记录及质量检验记录

3. 斜拉桥主梁钢筋、混凝土、预应力混凝土施工记录及质量检验记录

4. 斜拉桥主梁单位（子单位）工程、分部（子分部）工程、分项工程和检验批质量验收记录表

36.6 安全与环保

36.6.1 一般规定

1. 斜拉桥主梁悬臂浇筑法施工施工涉及模板与支架、钢筋、混凝土、预应力张拉等工序应遵守本规程相关章节的有关安全与环保规定。高处作业应遵守《建筑施工高处作业安全技术规范》JGJ 80 和《北京市桥梁工程施工安全技术规程》DBJ 01—85 有关规定。

2. 对施工作业人员应进行培训，合格者发给高空作业许可证，持证上岗；特殊工种也应持证上岗。

3. 注意天气的变化情况，六级以上的大风应停止作业，防范雷击、强风、暴雨、寒暑对施工的影响。

4. 主梁周围一定范围应设置安全警戒标志。

5. 在人行通道及施工作业区须设置安全防护网或采取相应的安全措施。

6. 为了各个作业面相互联络，作业人员应配备对讲机。

7. 斜拉桥主梁施工时应尽量避免交叉施工干扰。必须交叉施工时，应根据设计和施工方法采取保证施工安全的措施。

36.7 成 品 保 护

1. 混凝土在浇筑过程，派专人负责成品保护工作，既要对钢筋进行修正，又要对预埋件进行看护、校正，在混凝土刚浇筑完毕时，对预埋件进行复查其准确性。

2. 在主梁合龙前，严禁在主梁上集中堆放施工材料或停放施工机械。

37 斜拉桥主梁（悬臂拼装法）施工工艺

37.1 适用范围

37.1.1 本工艺适用于城市桥梁工程、斜拉桥钢主梁（钢-混凝土结合梁）采用悬臂拼装、高强螺栓连接或焊接施工工艺。

37.2 施工准备

37.2.1 材料要求

1. 钢箱梁所用钢板、型钢，其质量应符合《桥梁用结构钢》GB/T 714 等现行国家产品标准的规定。钢铸件的品种、规格、性能等应符合现行国家产品标准和设计要求。钢箱梁用进口钢材其质量应符合设计要求和合同规定标准的要求。

钢箱梁用焊接材料（焊条、焊丝、焊剂及气体保护焊所用氩气、二氧化碳气体等）的质量应符合现行国家产品标准的要求。

钢箱梁用涂装材料、连接紧固件和剪力钉等材料应符合设计要求和国家现行标准规定。

2. 钢主梁施工所用的吊装体系材料等应符合施工组织设计规定。

3. 拉索及其锚具应委托专业单位制作，严格按照国家或部颁的行业标准、规定及设计的特殊要求进行生产，并应进行检查和验收。在工艺更新或确有必要时，可考虑进行拉索的疲劳性能、静载性能试验。对高强钢丝拉索，在工厂制作时应按 1.2～1.4 倍设计索力对拉索进行预张拉检验，合格后方可出厂。

锚具的动、静载性能应与锚具所对应的拉索相匹配。锚环、锚板、螺母和垫块等主要受力件的半成品在热处理后应进行超声波探伤，探伤合格的方可进入下一道工序。

拉索成品、锚具交货时应提供下列资料：产品质量保证书、产品批号、设计索号及型号、生产日期、数量、长度、重量、产品出厂检验报告及有关数据。

37.2.2 机具设备

1. 运梁车辆：轴线车、拖车、炮车等。运梁车辆应根据钢箱梁长度、重量及几何尺寸以及运输线路现况条件选用，其载重能力及技术性能必须满足运输梁板的要求。

2. 钢箱梁吊装设备：龙门吊、汽车吊、履带吊、塔吊、桥面吊机、卷扬机等。

3. 拉索安装设备：索盘支架、滚筒（滚轮）、导向轮、卷扬机、塔吊等拉索安装设备。

4. 检测仪器设备：全站仪、经纬仪、水准仪、传感器、振动频率测力计等。

5. 工具：撬杠、扳手、扭矩扳手、钢尺、直尺等。

37.2.3 作业条件

1. 工厂内加工制造的钢箱梁在吊装前必须试拼装验收合格；其产品质量应符合设计要求及本规程24.4节规定。钢箱梁应按吊装方案规定的吊装顺序编号。

2. 运梁道路畅通，施工场地已清理平整，现场用水、用电接通，备有夜间照明设施。

3. 索塔结构已完成。

4. 测量控制网已建立，测量放线已完成。

37.2.4 技术准备

1. 斜拉桥钢主梁施工前认真熟悉图纸，根据现场条件编制总体施工组织设计和分项工程实施性方案，报有关部门批准。

施工组织设计应包括：

1）钢主梁的加工制造工艺及试拼装；钢主梁的运输；钢主梁的吊装、组装工艺；

2）斜拉索挂索的施工方法与施工工艺；

3）对邻近构筑物（包括地下结构）的保护措施；

4）对航道、铁路、主干道等交通通道的限制要求、防护措施与应急预案。

2. 对操作人员进行专业技术培训和安全培训，向班组进行交底。

3. 组织施工测量。

37.3 操作工艺

37.3.1 工艺流程

1. 采用悬拼法组拼斜拉桥钢主梁其施工工艺应符合设计。

2. 常规悬臂拼装工艺流程

钢主梁制作、运输→无索区支架组拼装验收→支架上安装0号和1号块→临时固结系统→挂索、初张拉→吊装组拼桥面吊机、滑行导轨、操作平台→桥面吊机试吊→桥面吊机前移→前一梁段第二次斜拉索张拉→桥面吊机起吊钢箱梁→钢箱梁就位→钢箱梁连接（焊连接或高强螺栓连接）→本梁段挂索、张拉→依次依序、对称悬吊、循环推进→重复上述步骤直至主梁合龙→中跨合龙、体系转换（临时固结系统拆除）。

37.3.2 斜拉桥钢箱梁悬拼安装一般规定

1. 斜拉桥钢箱梁悬拼安装应根据梁体类型、地理环境条件、交通运输条件、结构设计特点等综合因素选择适宜的施工方案与施工设备。

2. 当设计采用非塔梁固结形式时，必须采取相应措施使塔梁临时固结，并按照经设计确认的解除程序逐步解除临时固结，在解除过程中还必须对拉索索力、主梁标高、塔梁内力与索塔位移进行必要的测量与控制。

3. 主梁施工时应缩短双悬臂持续时间，尽快使一侧固定，以减少风振的不利影响，必要时应采取临时抗风措施。应根据桥址情况考虑设置辅助墩，以减少塔弯矩和中跨跨中挠度，同时增强抗风稳定性。

4. 采用悬拼法施工之前，悬拼设备的所有构件全部制作完成后均必须进行检验和试拼，合格后方可于现场进行整体组装，组装完成经过检验后还必须根据设计荷载及技术要求进行预压，同时测定设备的整体刚度，检验其抗倾覆、移动与高程调整及其他技术性能，并消除非弹性变形。

5. 在进行钢梁拼装时，应对称张拉两侧拉索。

6. 高强螺栓完成拼接缝的拼接后，方可进行梁段拼装斜拉索的初张拉。

7. 下一段梁吊装前，必须进行施工监测，符合要求后方可开始吊装。

37.3.3 斜拉桥钢主梁制作

1. 斜拉桥钢主梁制作应符合设计要求和本规程第 24 章《钢梁制作施工工艺》规定。钢梁制作的材料应符合设计要求。焊接材料的选用、焊接要求、加工成品、涂装等项的标准和检验内容应遵守本规程有关内容。

2. 钢梁出厂前，必须按设计精度要求进行预拼装，预拼装节段数视实际情况确定。

3. 钢主梁堆放应无损伤、无变形和无腐蚀。

4. 钢主梁梁段的制作长度应从方便架设考虑，宜布置 1~2 根拉索和 2~4 根横梁，梁段制作长度应经过设计确认。

5. 钢主梁节段连接方式应符合设计要求；钢箱梁顶板应采用焊接连接。钢箱梁纵向隔板宜布置在桥面车道的分界线位置。

6. 钢箱梁的底板和顶板纵向及横向焊缝施焊时应采用自动焊接，即：陶瓷衬垫 + 药芯焊丝，二氧化碳气体保护焊打底 + 埋弧自动焊盖面的单面焊双面成型的焊接工艺。对于纵肋等其他部位的焊缝，根据情况可采用手工焊接或二氧化碳气体保护焊，但在同一条焊缝上不允许两种工艺混用。

37.3.4 斜拉桥无索区主梁施工（0 号和 1 号块）

1. 0 号、1 号块件钢主梁施工采用支架法施工应符合设计要求及本规程"斜拉桥主梁（支架法）施工工艺"相关规定。

2. 必须采取相应措施使塔梁临时固结，并按照经设计确认的解除程序逐步解除临时固结，在解除过程中还必须对拉索索力、主梁标高、塔梁内力与索塔位移进行必要的测量与控制。

塔梁临时固结，常用的方法是：在钢箱梁与塔柱下横梁（或墩顶）间设临时支座以承受压应力；在下横梁腹板与隔板（或墩顶）上安装钢支座与钢箱梁横隔板直接施焊或以钢拉杆相连接，以承受拉应力。主梁合龙后即予解除。

3. 0 号块水上吊装梁段一般采用大吨位浮吊吊装，陆地吊装梁段采用大吨位吊机吊装。初就位后再用扁顶、机械顶配以钢楔块、钢板等，在托架上精调至达到设计平面位置和标高，然后施焊将几个梁段连成一体。因为是对称悬臂梁段拼装的初始段即基准段，因此 0 号梁段和无索区梁段的安装精度。

37.3.5 挂索、安装桥面吊机

焊接完成后即可挂设并张拉第一对斜拉索。利用下横梁上的预留孔道，安装临时支座和张拉钢绞线拉杆，将 0 号块与索塔下横梁临时固结，然后通过浮吊吊装桥面吊机及其滑行轨道、操作平台、油泵总控制室等。

37.3.6 钢箱梁标准梁段的悬拼

在完成桥面吊机的安装、试吊和第一对刹拉索的第二次张拉并拆除 0 号块与支承托架间的支承钢楔块后，即可开始对称悬拼标准梁段。

1. 标准梁段的施工程序

前一梁段斜拉索安装→斜拉索第一次张拉→桥面吊机前移→斜拉索第二次张拉并检验、起吊拼装钢箱梁→钢箱梁定位→钢箱梁焊接（或高强度螺栓拴接）→本梁段斜拉索安装→循环施工。

2. 吊梁

1）斜拉索第二次张拉后，即可进行吊梁，标准段钢箱梁运输至吊梁工艺位，定位误差控制在 50cm 以内。

2）通过钢绞线或其他吊索使吊机扁担梁下降，并与待吊钢箱梁段临时吊耳用销子连接，通过吊机横梁上的千斤顶调整吊点重心位置，保证钢箱梁段水平起吊。

3）缓慢收紧起吊钢绞线，通过主吊油泵油压表读数，使初始受力控制每个吊点在 250kN 以内后，暂停，以检查吊机、吊耳情况。

4）起吊钢箱梁，两端主梁对称起吊，以保证悬臂施工的平衡力矩。同一段梁上、下游不水平，可通过单独控制上游或下游主吊千斤顶行程来调整水平。

5）箱梁起吊到位对接后，用定位销钉把起吊梁段与已安装梁段临时固定。

3. 调梁、接口匹配

1）桥面纵坡，需通过缓慢操作扁担梁上千斤顶微移吊点重心位置来调整钢箱梁顺桥向的倾斜度，使梁段接口的缝隙宽度大致相等（将差值控制在 5mm 以内）。在两片梁之间挂上纵向和斜向手拉葫芦即可将梁拉拢，就位后打入钢梁顶、底面中间位置的匹配件，连以螺栓并锁定主吊千斤顶。在夜晚日出之前再次进行微调，通过测量钢箱梁四角点设定位置的标高和轴线来精确定位。其中钢箱梁两侧主腹板处需焊上反力架并以机械顶来调平，精调合格后打入全部匹配件并连好螺栓，即可实施现场打磨焊接。

2）钢箱梁施工接口匹配原则是确保接口匹配质量，从接口刚性强到刚性弱的顺序依次完成匹配。钢箱梁接口匹配控制程序如下：起吊钢箱梁与前一梁段平齐→对齐主腹板→安装顶板对拉螺杆，临时连接件→测量主梁高程及轴线→调整主梁前端高程及轴线→安装底板对拉螺杆、临时连接件→测量主梁前端高程及轴线→调整主梁前端高程及轴线至合格。

4. 挂索、初张拉、吊机前移、第二次张拉

1）为确保钢箱梁的焊接质量，斜拉索的安装应在主梁接口的周边隔缝全部焊完后进行。

2）在对应的锚垫板上安装反力架、千斤顶、传感器，接好油泵，即可进行斜拉索的初张拉。通过油泵油表、传感器和桥面上索力测量装置对张拉力进行控制，直至达到设计的初始张拉值为止。

3）初张拉、钢箱梁接口焊接完成后，桥面吊机即可卸载，收起扁担梁。先将吊机行走轨道前移就位固定好，利用千斤顶将吊机前滑移支点落于轨道上，解除后锚点反力销。上、下游各用一台液压牵引装置（或机械卷扬机），同时牵引桥面吊机沿轨道缓缓向前滑移，到位后用千斤顶压下后锚点，打入保险销。最后顶起前滑块，并在四个前支点下塞入适当厚度的钢板，保持上、下游等高。

4）吊机前移就位后，到夜晚即可进行斜拉索的第二次张拉。张拉控制的原则是以梁面标高控制为主，斜拉索索力控制为辅。严格控制此时在主梁上的施工荷载在索力允许范围内，尽量满足线形要求。

37.3.7 钢箱梁合龙段施工

1. 强制合龙法，即在温差与日照影响最小的时候将两端箱梁用钢扁担或钢桁架临时固结，嵌入合龙段块件钢条填塞处理接合部缝隙，焊接完成后解除临时固结及其他约束，完成体系转换。

2. 温差合龙法（无应力合龙法），即利用温差对钢箱梁的影响，在一天中温度相对较低的时候将合龙段梁体安放进合龙口（此时因收缩作用合龙口距离最宽），在温升与日照影响之前，施焊完毕，解除塔墩临时固结，完成体系转换。对于大跨度的钢箱梁，现普遍采用第二种方法，因为它能因势利导，使合龙平顺稳妥，且不产生主梁的次应力，比较优越。基本程序为待最后一根索第一次张拉完成后，将主梁吊机就位，对梁端位移进行48h测量。根据测量结果，确定合龙段精确长度，对预先已加工好并预留有足够长度的合龙段箱梁的未匹配端进行配切。根据测量结果，确定运梁船就位，合龙段吊装连接时间，用匹配件（含顶底板加强件）使合龙段与两端悬臂段连接紧密并环缝施焊。待所有主焊缝（受力焊缝）全部施焊完毕后，对两侧最后一对索进行第二次张拉，完成跨中合龙。

3. 为了避免温差对合龙以及整个体系的影响，整个合龙过程包括合龙段安装、匹配、定位、施焊连接以及解除塔梁临时固结以完成整个体系转换，必须在一个夜晚至凌晨完成。

4. 对于钢梁悬臂拼装，合龙段施工是关键，施工时必须加强合龙控制。

5. 应正确确定合龙段钢梁的长度。施工中，若采用自然合龙，合龙段长度须待梁架设到接近合龙的个别节段时，经实际现场丈量后方能决定，并应对待安装的拉索索力对梁的弹性压缩量和温度变化对长度的影响及合龙时间加以考虑。

6. 合龙应按设计规定的温度和方法进行。应不间断地观测合龙前数日的昼夜环境温度场变化、梁体温度场变化与合龙高程及合龙口长度变化的关系，确定合龙段的精确长度与适宜的合龙温度及实施程序，并应满足钢梁安装就位时高强螺栓定位所需的时间。

7. 对全桥温度变形进行控制。整个施工过程中应对温度变形进行监测，特别是对将接近合龙段时的中孔梁段和温度变形更应重点量测，找出温度变形与环境温度的关系。

8. 合龙前应做好一切准备工作，并在有限的时间里顺利完成。钢梁应预先吊装到位，一旦螺孔位置齐平，即打入冲钉，施拧高强螺栓，确保合龙一次成功。

9. 中跨合龙后，应立即拆除临时固结，实现体系转换，形成漂浮体系，避免因温度变形过大对塔、梁造成不利影响。

37.3.8 钢箱梁安装过程中的抗风措施

1. 边跨设置临时墩，以减小双悬臂自由长度，尽快实现一端悬臂有约束施工。如南京长江二桥南汊桥临时墩设置在离主墩150~160m之间，施工中此处钢箱梁底部设置临时拉压支撑结构固结在临时墩顶。

2. 在最大单悬臂状态，可以通过设置阻尼器，以及临时风缆等方法来抑制振动、防止扭转。

37.3.9 钢箱梁连接

斜拉桥钢箱梁节段现场连接方式可采用：全焊接、栓焊结合、全栓接等连接方式。

37.3.10 冬雨期施工

1. 斜拉桥悬臂拼装冬雨期施工措施应符合设计要求及本规程《钢梁制作施工工艺》和《钢梁安装施工工艺》相关章节规定。

2. 风力大于5级、温度低于5℃、相对湿度大于85%，雨天不能进行悬拼安装及焊接作业。

37.4 质量标准

主控项目

37.4.1 斜拉桥主梁施工涉及钢材、焊接材料等应遵守本规程相关章节（钢梁制作施工工艺）的有关规定。

37.4.2 钢主梁施工质量检验除遵守第 37.4.1 条外，尚应遵守下列规定：

主控项目

1. 斜拉索、锚具和减震装置的规格、品种和防腐等级必须符合设计要求。

检验数量：全部。

检验方法：检查产品合格证、检验报告、观察和尺量。

2. 斜拉索搬运和安装时，应用有足够直径和刚度的专用索盘，严禁弯折、错压。不得撞伤锚头和损伤保护层。保护层不得进水。

检验数量：全部。

检验方法：检查施工记录和观察。

3. 锚环必须与锚垫板密贴并居中。

检验数量：全部。

检验方法：观察和尺量。

4. 斜拉索的长度和索道管内的填充必须符合设计要求。索道管内不得积水和其他杂物。

检验数量：全部。

检验方法：观察和尺量。

5. 张拉力及索力调整必须符合设计要求。

检验数量：全部。

检验方法：用油压表或测试仪或频率仪测试。

一般项目

6. 悬臂拼装混凝土节段允许偏差应符合表 37.4.2 的规定。

表 37.4.2 悬臂拼装钢箱梁节段允许偏差

序　号	项　　目		允许偏差（mm）	检验频率		检验方法
				范　围	点　数	
1	节段与桥纵轴线位移	1号节段	≤2，且与桥轴线平行	每个节段	2	用经纬仪测量
		其他节段	≤5			

续表

序　号	项　目		允许偏差（mm）	检验频率		检验方法
				范　围	点　数	
2	1 号节段四角相对高差		≤2	每个节段	4	用水准仪测量
3	节段间连接缝高差	0 号节段与1 号节段	≤2		2	用钢尺量
		其他节段	≤3			
4	节段拼装立缝宽度		+10，−6			
5	拼装完成累计差后	半跨端部节段高	L/1000，且≤30	每端面	1	用水准仪测量
		上、下游节段相对高程差	≤25			
		全跨端面节段相对高程差	≤30			
		全跨纵轴线与桥纵轴线差	L/3000，且≤30			用经纬仪测量

注：表中 L 为孔径。

检验数量和检验方法：按表 37.4.2 的规定检验。

37.5　质　量　记　录

1. 测量复核记录

2. 斜拉桥主梁模板、支架梁制作、安装记录及质量检验记录

3. 斜拉桥主梁钢筋、混凝土、预应力混凝土施工记录及质量检验记录

4. 斜拉桥主梁单位（子单位）工程、分部（子分部）工程、分项工程和检验批质量验收记录表

37.6　安全与环保

37.6.1　一般规定

1. 斜拉桥主梁悬臂拼装法施工施工涉及工序应遵守本规程相关章节的有关安全与环保规定。高处作业应遵守《建筑施工高处作业安全技术规范》JGJ 80 和《北京市桥梁工程施工安全技术规程》DBJ 01—85 有关规定。

2. 对施工作业人员应进行培训，合格者发给高空作业许可证，持证上岗；特殊工种也应持证上岗。

3. 注意天气的变化情况，六级以上的大风应停止作业，防范雷击、强风、暴雨、寒暑对施工的影响。

4. 主梁周围一定范围应设置安全警戒标志。

5. 在人行通道及施工作业区须设置安全防护网或采取相应的安全措施。

6. 为了各个作业面相互联络，作业人员应配备对讲机。

7. 斜拉桥主梁施工时应尽量避免交叉施工干扰。必须交叉施工时，应根据设计和施工方法采取保证施工安全的措施。

37.7 成 品 保 护

1. 拉索的运输和堆放应无破损、无变形、无腐蚀，成圈产品只能水平堆放。产品出厂前，应用麻袋条或纤维布缠包防护。

2. 在主梁合龙前，严禁在主梁上集中堆放施工材料或停放施工机械。

38 混凝土桥面铺装层施工工艺

38.1 适用范围

38.1.1 本工艺适用于城市桥梁工程混凝土桥面铺装施工。

38.2 施工准备

38.2.1 材料要求

1. 城市桥梁工程混凝土桥面铺装所用材料（砂、石、水泥、钢筋、外加剂等）应符合设计要求、现行产品标准及环保规定。

2. 城市桥梁工程混凝土桥面铺装所用材料应符合本规程第3.2节和3.4节规定。

38.2.2 机具工具

1. 模板加工机具：电锯、电刨、手电钻等。

2. 钢筋加工设备：钢筋弯曲机、钢筋调直机、钢筋切断机、电焊机、砂轮切割机等。

3. 混凝土施工机具：混凝土运输车、汽车吊、混凝土浇筑料斗、混凝土振捣器、振捣棒、平板振捣器、振捣梁等。

4. 工具：振捣梁行车轨道（导轨梁）、操作平台、扳手、直尺、铁锹、钢抹子、木抹子、排笔、切缝机、手锤、大锤等。

38.2.3 作业条件

1. 桥梁梁板铰缝或湿接头施工完毕，桥面系预埋件及预留孔洞的施工，如桥面排水口、止水带、照明电缆钢管、照明手孔井、波形护栏及防撞护栏处渗水花管等安装作业已完成并验收合格。

2. 水泥混凝土桥面铺装的厚度应符合设计规定，对施工中可能造成桥面铺装不能满足设计要求厚度时，应保证最小铺装厚度为8cm的要求。其使用材料、铺装层结构、混凝土强度、防水层设置等均应符合设计要求。

38.2.4 技术准备

1. 认真熟悉图纸、根据现场条件编制施工方案，报有关部门批准。

2. 对操作人员进行培训，向班组进行交底。

3. 桥面梁板顶面已清理凿毛和梁板板面高程复测完毕。对最小厚度不能满足设计要求的地方，会同设计人员已进行桥面设计高程的调整和测量放样。

38.3 操作工艺

38.3.1 工艺流程

基层顶面处理→桥面混凝土高程测设→弹线分格→铺设绑扎底层钢筋→立模板→绑扎上部钢筋→混凝土的拌制、运输→桥面混凝土铺装→抹面→拉毛→养护→检查验收。

38.3.2 基面处理

1. 基面的浆皮、浮灰、油污、杂物等应彻底清除干净；基面应坚实平整粗糙，不得有积水；不得有空鼓、开裂、起砂和脱皮等缺陷。

2. 基层混凝土强度应达到设计强度应符合设计要求。

38.3.3 高程测设

桥面混凝土高程可按振捣梁行走轨道顶面测设，振捣梁行走轨道可采用钢管或槽钢架设。轨道沿桥面横向铺设间距不大于3m，铺装面两侧轨道支立位置距每次浇筑铺装作业面外侧300mm左右。

38.3.4 弹线分格

轨道纵向定位后，弹墨线，每2m设置高程控制点。在控制点处用电锤钻孔，打入钢筋，锚固深60~80mm，外露30mm。设定钢管顶面高程与桥面设计高程一致，用水准仪在锚固钢筋上测放，然后焊接顶托，架立钢管。为保证轨道刚度，将轨道支撑加密，支撑间距不宜大于2m。

38.3.5 铺设、绑扎钢筋网片

1. 成品钢筋网片大小应根据每次铺筑宽度和长度确定，确保网片伸入中央隔离带宽度满足设计要求，并应考虑运输和施工方便。

2. 成品钢筋网片要严格按照图纸要求铺设，横、纵向搭接部位对应放置，搭接长度为30d，采用10号火烧丝全接点绑扎，扎丝头朝下。

3. 现场绑扎成型的钢筋网片，其横、纵向钢筋按设计要求排放，钢筋的交叉点应用火烧丝绑扎结实，必要时，可用点焊焊牢。绑扎接头的搭接长度应符合设计及规范要求。

4. 钢筋网片的下保护层采用塑料耐压垫块或同强度等级砂浆垫块支垫，呈梅花形均匀布设，确保保护层厚度及网片架立刚度符合设计及规范要求。对采用双层钢筋网时，两层钢筋网片之间要设置足够数量的定位撑筋。

38.3.6 立模

1. 模板安装前桥梁顶面要经精确测量，确保铺装层浇筑宽度、桥面高程、横纵坡度。

2. 模板可根据混凝土铺装层厚度选用木模或钢模两种材质。木模板应选用质地坚实、变形小、无腐朽、无扭曲、无裂纹的木料，侧模板厚度宜为50mm宽木条，端模可采用100mm×100mm方木。模板座在砂浆找平层上，后背用槽钢、钢管架做三脚背撑。模板间连接要严密合缝，缝隙中填塞海绵条防止漏浆。铺装混凝土浇筑前，模板内侧要涂刷隔离剂。

38.3.7 混凝土的拌制、运输

1. 混凝土应按批准后的配合比进行拌制，各项原材料的质量应符合设计要求。

2. 混凝土的拌制应符合设计要求及本规程第3.3.3条规定。

3. 混凝土的运输应符合设计要求及本规程第3.3.4条规定。

38.3.8 桥面混凝土铺装

1. 混凝土浇筑前准备：混凝土浇筑前，应对支架、模板、钢筋网片和预埋件进行查核，清除作业面杂物后，将梁体表面用水湿润，但不得有积水。

2. 混凝土浇筑要连续，宜从下坡向上坡进行，混凝土浇筑自由下落高度不宜大于2m。进行人工局部布料、摊铺时，应用锹反扣，严禁抛掷和搂耙，靠边角处应先用插入式振捣器顺序振捣，辅助布料。

3. 混凝土的振捣：一次插入振捣时间不宜少于20s，使粗细骨料分布均匀后，再用平板振捣器纵横交错全面振捣，振捣面重合100～200mm，一次振捣时间不宜少于30s。然后用振捣梁沿导轨进行全幅振捣，直至水泥浆上浮表面。

4. 混凝土的整平

1）采用振捣梁操作时，设专人控制行驶速度、铲料和填料，确保铺装面饱满、密实。垂直下料与整平作业面应控制在2m左右。

2）振捣梁行走轨道随浇筑、振实、整平的进度及时拆除，清洗干净后前移。轨道抽走留下的空隙，随同铺筑作业及时采用同强度等级混凝土填补找平。

5. 施工缝的处理：桥面混凝土应连续浇筑不留施工缝。若需留施工缝时，横缝宜设置在伸缩缝处，纵缝应设在标线下面。施工缝处理，应去掉松散石子，并清理干净，润湿，涂刷界面剂。

6. 伸缩缝处的浇灌：浇筑前可采用无机料做填缝垫平处理，桥面铺装混凝土浇筑作业时连续通过。

38.3.9 试件制作及试验

混凝土强度试验项目包括抗压强度试验、抗折强度试验、碱含量试验、抗渗试验。施工试验频率为同一配合比同一原材料混凝土每一工作班至少应制取两组，见证取样频率为施工试验总次数的30%。

38.3.10 抹面

1. 一次抹面：振捣梁作业完毕，作业面上架立钢管焊制的马凳支架操作平台，人工采用木抹子进行第一次抹面，用短木抹子找边和对桥上排水口、手孔井进行修饰抹平。第一次抹面应将混凝土表面的水泥浆抹出。

2. 二次抹面：混凝土初凝后、终凝前，采用钢抹子进行二次抹面。施工人员可在作业面上平铺木板作为操作台，操作时应先用3m刮杠找平，再用钢抹子收面。

38.3.11 拉毛

二次抹面后，选用排笔等专用工具沿横坡方向轻轻拉毛，拉毛应一次完成，拉毛和压槽深度为1～2mm，线条应均匀、直顺、面板平整、粗糙。

38.3.12 养护

混凝土拉毛成型后，采用塑料布或保水材料覆盖，开始养护时不宜洒水过多，可采用喷雾器洒水，防止混凝土表面起皮，待混凝土终凝后，再浸水养护。养护期在7d以上。

38.3.13 冬雨期施工

1. 冬期施工

1）混凝土的抗折强度尚未达到1.0MPa或抗压强度尚未达到5.0MPa时，成型铺装面要采取保温材料覆盖，不得受冻。

2）混凝土拌合物的入模温度不应低于5℃，当气温在0℃以下或混凝土拌合物的浇筑温度低于5℃时，应将水加热搅拌（砂、石料不加热）；如水加热仍达不到要求时，应将水和砂、石料都加热。加热搅拌时，水泥应最后投入。加热温度应使混凝土拌合物温度不超过35℃，水不应超过60℃，砂、石料不应超过40℃。

3）混凝土拌合物的运输、摊铺、振捣、做面等工序，应紧密衔接，缩短工序间隔时间，减少热量损失。

4）冬期作业面采用综合蓄热法施工养护。混凝土浇筑完后的头两天内，应每隔6h测一次温度；7d内每昼夜应至少测两次温度。混凝土终凝后，采用保温材料覆盖养护。

2. 暑期施工

1）雨天不宜混凝土浇筑作业。若需在雨天施工时，要采取必要的防护措施。

2）暑期气温过高时，混凝土浇筑应尽可能安排在夜间施工，若必须在白天浇筑混凝土时，应采取降温措施。

38.4 质 量 标 准

主 控 项 目

1. 面层与基层必须结合牢固。桥面铺装层与附属构筑物应接顺，桥面不得积水。

检查数量：全数检查。

检验方法：观察。

一 般 项 目

2. 桥面铺装面层的允许偏差应符合表38.4规定。

表38.4 水泥混凝土桥面铺装面层允许偏差表

序 号	项 目	允许偏差（mm）	检验频率		检 验 方 法
			范围	点数	
1	宽 度	+20，0	每20延米	1	用钢尺量
2	中线高程	±10		1	用水准仪测量
3	横断高程	±10，且横坡差≮0.3%		4	用水准仪测量
4	平整度	符合道路面层标准			按道路工程检测规定执行

注：跨度小于20m时，检验频率按20m计算。

3. 外观检查应符合下列规定：

1）水泥混凝土桥面铺装面层表面应坚实、平整、无裂缝，并有足够的粗糙度；面层伸缩缝直顺，灌缝密实，不漏灌；

2）桥面铺装层与桥头路接茬紧密、平顺。

检查数量：全数检查。

检验方法：观察。

38.5 质 量 记 录

1. 钢筋或钢筋网片出厂合格证、质量证明书及试（检）验报告。

2. 水泥、外加剂掺合料等质量证明文件、产品合格证，碱含量检测报告和复试报告。

3. 砂、石试验报告和碱活性报告。

4. 混凝土配合比申请单、通知单，混凝土浇筑申请书，混凝土开盘鉴定、混凝土浇筑记录、混凝土养护测温记录等。

5. 预拌混凝土出厂合格证。

6. 混凝土抗压、抗折强度试验报告。

7. 混凝土抗渗、抗冻试验报告。

8. 混凝土试块强度统计、评定记录。

9. 见证记录和有见证试验汇总表。

10. 预检工程记录和隐蔽工程检查记录。

11. 施工记录、工序质量评定表。

38.6 安全与环保

1. 桥面铺装作业时，防撞护栏外侧要安装安全网及操作架，防止人及物体高空坠落。

2. 钢筋网片及混凝土吊装作业时，由专人指挥，吊装设备不得碰撞桥梁结构，吊臂下不得站人。

3. 电焊机、混凝土振捣机具的接电应有漏电保护装置，由专职电工操作。

4. 操作人员要经过专业培训并按操作规程操作，操作时要戴安全帽及使用相关劳动保护用品。

5. 施工中的中小机具要由专人负责，集中管理、维修，避免机油污染结构。

6. 施工垃圾要分类处理、封闭清运。混凝土罐车要在指定地点清洗料斗，防止遗洒和污物外流。

7. 在邻近居民区施工作业时）尽量避免夜间施工。要采取低噪声振捣棒，混凝土拌合设备要搭设防护棚，降低噪声污染。同时，施工中采用声级计定期对操作机具进行噪声监控。

38.7 成 品 保 护

1. 必须严格要求，不得在钢筋上搁置重物或运料小车直接在钢筋网上运行，必须架设走道支架。走道一般用钢筋支立木板即可。

2. 抹面时应在作业支架上施作，不得在桥面混凝土铺装层上留有脚印。

3. 混凝土初凝后，及时覆盖养护，养护期严禁车辆通行或放置材料重物。

39 桥面涂层防水施工工艺

39.1 适用范围

39.1.1 本工艺适用于城市桥梁工程桥面涂层防水施工。

39.2 施工准备

39.2.1 材料要求

1. 桥面涂层防水所需原材料（聚氨酯防水涂料、聚氨酯嵌缝膏、聚合物水泥防水涂料、聚酯无纺布、化纤无纺布等），应符合设计要求、应符合现行产品标准及环保规定。

2. 桥面防水材料应抗冻融、耐融冰盐、耐高温、耐刺穿、抗碾压；与水泥混凝土及沥青混凝土粘接力强，不起泡，不分层，不滑动。应有良好的延伸率及低温柔性。

3. 防水涂料其性能应符合《道桥用防水涂料》JC/T 975 要求；聚合物水泥防水涂料其技术指标应符合《聚合物水泥防水涂料》JC/T 894 要求。

4. 桥面用嵌缝防水材料技术性能应符合《道桥嵌缝用密封胶》JC/T 976 要求。采用的材料首选为聚硫密封膏、也可采用聚氨酯密封膏和硅酮密封膏，不宜采用水性密封膏。

5. 当桥面防水材料为防水涂料时，根据设计要求，需增加增强材料聚酯无纺布、化纤无纺布时，其性能指标应符合现行产品标准规定。

39.2.2 机具设备

主要机具：电动搅拌器、搅拌桶、小漆桶、塑料刮板、铁皮小刮板、橡胶刮板、弹簧秤、毛刷、滚刷、小抹子、油工铲刀、扫帚、暖风机等。

39.2.3 作业条件

1. 用于桥面防水的混凝土基面已验收合格，满足施工要求。

2. 在原基层上留置的各种预埋钢件已进行必要的处理并涂刷防锈漆。雨水口、泄水口等已完成安装。

3. 桥面防水涂料等原材料已进行复试检验、合格。

39.2.4 技术准备

1. 认真熟悉图纸，根据现场条件编制施工组织设计，报有关部门批准。确定桥涵涂层防水范围、施工顺序、施工工法。

2. 对操作人员进行培训，向班组进行交底。

3. 组织施工测量放线。

39.3 操作工艺

39.3.1 工艺流程

基面处理及清理→涂刷（刮涂或喷涂）第一层涂料→干燥→清扫→涂刷第2层涂料→干燥养护。

39.3.2 基层清理

1. 基面的浆皮、浮灰、油污、杂物等应彻底清除干净；基面应坚实平整粗糙，不得有尖硬接茬、空鼓、开裂、起砂和脱皮等缺陷。

2. 基面阴阳角应做成弧形 $R > 50$mm 或折角 $135°$ 钝角，以避免防水材料折断造成局部渗水。

3. 防水涂料施工时，基层混凝土强度应达到设计强度应符合设计要求，含水率不得大于 9%。

4. 采用水泥基渗透结晶型防水材料或聚合物水泥防水涂料，基面必须保持湿润，必要时洒水湿润，但不得有明水，以保证涂料与基层粘接牢固。

39.3.3 涂刷

1. 可采用涂刷法、刮涂法或喷涂法施工。将防水涂料倒在基层上用棕毛刷或滚刷进行均匀涂刷。用刮板刮涂或直接喷涂，第一层找平，使其厚薄一致，细部节点用排刷细心涂刷均匀。

2. 涂刷应先作转角处、变形缝部位，后进行大面积涂刷。

3. 涂料应多遍完成，后遍涂刷应待前遍涂层干燥成膜后方能进行。

4. 防水涂料施工应分层涂刷纵横交错，必须均匀，不得漏刷，也不可堆积。涂层施工要保障固化实干时间，先涂刷的涂层干燥后，才能进行后一涂层施工。每一涂层要厚薄一致、表面平整。

5. 涂刷遍数应以保证涂层厚度为准，防水涂料涂刷总厚度应符合设计要求。

6. 涂料防水层施工不能一次完成需留接茬时，其甩茬应注意保护，预留茬应大于300mm 以上，搭接宽度应大于 100mm，下次施工前需先将甩茬表面清理干净，再涂刷涂料。

7. 在胎体材料上涂布涂料时，应时涂料浸透胎体，完全覆盖，不得有胎体外露。

8. 涂膜防水层的胎体增强材料，一般应顺桥方向铺贴（若纵坡很大时亦可横向铺贴），铺贴顺序应自边缘最低处开始顺流水方向搭接，胎体搭接宽度长边不小于50mm，短边不小于 70mm，上下层胎体搭结缝应错开 1/3 幅宽。

9. 对缘石、地袱、变形缝、泄水管水落口等部位应按设计要求与防水规程细部要求作增强处理。

10. 防水涂料施工时，除符合上述要求外，还需按各类涂料的特点参照该产品的使用说明书进行施工。

39.3.4 冬雨期施工

1. 严禁在雨雪天气及 0℃ 以下温度施工，现场环境温度应在 5~35℃ 范围内，五级风以上不得施工。

2. 施工前必须保证基层干燥，含水量小于等于9%。高温季节应避开烈日下施工。

3. 经过雨雪后的基层必须晾干，经现场含水量检测合格后方可进行下步施工。

4. 冬期应在暖棚内作业，现场环境温度应在5℃以上。

39.4 质量标准

主控项目

1. 桥面涂层防水材料的品种、规格、性能、质量应符合国家产品标准和设计要求；

检查数量：全数检查。

检验方法：对照设计文件，检查材料合格证书、进场验收记录和质量检验报告。

2. 防水材料涂刷前，基底必须干燥；

检查数量：全数检查。

检验方法：观察检查。

3. 涂料防水层的厚度应符合设计要求，最小厚度不得小于设计厚度；

检查数量：按铺筑面积每100m² 抽查1处、每处检查10m²，且不少于3处。

检验方法：针测法或割取20mm×20mm实样用卡尺量。

一般项目

4. 防水材料涂刷外观质量应符合下列要求：

1）涂料防水层的厚度应均匀一致，不得有漏涂处；

2）防水层与雨水口、伸缩缝等接合部位密封，不得有漏封处。

检查数量：全数检查。

检验方法：观察。

39.5 质量记录

1. 防水涂料出厂合格证、质量检验报告、防水卷材试验报告及相关质量证明文件。

2. 隐蔽工程检查记录。

3. 检验批质量验收记录。

39.6 安全与环保

1. 施工用的材料和辅助材料多属易燃物品，在存放材料的仓库与施工现场必须严禁烟火，同时备有消防器材。材料存放场地应保持干燥、阴凉、通风且远离火源。

2. 操作人员必须穿戴工作服、安全帽和其他必备的安全防护用具。操作时应通风，夜间有足够的照明。

3. 所用汽油应妥善存放，避免暴晒。

4. 施工现场严禁烟火，吸烟到专设吸烟室，用火要有用火证。

5. 防水作业区应封闭施工,严禁闲杂人员等入内。

6. 有毒、易燃物品应盛入密闭容器内,并入库存放,严禁露天堆放。

7. 施工下脚料、废料、余料要及时清理回收。

39.7 成 品 保 护

1. 防水层施工作业人员穿着软底鞋,严禁穿带钉鞋进入现场,以免损坏防水层。

2. 防水层应设专人看护,并设置标志、护栏。一旦发现有破损,应即时修补。

3. 已完成的防水层上严禁车辆、行人穿行,禁止停置机械及堆放杂物。

4. 防水层施工完成后,经验收合格后应及时摊铺沥青混凝土面层,其间隔时间不应超过5d,但也不可过早,必须保证防水层的养护期,确保防水层与基层粘结牢固。

5. 防水施工完毕应封闭交通,严格限制载重车辆行走;进行铺装层施工时,运料汽车应慢行,严禁调头刹车。

6. 为保证防水效果,在摊铺沥青混凝土前要对摊铺机车道洒布沥青砂或沥青石屑对防水层进行保护。

40 桥面卷材防水施工工艺

40.1 适用范围

40.1.1 本工艺适用于城市桥梁工程桥面卷材防水施工。

40.2 施工准备

40.2.1 材料要求

1. 桥面卷材防水应符合设计要求、应符合现行产品标准及环保规定。

2. 桥面防水材料应抗冻融、耐融冰盐、耐高温、耐刺穿、抗碾压；与水泥混凝土及沥青混凝土粘接力强，不起泡，不分层，不滑动。应有良好的延伸率及低温柔性。

3. 桥面防水层上摊铺改性沥青混凝土时，宜采用高聚物改性沥青防水卷材，其性能应符合《道桥用改性沥青防水卷材》JC/T 974 或《路桥用塑性体（APP）沥青防水卷材》JT/T 536 标准要求。

4. 桥面用嵌缝防水材料技术性能应符合《道桥嵌缝用密封胶》JC/T 976 要求。采用的材料首选为聚硫密封膏、也可采用聚氨酯密封膏和硅酮密封膏，不宜采用水性密封膏。

40.2.2 机具设备

主要机具：电动搅拌器、搅拌桶、小漆桶、塑料刮板、铁皮小刮板、橡胶刮板、弹簧秤、毛刷、滚刷、小抹子、油工铲刀、扫帚、暖风机等。

40.2.3 作业条件

1. 用于桥面防水的混凝土基面已验收合格，满足施工要求。

2. 在原基层上留置的各种预埋钢件已进行必要的处理并涂刷防锈漆。雨水口、泄水口等已完成安装。

3. 桥面防水卷材等原材料已进行复试检验、合格。

4. 已确定桥涵卷材防水施工范围。

40.2.4 技术准备

1. 认真熟悉图纸、根据现场条件编制施工组织设计，报有关部门批准。

2. 对操作人员进行培训，向班组进行交底。

3. 组织施工测量放线。

40.3 操作工艺

40.3.1 工艺流程

基面处理→涂刷基层处理→节点处理→弹线定位→热熔滚铺→辊压排气→热熔封边压牢→检查修理→养护。

40.3.2 基面处理

1. 基面的浆皮、浮灰、油污、杂物等应彻底清除干净；基面应坚实平整粗糙，不得有尖硬接茬、空鼓、开裂、起砂和脱皮等缺陷。

2. 基面阴阳角应做成弧形 $R > 50mm$ 或折角 $135°$ 钝角，以避免防水材料折断造成局部渗水。桥面两侧防撞墙抹八字或圆弧角。泻水口周围直径 $500mm$ 范围内的坡度不应小于 5%，且坡向长度不小于 $100mm$。泻水口槽内基层抹圆角、压光，泄水管口下皮的标高应在泻水口槽内最低处。

3. 防水施工时，基层混凝土强度应达到设计强度应符合设计要求，含水率不得大于 9%。

40.3.3 涂刷基层处理剂（底胶、冷底子油）

1. 将配好的基层处理剂用长把滚刷涂刷在大面积基层上，基层处理剂涂刷应纵横交错，必须均匀，不得漏刷，不漏底，不堆积，阴阳角、泄水口部位可用毛刷涂刷，干燥至不粘手时可进行下道工序。

2. 复杂部位：用毛刷在管根、伸缩缝、阴阳角、泄水口等处均匀涂刷，做好附加层，厚度宜为 $2mm$，待其固化后即可进行下道工序。

40.3.4 节点处理

复杂部位铺贴卷材附加层：根据规范要求对异形部位（如阴阳角、管根等）采用满贴铺贴法做卷材附加层，要求附加层宽度和材质应符合设计要求。

40.3.5 弹线定位

按防水卷材的规格尺寸、卷材铺贴方向和顺序，在桥面铺装层上用明显的色粉线弹出防水卷材铺贴基准线，尤其在桥面曲线部位，按曲线半径放线，以直代曲，确保铺贴接茬宽度。

40.3.6 防水卷材铺设

1. 防水卷材铺贴应按"先低后高"的顺序进行（顺水搭接方向）。

2. 防水卷材纵向搭接宽度为 $100mm$，横向为 $150mm$，铺贴双层防水卷材时，上下层搭接缝应错开 $1/3 \sim 1/2$ 幅宽。纵向搭接缝尽量避开车行轮迹。

3. 将改性沥青防水卷材按铺贴长度进行裁剪并卷好备用，操作时将已卷好的卷材，用 $\phi 30$ 的管穿入卷心，卷材端头比齐开始铺的起点，点燃汽油喷灯或专用火焰喷枪，加热基层与卷材交接处，喷枪距加热面保持 $300mm$ 左右的距离，往返喷烤、观察当卷材的沥青刚刚熔化时，手扶管心两端向前缓缓滚动铺设，要求用力均匀、不窝气，铺贴后卷材应平整、顺直、不得有空鼓、皱折、扭曲。

4. 热熔封边：卷材搭接缝处用喷枪加热，压合至边缘挤出沥青粘牢。卷材末端收头用橡胶沥青嵌缝膏嵌固填实。搭接尺寸正确，与基层粘结牢固。

5. 防水层施工应与路面沥青混凝土（或水泥混凝土）铺装层的施工日期紧密衔接，以避免防水层受到损坏，

40.3.7 冬雨期施工

1. 严禁在雨雪天气及 $0℃$ 以下温度施工，现场环境温度应在 $5 \sim 35℃$ 范围内，五级风

以上不得施工。

2. 施工前必须保证基层干燥，含水量小于等于9%。高温季节应避开烈日下施工。

3. 经过雨雪后的基层必须晾干，经现场含水量检测合格后方可进行下步施工。

4. 冬期应在暖棚内作业，现场环境温度应在5℃以上。

40.4 质 量 标 准

主 控 项 目

1. 防水材料的品种、规格、性能、质量应符合国家产品标准和设计要求。

检查数量：全数检查。

检验方法：对照设计文件，检查材料合格证书、进场验收记录和质量检验报告。

2. 防水材料铺装前，基底必须干燥。

检查数量：全数检查。

检验方法：观察检查。

3. 卷材防水层之间及防水层与基层之间应密贴，结合牢固，粘结力应符合设计要求。

检查数量：按铺贴面积每100m² 抽查1处，每处10m²，且不少于3处。

检验方法：观察检查；检查施工记录、隐蔽工程验收记录和现场抽样试验报告。

4. 防水材料施工质量应符合表40.4规定。

表40.4　桥面卷材防水层允许偏差表

序 号	项　　　目	允许偏差（mm）	检验频率		检 验 方 法
			范围	点数	
1	接茬搭接宽度	不小于10	每20延米	1	用钢尺量

一 般 项 目

5. 防水材料铺装或涂刷外观质量应符合下列要求：

1）卷材防水层表面平整，不得有空鼓、脱层、裂缝、翘边、油包、气泡和皱折等现象；

2）防水层与雨水口接合部位密封，不得有漏封处。

检查数量：全数检查。

检验方法：观察。

40.5 质 量 记 录

1. 防水涂料出厂合格证、质量检验报告、防水卷材试验报告及相关质量证明文件

2. 隐蔽工程检查记录

3. 检验批质量验收记录

40.6 安全与环保

1. 施工用的材料和辅助材料多属易燃物品，在存放材料的仓库与施工现场必须严禁烟火，同时备有消防器材。材料存放场地应保持干燥、阴凉、通风且远离火源。

2. 操作人员必须穿戴工作服、安全帽和其他必备的安全防护用具。操作时应通风，夜间有足够的照明。

3. 所用汽油应妥善存放，避免暴晒。

4. 施工现场严禁烟火，吸烟到专设吸烟室，用火要有用火证。

5. 防水作业区应封闭施工，严禁闲杂人员等人内。

6. 有毒、易燃物品应盛入密闭容器内，并入库存放，严禁露天堆放。

7. 施工下脚料、废料、余料要及时清理回收。

40.7 成品保护

1. 防水层施工作业人员穿着软底鞋，严禁穿带钉鞋进入现场，以免损坏防水层。

2. 防水层应设专人看护，并设置标志、护栏。一旦发现有破损，应即时修补。

3. 已完成的防水层上严禁车辆、行人穿行，禁止停置机械及堆放杂物。

4. 防水层施工完成后，经验收合格后应及时摊铺沥青混凝土面层，其间隔时间不应超过5d，但也不可过早，必须保证防水层的养护期，确保防水层与基层粘结牢固。

5. 防水施工完毕应封闭交通，严格限制载重车辆行走；进行铺装层施工时，运料汽车应慢行，严禁调头刹车。

6. 为保证防水效果，在摊铺沥青混凝土前要对摊铺机车道洒布沥青砂或沥青石屑对防水层进行保护。

41 桥梁伸缩装置施工工艺

41.1 适 用 范 围

41.1.1 本工艺适用于城市桥梁工程安装模数式伸缩装置施工。

41.2 施 工 准 备

41.2.1 材料要求

1. 模数式伸缩装置

桥梁模数式伸缩装置的型号、规格、质量和有关技术性能指标应符合设计要求及现行产品标准。

伸缩装置中使用橡胶材料材料应采用氯丁橡胶、天然橡胶、三无乙丙橡胶，严禁使用再生橡胶。

模数式伸缩装置使用的异型钢材，应不低于 Q345B 钢材强度，伸缩装置所有的零件，必须清洁，不应有碰伤。

伸缩装置必须在工厂组装。组装钢件应进行有效的防护处理，吊装位置应用明显颜色标明，出厂时应附有效的产品质量合格证明文件。

2. 混凝土工程材料

伸缩装置所用的钢筋、混凝土等材料应符合本规程第 2.2 节，3.2 节规定。混凝土强度应符合设计要求，混凝土中的水泥、砂和石子等原材料的各项性能指标均要满足国家现行标准的有关规定。如采用钢纤维混凝土应符合国家现行标准《纤维混凝土结构技术规程》CECS38 的规定。

41.2.2 机具设备

1. 伸缩装置安装机械：路面切缝机、空压机、发电机、电焊机、汽车吊、钢筋加工设备及混凝土拌制浇筑设备等。

2. 工具：千斤顶、振捣器、吊装门架、扳手、3m 直尺、手锤、撬棍等。

41.2.3 作业条件

1. 沥青混凝土表面层施工完成，缝的长度、宽度已按设计长度和安装温度调整完毕。

2. 在预留槽内留置的各种预埋钢件（钢筋）已进行必要的处理。

3. 预留槽内所需混凝土已进行混凝土原材料试验，确定混凝土设计配合比和施工配合比。

41.2.4 技术准备

1. 认真熟悉图纸、根据现场条件编制施工方案，报有关部门批准。

2. 对操作人员进行培训，向班组进行交底。

3. 组织施工测量放线。

41.3 操 作 工 艺

41.3.1 工艺流程

伸缩装置进场验收→预留槽施工→测量放线→切缝→清槽→安装就位→焊接固定→浇筑混凝土→养护。

41.3.2 伸缩装置进场验收

1. 模数式伸缩装置必须在工厂组装。组装钢件应进行有效的防护处理，吊装位置应用明显颜色标明，出厂时应附有效的产品质量合格证明文件。

2. 模数式伸缩装置，在工厂组装时，经检测合格后，应按照用户提供的施工安装温度的要求，确定其压缩量定位出厂。若用户未提供安装定位温度时，均按伸缩量一半定位出厂。出厂时，吊装位置应用明显颜色标明。

41.3.3 预留槽施工

桥面混凝土铺装施工时按设计尺寸预留出伸缩缝安装槽口，锚栓钢筋、伸缩缝埋件按设计要求埋设好，并且将螺栓外露部分用塑料布包裹，避免混凝土污染螺栓，使用水准仪和经纬仪严格控制预埋钢板高程和螺栓预埋位置，以保证伸缩缝的安装质量。桥面混凝土完成后，拆除模板，安装伸缩缝前，按照设计图纸提供尺寸，核对施工完的梁板端部及桥台处安装伸缩装置的预留槽尺寸，预埋锚固钢筋是否与梁、板、桥台可靠锚固，两端梁板与桥台间的伸缩缝是否与设计值一致，若不符合设计要求，必须首先处理，满足设计要求后方可安装伸缩装置。

41.3.4 测量放线

伸缩装置的中心线与桥梁中心线应相重合，伸缩装置顺桥向的宽度值，应对称放置在伸缩缝的间隙上，然后沿桥面横坡方向，每米测设一点水平标高。

41.3.5 切缝

用路面切割机沿边缘标线匀速将沥青混凝土面层切断，切缝边缘要整齐、顺直，要与原预留槽边缘对齐。切缝过程中，要保护好切缝外侧沥青混凝土边角，防止污染破损。缝切割完成后，及时用胶带铺粘外侧缝边，以避免沥青混凝土断面边角在施工中损坏。

41.3.6 清槽

人工清除槽内填充物，并将槽内混凝土凿毛，用洒水车高压冲洗、并用空压机吹扫干净。

41.3.7 伸缩装置安装就位

1. 伸缩装置上桥安装之前，应按照安装时气温调整安装时定位值，并应由安装负责人检查签字后方可用专用卡具将其固定。

2. 安装前将伸缩缝内止水带取下。根据伸缩缝中心线的位置设置起吊位置，以便于将伸缩缝顺利吊装到位。

3. 吊装时应按照工厂标明吊点位置起吊，使其中心线与两端预留槽间隙中心线对正，其长度与桥梁宽度对正，具体操作可用小线挂线检查。伸缩装置与现况路面的调平采用专用门架、手拉葫芦等工具。

4. 用3m直尺检查纵向平整度，每米不少于两个检查点，检查伸缩缝顶面与两侧路面是否平顺；并用3m直尺和小线检查伸缩装置的直顺情况。

5. 用填缝材料（可采用聚苯板）将梁板（或梁台）间隙填满，填缝材料要直接顶在伸缩装置橡胶带的底部。为预防伸缩缝安装过程中焊渣烧坏填缝材料，可在填充缝隙两侧加薄钢板对其加以保护，同时也应将伸缩缝装置的橡胶带U形槽内用聚苯板填充。

41.3.8 焊接固定

1. 焊接前不得打开伸缩装置定位锁。

2. 采用对称点焊定位。在对称焊接作业时伸缩缝每0.75~1m范围内至少有一个锚固钢筋与预埋钢筋焊接，焊接长度应符合设计要求。两侧完全固定后就可将其余未焊接的锚固筋完全焊接，并穿横筋进行焊接加固，确保锚固可靠，不得在横梁上任意施焊，以防变形。

3. 焊接作业过程中，边焊边用3m直尺检查纵横向平整度及直顺度。焊接完毕后，全面检查一次，必要时进行调整。

4. 拆除锁定夹具，检查验收合格后，进行下道工序。

41.3.9 浇筑混凝土

1. 对预留槽做最后一次清理后，用塑料布或苫布覆盖槽两侧路面。同时用胶带粘封伸缩缝缝口，防止施工中混凝土污染路面或流入缝口内。

2. 伸缩缝混凝土坍落度宜控制在50~70mm，采用人工对称浇筑，振捣密实，严格控制混凝土表面高度和平整度。

3. 浇筑成型后用塑料布或无纺布等覆盖保水养护，养护期不少于7d。待伸缩装置两侧预留槽混凝土强度满足设计要求后，清理缝内填充物，嵌入密封橡胶带，方可开放交通。

41.3.10 冬雨期施工

1. 安装伸缩缝装置时应按安装时气温确定安装定位值，保证设计伸缩量。

2. 严禁在雨雪天气施工，现场环境温度应在5~35℃范围内，6级风以上不得施工。

3. 预留槽内不得有积水，雨天应对预留槽及伸缩装置进行苫盖、雨后清除槽内积水。

4. 伸缩装置在5℃以下气温时，不宜进行安装。

41.4　质　量　标　准

主　控　项　目

1. 伸缩缝的型式和规格必须符合设计要求，缝宽应根据设计规定和安装时的气温进行调整。

检查数量：全数检查。

检验方法：观察、量测。

2. 伸缩缝安装时焊接必须牢固，应保证焊缝长度，严禁采用点焊连接。

检查数量：全数检查。

检验方法：观察。

3. 伸缩缝混凝土强度应符合设计要求，浇筑时应振捣密实、表面平整，与路面衔接平顺，并应作拉毛处理。

检查数量：全数检查。

检验方法：观察、量测、检查试验报告。

一 般 项 目

4. 伸缩缝安装允许偏差应符合表 41.4 的规定。

表 41.4　伸缩装置安装允许偏差

项　　目	允许偏差（mm）	检　验　频　率		检　验　方　法
		范　围	点　数	
顺桥平整度	符合道路标准	每条缝	每车道 1 点	按道路检验标准检测
相邻板差	2			用钢板尺和塞尺量
缝宽	符合设计要求			用钢尺量，任意选点
与桥面高差	2			用钢板尺和塞尺量
长度	符合设计要求		2	用钢尺量

41.5　质 量 记 录

1. 伸缩装置产品合格证书、进场验收记录、安装记录
2. 混凝土记录、隐蔽工程验收记录
3. 分项工程质量检验评定记录

41.6　安全与环保

1. 伸缩缝装置安装施工时，应在桥面施工范围内设置围挡、安全标志并派专人看守，在桥头两端设置禁止车辆通行的标志。

2. 伸缩缝预留槽两侧要搭设防护栏、防护网，夜间施工应配备足够的照明设备，并设红色标志灯。

3. 电焊操作人员及吊装人员持证上岗，按专业安全操作规程作业。

4. 混凝土切缝机等强噪声机械施工，尽可能安排在白天施工。如必须夜间施工时应采取降噪措施。

5. 切缝、凿毛、清理时应采取洒水降尘措施，防止粉尘污染。

41.7　成 品 保 护

1. 产品在运输中，应避免阳光直接暴晒，雨淋雪浸，产品应储存在库房内，远离热

源 1m 以上，离地面 0.3m 以上，伸缩装置应存放整齐、保持清洁、严禁与酸碱、油类、有机溶剂等相接触。

2. 模数式伸缩缝装置施工时，应按产品说明使用专用车辆运输，并按厂家标明的吊点进行吊装。

42 钢栏杆施工工艺

42.1 适用范围

42.1.1 本工艺适用于城市桥梁工程桥面系钢栏杆、钢扶手或不锈钢栏杆、不锈钢扶手加工、工地安装施工工艺。

42.2 施工准备

42.2.1 材料要求

1. 钢栏杆所用原材料其品种、规格、性能等应符合设计要求和现行国家产品标准规定。

　1）钢栏杆地袱所用钢板应符合《碳素结构钢和低合金结构钢热轧厚钢板和钢带》GB/T 3274 规定；钢栏杆立柱所用圆钢应符合《热轧钢棒尺寸、外形、重量及允许偏差》GB/T 702 规定；钢栏杆扶手所用钢板应符合《碳素结构钢和低合金钢热轧薄钢板和钢带》GB/T 912 规定；

　2）不锈钢栏杆、不锈钢扶手应符合《结构用不锈钢无缝钢管》GB/T 14975 或《机械结构用不锈钢焊接钢管》GB/T 12770 规定；

　3）当设计要求采用复合管时应符合《结构用不锈钢复合管》GB/T 18704 规定。

2. 钢栏杆用焊接材料的质量应符合现行国家产品标准的要求。

3. 钢栏杆用涂装材料等应符合设计要求和国家现行标准规定。

42.2.2 机具设备

1. 加工制造机械：冲床、剪板机、平板机、弯板机、弯管机、锯床、砂轮切割机、砂轮机等。

2. 焊接设备：氩弧焊机。

3. 工具：角磨机、钢尺、角尺、卡尺、划针、划规、手锤、样冲、撬杠、扳手、调直器、夹紧器等。

42.2.3 作业条件

1. 钢栏杆加工制造宜在车间内或在平整坚实的加工平台上进行。

2. 钢栏杆安装前，桥梁地袱、预埋件等已完成，并验收合格。

42.2.4 技术准备

1. 认真熟悉图纸、根据现场条件编制施工方案，报有关部门批准。

2. 对操作人员进行培训，向班组进行交底。

3. 组织施工测量放线。

42.3 操作工艺

42.3.1 工艺流程

钢栏杆原材料进场验收→加工准备→放样、下料→零件加工→节段装配→节段焊接→防腐涂装→验收出厂→工地测量放线→工地安装→工地焊接→工地涂装。

42.3.2 钢栏杆原材料进场检验

进厂的材料除应有生产厂家的出厂质量证明书外，还应按设计要求和有关现行国家产品标准进行进场检查、复验，并做好记录。钢梁材料复验合格后方可使用。

原材料进场时应采用三级检验制度，即首先由材料保管员进行初步常规的量检和外观检验，再由材料工程师进行定尺检验并进行厂内理化检测，最后进行由监理工程师在指定位置取样、第三方检测。

42.3.3 放样、下料

1. 钢栏杆按设计图规定进行放样，按桥梁线型放出扶手弧度；立柱数量较多、先做出样杆；当采用锯床或砂轮切割机下料时，宜采用限位板、定尺锯割。

2. 下料后清除飞边、毛刺；当采用圆管扶手时、宜采用砂轮机（或铣床）加工出立柱端头圆弧。

42.3.4 扶手加工

1. 按桥梁线型在加工平台（组装平台）上，严格按 1:1 弧形进行节段放样，放出扶手弧度，并做弧形样板。

2. 设计要求采用方形、长方形薄钢板加工扶手时，以钢板料长为制作模数，使用剪板机裁板下料、平板机平板、弯板机折弯、在弯管机上通过模具煨弯、组对后焊接。

3. 设计要求采用圆管扶手时，以钢管料长为制作模数、采用弯管机煨弯。

42.3.5 节段组装

1. 钢栏杆制作，宜按两个伸缩缝之间的长度、钢管料长确定节段长度。

2. 在组装平台上依据定位板控制立柱间距，依次依序年摆放立柱、控制立柱与扶手的组装间隙，进行定位焊。

42.3.6 焊接

1. 不锈钢栏杆扶手采用氩弧焊焊接；先进行焊接工艺评定，确定焊接工艺、焊条直径、焊接电流、焊接速度等，编制焊接作业指导书，指导焊接作业。

2. 焊前检查组装间隙是否符合要求，定位焊是否牢固，焊缝周围不得有油污、锈物。

3. 构件之间的焊缝应饱满，焊缝金属表面的焊波应均匀，不得有裂纹、夹渣、焊瘤、烧穿、弧坑和针状气孔等缺陷，焊接区不得有飞溅物。

4. 不锈钢栏杆应选用较细的不锈钢焊条（焊丝）和较小的焊接电流。

42.3.7 钢栏杆防腐涂漆

钢栏杆组焊检查验收后，及时进行喷砂除锈，并分别进行底漆涂装和面漆涂装。

42.3.8 不锈钢栏杆打磨抛光

不锈钢栏杆用手提砂轮打磨机（角磨机）将焊缝打磨，磨平后再进行抛光，抛光时采用绒布砂轮或毛毡进行抛光，同时采用相应的抛光膏，抛光后应使外观光洁、平顺、无明显的焊接痕迹。

42.3.9 钢箱梁栏杆扶手，应尽可能在制作厂内完成钢箱梁与栏杆的组焊，以减少施工现场的工作量，增加施工安全性。当接缝处栏杆间距模数调整困难时，只进行中间主梁段栏杆组焊，留出边梁段栏杆在工地现场焊接。

42.3.10 钢箱梁栏杆扶手工地现场安装

1. 钢箱梁栏杆扶手应在钢梁安装全部完成、钢梁支墩已落架后进行。

2. 栏杆扶手工地现场安装应从中间位置向两侧排序，由中央按间距模数依次依序向两侧伸缩缝位置安装。

3. 栏杆扶手安装线型应与主梁一致，拉尼龙线（或小线）控制直顺度、吊铅锤控制垂直度、用样板（靠尺）控制间距。

4. 现场采用氩弧焊机焊接不锈钢栏杆扶手。

42.3.11 钢栏杆冬雨期施工措施

1. 雨期应注意天气情况，电焊机设置地点应防潮、防雨水、防漏电。栏杆施焊不得在有水或直接雨淋的条件下施工。零件潮湿时不得进行焊接作业。

2. 雨天及相对湿度大于85%不进行除锈、涂装作业。

3. 雪天、风力超过5级不得进行安装作业。

42.4 质 量 标 准

主 控 项 目

1. 栏杆的品种、规格应符合设计要求。

检查数量：全数检查。

检查方法：观察、用钢尺量、检查产品合格证、检查进场检验记录。

2. 栏杆安装应符合设计要求，安装应牢固、可靠。

检查数量：全数检查。

检查方法：观察、用钢尺量、用焊缝量规检查，手扳（摇）检查，检查施工记录。

一 般 项 目

3. 栏杆、扶手安装允许偏差应符合表42.4规定。

表 42.4 栏杆、扶手安装允许偏差表

序 号	项 目		允许偏差（mm）	检验频率		检 验 方 法
				范 围	点 数	
1	直顺度	扶手	≤3	每跨侧	1	用10m小线量取最大值
2	垂直度	栏杆柱	3	每柱	2	用垂线检验，顺、横桥轴方向各1点
3	杆间距		3	每处（抽查10%）	1	用钢尺量
4	扶手高度		3			

42.5 质 量 记 录

1. 栏杆、扶手加工质量记录应符合本规程第21.4节规定。
2. 栏杆、扶手现场安装质量记录应符合本规程第22.4节规定。

42.6 安 全 与 环 保

1. 钢栏杆加工制造，应遵守本规程第21.6节规定。
2. 钢栏杆的运输和吊装，应遵守本规程第22.6节规定。
3. 工地现场主梁在未安装栏杆前必须有防护栏、防护网等高处作业防护设施。
4. 现场安装栏杆扶手应拆除一段防护栏，立即安装一段栏杆扶手。每次拆除防护栏的长度以一个厂内加工段为准，不得留空挡。每段栏杆扶手安装牢固后，方可进行下一段安装。安装时应依序连续进行，不得跳挡安装。
5. 工地现场安装栏杆扶手时，应在桥下相应位置设置防护栏，并设专人疏导社会交通。
6. 工地现场安装栏杆扶手时，作业人员应穿戴安全带。手持工具应系安全绳。
7. 要防止人为野蛮施工等产生的噪声，减少噪声扰民现象。

42.7 成 品 保 护

1. 钢栏杆在堆放、运输时，必须垫平，避免支点受力不均，以防止由于侧面刚度差而产生下挠或扭曲。
2. 涂装钢栏杆损坏的涂层应补涂，以保证漆膜厚度符合规定的要求。
3. 不锈钢抛光管、不锈钢复合管在加工、组对、运输、安装时加强保护，不得将其碰伤。焊接时应在焊缝区内起弧，不得损伤抛光表面。脱脂除焊接部位之外、宜在安装后进行。

43 钢筋混凝土栏杆施工工艺

43.1 适用范围

43.1.1 本工艺适用于城市桥梁工程钢筋混凝土栏杆施工工艺。

43.2 施工准备

43.2.1 材料要求

1. 钢筋混凝土栏杆所用原材料其品种、规格、性能等应符合设计要求和现行国家产品标准规定。

2. 钢筋混凝土栏杆用焊接材料的质量应符合现行国家产品标准的要求。

3. 钢筋混凝土栏杆预制构件应符合设计要求和国家现行标准规定。

43.2.2 机具工具

机具工具：电焊机、手推车、钢尺、靠尺、限位板、橡胶锤、铁板、平锹、灰槽、钢丝刷、钢筋卡子、线坠等，经纬仪。

43.2.3 作业条件

1. 钢筋混凝土栏杆加工应在预制场内进行、其堆放场地应平整坚实。

2. 钢筋混凝土栏杆质量符合要求，并有出厂质量证明书，对于有裂缝、平整度不够或有蜂窝、麻面等质量缺陷的构件不得进场。

3. 钢筋混凝土栏杆安装前，桥梁地袱、挂板、预埋件等已完成，并验收合格。

43.2.4 技术准备

1. 认真熟悉图纸、根据现场条件编制施工方案，报有关部门批准。

2. 对操作人员进行培训，向班组进行交底。

3. 组织施工测量放线。

43.3 操作工艺

43.3.1 工艺流程

1. 榫槽连接栏杆工艺流程

钢筋混凝土栏杆→进场验收→测量放位置线→安装→榫槽固定→现浇扶手支模板→扶手钢筋绑扎→现浇混凝土→养护→拆模→工检查验收。

2. 焊接连接栏杆工艺流程

钢筋混凝土栏杆→进场验收→测量放位置线→安装→焊接固定→现浇扶手支模板→扶

手钢筋绑扎→现浇混凝土→养护→拆模→工检查验收。

43.3.2 测量放线

1. 用经纬仪放出栏杆立柱中线，并在榫槽两侧或预埋件两侧放出两道位置线。

2. 各种护栏安装宜采用50m或两个伸缩缝之间为单元放射线，如有条件各种扶手安装长度（包括现浇）宜更长，以便于调整。

43.3.3 栏杆立柱安装

1. 栏杆立柱应采用从高处向低处、从中央向两侧、依次依序进行。

2. 栏杆立柱应选择桥梁伸缩缝附近的端部立柱等作为控制点，当间距出现零数，可用分配办法使之符合规定的尺寸，立柱宜等距设置。

3. 安装前榫槽内的浆皮、浮灰、杂物等应彻底清除干净，清除预埋件上的铁锈。

4. 安装宜采用限位板（靠尺）、定尺安装；依据定位板控制立柱间距，依次依序摆放立柱、控制立柱与扶手的组装间隙，然后进行榫槽固定或定位焊。

5. 栏杆扶手安装线型应与主梁一致，拉尼龙线（或小线）控制直顺度、吊铅锤控制垂直度、用限位样板（靠尺）控制间距。

6. 混凝土栏杆采用榫槽连接时，安装调顺就位后应用硬木塞块两面塞严挤紧，灌注豆石混凝土固结，塞块拆除时，豆石混凝土强度应不低于设计强度的75%，并二次补灌塞孔。

7. 采用电焊连接时，使用材料和焊接方法应符合设计要求，并焊接牢固。

8. 栏杆的连接必须牢固。栏杆立柱就位和嵌固是施工的重点，必须严格保证填充豆石混凝土（或水泥砂浆）的强度、捣实及养护工作符合要求。

43.3.4 扶手施作

1. 扶手模板采用在立柱间立方木做支撑，采用竹胶板做两侧外露面模板，以保证现浇扶手外露面光洁度。模板应支牢、卡紧，保护层应严格控制，安装尺寸应符合设计要求。

2. 混凝土浇筑采用人工送料入模，采用小型振捣棒或人工钢筋插捣时，避免碰撞模板。

3. 加强养护，达到规定强度后方可拆除模板。

43.3.5 栏杆必须全桥对直、校平（弯桥、坡桥要求平顺），其标高应符合设计要求，以线形顺适，外表美观，不得有明显下垂和拱起。

43.3.6 栏杆的伸缩缝的设置应与主梁伸缩缝同一位置。

43.3.7 钢筋混凝土栏杆冬雨期施工措施与应符合本规程第3.3节规定。

43.4 质量标准

主控项目

1. 栏杆的品种、规格应符合设计要求。

检查数量：全数检查。

检查方法：观察、用钢尺量、检查产品合格证、检查进场检验记录。

2. 栏杆安装应符合设计要求，安装应牢固、可靠。

检查数量：全数检查。

检查方法：观察、用钢尺量、用焊缝量规检查，手扳（摇）检查，检查施工记录。

一 般 项 目

3. 栏杆、扶手安装允许偏差应符合表43.4规定。

表43.4 栏杆、扶手安装允许偏差表

序 号	项 目		允许偏差（mm）	检验频率		检验方法
				范 围	点 数	
1	直顺度	扶手	≤4	每跨侧	1	用10m小线量取最大值
2	垂直度	栏杆柱	3	每柱	2	用垂线检验，顺、横桥轴方向各1点
3	杆间距		3	每处（抽查10%）	1	用钢尺量
4	扶手高度		3			

43.5 质 量 记 录

1. 栏杆、扶手加工质量记录应符合本规程第21.4节规定。
2. 栏杆、扶手现场安装质量记录应符合本规程第22.4节规定。

43.6 安全与环保

1. 钢筋混凝土栏杆预制加工、运输和安装，应遵守本规程第3.6节规定。
2. 工地现场主梁在未安装栏杆前必须有防护栏、防护网等高处作业防护设施。
3. 工地现场安装栏杆扶手时，应在桥下相应位置设置防护栏，并设专人疏导社会交通。
4. 工地现场安装栏杆扶手时，作业人员应穿戴安全带。手持工具应系安全绳。
5. 要防止人为野蛮施工等产生的噪声，减少噪声扰民现象。

43.7 成 品 保 护

1. 钢筋混凝土栏杆在堆放、运输时，必须垫平，避免支点受力不均，以防止产生裂纹。
2. 钢筋混凝土组合栏杆在加工、预制、运输、安装时加强保护，不得将其碰伤。

44 台背填土及桥头搭板施工工艺

44.1 适 用 范 围

44.1.1 本工艺适用于台背填土及采用就地浇筑桥头搭板的施工工艺。

44.2 施 工 准 备

44.2.1 材料要求

1. 用于台背填土的填料，宜采用透水性材料，不得使用淤泥、沼泽土、泥炭土、冻土、有机土、生活垃圾杂填土；液限大于 50、塑性指数大于 26，可溶盐含量大于 5%，550℃有机质烧失量大于 5%的土，不得作为填料。

2. 桥头搭板工程材料

桥头搭板所用的钢筋、混凝土等材料应符合本规程第 2.2 节、3.2 节规定。混凝土强度应符合设计要求，混凝土中的水泥、砂和石子等原材料的各项性能指标均要满足国家现行标准的有关规定。

桥头搭板所用模板应符合本规程第 1 章规定。

44.2.2 机具设备

1. 填料运输机具：装载机、手推车或翻斗车、自卸车。

2. 填筑压实机具：手扶振动压路机、振动压路机、振动平板夯、冲击夯。

3. 混凝土工程设备：钢筋加工、运输机具；混凝土运输车（罐车）、布料吊车、料斗、振捣棒、平板振捣器、串桶或溜管、刮杠等。

4. 工具：扳手、直尺、铁锹、铁抹子、木抹子、斧子、钉锤等。

44.2.3 作业条件

1. 台背填土作业条件：墩台结构已完成，混凝土强度已达到规定要求，填料检验已合格。

2. 按设计规定桥头部位软土地基处理已完成。施工区域内的地上、地下障碍物清除、清表完毕。

3. 桥头搭板所用混凝土原材料试验已完成，确定混凝土设计配合比和施工配合比。

44.2.4 技术准备

1. 认真熟悉图纸、根据现场条件编制施工方案，报有关部门批准。

2. 向班组进行交底。

3. 组织施工测量放线。

44.3 操 作 工 艺

44.3.1 工艺流程

1. 台背填土工艺流程

测量→清表→软土地基处理（按设计规定）→填料选用→分层填筑→平整找平→分层压实→压实度检测→验收。

2. 桥头搭板工艺流程

测量放线→基底验收→模板支设→钢筋绑扎→混凝土浇筑→养护→验收。

44.3.2 台背填土

1. 清表

对桥台及挡墙后背地表所有非适用材料彻底清除，包括桥台及挡墙施工所遗留的施工垃圾。

2. 台后地基如为软土，应按设计要求处理，软土地基处理宜与桥台基础施工工序衔接，应参照有关规定执行。

3. 台背的填料选用透水性好、易于压实的砂砾类土。不得使用含杂质、腐殖物或冻土块的土类。

4. 加强对桥台及挡墙基槽回填土控制，严格控制填土质量和密实度，严格按规定检验。

5. 台背填土宜与路基填土同时进行，宜采用机械碾压，机械碾压时，沿墙边 0.5 ~ 1.0m 范围应采用小型振动压实机械或内燃夯实机械压实，并应同步。

6. 施工时应将台身与回填施工统筹安排。要给回填留有充分的时间，填土预压沉降量控制应在施工桥头搭板前完成。

填筑沿路基方向长度上部应大于搭板长至少 2.0m，下部应根据台高按 1:2 坡度计算，且不得小于 20m，亦应横向分层填筑。

当工期安排采用缺口填筑时，上部缺口长度不小于台高增加 2.0m；下部距基础内缘不小于 2.0m；结合部位路基土应做压实层开挖台阶，台阶宽度大于 1.0m，横向分层填筑。

7. 当为柱、肋式桥台时，在桥台基础完成后，要彻底清除淤泥，换填砂砾、洒水压实。承台应建在密实的砂砾层上，台建成后，应暂不施工台帽，以便于压路机或小型压实机具能顺畅地压实，待回填完成后，在填方上直接施工台帽。柱式桥台台背填土宜在柱侧对称、平稳地进行。

8. 轻型桥台台背填土应待盖板和支撑梁安装完成后，两台对称均匀回填。

9. 刚构应对称（两端）均匀回填。

10. 拱桥台背填土可在主拱安装或砌筑前完成。

11. 在施工中尽量扩大施工场地，尽可能使用大型压实设备。当台背支撑桥头搭板的牛腿妨碍机械压实时，可将难于压实的部分用贫混凝土填筑。

44.3.3 台背填土冬雨期施工

1. 雨期施工，应保证作业面的排水坡度，确保台背不积水。

2. 台背填土不宜在冬期施工。如在冬期施工时，填筑土层不得受冻，应在基底标高以上预留适当厚度的松土（不小于300mm）或用其他保温材料覆盖。

44.3.4 桥头搭板

1. 现浇桥头搭板基底应平整、密实，高程符合设计。如在砂质土上浇筑则应铺30～50mm厚水泥砂浆垫层。

2. 现浇桥头搭板其模板工程、钢筋工程及混凝土工程施工应符合本规程第1.3节、2.3节、3.3节规定。

3. 现浇桥头搭板，应保证伸缩缝贯通，不堵塞。与地梁、桥台锚固牢固不松弛。

4. 桥头搭板施工，应严格控制两端点的质量，在桥台上的支点处，要考虑搭板另一端沉陷时变位的需要，应设柔性薄支座，对于路基上的支点，应考虑填土扩散的需要，枕梁宽度宜大不宜小。

44.3.5 桥头搭板冬雨期施工

1. 雨期施工

雨天不得进行钢筋焊接、安装，混凝土浇筑作业。作业场地不得积水。

2. 冬期施工

冬期焊接环境温度不宜低于0℃。大风、雪天不得进行混凝土浇筑作业。

3. 应根据混凝土搅拌、运输、浇筑及养护的各环节进行热工计算，确保混凝土入模温度满足有关规范规定，确保混凝土在达到临界强度前不受冻。

44.4 质量标准

1. 台背填土施工质量检查和验收标准应按《城镇道路工程施工与质量验收规范》CJJ 1 有关规定执行。

主控项目

2. 填筑应分层回填、分层压实（夯实）。

检查数量：全数检查。

检验方法：观察检查，检查回填压实度报告。

主控项目

3. 桥头搭板混凝土原材料、配合比设计应符合第1.4节、2.4节和3.4节有关规定。

4. 桥头搭板下的土基或路面基层的强度和压实度应按《城镇道路工程施工与质量验收规范》CJJ 1 有关规定执行。

一般项目

5. 桥头搭板施工质量应符合表44.4规定。

6. 水泥混凝土搭板、枕梁不得有蜂窝、露筋等现象，板的表面应平整，板边缘应直顺。

检查数量：全数检查。

检验方法：观察检查。

表 44.4　混凝土桥头搭板允许偏差

序　号	项　目	允许偏差（mm）	检验频率		检　验　方　法
			范　围	点　数	
1	宽度	±10	每个（每块或每端）	5	钢尺检查
2	厚度	±5		5	
3	长度	±10		4	
4	顶面高程	±2		6	用水准仪，每端3点
5	轴线偏位	≤10		2	用经纬仪检测
6	板顶纵坡	0.3%		3	用水准仪，每端3点

7. 搭板、枕梁安装应平稳，支承处接触严密、稳固，相邻板之间的缝隙应用混凝土或砂浆嵌填密实。

检查数量：全数检查。

检验方法：观察检查。

44.5　质　量　记　录

1. 地基处理记录、地基钎探记录、填料试验报告、回填压实度报告
2. 测量复核记录
3. 现浇桥头搭板质量记录应符合本规程第1.5节、2.5节3.5节和17.5节规定
4. 检验批质量验收记录

44.6　安全与环保

桥头搭板安全与环保措施应符合本规程第1.7节、2.7节、3.7节和6.7节规定。

44.7　成　品　保　护

1. 当混凝土强度未达到规定强度之前，不得拆除模板，避免损伤混凝土结构。
2. 当混凝土强度未达到设计强度之前，严禁在桥头搭板上通车。

45　塑胶桥面铺装工艺

45.1　适用范围

45.1.1　本工艺适用于城市桥梁工程桥在钢结构基面或混凝土基面上进行桥面塑胶桥面铺装施工。

45.2　施工准备

45.2.1　材料要求

　　1. 聚氨酯塑胶桥面材料应符合设计要求、现行产品标准及环保规定。

　　2. 塑胶桥面材料应抗冻融、耐融冰盐、耐高温、耐刺穿、抗碾压；与水泥混凝土及沥青混凝土粘接力强，应有良好的延伸率及低温柔性。

45.2.2　机具设备

　　主要机具：电动搅拌器、搅拌桶、磅秤、料桶、塑胶刮板等。

45.2.3　作业条件

　　1. 用于铺设塑胶桥面的基面已验收合格，满足施工要求。

　　2. 在原基层上留置的各种预埋钢件已进行必要的处理并涂刷防锈漆。

45.2.4　技术准备

　　1. 认真熟悉图纸、根据现场条件编制施工方案，报有关部门批准。

　　2. 对操作人员进行培训，向班组进行交底。

　　3. 组织施工测量放线。

45.3　操作工艺

45.3.1　工艺流程

　　塑胶桥面铺装分现场拌合塑胶桥面铺装，预制塑胶板现场粘合铺装两种工法。

　　1. 现场拌合塑胶桥面铺装

　　基面处理→塑胶试拌→聚氨酯塑胶原材料搅拌→塑胶桥面铺装→养护。

　　2. 预制塑胶板现场粘合铺装

　　预制塑胶板进场→基面处理→弹线→试铺→刷胶粘剂→预制塑胶板现场粘合→养护。

45.3.2　基面处理

　　1. 基面的浆皮、浮灰、油污、杂物等应彻底清除干净；基面应坚实平整粗糙，不得有积水；不得有尖硬接茬、空鼓、开裂、起砂和脱皮等缺陷。

2. 基层混凝土强度应达到设计强度应符合设计要求，含水率不得大于9%。

45.3.3 现场拌合塑胶桥面铺装

1. 聚氨酯塑胶材料由工厂加工，配制成甲、乙两个组分，分别装桶，运至施工现场后，再组合掺对，同时加入固化剂、黑色胶粒等填料后，经充分搅拌而成混合料，最后运至铺装部位。

其配制的方法，选用重量比，每次拌合料均过秤，每次过秤的误差不超过0.1%，过秤后顺序倒入拌合容器内，拌合均匀。现场拌合塑胶配合比要结合当地施工季节，大气温度的变化，在施工现场做试验确定。

2. 直接摊铺在基层上，用刮板整平，同时木抹适当抹平，对周边作适当修整，一切动作都在塑胶初凝前完成，循环往复、连续摊铺、连续修整。

3. 由于施工场地的大气温不同，要随时掌握塑胶的初凝时间，一般可用右手食指，轻轻在塑胶表面试着拉丝，当塑胶表面试拉丝在90~100mm时，即可扬撒面层胶粒；面层胶粒扬撒要均匀，扬撒高度离面层0.5~1m，24h后塑胶面层达到终凝后方可清除表面未粘接的胶粒。

4. 摊铺塑胶至清扫胶粒，需要24~36h，此时段间内，塑胶面层严禁上人行走，设人员保护现场。

45.3.4 预制塑胶板现场粘合铺装

1. 弹线：在作业面长、宽方向弹十字线，应按设计要求进行分格定位，根据塑料板规格尺寸弹出板块分格线。如长、宽尺寸不符合板块尺寸模数时，应沿四周边缘弹出加条镶边线，一般距边缘面200~300mm为宜。板块定位方法采用对角定位法或直角定位法。

2. 配制胶粘剂：配料前应由专人对原材料进行检查，有无出厂合格证和出厂日期，原剂在原筒内搅拌均匀，如发现胶中有胶团、变色及杂质时，不能使用。使用稀料对胶液进行稀释时，亦应随拌随用，存放间隔不应大于1h。在拌合、运输、贮存时，应用塑胶或搪瓷容器，严禁使用铁器，防止发生化学反应，胶液失效。

3. 基层清理干净后，先刷一道薄而均匀的结合层胶粘剂，待其干燥后，按弹线位置沿轴线由中央向四面铺贴。

4. 用干净布将塑胶板的背面灰尘清擦干净。应从十字线往外粘贴，当采用乳液型胶粘剂时，应在塑胶板背面和基层上同时均匀涂胶。当采用溶剂型胶粘剂时，应在基层上均匀涂胶。在涂刷基层时，应超出分格线10mm，涂刷厚度应小于或等于1mm。在铺贴塑胶板块时，应待胶层干燥至不粘手（约10~20min）为宜，按已弹好的墨线铺贴，应一次就位准确，粘贴密实（用滚子压实），再进行第二块铺贴方法同第一块，以后逐块进行。基层涂刷胶粘剂时，不得面积过大，要随贴随刷。

塑胶板铺贴完后，及时用塑胶薄膜覆盖保护好。

对缝铺贴的塑胶板，缝隙必须做到横平竖直，对缝严实，缝隙均匀、通顺无歪斜。

5. 塑胶板粘铺后及时采用砂袋预压，预压重量、预压时间依据胶粘剂性能、环境温度通过试验确定；平均环境温度25℃时、预压时间不少于48h。

45.4　质　量　标　准

主控项目

45.4.1　桥面塑胶铺装层材料的品种、规格、性能、质量应符合现行国家标准和设计要求；

　　检查数量：全数检查。

　　检验方法：对照设计文件，检查材料合格证、进场验收记录和质量检验报告。

45.4.2　塑胶面层铺装前，基底表面应整洁干净、无油渍、无污物；雨天和雨后桥面未干燥时，不得铺装；铺装材料的加热温度和洒布温度应符合规定要求。

　　检查数量：全过程、全数检查。

　　检验方法：观察、温度计量测、检查施工记录和测温记录。

一般项目

45.4.3　塑胶面层铺装质量应符合本规程45.4.3规定

表45.4.3　桥面塑胶铺装面层允许偏差

序　号	项　目	允许偏差（mm）	检验频率		检验方法
			范　围	点　数	
1	厚度	不小于设计要求	每铺装段、每次拌合料量	1	取样法：按 GB/T14833 附录 B
2	平整度	±3	每20m²	1	用 3m 直尺、塞尺检查
3	坡度	符合设计要求	每铺装段	3	用水准仪测量主梁纵轴高程
4	硬度（邵 A）（度）	45～60	按 GB/T14833 标准 5.5 "硬度的测定"		
5	拉伸强度（MPa）	≥0.7	按 GB/T14833 标准 5.6 "拉伸强度、扯断伸长率的测定"		
6	扯断伸长率	≥90%	按 GB/T14833 标准 5.6 "拉伸强度、扯断伸长率的测定"		
7	回弹值	≥20%	按 GB/T14833 标准 5.7 "回弹值的测定"		
8	压缩复原率	≥95%	按 GB/T14833 标准 5.8 "压缩复原率的测定"		
9	阻燃性	1 级	按 GB/T14833 标准 5.9 "阻燃性的测定"		

45.5　质　量　记　录

1. 塑胶板材的出厂合格证
2. 胶粘剂的出厂合格证及试验记录
3. 分项工程质量检验评定记录

45.6　安全与环保

1. 施工用的材料和辅助材料多属易燃物品，在存放材料的仓库与施工现场必须严禁烟火，同时备有消防器材。材料存放场地应保持干燥、阴凉、通风且远离火源。

2. 操作人员必须穿戴工作服、安全帽和其他必备的安全防护用具。操作时应通风，夜间有足够的照明。

3. 所用汽油应妥善存放，避免暴晒。

4. 施工现场严禁烟火，吸烟到专设吸烟室，用火要有用火证。

5. 防水作业区应封闭施工，严禁闲杂人员等入内。

6. 有毒、易燃物品应盛入密闭容器内，并入库存放，严禁露天堆放。

7. 施工下脚料、废料、余料要及时清理回收。

45.7 成 品 保 护

1. 塑胶铺贴完后，应设专人看管，非工作人员严禁入内，必须进入工作时，应穿拖鞋。

2. 预制塑胶板铺贴完后，及时用塑胶薄膜覆盖保护好，以防污染。严禁在面层上放置油漆容器。

3. 塑胶桥面铺装宜是桥面系施工最后一道工序。

46 地袱、挂板及护栏施工工艺

46.1 适 用 范 围

46.1.1 本工艺适用于城市桥梁工程，预制地袱、挂板及护栏（防撞混凝土墩），现场安装施工工艺。

46.2 施 工 准 备

46.2.1 材料要求

1. 城市桥梁工程预制地袱、挂板及护栏（防撞混凝土墩）所用材料（砂、石、水泥、钢筋、外加剂等）应符合设计要求、现行产品标准及环保规定。

2. 城市桥梁工程预制地袱、挂板及护栏（防撞混凝土墩）钢筋焊接应符合本规程第二章"钢筋工程施工工艺"规定。

46.2.2 机具工具

机具工具：电焊机、手推车、吊车、钢尺、靠尺、限位板、橡胶锤、铁板、平锹、灰槽、钢丝刷、钢筋卡子、尼龙线（小线）、经纬仪。

46.2.3 作业条件

1. 预制钢筋混凝土地袱、挂板及护栏（防撞混凝土墩）加工应在预制场内进行、其堆放场地应平整坚实。

2. 钢筋混凝土地袱、挂板及护栏（防撞混凝土墩）质量符合要求，并有出厂质量证明书，对于有裂缝、平整度不够或有蜂窝、麻面等质量缺陷的构件不得进场。

3. 桥梁梁板施工已完成，并验收合格。

46.2.4 技术准备

1. 认真熟悉图纸、根据现场条件编制专项方案，报有关部门批准。

2. 对操作人员进行培训，向班组进行安全技术交底。

3. 桥面梁板顶面已清理凿毛和梁板板面高程复测完毕，测量放样。

46.3 操 作 工 艺

46.3.1 工艺流程

测量放线→基层顶面处理→安装起止标准块→挂线→坐浆→安装（吊装）→调整→焊接→勾缝→养护→检查验收。

46.3.2 一般规定

1. 地袱、挂板及护栏（防撞混凝土墩）其结构形式、线型或坡度、伸缩缝等应符合设计要求。

2. 地袱、挂板及护栏（防撞混凝土墩）砌筑砂浆应符合设计要求，当设计无要求时，砌筑地袱、挂板宜采用 M20 稠水泥砂浆，砌筑缘石不得小于 M10。

3. 采用预制构件进行安装时，桥梁上部结构浇筑时使用的支架应松脱和卸落，处于无荷载状况；为方便地袱、挂板及护栏（防撞混凝土墩）安装，支架不宜拆除。

4. 预制构件安装时必须与主梁横向连接牢固。预制构件与预埋件连接应符合本规程第 2.3 节和 2.4 节规定，焊缝长度、焊缝高度应符合设计要求，设计无要求时，钢筋应双面焊满焊。

5. 地袱、挂板及护栏（防撞混凝土墩）施工时伸缩缝必须全部贯通。

46.3.3 测量放线

用经纬仪放出控制线，校核标高。直线段宜每 20m 设一控制点，曲线段宜每 3~5m 设一控制点。

46.3.4 基面处理

1. 桥面梁板顶面清理凿毛，基面的浆皮、浮灰、油污、杂物等应彻底清除干净；基面应坚实平整粗糙，不得有积水；不得有空鼓、开裂、起砂和脱皮等缺陷。

2. 基层混凝土强度应达到设计强度应符合设计要求。

46.3.5 地袱、挂板及护栏（防撞混凝土墩）安装

1. 地袱、挂板及护栏（防撞混凝土墩）应采用从高处向低处、从中央向两侧、依次依序进行。

2. 地袱、挂板及护栏（防撞混凝土墩）应选择桥梁两伸缩缝作为 1 个安装段的起止控制点，按预制构件大小，依次依序弹线、划分，注意留出灰缝；当间距出现零数，宜在曲线段或在桥梁伸缩缝附近的位置调整。

3. 标准块砌筑后，按直线段宜每 20m 设一控制点，曲线段宜每 3~5m 设一控制点，逐块依序安装，板缝宜采用标准模板（垫板）控制。

46.3.6 砂浆砂浆的强度种类应符合设计要求，应遵守本规程第 7 章"浆砌石拱施工工艺"相关规定。

砌筑砂浆应具有适当的流动性、良好的和易性，保证砌体胶结牢固。

砂浆应随拌随用，应在拌合后 3h 内使用完毕，下班后剩余砂浆，不得重新使用。在运输和贮存中发生离析、泌水时，使用前应重新拌合，已凝结的砂浆不得使用。

46.3.7 基面用用喷壶洒水润湿，刷一层素水泥浆，及时铺砌坐浆、应满铺，控制砂浆厚度，确保全面接触。

46.3.8 安装及调整

1. 构件安装应根据构件重量、形状大小，采用吊车、小型机具或人工安装。安装时注意构件及梁的保护，不得损伤构件。

2. 构件安装时必须全桥对直、校平（弯桥、坡桥要求平顺），其标高应符合设计要求，应线形顺适，外表美观，不得有明显下垂和拱起。伸缩缝的设置应与主梁伸缩缝同一位置。

3. 构件调整后及时进行钢筋电焊连接，焊缝长度和焊接方法应符合设计要求，并焊接牢固。

4. 灰缝应在 24h 后进行勾缝，并应采用同一品种、同强度等级、同颜色的水泥砂浆，要求缝内砂浆密实、平整、光滑，随勾随将剩余水泥砂浆清走、擦净。

46.3.9 地袱、挂板及护栏（防撞混凝土墩）冬雨期施工措施与应符合本规程第 2.3 节、7.3 节规定。

46.4 质 量 标 准

46.4.1 地袱、挂板质量检查和验收标准

主 控 项 目

1. 地袱、挂板混凝土的原材料、配合比必须符合有关标准规定，强度必须符合设计要求。

检查数量：按进场的批次和产品的抽样检验方案确定。

检验方法：原材料检查产品合格证、进场验收记录；配合比检查其设计资料。

2. 地袱、挂板安装必须牢固，不得有断裂、弯曲现象；预制地袱、挂板的焊接连接应符合设计要求。

检查数量：全数检查，以两条伸缩缝之间的为一个检验批，每批全部检查。

检验方法：观察；用钢尺量；手扳检查。

3. 接缝处的填缝砂浆必须饱满，伸缩缝必须全部贯通。

检查数量：全数检查。

检验方法：观察。

一 般 项 目

4. 地袱、缘石、挂板预制混凝土构件允许偏差应符合表 46.4.1-1。安装允许偏差应符合表 46.4.1-2 规定。

表 46.4.1-1 地袱、挂板预制混凝土构件允许偏差表

序 号	项 目		允许偏差（mm）	检 验 频 率		检 验 方 法
				范 围	点 数	
1	断面尺寸	宽	±3	每件（每类型抽查10%且不少于5件）	1	钢尺量
		高			1	
2	长度		0，−5		1	用钢尺量
3	侧向弯曲		≤$L/750$		1	沿构件全长拉线量取最大矢高（L 为构件长度）
4	麻面		≤1%		1	用钢尺量麻面总面积

5. 地袱、挂板预制安装外观质量应符合下列要求：

1）地袱、挂板等水泥混凝土构件不得有蜂窝、露筋等现象。不得有硬伤、掉角等缺陷；

2）地袱、挂板安装的线型和坡度应符合设计要求，线型应流畅平顺；

3）安装后构件不得有硬伤、掉角和裂纹等缺陷。

表 46.4.1-2　地袱、挂板安装允许偏差表

序　号	项　　目	允许偏差（mm）	检 验 频 率		检 验 方 法
			范　围	点　数	
1	直顺度	≤5	每跨侧	1	用10m小线量取最大值
2	相邻板块高差	≤3	每批（抽查10%）	1	用钢尺量

注：1. 两个伸缩缝之间的为一个验收批。
　　2. 现场浇筑的地袱、缘石、挂板的允许偏差可参照第8.7节办理。

检查数量：全数检查。

检验方法：观察。

46.4.2　防撞护栏（防撞混凝土墩）、隔离墩质量检查和验收标准

主 控 项 目

1. 防撞护栏（防撞混凝土墩）、隔离墩的混凝土强度应符合设计要求，安装必须牢固、稳定。

检查数量：全数检查。

检查方法：观察、用焊缝量规检查、用钢尺量，检查施工记录。

2. 防撞、隔离设施的伸缩缝必须全部贯通。

检查数量：全数检查。

检查方法：观察。

一 般 项 目

3. 允许偏差应符合表46.4.2的规定。

表 46.4.2　防撞护栏、隔离墩允许偏差和检验方法

序　号	项　　目	允许偏差（mm）	检 验 频 率		检 验 方 法
			范　围	点　数	
1	直顺度	±4	每跨	2	10m线和钢尺检查
2	顶面宽	±2	每侧100m	3	钢尺检查
3	预埋件	±3			

4. 防撞护栏（防撞混凝土墩）、隔离墩的线型直（圆）顺，色泽一致，棱角清晰。

检查数量：全数检查。

检查方法：观察。

46.5　质 量 记 录

1. 预制构件出厂合格证、质量证明书及试（检）验报告

2. 测量复核记录

3. 原材料产品合格证、进场检验记录和原材料试验报告

4. 检验批质量验收记录

5. 砂浆试块试验报告

46.6 安全与环保

1. 施工前桥梁外侧应搭脚手架，设工作平台，挂安全网。
2. 在桥梁外侧施工的工作人员应系安全带。
3. 施工中严禁向桥下抛掷物品。
4. 预制构件吊车安装必须由持上岗证的信号工指挥。
5. 夜间施工应设有足够的临时照明设施。

46.7 成 品 保 护

1. 钢筋混凝土预制构件在堆放时，必须垫平，避免支点受力不均，以防止产生裂纹。
2. 钢筋混凝土预制构件在加工、预制、运输、安装时加强保护，不得将其碰伤。

47 沥青混合料桥面铺装工艺

47.1 适 用 范 围

47.1.1 本工艺适用于城市桥梁工程桥面系沥青混合料桥面铺装工艺。

47.2 施 工 准 备

47.2.1 材料要求

1. 沥青混合料桥面铺装所用原材料其品种、规格、性能等应符合设计要求和现行国家产品标准规定。

2. 沥青混合料桥面铺装所用原材料应符合《城镇道路工程施工与质量验收规范》CJJ 1 及《道路工程施工工艺规程》Q/BMG 201 规定。

47.2.2 机具设备

1. 铺筑机械：沥青混合料摊铺机、沥青洒布车、自动高平装置等。

2. 压实机械：双钢轮压路机、轮胎压路机、小型压路机等。

3. 运输机械：沥青混合料运输自卸车、装载机等。

4. 检测仪器：温度计、红外线测温仪、路面平整度检测仪、路面无核密度仪或核子密度仪等。

5. 工具：温度计、红外线测温仪、铁锹、火箱、水准仪、钢丝绳、紧线器、铝合金导轨、调直器、夹紧器等。

47.2.3 作业条件

沥青混合料桥面铺装应在桥面混凝土铺装层施工完毕、桥面防水层、排水系统、人行步道等作业已完成并验收合格。

47.2.4 技术准备

1. 认真熟悉图纸、根据现场条件编制施工方案，报有关部门批准。

2. 对操作人员进行培训，向班组进行交底。

3. 组织施工测量放线。

47.3 操 作 工 艺

47.3.1 工艺流程

桥面防水层、排水系统验收合格→摊铺、压实设备就位→摊铺机预热→混合料运输到场→混合料温度检测→摊铺→压实→温度检测→封闭桥面→降温→开放交通。

47.3.2　下承层检验

沥青混凝土铺装前应对桥面进行检查，桥面基层平整、粗糙、干燥、整洁。桥面横坡应符合要求。

47.3.3　乳化沥青、沥青混合料

1. 乳化沥青、沥青混合料的种类、组成、原材料质量应符合《城镇道路工程施工及验收规程》及《道路工程施工工艺规程》规定。用沥青的品种、标号，粗集料、细集料、矿粉、纤维稳定剂等其质量及规格应符合设计要求及现行国家产品标准规定。

2. 桥面铺装用沥青混合料（热拌沥青混合料、热拌改性沥青混合料、SMA 混合料）的拌合温度、出厂温度、拌合质量应符合道路工程施工工艺规程有关规定。

47.3.4　沥青混合料运输、摊铺、碾压

1. 沥青混合料桥面铺装、碾压应符合道路工程施工工艺规程有关规定。

2. 桥面沥青混凝土铺筑应采用有电脑自动控制高平装置的轮胎式或履带式摊铺机铺筑。

3. 桥面沥青混凝土铺筑应与道路面层沥青混凝土同时、连续铺筑；不宜单独铺筑。

4. 沥青混合料桥面碾压不宜采用振动碾压，初压压路机紧跟摊铺机后立即碾压、复压采用重碾静压（25t 以上轮胎碾）、终压适量增加碾压遍数。

5. 加强防水层保护，在摊铺机履带行进位置，预铺混合料行进带。

47.3.5　桥面沥青混凝土铺筑冬雨期施工措施与应符合道路工程施工工艺规程有关规定。

47.4　质量标准

主控项目

47.4.1　热拌沥青混合料面层质量检验应遵守下列规定：

主控项目

1. 热拌沥青混合料质量应符合下列要求：

1）道路用沥青的品种、标号应符合国家现行有关标准规定。

检查数量：按同一生产厂家、同一品种、同一标号、同一批号连续进场的沥青（石油沥青每100t 为 1 批，改性沥青每 50t 为 1 批）每批次抽检 1 次。

检验方法：查出厂合格证，检验报告并进场复检。

2）沥青混合料所选用的粗集料、细集料、矿粉、纤维稳定剂等的质量及规格应符合道路规程定。

检查数量：按不同品种产品进场批次和产品抽样检验方案确定。

检验方法：观察、检查进场检验报告。

3）热拌沥青混合料、热拌改性沥青混合料、SMA 混合料的拌合温度、出厂温度应符合道路规程的有关规定。

检查数量：全数检查。

检验方法：查测温记录，现场检测温度。

4）沥青混合料品质应符合马歇尔试验配合比技术要求。

检查数量：每日、每品种检查1次。

检验方法：现场取样试验。

2. 热拌沥青混合料面层质量检验应遵守下列规定：

主 控 项 目

1）沥青混合料面层压实度，城市快速路、主干路不得小于96%；次干路及其以下道路不得小于95%。

检查数量：每1000m²1点。

检验方法：查试验记录（马歇尔击实试件密度，试验室标准密度）。

2）面层厚度应符合设计规定，允许偏差为+10，−5mm。

检查数量：每1000m²1点。

检验方法：铺筑前后标高对比或激光构造深度仪。

3）弯沉值，设计规定时，不得大于设计规定。

数量：每车道、每20m，测1点。

检验方法：弯沉仪检测。

一 般 项 目

3. 表面应平整、坚实、接缝紧密，无枯焦；不得有明显轮迹、推挤裂缝、脱落、烂边、油斑、掉渣等现象，不得污染其他构筑物。面层与路缘石、平石及其他构筑物应接顺，不得有积水现象。

检查数量：全数检查。

检验方法：观察。

4. 沥青混凝土面层偏差应符合表47.4.1的规定。

表47.4.1　热拌沥青混合料面层允许偏差

序　号	项　　目		允许偏差（mm）	检验频率			检验方法
				范　围	点　数		
1	纵断高程		±15	20m	1		用水准仪测量
2	中线偏位		≤20	100m	1		用经纬仪测量
3	平整度	σ值	快速路、主干路 1.5 次干路、支路 2.4	100m	路宽（m）	<9　　1 9~15　2 >15　3	用测平仪检测见道路规程，见注2
		最大间隙	次干路、支路 5	20m	路宽（m）	<9　　1 9~15　2 >15　3	用3m直尺和塞尺连续量取两尺量取最大值见注2
4	宽度		不小于设计值	40m	1		用钢尺量
5	横坡		±0.3%且不反坡	20m	路宽（m）	<9　　2 9~15　4 >15　6	用水准仪测量

续表

序 号	项 目		允许偏差（mm）	检 验 频 率		检 验 方 法	
				范 围	点 数		
6	雨水口与路面高差		≤5	每座	1	十字法，用直尺、塞尺量取最大值	
	雨水箅顶面高程		0，−10				
7	抗滑见道路规程	摩擦系数	符合设计要求	200m	1	摆式仪	道路规程
				全线连续		横向力系数车	
		构造深度	符合设计要求	200m	1	砂铺法	
						激光构造深度仪	

注：1. 测平仪为全线每车道连续检测每 100m 计算标准差 σ；无测平仪时可采用 3m 直尺检测；表中检验频率点数为测线数；
    2. 本表第 3、7 项也可采用自动检测设备进行检测；
    3. 底基层表面应按设计规定用量撒泼透层油、黏层油；
    4. 中面层、底面层仅进行第 2、3、4、5 项的检测；
    5. 改性（再生）沥青混凝土路面可采用此表进行检验。

47.5 质 量 记 录

1. 桥面沥青混凝土铺筑质量记录应符合道路工程施工工艺规程规定。
2. 桥面沥青混凝土铺筑工序质量评定应与道路沥青面层检验批质量验收记录共同进行，按道路桩号评定。

47.6 安全与环保

1. 桥面沥青混凝土铺筑安全与环保措施应符合道路工程施工工艺规程规定。
2. 火箱等工具应放置在桥外路基部位，并设专人看管。
3. 要防止人为野蛮施工等产生的噪声，减少噪声扰民现象。

47.7 成 品 保 护

1. 桥面沥青混凝土铺筑成品保护措施应符合道路工程施工工艺规程规定。
2. 桥面沥青混凝土铺筑及乳化沥青洒布不得污染桥面隔离墩、路缘石等。

48 人行步道铺筑施工工艺

48.1 适 用 范 围

48.1.1 本工艺适用于城市桥梁工程桥在人行步道施工工艺。

48.2 施 工 准 备

48.2.1 材料要求
1. 城市桥梁工程人行步道所用材料应符合设计要求、现行产品标准及环保规定。
2. 城市桥梁工程所用步道砖应有产品合格证、出厂日期。
3. 人行步道用水泥方砖其抗压、抗折强度符合设计要求，其规格、品种按设计要求选配，外观边角整齐方正，表面光滑、平整，无扭曲、缺角、掉边现象。
4. 混凝土强度等级应符合设计要求。设计未规定时，不得小于C30。

48.2.2 机具工具
主要工具：砂浆搅拌机（或预拌水泥砂浆、以符合环保规定）、反斗车、手推车、小水桶、平铁锹、铁抹子、大木杠、小木杠、橡皮锤、角磨机（切割机）。

48.2.3 作业条件
1. 城市桥梁工程人行步道铺砌应在栏杆安砌后进行，确保施工安全。
2. 用于铺筑人行步道的基层已验收合格，满足施工要求。
3. 砌筑砂浆配合比经试验室确定。

48.2.4 技术准备
1. 认真熟悉图纸、根据现场条件编制施工方案，报有关部门批准。
2. 向班组进行交底。

48.3 操 作 工 艺

48.3.1 工艺流程
基面处理→测量放线→立缘石排砖→立缘石安砌→步道底层基础施作→冲筋→分条分段铺砌→扫缝→检查验收。

48.3.2 基面处理
基面的浆皮、浮灰、油污、杂物等应彻底清除。

48.3.3 测量放线
路缘石安砌前，应校核桥梁中线，测设路缘石安砌控制点（注意不得损伤防水层），直线段桩距不大于 10m，曲线段不大于 5m。

48.3.4 路缘石安砌

1. 挂线后，沿基础一侧把路缘石依次排好。安砌路缘石时，先拌制水泥砂浆铺底，砂浆厚 10～20mm，按放线位置安砌路缘石。

2. 事先计算好每段路口路缘石模数，路缘石调整块应用机械切割成型，邻路缘石缝隙用 8mm 厚木条或塑料条控制，缝隙宽不应大于 10mm。

3. 路缘石安砌，必须挂线，调整路缘石至顺直、圆滑、平整，对路缘石进行平面及高程检测，每 20m 检测一点。

4. 将路缘石缝内杂物剔除干净，用水润湿，然后用水泥砂浆灌缝填充密实后勾平、压成凹型。扫除多余灰浆，适当洒水养护。

48.3.5 人行步道基础（加气混凝土砌块）铺砌

1. 按设计规定铺砌加气混凝土砌块。在砌筑前，应根据设计施工图，结合砌块的品种、规格、绘制砌体砌块的排列图，经审核无误，按图排列砌块。

2. 按设计要求的砂浆品种、强度制配砂浆，配合比应由试验室确定，应采用机械搅拌。

3. 将搅拌好的砂浆，用大铲、灰勺进行分块铺灰。

4. 砌块砌筑前一天应进行浇水湿润，冲去浮尘，清除砌块表面的杂物。

5. 砌筑就位应先远后近、先下后上；每层开始时，应从定位砌块处开始；应吊砌一皮、校正一皮，皮皮拉线控制砌体标高和平整度。

6. 砌块排列上、下皮应错缝搭砌，搭砌长度一般为砌块的 1/2，不得小于砌块高的 1/3，也不应小于 150mm；砌体灰缝一般为 15～20mm。

48.3.6 人行步道砖铺砌

1. 人行步道砖施工前，根据设计的平面及高程，沿步道中线（或边线）进行测量放线，用经纬仪测设纵、横方格网；每隔 5～10m 安设一块方砖作方向、高程控制点。

2. 根据测设的位置及高程，进行基底找平和冲筋（铺装样板条）。

3. 铺装方砖砂浆应符合设计要求，摊铺长度应大于铺装面 50～100mm。

4. 铺砖应平放，用橡胶锤敲打稳定，不得损伤边角。

方砖铺砌中，应随时检查其安装是否牢固与平整，及时进行修整，修整应重新铺砌；不得采用向砖底部填塞砂浆或支垫等方法找平砖面。

5. 方砖铺砌完成，经检查合格后，进行灌缝，灌缝宜用干砂或水泥：砂（1：10）干拌混合料；砖缝灌注后应在砖面泼水，使灌缝料下沉，再灌缝补足；待砂浆凝固后，洒水养护不少于 3d 方可通行。

6. 铺盲道砖，应将导向行走砖与止步砖严格区分，不得混用。

48.3.7 冬雨期施工

路缘石和步道砖不得在雨天施工。冬期施工气温不应低于 5℃。

48.4 质量标准

48.4.1 混凝土预制方砖铺砌人行道（含盲道）质量检验应遵守下列规定：

<h2 align="center">主 控 项 目</h2>

1. 混凝土预制方砖（含盲道砌块）强度应符合设计规定。

检查数量：每种、每检验批 1 组。

检验方法：查抗压强度试验报告。

2. 砂浆强度应符合设计要求。

检查数量：同配合比，每 1000m² 砂浆取 1 组（6 块）。

检验方法：查强度试验报告。

3. 行进盲道砌块与指示盲道砌块铺砌正确。

检查数量：全数。

检验方法：观察。

<h2 align="center">一 般 项 目</h2>

4. 铺砌应稳固、无翘动，表面平整、缝线直顺、缝宽均匀、灌缝饱满，无翘边、翘角、反坡、积水现象。

5. 预制方砖人行道铺砌偏差应符合表 48.4.1 规定。

表 48.4.1 预制方砖人行道铺砌允许偏差

序 号	项 目	允许偏差（mm）	检验频率 范 围	点 数	检验方法
1	平整度	≤5	20m	1	用 3m 直尺和塞尺量
2	横坡	±0.3%	20m	1	用水准仪量测
3	井框与面层高差	≤5	每座	1	十字法，用直尺、塞尺量最大值
4	相邻块高差	≤2	20m	1	用钢尺量
5	纵缝直顺	≤10	40m	1	用 20m 线和钢尺量
6	横缝直顺	≤10	20m	1	沿路宽用线和钢尺量
7	缝宽	±2	20m	1	用钢尺量

注：1. 横坡设计坡度小于5‰时，不得反坡；
2. 设计要求时测。

48.4.2 路缘石安砌质量检验应遵守下列规定：

<h2 align="center">主 控 项 目</h2>

1. 混凝土路缘石强度应符合设计要求。

检查数量：每种、每检验批 1 组（3 块）。

检验方法：查出厂检验报告。

<h2 align="center">一 般 项 目</h2>

2. 缘石应砌筑稳固，砂浆饱满，勾缝密实，外露面清洁、线条顺畅。平缘石不阻水。

检查数量：全数检查。

检验方法：观察。

3. 缘石安砌偏差应符合表48.4.2规定。

表48.4.2　立缘石、平缘石安砌允许偏差

序　号	项　目	允许偏差（mm）	检验频率		检验方法
			范围（m）	点　数	
1	直顺度	≤10	100	1	用20m线和钢尺量[①]
2	相邻块高差	≤3	20	1	用钢板尺和塞尺量[①]
3	缝宽	±3	20	1	用钢尺量[①]
4	顶面高程	±10	20	1	用水准仪测量

注：①示随机抽样，量3点取最大值；
　　1. 曲线段缘石安装的圆顺度允许偏差应结合工程具体制定。

48.5　质　量　记　录

1. 材料（水泥、砂、石灰等）、半成品的出厂合格证及复试报告。
2. 砂浆配合比通知单、砂浆强度试验报告。
3. 检验批质量验收记录。

48.6　安全与环保

1. 装卸路缘石、步道方砖的人员应戴手套、穿平底鞋，必须轻装轻放，严禁抛掷和碰撞，防止挤手、砸脚等事故发生。
2. 施工现场应经常洒水润湿，防止扬尘。
3. 运送水泥砂浆应采取防遗洒措施。

48.7　成　品　保　护

1. 路缘石勾缝及人行步道方砖施工完成后应洒水养护，养护不得少于3d，不得碰撞路缘石和踩踏步道。
2. 当路缘石安砌后进行乳化沥青透层、封层洒布时应对路缘石进行遮盖。
3. 当路缘石安砌后进行路面面层施工时，应采取措施，防止损坏路缘石。
4. 严禁在已铺好的步道方砖上拌合砂浆。

49 隔声和防眩装置安装工艺

49.1 适用范围

49.1.1 本工艺适用于城市桥梁工程桥在钢结构或混凝土结构上进行隔声和防眩装置工艺施工。

49.2 施工准备

49.2.1 材料要求

1. 城市桥梁工程所用隔声和防眩装置材料应符合设计要求、现行产品标准及环保规定。

2. 隔声材料（吸声板、透光隔声板、装饰板等）应有产品合格证、出厂日期及使用说明。

3. 隔声装置所用焊接材料（焊条、焊丝、焊剂及气体保护焊所用氩气、二氧化碳气体等）的质量应符合现行国家产品标准的要求。

49.2.2 机具工具

主要机械设备：汽车吊、铲车、交流电焊机、手提电焊机、气割设备、摇臂钻。

主要工具：扭矩扳手、测力扳手、手拉葫芦、螺旋千斤顶、活动扳手、扩孔器、起重索具等。

测量仪器：钢卷尺、全站仪、经纬仪、水准仪。

49.2.3 作业条件。

1. 隔声和防眩装置在防撞隔离设施完成后进行，或在基础混凝土达到设计强度后方可进行上部结构安装。

2. 钢结构连接螺栓、预留螺栓孔，钢筋混凝土预埋件、预埋螺栓检验合格。

3. 工厂内，加工制造的隔声和防眩装置钢梁已验收合格、工厂内试拼装验收合格。

49.2.4 技术准备

1. 认真熟悉图纸、根据现场条件编制施工方案，报有关部门批准。

2. 对操作人员进行培训，向班组进行交底。

49.3 操作工艺

49.3.1 工艺流程

1. 隔声装置工艺流程

施工准备→基础验收→安全防护设施搭设→测量放线→钢架安装→高强螺栓连接→龙

骨连接板安装→经向龙骨安装→纬向次龙骨安装→防腐处理→隔声板安装→收边处理→检查验收。

2. 防眩装置工艺流程

施工准备→基础验收→防眩板安装→螺栓连接→检查验收。

49.3.2 施工准备、基础验收

1. 桥梁工程隔声和防眩装置安装前其防撞隔离墩混凝土已达到设计强度。

2. 地脚螺栓检查，对土建预埋地脚螺栓交接记录进行检查，对定位轴线检查，轴线必须闭合，纵横轴线应垂直平行，检查标高预留值是否正确。

3. 构件配套进场，按作业流水段进场，以流水段所需要的钢构件配套集中进场、统一存放、以便吊装。

4. 隔声屏在产品订货前，应依据材料规格长度、先按两道伸缩缝之间的长度进行模数调整，出现零数时，应及时与产品生产厂家和设计单位协调处理或采用分配法调整。

49.3.3 安全防护设施搭设

按施工组织设计或专项方案进行安全防护设施搭设。

49.3.4 测量放线

按设计要求测设柱定位轴线的基准线，放出各个柱的位置线及标高。

49.3.5 先做样板段

隔声和防眩装置大批量安装前，先进行样板段施作，样板段的安装长度不宜低于20m（直线段、弯道段、全封闭隔声屏、半封闭隔声屏分别安装）。

49.3.6 钢柱吊安

钢柱吊点设置在柱与柱连接耳板螺栓孔的位置。钢柱的起吊根据柱牛腿的长短不同分别采用单车回转法起吊，钢柱就位后用临时连接板大六角螺栓进行固定，柱底中心线与柱轴线标记对齐如有偏差进行调正，对轴线标高偏差调整到规范允许范围内，对位完毕后，则在布置于柱相邻垂直两侧的两台经纬仪的控制下，进行对柱垂直度校正。并依据相对标高控制柱的安装高度，无误后紧固连接板，大六角高强螺栓达到600N·m扭矩依次进行钢柱调安。

49.3.7 钢梁吊安

1. 钢梁的吊安顺序采用优先形成钢框架，即先安装主梁后安次梁。

2. 钢梁起吊到位对正先用撬棍，再用冲头调整构件的位置，连接板螺栓孔对正后，放入临时螺栓固定，待钢梁校正后用高强螺栓进行初拧和终拧。

3. 安装钢梁时预留经试验确定的焊缝收缩量。

49.3.8 高强螺栓安装

1. 安装前必须检查和处理摩擦面后，锈和污物杂质等，安装时严禁硬性打入，必须自由穿入。

2. 高强螺栓施工前进场后，必须有产品合格证及试验报告。按规定进行抽样复检（见证取样）

3. 摩擦面抗滑移系数试验，应按施工规范进行试验，摩擦面试验由生产厂家负责，并提供试验报告。

4. 高强螺栓安装：钢梁就位后，用两个过镗冲对螺栓孔使螺栓自由穿入，对余下

的螺栓孔直接用高强螺栓穿入，用扳手拧紧后拔出冲头，在进行其他高强螺栓的安装。

5. 高强螺栓现场施工工艺检查内容：高强螺栓安装的方向；高强螺栓紧固的方法；高强螺栓紧固的顺序。

49.3.9 经纬向龙骨预装配

1. 经纬向龙骨进场后，根据放线实测尺寸，进行全面核验，校正。

2. 按施工图在经向龙骨上安装连接件。

3. 按施工图将经纬向龙骨预装配，找出设计存在问题，并及时改正。

49.3.10 经向主龙骨安装

1. 按安装位置在经向主龙骨扣盖上铣出槽口，并钻制纬向次龙骨安装孔。

2. 将经向主龙骨按安装位置，用机制螺栓与连接板紧固，安装时，连接板和经向主龙骨间的接触面上放置1mm厚的绝缘层，以防止金属电解腐蚀。校准主龙骨尺寸后，用扭力扳手将螺母拧紧到规定的力矩标准。

3. 将经向主龙骨扣盖和上，形成完整龙骨。

49.3.11 纬向次龙骨安装

1. 经向主龙骨安装完毕，经调整无误后，即可插入安装纬向次龙骨。

2. 在纬向次龙骨两端加防水橡胶垫片。

3. 用自攻钉将纬向次龙骨与经向主龙骨连接紧固。

49.3.12 隔声板安装

1. 骨件及附件安装完毕，沿坡度方向自上而下进行隔声板安装；

2. 自垂直运输设备将隔声板运至指定地点；

3. 隔声板安装前应将表面尘土和污物擦拭干净；

4. 将经纬向龙骨框内侧四周清理干净，在龙骨、隔声板接触表面安装密封胶条；密封胶条长度应比框内槽口长1.5%~2%，其断口应留在四角、斜面断开后拼成预定的设计角度，再粘结牢固。

5. 将隔声板就位，使隔声板四边均匀上框，缝隙均匀，板面平整，隔声板嵌入量及空隙应符合设计要求。

6. 在压盖与隔声板接触面粘贴密封胶条，用自攻钉将压盖固定于龙骨上，使隔声板安装稳固。

49.3.13 防眩板

1. 防眩板安装应与桥梁线型一致，板间距不应大于500mm。

2. 防眩板的荧光标识面应迎向行车方向，遮光角应符合设计要求。

49.3.14 冬雨期施工

1. 雨雪天及四级以上大风时不得进行隔声屏安装。

2. 冬期现场环境温度低于隔声板材料规定的安装温度时，不得进行隔声板材安装。

49.4 质量标准

主控项目

1. 隔声与防眩装置所用品种、规格、尺寸和质量必须符合设计要求。

检查数量：按进场的批次和产品的抽样检验方案确定。

检验方法：原材料检查产品合格证、进场验收记录。

2. 隔声与防眩装置安装应符合设计要求，安装应牢固、可靠。

检查数量：全数检查。

检查方法：观察、用钢尺量、用焊缝量规检查，手扳（摇）检查，检查施工记录。

3. 隔声与防眩装置防护涂层厚度应符合设计要求，不得漏涂、剥落。

检查数量：全数检查，涂层厚度按构件数量的10%抽查、且同类构件不少于3件。

检验方法：观察，防护涂层厚度用测厚仪检查。

一般项目

4. 防眩板安装应与桥梁线型一致，遮光角应符合设计要求。

检查数量：全数检查。

检验方法：观察或用角度尺检查。

5. 隔声与防眩装置表面不得有气泡、疤痕、表面分层、裂纹、毛刺和翘曲等缺陷。

检查数量：全数检查。

检验方法：观察。

6. 防眩板安装允许偏差应符合表 49.4-1 规定。

表 49.4-1 防眩板安装允许偏差表

序 号	项 目	允许偏差（mm）	检 验 频 率		检 验 方 法
			范 围	点 数	
1	防眩板直顺度	±5	每跨侧	1	用 10m 小线量取最大值
2	垂直度	5	每柱	2	用垂线检验，顺、横桥轴方向各 1 点
3	立柱中距	±10	每处	1	用钢尺量
4	高度		（抽查 10%）		

7. 隔声屏安装允许偏差应符合表 49.4-2 规定。

表 49.4-2 隔声屏安装允许偏差表

序 号	项 目	允许偏差（mm）	检 验 频 率		检 验 方 法
			范 围	点 数	
1	隔声屏直顺度	±10	每跨侧	1	用 20m 小线量取最大值
2	高度	±15	每处	1	用钢尺量
3	相邻板差	±5	（抽查 10%）		

49.5 质量记录

1. 测量复核记录
2. 隔声与防眩装置原材料、标准件进场验收记录、复验记录
3. 隔声与防眩装置制作加工记录、检验批质量验收记录
4. 焊接材料进场检验记录，隔声与防眩装置焊接工艺评定、焊接检验批质量验收记录
5. 隔声与防眩装置防腐涂装材料进场检验记录，防腐涂装质量记录、检验批质量验收记录
6. 试拼装质量检验记录
7. 隔声与防眩装置各节段吊装记录
8. 高强度螺栓连接施工记录
1) 高强度螺栓连接副的复验数据；
2) 栓接板面抗滑移系数试验数据；
3) 初拧扭矩、终拧扭矩或终拧转角；
4) 紧扣检查扭矩的试验数据；
5) 施拧扭矩扳手和检查扭矩扳手的标定、校正记录；
6) 各节点高强度螺栓连接副复拧扭矩、终拧扭矩或终拧转角检查记录。
9. 隔声与防眩装置安装检验批质量验收记录

49.6 安全与环保

1. 隔声与防眩装置加工制造，应遵守本规程第 20.6 节规定。
2. 隔声与防眩装置的运输和吊装，应遵守本规程第 21.6 节规定。
3. 工地现场主梁必须有防护栏、防护网等高处作业防护设施。
4. 现场安装隔声装置应拆除一段防护栏，立即安装一段隔声装置。每次拆除防护栏的长度以一个厂内加工段为准，不得留空挡。每段隔声装置安装牢固后，方可进行下一段安装。安装时应依序连续进行。
5. 工地现场安装隔声装置时，应在桥下相应位置设置防护栏，并设专人疏导社会交通。
6. 工地现场安装隔声装置时，作业人员应穿戴安全带。手持工具应系安全绳。
7. 要防止人为野蛮施工等产生的噪声，减少噪声扰民现象。

49.7 成品保护

1. 隔声与防眩装置在堆放、运输时，必须垫平，避免支点受力不均，以防止由于侧面刚度差而产生下挠或扭曲。
2. 隔声与防眩装置损坏的涂层应补涂，以保证漆膜厚度符合规定的要求。

50 饰面与涂装工艺

50.1 适用范围

50.1.1 本工艺适用于城市桥梁工程在钢结构基面或混凝土基面上进行饰面与涂装工艺施工。

50.2 施工准备

50.2.1 材料要求

1. 城市桥梁工程所用饰面与涂装材料应符合设计要求、现行产品标准及环保规定。

2. 城市桥梁工程所用饰面与涂装材料应有产品合格证、出厂日期及使用说明。

50.2.2 机具工具

主要工具：电动搅拌器、搅拌桶、磅秤、料桶、塑胶刮板、腻子槽、开刀、刷子、排笔、砂纸、棉丝、擦布等。

50.2.3 作业条件

1. 用于饰面与涂装的基面已验收合格，满足施工要求。

2. 施工环境应通风良好，基面必须干燥。

3. 饰面与涂装施工时的环境温度和湿度应符合下列规定：

1）抹灰、镶贴板块饰面工程不低于5℃。

2）涂装工程不低于8℃。

3）胶结剂饰面工程不低于10℃。

4）施工环境相对湿度不宜大于80%。

50.2.4 技术准备

1. 认真熟悉图纸、根据现场条件编制施工方案，报有关部门批准。

2. 对操作人员进行培训，向班组进行交底。

50.3 操作工艺

50.3.1 工艺流程

1. 抹灰、镶贴饰面板（砖）工程

基层处理→抹底层砂浆→弹线分格→排砖→浸砖→镶贴面砖→面砖勾缝与擦缝。

2. 涂装工程

基层处理→打底找平→打磨→封底漆→第一遍涂料施工→修补第二遍涂料→第三遍涂

料施工→检查验收。

50.3.2 基面处理

1. 基面的浆皮、浮灰、油污、杂物等应彻底清除干净；基面应坚实平整粗糙，不得有积水；不得有空鼓、开裂、起砂和脱皮等缺陷。

2. 基层混凝土强度应达到设计强度应符合设计要求，含水率不得大于9%。

50.3.3 抹水泥砂浆工程

1. 吊垂直、套方找规矩：先吊垂直，套方抹灰饼，并按灰饼充筋后，弹出灰层控制线。

2. 抹底层砂浆：刷掺水量10%的108胶水泥浆一道，紧跟抹1：3水泥砂浆，厚度为5~7mm，应与所充筋抹平，并用刮平、找直、搓毛。

3. 抹面层砂浆：底层砂浆抹好后，次日即可抹面层砂浆，先用水湿润，抹时先薄薄地刮一层素水泥膏，使其与底灰粘牢，紧跟抹罩面灰，木抹子搓毛，铁抹子溜光、压实。待其表面无明水时，用软毛刷蘸水垂直于地面的同一方向，轻刷一遍，以保证面层灰的颜色一致，避免和减少收缩裂缝。

4. 抹灰的施工程序：从上往下打底，底层砂浆抹完后，将架子升上去，再从上往下抹面层砂浆。注意抹面层灰以前，应先检查底层砂浆有无空、裂现象，如有空裂，应剔凿返修后再抹面层灰；将底层砂浆上的尘土、污垢等先清净，洒水湿润后，方可进行面层抹灰。

50.3.4 饰面砖工程

1. 基层处理：镶贴、安装饰面的基体应平整粗糙，先用钢丝刷满刷一遍，再洒水湿润，然后用1：1水泥细砂浆内掺水重20%的108胶，喷或刷砂浆到墙上，其喷刷要均匀，终凝后洒水养护，直至水泥砂浆全部粘到混凝土光面上，并有较高的强度为止。

2. 吊垂直、套方、找规矩、贴灰饼：用经纬仪打垂直线找直；绷铁丝吊垂直，然后根据面砖的规格尺寸分层设点、做灰饼。

3. 抹底层砂浆：先刷一道掺水重10%的108胶水泥素浆，紧跟着分层分遍抹水泥砂浆，直至把底层砂浆抹平为止。

4. 弹线分格：待基层灰六至七成干时，即可按图纸要求进行分段分格弹线，同时进行面层贴标准点的工作，以控制面层出墙尺寸及垂直、平整。

5. 排砖：根据大样图进行横竖向排砖，注意排整砖，不得有一行以上的非整砖。非整砖行应排在次要部位，注意一致和对称。

6. 浸砖：釉面砖和外墙面砖镶贴前，首先要将面砖清扫干净，放入净水中浸泡2h以上，取出待表面晾干或擦干净后方可使用。

7. 镶贴面砖：镶贴应自上而下进行。采取措施后，可分段进行。在每一分段或分块内的面砖，均为自下而上镶贴。从最下一层砖下皮的位置线先稳好靠尺，以此托住第一皮面砖。在面砖外皮上口拉水平通线，作为镶贴的标准。

在面砖背面宜采用1：1水泥砂浆加水重20%的108胶，在砖背面抹3~4mm厚粘贴即可。

8. 面砖勾缝与擦缝：面砖铺贴拉缝时，用1：1水泥砂浆勾缝，先勾水平缝再勾竖缝，勾好后要求凹进面砖外表面2~3mm。若横竖缝为干挤缝或小于3mm者，应用白水泥配颜料进行擦缝处理。面砖缝勾完后，用布或棉丝擦洗干净。

50.3.5 饰面板安装

1. 墙面和柱面安装饰面板，应称找平，分块弹线，并按弹线尺寸及花纹图案预拼和编号。

2. 系固饰面板用的钢筋网，应与锚固件连接牢固。锚固件宜在结构施工时预埋设。

3. 固定饰面板的连接件，其直径或厚度大于饰面板的接缝宽度时，应凿槽埋置。预留孔洞不得大于设计孔径 2mm。

4. 饰面板安装前，按品种、规格和颜色进行分类选配，并将其侧面和背面清扫干净，净边打孔，每块板的上、下边打孔数量均不得少于两个。并用防锈金属丝穿入孔内，留作系固之用。

5. 饰面板安装找正吊平后，应采取临时固定措施。接缝宽度可用木楔调整。

6. 灌注砂浆前，应将接合面洒水湿润，接缝处采取防漏浆、垫填临时措施。

50.3.6 涂饰工程

1. 施涂前应将基体或基层表面麻面及缝隙，用腻子填补刮平。涂装所用腻子，应坚实牢固、不得粉、起皮和裂纹。腻子干燥后应打磨平整光滑、并清理干净。

2. 涂料的工作黏度或稠度，必须加以控制，在施涂时以盖底、不流坠、无刷纹为宜；施涂顺序应从上到下，从左到右，不应乱施涂，避免造成漏涂或涂刷过厚、涂刷不均等，施涂过程中不得任意稀释涂料。

3. 所有涂料在施涂前和施涂过程中，均应充分搅拌，并在规定的时间用完。

4. 施涂溶剂型涂料时，后一遍涂料必须在前一遍涂料干燥后进行；施涂水性或乳液涂料时，后一遍涂料必须在前一遍涂料表干后进行。

5. 采用机械喷涂时，应将不喷涂的部位遮盖，不得玷污。

6. 同一墙面应用同一批号的涂料；每遍涂料不宜施涂过厚；涂层应均匀、色泽一致，层间结合牢固。

50.3.7 冬雨期施工

1. 雨期镶贴室外饰面板、饰面砖，应有防止暴晒的可靠措施。

2. 冬期施工：一般只在冬期初期施工，严寒阶段不得施工。

3. 砂浆的使用温度不得低于 5℃，砂浆硬化前，应采取防冻措施。

50.4 质 量 标 准

50.4.1 抹水泥砂浆工程施工质量检查和验收标准

主 控 项 目

1. 抹灰砂浆的配合比、稠度等必须符合设计要求。使用外掺剂其掺入量应由试验确定。

检查数量：全数检查。

检验方法：对照设计文件观察，检验试验记录。

2. 抹灰前基层表面的灰尘、污垢、油渍等清除干净并应洒水湿润。

检查数量：全数检查。

检验方法：观察，检查施工记录。

3. 抹灰层面层不得有裂纹，各抹面层之间及抹灰层与基层之间应粘结牢固，不得有脱层、空鼓等现象。

检查数量：全数检查。

检验方法：用小锤轻击和观察检查，检查施工记录。

4. 装饰抹灰层所选用图案、颜色，必须符合设计要求。

检查数量：全数检查。

检验方法：对照设计文件观察，检查施工记录。

一 般 项 目

5. 普通抹灰允许偏差，符合表 50.4.1-1 的规定。

表 50.4.1-1　普通抹灰允许偏差

序　号	项　　目	允许偏差（mm）	检查频率		检 验 方 法
			范　围	点　数	
1	平整度	4		4	用2m靠尺和塞尺检查
2	阴阳角方正	4	每跨侧	2	用200mm方尺检查
3	墙面垂直度	5		2	用2m靠尺检查

6. 抹灰表面应光滑、洁净、颜色均匀、无抹纹，抹灰分隔条的宽度和深度应均匀一致，不得有错缝、缺棱掉角。

检查数量：按每 500m² 为一个检验批，不足 500m² 的也为一个检验批，每个检验批每 100m² 至少检验一处，每处不小于 10m²。

检查方法：观察、手摸检查。

7. 装饰抹面应符合下列规定：

1）水刷石必须石粒清晰，均匀分布，紧密平整，不得有掉粒和接茬痕迹。

2）水磨石必须表面平整、光滑，石子显露密实均匀、分格条位置庆正确，全部磨出，不得有砂眼、磨纹和漏磨处。

3）剁斧石必须剁纹均匀、深浅一致，不得有漏剁处，留出不剁的边条，其宽窄一致，棱角不得有损伤。

检查数量：按每 500m² 为一个检验批，不足 500m² 的也为一个检验批，每个检验批每 100m² 至少检验一处，每处不小于 10m²。

检查方法：观察、尺量检查。

8. 装饰抹灰允许偏差，符合表 50.4.1-2 的规定。

表50.4.1-2 装饰抹灰允许偏差

序 号	项 目	允许偏差（mm）			检查频率		检 验 方 法
		水磨石	水刷石	剁斧石	范 围	点 数	
1	平整度	2	3	2	每跨侧	4	用2m靠尺和塞尺检查
2	阴阳角方正	2	3	2		2	用200mm方尺检查
3	墙面垂直度	3	5	4		2	用2m靠尺检查
4	分格条平直	2	3	3		2	拉2m线检查，不足2m拉通线检查

50.4.2 饰面板（砖）施工质量检查和验收标准

主 控 项 目

1. 饰面所用的材料其品种、规格、颜色和图案以及镶贴方法必须符合设计要求。

检验方法：对照设计文件观察。

2. 饰面板（砖）镶贴必须牢固，无歪斜、翘曲、空鼓、掉角和裂纹等现象。

检验方法：用小锤轻击和观察检查。

一 般 项 目

3. 饰面板（砖）表面平整、洁净、色泽协调，表面不得有起碱、污痕和显著的光泽受损处。

4. 饰面允许偏差，符合表50.4.2的规定。

表50.4.2 饰面允许偏差

序 号	项 目	允许偏差（mm）						检查频率		检 验 方 法
		天然石			人磨石		饰面砖			
		镜面、光面	粗纹石麻面条纹石	天然石	水磨石	水刷石		范 围	点 数	
1	平整度	1	3		2	4	2	每跨侧	4	用2m靠尺和塞尺检查
2	垂直度	2	3		2	4	2		2	用2m靠尺检查
3	接缝平直	2	4	5	3	4	3		2	拉2m线检查，不足2m拉通线检查
4	相邻板高差	0.3			0.5	3	1		2	用2m靠尺检查
5	接缝帘度	0.5	1	2	0.5	2			2	用2m靠尺检查
6	阳角方正	2	4		2		2		2	用2m靠尺检查

50.4.3 涂饰工程质量检查和验收标准

主 控 项 目

1. 涂饰工程所用材料的种类、材质、颜色必须符合设计要求。

检查数量：全数检查。

检验方法：对照设计文件，检查合格证书、进场验收记录。

2. 涂刷方法必须符合有关规范要求，涂料、涂装遍数、涂层厚度均应符合设计要求。

检查数量：每批构件抽查 10%，且同类构件不少于 3 件。

检验方法：观察检查，用干膜测厚仪检查。每个构件检测 5 处，每处的数值为 3 个相距 50mm 测点涂层干漆膜厚度的平均值。

3. 涂饰工程的基层应坚实牢固，表面致密整洁。

检查数量：全数检查。

检验方法：观察和检查施工记录。

一 般 项 目

4. 表面应平整光洁，颜色一致。不得有脱皮、漏刷、反锈、透底、流坠、皱纹等现象。

检查数量：全数检查。

检验方法：观察和施工记录。

5. 涂刷应整齐，不得污染相邻构件。

检查数量：全数检查。

检验方法：观察和施工记录。

50.5　质量记录

1. 水泥、砂、108 胶、外加剂等产品的出厂合格证及产品使用说明。

2. 面砖、饰面板等材料的出厂合格证。

3. 油漆等材料的出厂合格证、施工说明书等。

4. 施工记录、检验批质量验收记录。

50.6　安全与环保

1. 施工用的材料和辅助材料多属易燃物品，在存放材料的仓库与施工现场必须严禁烟火，同时备有消防器材。材料存放场地应保持干燥、阴凉、通风且远离火源。

2. 操作人员必须穿戴工作服、安全帽和其他必备的安全防护用具。操作时应通风，夜间有足够的照明。

3. 所用汽油应妥善存放，避免暴晒。

4. 施工现场严禁烟火，吸烟到专设吸烟室，用火要有用火证。

5. 有毒有害、易燃物品应盛入密闭容器内，并入库存放，严禁露天堆放。

6. 施工下脚料、废料、余料要及时清理回收。

50.7　成品保护

1. 抹水泥砂浆工程残存的砂浆应及时清理干净，翻拆架子时要小心，防止损坏已抹好的水泥墙面。各抹灰层在凝结前应防止快干、暴晒、水冲、撞击和振动，以保证其灰层有足够的强度。

2. 饰面装饰材料和饰件以及有饰面的构件，在运输、保管和施工过程中，必须采取措施防止损坏。

3. 涂饰工程在施涂前应首先清理好周围环境，防止尘土飞扬，影响施涂质量；施涂墙面涂料时，不得污染地面等已完成工程；涂料未干前，严防灰尘等玷污墙面涂料；严禁明火靠近已施涂完的墙面，不得磕碰损伤涂饰面。